Researches on Family Law
VOL.2019

中国法学会婚姻家庭法学研究会会刊

2019年卷 总第15卷

家事法研究

Researches on Family Law

VOL.2019

主　　编 夏吟兰　龙翼飞
执行主编 李洪祥

社会科学文献出版社
SOCIAL SCIENCES ACADEMIC PRESS (CHINA)

前　言

正值民法典编纂之际，中国法学会婚姻家庭法学研究会 2018 年年会于 7 月 14 ~ 15 日在吉林省长春市召开。本次年会以回应民法典婚姻家庭编立法重点问题为现实关切，以引导婚姻家庭法学研究的科学化为学术旨趣，主要围绕婚姻家庭编一般规定、结婚制度、夫妻关系、亲子关系、监护、家事审判等问题展开深入研讨。本次会议规模空前，来自全国立法机关、高等院校、科研机构及法律实务部门的 210 余位理论及实务工作者与会，共收到学术论文 60 余篇。

《家事法研究》2019 年卷选取论文稿件的原则：（1）选题聚焦民法典婚姻家庭编立法重点问题；（2）研究内容具有科学性、原创性；（3）研究视角或研究方法具有创新性；（4）本卷增设“建言咨政”栏目，刊发中国法学会婚姻家庭法学研究会近年来就“民法典婚姻家庭编”（征求意见稿）向立法机关提出的立法建议和意见。

《家事法研究》2019 年卷有七个栏目。

“婚姻家庭编立法专题研究”，主要收录了五篇年会主旨发言论文，主要有龙翼飞教授《〈民法总则〉的制度创新对婚姻家庭编的影响》，夏吟兰教授《〈民法总则〉监护制度对特定群体之人权保障》，薛宁兰教授《中国民法典夫妻债务制度研究——基于财产权平等保护的讨论》，王丽萍教授《关于民法典中亲子关系的立法思考》，李秀华教授《改革与完善收养人条件的立法进路》。

“理论前沿”，主要收录了蔡立东教授、刘国栋《司法逻辑下的“假离婚”》，金眉教授《论直系姻亲的发生、终止及其法律效力——以儿媳与公婆、女婿与岳父母为重点探讨》，李霞教授、罗宇驰《我国台湾地区2016年“意定监护法草案”评析》，王竹青教授《论成年人监护制度的最新发展：支持决策》等论文。

“司法实务”，这部分选取了部分人民法院司法改革的经验和对法律制度完善思考的论文。收录了温淑敏法官《吉林法院家事审判改革情况分析》，薛峰、王素南法官《从行政审判角度对我国婚姻制度的考察》两篇论文。

“青年论坛”，这部分选取了部分婚姻家庭法学研究的青年才俊论文。收录了高云鹏、于晓丽副教授《婚姻家庭法中的差异原则》，曹贤信、吴倩倩《我国法定夫妻财产制人本价值的偏离与回归》，陈法法官《论我国非常法定夫妻财产制的立法建构》，陈凌云副教授《夫妻共同债务认定规则中的伪命题》。

“国外法专论”，主要收录了朱凡副教授《法国成年人保护制度现代化述评》，罗冠男副教授《近现代意大利家庭法的发展阶段与借鉴——从与中国比较的角度》两篇论文；刘征峰副教授、胡梅的译文《脆弱性与无法避免的不平等》。

“建言咨政”，这部分主要收录了自2015年至2018年，研究会举全会之力，充分发挥智库作用，及时跟进国家立法进程，形成并提交全国人大法制工作委员会的关于民法典婚姻家庭编的五份立法建议稿。

“年会综述”，收录了曹险峰教授、朱帅对2018年年会归纳整理的会议综述。

值此本卷书稿交付之际，感谢本会会长夏吟兰教授、常务副会长龙翼飞教授对组稿工作的关心、支持和督导；感谢立法、司法、实务界、学界各位同人的积极参与，对婚姻家庭继承法学以及相关社会热点问题的关注，依据法理进行的卓有实效的分析讨论；感谢为本卷会刊出版付出辛勤劳动的社会科学文献出版社刘骁军编审和侯婧怡编辑。

本卷执行主编李洪祥

2019年1月15日

目 录

CONTENTS

婚姻家庭编立法专题研究

理论前沿

司法实务

青年论坛

国外法专论

建言咨政

年会综述

婚姻家庭编立法专题研究

《民法总则》的制度创新对婚姻家庭编的影响

龙翼飞*

【内容摘要】《民法总则》中的制度创新对我国婚姻家庭编的编纂具有诸多积极的影响。《民法总则》关于我国民法的立法目的和立法依据的创新性规定为婚姻家庭编的立法提供了崭新的方向；该法有关我国民法调整范围的规定提升了婚姻家庭编的立法地位；该法关于保护民事主体民事权利的宣言拓展了婚姻家庭编的立法空间；该法有关我国民法基本原则的规定与婚姻家庭编的基本法律要求具有内在逻辑联系；该法关于我国民法适用规则的规定为婚姻家庭编的制度设计提供了更加广阔的立法平台；该法关于民事主体制度的创新性规定应当在婚姻家庭编的编纂过程中进一步细化为具有针对性的立法规则；该法有关民事主体的民事权利、民事法律行为、代理、民事责任、诉讼时效的创新性规定涉及婚姻家庭领域的，均应在婚姻家庭编中作出具有可执行性的特殊制度安排。

【关 键 词】《民法总则》　制度创新　婚姻家庭编

* 龙翼飞，中国人民大学法学院教授、博士生导师。

2017年3月15日通过并颁布的《中华人民共和国民法总则》（以下简称《民法总则》），作为举世瞩目的《中华人民共和国民法典》（以下简称民法典）的开篇之作，开启了我国民事立法发展的新阶段。当前，在《民法总则》的指引下，我国民法典各分编正在进入紧锣密鼓的编纂过程中。婚姻家庭编作为民法典中规范婚姻家庭关系的重要组成部分，备受亿万人民关注，其立法成果必将惠及全国人民，还将对涉外民事法律关系的适用产生相应的调整作用。

《民法总则》并非简单地重复我国以往的民事法律制度的基本规则，而是顺应当代中国社会发展的需求，进行了诸多的制度创新。《民法总则》中的制度创新，对我国婚姻家庭编的编纂具有积极的影响。

一 《民法总则》关于我国民法的立法目的和立法依据的创新性规定为婚姻家庭编的立法提供了崭新的方向

《民法总则》第一条规定："为了保护民事主体的合法权益，调整民事关系，维护社会和经济秩序，适应中国特色社会主义发展要求，弘扬社会主义核心价值观，根据宪法，制定本法。"① 我们在解读这条法律规定时，应当清晰明了我国民法的立法目的和立法依据包含六个方面：第一，保护民事主体的合法权益；第二，调整民事法律关系；第三，维护社会和经济秩序；第四，适应中国特色社会主义的发展要求；第五，弘扬社会主义核心价值观；第六，以宪法为根据。该条规定是对《中华人民共和国民法通则》（以下简称《民法通则》）原有规定的创新。在编纂婚姻家庭编时，我们应当深度思考如何将《民法总则》第一条所规定的内容贯彻落实于婚姻家庭编之中，把握好婚姻家庭编的立法方向。

第一，民事主体的合法权益，首先包括人身权利，其次是财产权利，再次是其他合法权益。婚姻家庭成员的人身权利、财产权利和其他合法权益，无疑是民事主体合法权益中最具广泛性、最具基础性、最具人权性的部分。如何全面保护婚姻家庭成员的人身权利、财产权利和其他合法权益，

① 《中华人民共和国民法总则》，法律出版社，2017，第3页。

是我们在参与婚姻家庭编立法活动时，应当为立法机关提供智力支持的重要方面。

第二，我国民法调整的民事主体间的民事关系包括人身关系和财产关系，涉及的社会成员和社会组织甚广，但是，并非所有的社会成员和社会组织都成为各类民事关系的主体。唯有自然人因婚姻家庭而形成的人身关系和财产关系，是每一个社会成员都置身其中作为民事主体的；众多社会组织如居民委员会、村民委员会、民政部门、人民法院等也都为婚姻家庭关系的建立、维系或终止提供着各类社会资源、社会服务和社会调整。我们可以这样说，婚姻家庭关系网罗天下众生，因而成为民事关系中最宏大的领域，真可谓“包罗万象”。因此，我们在参与婚姻家庭编立法活动并为婚姻家庭关系主体设计相关权利和义务规则时，应当充分考虑到所有社会成员和相关社会组织在婚姻家庭领域中所处的相应地位，确定其为构建文明和谐的婚姻家庭关系而承担相应的法律义务和社会责任。

第三，我国民法所要维护的社会和经济秩序，首先是婚姻家庭领域的秩序，其次才是其他领域的社会和经济秩序。正如我们长久以来所说的，家庭是社会的细胞，婚姻是家庭的基础，婚姻与家庭构成了社会秩序稳定的不可或缺的基本系统。因此，我们在参与婚姻家庭编立法活动并为婚姻家庭关系设计相关规则时，应当充分考虑到婚姻家庭和谐与整个社会良性发展的互动联系，使婚姻家庭成员在婚姻家庭中获得的幸福感与其在整个社会生活中获得的应有社会尊重相匹配、相适应、相融合。

第四，我国当代民法的生命力源于中国特色社会主义发展的客观要求。其中首先的客观要求是亿万人民群众对提高权利保障的法治水平的要求。提高社会成员在婚姻家庭领域的权利保障法治水平，呼声之切、呼声之高更是前所未有。因此，我们在参与婚姻家庭编立法活动并为婚姻家庭关系设计相关规则时，应当充分反映亿万人民群众所发出的提高社会成员在婚姻家庭领域的权利保障法治水平的要求，使相关的法律规则发挥更有效的权利保障作用。

第五，当代中国的社会主义核心价值观，具体反映为国家层面的富强、民主、文明、和谐，社会层面的自由、平等、公正、法治，以及社会成员层面的爱国、敬业、诚信、友善。这些核心价值观体现了中华民族的优秀文化、当代中国改革开放的时代要求、建设社会主义法治国家的思想灵魂。《民法总则》将“弘扬社会主义核心价值观”作为我国民法典的立法依据，把当代中国的社会主义核心价值观升华为民法的核心价值理念和立法精神。因此，我们在参与婚姻家庭编立法活动并为婚姻家庭关系设计相关规则时，应当充分反映社会主义核心价值观对婚姻家庭法律规则的指引作用，使婚姻家庭编成为规范、指引、促进婚姻家庭关系文明、和谐、平等、公正和诚信、友善的法律制度。

第六，宪法作为我国民法的立法依据，应当成为编纂我国民法典婚姻家庭编的最高立法准则。我国宪法规定了若干调整婚姻家庭关系的最高准则，包括婚姻自由、男女平等、一夫一妻、保护妇女儿童和老人合法权益。因此，我们在参与婚姻家庭编立法活动并为婚姻家庭关系设计相关规则时，应当丝毫不差地贯彻我国宪法的上述最高准则，并将其细化为调整婚姻家庭关系的具体法律措施。

二 《民法总则》关于我国民法调整范围的崭新表述提升了婚姻家庭编的立法地位

我国民法的调整功能和定位清晰地反映在《民法总则》关于我国民法调整范围的规定之中。我国《民法总则》第二条所规定的民法调整范围与《民法通则》第二条的规定相比较，其创新之处在于将人身关系置于财产关系之前，作为我国民法调整范围的崭新表述。《民法总则》的这一规定，鲜明地表达了我国宪法关于保障公民人权的理念。自然人因婚姻家庭而产生的人身关系是民法所调整的人身关系中最基础的部分之一，同时又是婚姻家庭成员财产关系发生的前提和基础。重新审视婚姻家庭编应规定的人身关系和财产关系，应当成为我们研究民法典婚姻家庭编具体制度规则顶层设计的首要任务。

三 《民法总则》关于保护民事主体的民事权利的宣言拓展了婚姻家庭编的立法空间

《民法总则》第三条规定：“民事主体的人身权利、财产权利以及其他合法权益受法律保护，任何组织或者个人不得侵犯。”[①] 这一宣言性规定，相对于自然人而言，是我国宪法所规定的公民基本人权受法律保护原则的民法体现。在婚姻家庭编中落实《民法总则》的规定，任务相当艰巨，要求我们的立法研究的视野应当更加开阔，相关的立法调研活动应当更加务实，所提出的立法建议更加开放。

四 《民法总则》关于我国民法基本原则的规定与婚姻家庭编基本法律要求的内在逻辑联系

我国《民法总则》为民法典确立了六项基本原则：平等原则、自愿原则、诚实信用原则、公平原则、守法和公序良俗原则、绿色原则。这六项原则对婚姻家庭编的直接影响是什么？有学者认为，既然《民法总则》已经规定了民法的基本原则，那么，婚姻家庭编就没有必要再另行规定基本原则。但从事婚姻家庭法学研究的学者们一致认为：婚姻家庭法律制度的特色及独立性恰好在于民法要调整婚姻家庭成员间特殊的人身关系和财产关系，婚姻家庭编的立法必须特别重视这部分社会关系的特殊性。笔者个人认为，我国《民法总则》关于民法基本原则的规定与婚姻家庭编基本法律要求之间存在内在的逻辑联系。由此决定了，婚姻家庭编中的基本法律要求是我国民法基本原则的特殊表达。婚姻自由、男女平等、一夫一妻、保护妇女儿童和老人的合法权益，作为我国婚姻家庭法律制度的特有调整要求，是与《民法总则》确立的基本原则毫无矛盾和冲突的。当然，婚姻家庭编之所以能够在民法典中独立成编，就在于它有自己特殊的调整规则和特殊的基本法律要求。因此，在婚姻家庭编的“基本规定”一章中，应当旗帜鲜明地规定这些调整因婚姻家庭而产生的人身关系和财产关系的特殊要求，继续规定婚姻自由、男女平等、一夫一妻、保护妇女儿童和老人的合法权益等基本法律要求。如果放弃上述特殊法律规定，我国民法的婚姻家庭编的法律规则便无异于普通的民事法律规定，没有独立存在的必要性了。

---

① 《中华人民共和国民法总则》，法律出版社，2017，第4页。

五 《民法总则》关于我国民法适用规则的规定为婚姻家庭编的制度设计提供了更加广阔的立法平台

《民法总则》第十条规定："处理民事纠纷，应当依照法律；法律没有规定的，可以适用习惯，但是不得违背公序良俗。"[①] 在理解该条法律规定时，涉及婚姻家庭法领域的法律渊源会遇到如下问题：除了宪法和民事基本法律外，还有哪些法律规范属于婚姻家庭编中的法律渊源？第一，地方法规应否成为婚姻家庭编中的法律渊源？学术界对民法渊源理解不同，还有学者认为地方法规不应当作为民法的法律渊源。但是，我们注意到，现行的《中华人民共和国婚姻法》第五十条规定："民族自治地方的人民代表大会有权结合当地民族婚姻家庭的具体情况，制定变通规定。自治州、自治县制定的变通规定，报省、自治区、直辖市人民代表大会常务委员会批准后生效。自治区制定的变通规定，报全国人民代表大会常务委员会批准后生效。"[②] 根据该条法律规定，民族自治地方的人民代表大会是有权结合当地民族婚姻家庭的具体情况，制定变通的规定，在报经上级人民代表大会常务委员会批准后生效。笔者认为：在婚姻家庭编的编纂中，应当将民族自治地方的人民代表大会所作出的变通规定作为处理婚姻家庭纠纷的法律渊源。第二，规范婚姻家庭关系的某些行政法规应否成为婚姻家庭编的法律渊源？为了保障婚姻家庭法的实施，我国的国务院和部分行政管理部门相继颁布实施了一些行政法规，例如《婚姻登记条例》《中国公民收养子女登记办法》《外国人在中华人民共和国收养子女登记办法》。这些行政法规应当作为婚姻家庭编的法律渊源。第三，哪些符合公序良俗要求的习惯可以作为婚姻家庭编的法律渊源？近年来，许多民法学者都在讨论：什么样的民事习惯能够成为我国民法的法律渊源？民事习惯的确定标准是什么？人民法院在家事审判中能否直接引用民事习惯作为裁判的依据？当不同地区、不同民族的民众遵循的不同习惯做法发生了冲突，人民法院在家事审

---

① 《中华人民共和国民法总则》，法律出版社，2017，第4页。

② 《新编中华人民共和国法律法规全书》（第七版），法律出版社，2014，第279页。

判中应当选择适用哪一种习惯做法？笔者认为，在婚姻家庭领域中，符合公序良俗的习惯对维系婚姻家庭关系和谐稳定、正确处理家事纠纷具有特别重要的社会调整功能。从某种意义上可以说，民众对符合公序良俗的婚姻家庭习惯的尊崇是深入人心的，因为这些习惯传承了中华民族的优秀文化，为调整婚姻家庭关系提供了不可或缺的纠纷解决措施。因此，编纂婚姻家庭编时，在相应的法律条文中应当明确规定不违背公序良俗的习惯可以作为人民法院处理家事纠纷的法律依据。中国裁判文书网曾发布过山西某法院的一份裁判文书，其主要内容是：山西某地人民法院审理了一起因父母死亡时丧葬费用在儿女之间如何分担发生的纠纷案。在该案中，女儿主张，该地方关于父母死亡时丧葬费用承担的习惯做法是，家中有儿子的由儿子承担，而女儿不承担；儿子不同意女儿的主张，认为该习惯做法不仅早已过时，而且明显不符合子女均有赡养父母义务的法律要求。经调查，当地人民法院认为，女儿关于丧葬费用的分担应当按照地方风俗习惯做法由儿子承担的主张，并没有其所称的生活惯例加以证明，而且其主张也不符合国家法律规定。因此，该人民法院判决该案中父母死亡时丧葬费用由儿女共同承担。由此案可见，人民法院在家事审判中对民间习惯的调查及认定，具有特别重要的司法意义。对不违背公序良俗的民间习惯的调查和认定以及司法适用，会极大地丰富我国家事审判领域的法律渊源。

六 《民法总则》关于民事主体制度的创新性规定均应当在婚姻家庭编的编纂过程中进一步细化为具有针对性的立法规则

我国《民法总则》中关于民事主体制度作出了若干创新性规定，其中涉及胎儿法律地位、监护制度、个体工商户和农村承包经营户及个人合伙、宣告失踪和宣告死亡等内容。《民法总则》关于民事主体制度的创新性规定为进一步细化婚姻家庭编的相关规则提供了立法空间。我们建议：第一，关于胎儿民事法律地位的司法适用标准，应当在婚姻家庭编中作出相应规定；第二，关于家庭成员间的监护关系，应当在婚姻家庭编中结合婚姻家庭成员的权利义务配置，制定出更加细化的规则；第三，关于民事主体法律制度中的个体工商户、农村承包经营户以及个人合伙的财产关系涉及婚姻家庭的，应当在婚姻家庭编中作出相应的法律规定；第四，宣告失踪和宣告死亡制度，直接产生对配偶利益和子女利益的影响，也应当在婚姻家庭编的相关章节中作出相应的特殊法律规定。

七 《民法总则》关于民事主体的民事权利、民事法律行为、民事代理、民事责任、诉讼时效的创新性规定涉及婚姻家庭领域的均应在婚姻家庭编中作出具有可执行性的特殊制度安排

《中华人民共和国立法法》第六条规定："立法应当从实际出发，适应经济社会发展和全面深化改革的要求，科学合理地规定公民、法人和其他组织的权利与义务、国家机关的权力与责任。法律规范应当明确、具体，具有针对性和可执行性。"该条法律规定强调，我国的立法，应当具有针对性和可执行性。由于《民法总则》采取的是"提取公因式"的立法模式，并不能详尽无遗地规定所有民事法律关系中的民事权益如何加以具体调整，因此，《民法总则》关于民事主体的民事权利、民事法律行为、民事代理、民事责任、诉讼时效的创新性规定，凡是涉及婚姻家庭领域的，都应当在进行充分立法调研的前提下，结合调整该类民事法律关系的特殊要求，在婚姻家庭编中有针对性地提出具有可执行性的具体法律措施。

我们注意到：全国人民代表大会常务委员会李建国副委员长在向第十二届全国人民代表大会第五次会议作《关于〈中华人民共和国民法总则（草案）〉的说明》时强调，当立法涉及物权、合同、侵权、婚姻家庭、继承等内容的具体规则，可在编纂民法典各分编时统筹解决。当前，正值我国民法典的婚姻家庭编编纂的有利时机，我们应当将具有可执行性、可操作性的全面立法建议及时提供给全国人大常委会相关机构，以便统筹解决立法需要，将调整婚姻家庭法律关系的创新性具体规则准确纳入我国民法典婚姻家庭编中。

《民法总则》监护制度对特定群体之人权保障

夏吟兰*

【内容摘要】《民法总则》在《民法通则》监护制度的基础上，确立了尊重被监护人真实意愿、最有利于被监护人以及公权力适度介入监护三大理念，并将这三大理念体现在监护制度的具体规定中，彰显了尊重和保障人权的宪法精神以及保护弱势群体利益的人权理念，进一步发展和完善了中国监护制度对未成年人、残障人士以及老年人人权之保障性规范。《民法总则》拓展了监护制度的功能与类型，充实与完善了未成年人监护制度，并明确规定了撤销监护人资格、安排临时监护及国家监护的条件与路径；扩大了成年被监护对象的范围，回应了中国社会中监护需求扩大和老龄化加剧的现实，与国际社会尊重和保障老年人与成年障碍者的人权理念相一致，体现了法律的与时俱进。正在编纂的《民法总则》之《婚姻家庭分则》应当在总则监护制度的框架下，进一步细化和充实监护制度，使之成为便于操作、可执行、可裁判的行为规则。

【关 键 词】监护　立法理念　未成年人　成年障碍者　人权保障

* 夏吟兰，中国政法大学人权研究院教授、博士生导师。

2017年3月15日，第十二届全国人民代表大会第五次会议通过了《中华人民共和国民法总则》（以下简称《民法总则》）。《民法总则》确立了民法典的基本原则、基本制度及框架，规范了社会生活的基本规则，标志着我国民法典编纂的第一步已经顺利完成。民法是私法的基本法，它以对人的保护为核心，以权利为本位，系统全面地规定了自然人、法人、非法人组织在民事活动中享有的各种人身、财产权益。因此，民法典被视为现代法治文明的扛鼎之作，被誉为法治健全完善的标志。① 监护是保护无民事行为能力人或者限制民事行为能力人的合法权益，弥补其民事行为能力不足，协助其通过民事法律行为实现自身利益的法律制度。监护制度与民事主体制度、婚姻家庭制度等相关制度相互联系和相互作用，是民法典中不可或缺的重要制度，也是此次《民法总则》重点完善的制度之一。《民法总则》中的监护制度与《婚姻法》《未成年人保护法》《妇女权益保障法》《老年人权益保障法》《残疾人保障法》等法律对监护的规定共同构建了我国的监护制度法律体系。

《民法总则》的监护制度落实了联合国《儿童权利公约》《残疾人权利公约》等国际人权公约的原则和精神，借鉴了其他国家和地区的立法例，立足中国国情和实践，构建起“以家庭监护为基础，社会监护为补充，国家监护为兜底”② 的具有中国特色的监护制度，《民法总则》在《民法通则》监护制度的基础上，进一步发展和充实了我国的监护制度，在监护理念上有重大突破和发展，确立了尊重被监护人真实意愿、最有利于被监护人以及公权力适度介入监护三大理念，并将这三大理念体现在监护制度的具体规定中，彰显了尊重和保障人权的宪法精神以及保护弱势群体利益的人权理念，进一步发展和完善了我国监护制度对未成年人、残障人士以及老年人人权之保障性规范。

---

① 梁慧星：《民法总则的时代意义》，http://www.71.cn/2017/0413/943217.shtml，最后访问时间：2018年2月12日。

② 参见全国人民代表大会常务委员会副委员长李建国《关于中华人民共和国民法总则（草案）的说明》，2017年3月8日在第十二届全国人民代表大会第五次会议上的讲话。民法总则立法背景与观点全集编写组：《民法总则立法背景与观点全集》，法律出版社，2017，第54页。

一　《民法总则》监护制度立法理念的进步

现代监护不仅要尊重监护人的意愿，而且要尊重被监护人的意愿，有利于被监护人的利益。监护已经从纯粹的私领域向公共领域发展，公权力开始介入家庭领域，通过监护监督、剥夺监护权等措施对监护人的监护行为实施监督与干预，并通过社会监护、国家监护等方式为被监护人提供终极保护。《民法总则》在监护立法的理念上有三项进步与突破：一是尊重被监护人真实意愿，二是最有利于被监护人，三是公权力适度介入监护。

（一）《民法总则》确立了尊重被监护人真实意愿的原则

现代监护制度是为了被监护人的利益而设立的，确定监护人、执行监护事务均与被监护人利益攸关，监护人本人对自身情况最为了解，尊重其意愿符合监护制度设立的初衷。尊重被监护人意愿既包括为被监护人指定或选任监护人应当充分考虑被监护人的真实意愿，也包括监护人在执行监护事务中应当尊重被监护人的真实意愿。

尊重被监护人的真实意愿是国际社会达成的共识。如 1989 年《儿童权利公约》明确规定儿童拥有处理其自身事务的自主决定权，他们有权表达自己的意见和参加社会生活。《儿童权利公约》第 12 条规定：①缔约国应确保有主见能力的儿童有权对影响到其本人的一切事项自由发表自己的意见，对儿童的意见应按照其年龄和成熟程度给以适当的看待；②为此目的，儿童特别应有机会在影响到儿童的任何司法和行政诉讼中，以符合国家法律的诉讼规则的方式，直接或通过代表或适当机构陈述意见。[①]《残疾人权利公约》第 4 条第 3 项规定：缔约国应当在为实施本公约而拟订和施行立法和政策时以及在涉及残疾人问题的其他决策过程中，通过代表残疾人的组织，与残疾人，包括残疾儿童，密切协商，使他们积极参与。

尊重被监护人真实意愿是《民法总则》意思自治原则在监护制度中的具体体现。尊重被监护人真实意愿的原则，既有利于选任出被监护人最信

---

① 《人权国际文件汇编》第一卷（第一部分），联合国，1994，第 163 页。

任且对其最有利的监护人，也弥补了《民法通则》及相关监护立法中的不足。尊重被监护人真实意愿的原则在监护法条中具体表现为：第一，协议监护人以尊重当事人的真实意愿为前提，《民法总则》第 30 条规定了协议确定监护人的方式，并强调“协议确定监护人应当尊重被监护人的真实意愿”；第二，指定监护应当尊重被监护人的真实意愿，《民法总则》第 31 条第 2 款规定居民委员会、村民委员会、民政部门或者人民法院指定监护人应当尊重被监护人的真实意愿；第三，完全民事行为能力人可以通过书面协议确定监护人，《民法总则》第 33 条规定了成年意定监护，具有完全民事行为能力的成年人可以通过书面协议为自己预先选定监护人；第四，监护事务执行中尊重被监护人的真实意愿，《民法总则》第 35 条第 2 款和第 3 款强调未成年人和成年人的监护人在履行监护职责时应尊重被监护人的真实意愿，并强调尊重未成年人的意愿应基于被监护人的年龄和智力状况，对成年人监护应当“最大程度地”尊重被监护人的意愿，被监护人有能力独立处理的事务，监护人不得干涉。这一规定考虑和区分了不同类型被监护人的意愿的需求差异和特殊情形。

（二）《民法总则》确立了最有利于被监护人的原则

最有利于被监护人原则要求所有监护措施的标准只能是被监护人的最大利益，监护人必须以符合被监护人最大利益的方式处理被监护人的事务，特别关注被监护人的愿望和对生活的想法，注重被监护人的自主决定因素。儿童最大利益原则是《儿童权利公约》的最重要的基本原则。尽管《儿童权利公约》对儿童最大利益原则并没有详细规定相关条款，或者说没有一个国际通行的标准，但是根据制定公约的宗旨、目的以及公约的主要内容，儿童最大利益原则的作用可以从以下三个方面理解：首先，强调把儿童作为个体权利主体而不是作为一个家庭或群体的成员来加以保护；其次，该原则被作为处理儿童事务的准则；再次，它是对各国儿童保护立法和司法提出的纲领性条款。[①]

最有利于被监护人的原则既可以防止监护人侵害被监护人的人身或财

① 王雪梅：《儿童权利保护的“最大利益原则”研究》，《环球法律评论》2002 年冬季号。

产的行为，防止监护人怠于履行监护职责或者不履行监护职责；也可以防止被监护人做出不利于自身的决定。该原则在法条中具体表现为：第一，指定监护人应遵守最有利于被监护人的原则，《民法总则》第31条第2款指定监护人的规定和第36条重新指定监护人的规定均强调应按照最有利于被监护人的原则；第二，监护事务的执行应当以最有利于被监护人为原则，《民法总则》第35条第1款明确规定最有利于被监护人的原则是监护人履行监护职责的基本原则。监护人除为被监护人利益外，不得处分被监护人的财产。

（三）《民法总则》确立了公权力适度介入监护的原则

为了保护被监护人的利益，对无行为能力或限制行为能力的自然人通过设立监护以补足其行为能力，保护其法定权利，这不仅涉及公民的私权利，也需要国家公权力适度介入以保障监护功能的实现，20世纪90年代以来，监护制度的私法公法化是各国监护制度发展的大趋势。现代监护的设立目的是保障被监护人的利益，这种制度体现了社会公共职能，具有公法化性质，国家公权力应适度介入监护关系以保障其正常运行。监护本身具有的公法化性质使得国家干预具有正当性，而法律家长主义是国家干预的理论基础，即法律为了当事人自身的利益而限制其自治。[①] 因此，也可以认为，现代监护制度是在国家的监督之下，由特定的个人、社会组织、官方机构对被监护人的人身和财产实施保护、救助的制度。

对未成年人的保护是公权力介入监护的重要内容。《儿童权利公约》中有多个条款对公权力介入原则作出了规定。《儿童权利公约》第19条明确规定：缔约国应采取一切适当的立法、行政、社会和教育措施，保护儿童在受父母、法定监护人或其他任何负责照料儿童的人照料时，不致受到任何形式的身心摧残、伤害或凌辱，忽视或照料不周，虐待或剥削，包括性侵犯。第20条规定：暂时或永久脱离家庭环境的儿童，或为其最大利益不得在这种环境继续生活的儿童，应有权得到国家的特别保护和协助。[②] 公权

① 参见孙笑霞、郭春镇《美国的法律家长主义理论与实践》，《法律科学》2005年第6期。

② 《人权国际文件汇编》第一卷（第一部分），联合国，1994，第165~166页。

力适度介入监护关系，所谓的“度”应当以法律规定为依据，以保护被监护人的利益为目的，要充分考虑是否符合儿童的最大利益，是否具有必要性。父母的利益与子女的利益并不总是一致，在一些情形下会发生冲突或具有冲突的现实危险，为了保护处于弱势的未成年子女的利益，父母责任的行使，不得危害或者存在伤害未成年子女身心健康及其财产状况的可能性。根据1996年《儿童权利行使公约》第4条第1款的规定，当父母责任承担者的利益与儿童利益发生冲突时，司法机构应当任命其他人或者主体作为儿童的特殊代理人，代表儿童或者由具有识别能力的儿童自行行使权利。这意味着在父母与子女利益冲突中，子女利益优先，必须首先保护子女利益。《德国民法典》第1666条第1款规定，为避免子女受到危险而在特定事务上剥夺父母的照顾权。在保佐范围内，父母照顾受到相应的限制。父母对设立了保佐的事项没有管辖权，也没有法定代理权（第1630条第1款）。[①] 一些国家对未成年子女权益根据不同情况规定了不同的保护措施，受害人及公权力机构可根据不同的情况加以选择，包括为未成年子女任命特殊代理人，限制父母与未成年子女的接触权，限制甚至剥夺父母履行父母责任的权利，公权力机构也可以任命其他人或组织监督父母责任承担者对未成年子女的财产进行管理。公权力介入监护主要有两项职责：一是在认为没有适当监护人的时候，由国家充当监护人；二是在有适当的监护人的时候，国家是最终的监护监督人。[②]

中国《民法总则》将父母作为未成年子女监护的首要承担者，在父母不能担任监护人或不适格时，其他近亲属则作为承担监护责任的主要人选，在父母或其他近亲属均不能担任监护人或不适格时，由社会和国家承担兜底责任。《民法总则》对公权力介入监护关系，保护被监护人利益的路径作出了明确的规定：第一，国家应当依法为被监护人指定监护人，对监护人的确定有争议的，由被监护人住所地的居民委员会、村民委员会或者民政部门指定监护人；第二，对于暂时处于无人保护状态的被监护人，国家应当承担临时监护的责任，由被监护人住所地的村（居）民委员会、法律规

① 陈卫佐译注《德国民法典》，法律出版社，2015，第510、505页。

② 王竹青：《监护制度比较研究》，知识产权出版社，2010，第17页。

定的有关组织或者民政部门担任临时监护人；第三，监护人不履行或怠于履行监护职责的，人民法院可以撤销监护人资格，安排临时监护措施；第四，对于没有适格监护人的被监护人，由国家承担监护责任。

二 《民法总则》拓展了监护制度的类型与功能

（一）监护的类型

监护的类型，根据《民法总则》的规定，主要有两种划分方法。第一，以被监护人为划分标准，可以将监护分为未成年人监护和成年人监护；第二，以产生监护法律关系的途径和方法为划分标准，可以将监护分为法定监护、指定监护、遗嘱监护、意定监护和国家监护。在第二种划分方法中，法定监护、指定监护是《民法通则》中传统的监护类型，《民法总则》在具体规定的内容上有发展变化，遗嘱监护、意定监护与国家监护均是《民法总则》新增加的监护类型。

1. 法定监护

法定监护，是指按照法律规定的范围和顺序，直接产生的监护。法定监护在中国是最基本也是最主要的监护方式，根据《民法总则》的规定，法定监护包括对未成年人的法定监护和对成年人的法定监护。以未成年人法定监护为例，未成年人的父母是未成年子女的法定监护人；如果未成年人的父母已经死亡或者没有监护能力的，则由其具有监护能力的祖父母、外祖父母、兄、姐按顺序担任监护人。在无以上法定监护人，或以上法定监护人均无监护能力时，其他愿意担任监护人的个人或者组织也可以担任监护人，但是须经未成年人住所地的居民委员会、村民委员会或者民政部门同意。无民事行为能力或者限制民事行为能力的成年人，由具有监护能力的配偶、父母、子女、其他近亲属按顺序担任监护人。在无以上近亲属担任法定监护人，或以上近亲属均无监护能力时，其他愿意担任监护人的个人或者组织也可以担任监护人，但是须经被监护人住所地的居民委员会、村民委员会或者民政部门同意。与《民法通则》相比，这一规定扩大了未成年人法定监护人的范围，取消了未成年人父母所在单位对其他个人或者有关组织担任未成年人监护人的同意权，改由民政部门行使。《民法总则》的规定符合中国社会发展变化的趋势，政府部门及社会组织介入监护有利于调动社会资源，保护被监护人的利益，单位同意权的取消反映了市场经济条件下单位属性及职能的变化。

2. 指定监护

指定监护，是指对监护人的确定有争议时，由民政部门、基层群众组织或者人民法院指定而产生的监护。根据《民法总则》第 31 条的规定，在具有法定监护人资格的人之间无法就担任监护人事宜达成一致协议时，可以由被监护人住所地的居民委员会、村民委员会或者民政部门指定监护人，有关当事人对指定不服的，可以向人民法院申请指定监护人；有关当事人也可以直接向人民法院申请指定监护人。人民法院对监护人的指定具有终局效力，被指定的监护人必须履行监护职责。《民法总则》的这一规定，取消了未成年人的父母或被监护人所在单位指定监护人的资格，增加了民政部门作为监护人的指定机构，强化了民政部门的作用，公权力的适当介入更有利于保护被监护人的合法权益。

3. 遗嘱监护

遗嘱监护，是指按照父母订立的遗嘱产生的监护。《民法总则》第 29 条规定，被监护人的父母担任监护人的，可以通过遗嘱指定监护人。监护遗嘱只能由担任监护人的父母作出，其他法定监护人不可以遗嘱指定监护人。父母与子女是血缘关系最近的直系血亲，父母是第一顺序抚养人和监护人，最关心子女的健康成长，与其他个人或组织相比，父母为了子女的利益更愿意付出和奉献，更不计较其个人的利害得失。遗嘱指定监护是父母通过订立遗嘱的方式选择值得其信任并对保护被监护人最为有利的人担任监护人，允许父母通过遗嘱为其未成年子女指定监护人，体现的正是子女最大利益原则，以达到最大限度地保护子女利益的目的。父母既可以以遗嘱为未成年子女指定监护人，也可以为限制行为能力或无行为能力的成年子女指定监护人。遗嘱监护所立遗嘱必须符合我国继承法规定的有关遗嘱生效的实质要件和形式要件。符合遗嘱生效要件的遗嘱监护具有优先效力，除非法定原因，经遗嘱指定的监护人较之于其他法定监护人具有担任监护人的优先地位。

4. 意定监护

意定监护，是指具有完全民事行为能力的成年人，根据自己的意愿选择监护人，并与其订立监护合同，将自己的监护事务部分或全部委托受任人，当监护原因发生时，由受任人依据合同约定担任监护责任的一种监护设立方式。[①]《民法总则》第 33 条规定，具有完全民事行为能力的成年人，可以与其近亲属、其他愿意担任监护人的个人或者组织事先协商，以书面形式确定自己的监护人。协商确定的监护人在该成年人丧失或者部分丧失民事行为能力时，履行监护职责。意定监护是《民法总则》自愿原则的具体体现，是对当事人的意思自治及自我决定权的尊重。成年人在其具有完全能力时，可以通过意定监护的方式，根据自身的情况以及与受托人的关系状况提前确定自己的监护人，以确保在自己丧失或部分丧失民事行为能力时获得更好的照顾，使自己的权益得到更为妥善的保护。意定监护的产生以监护合同的订立为前提，监护合同必须符合《合同法》规定的合同生效的实质要件与形式要件。符合合同生效要件的意定监护相对于法定监护在法律适用上处于优先的地位。

5. 国家监护

国家监护，是指公权力机构在法定条件下，以监护人的身份履行监护职责，承担监护责任。《民法总则》第 32 条规定：没有依法具有监护资格的人的，监护人由民政部门担任，也可以由具备履行监护职责条件的被监护人住所地的居民委员会、村民委员会担任。第 31 条第 3 款规定：被监护人的人身权利、财产权利以及其他合法权益处于无人保护状态的，由被监护人住所地的居民委员会、村民委员会、法律规定的有关组织或者民政部门担任临时监护人。国家监护是国家保障公民实现生存权和发展权所采取的具体措施，监护特别是对未成年人的监护不仅是家庭的责任，而且是家庭、社会和国家三者共同承担的责任。国家通过运用各种社会公共机制和措施介入监护领域，实践其保护弱势群体合法权益的职责。根据《民法总则》第 36 条规定：监护人实施严重损害被监护人身心健康行为的；怠于履

① 李霞：《意定监护论纲》，《法学》2011 年第 4 期。

行监护职责，或者无法履行监护职责并且拒绝将监护职责部分或者全部委托给他人，导致被监护人处于危困状态的；实施严重侵害被监护人合法权益的其他行为的；人民法院根据有关个人或者组织的申请，应当撤销其监护人资格，安排必要的临时监护措施，并按照最有利于被监护人的原则依法指定监护人。公权力介入监护领域是各国监护制度改革的趋势，也是履行《儿童权利公约》要求各国承担的给予暂时或永久脱离家庭环境的儿童，或为其最大利益不得在这种环境中继续生活的儿童特别保护和协助的义务。①

（二）监护的功能

监护类型发展至今，监护功能也有了新的发展变化。根据《民法总则》的规定，中国监护制度的功能已经从传统的弥补无民事行为能力或限制民事行为能力人的能力瑕疵，保护被监护人的合法权益，保障社会秩序稳定拓展至为具有完全民事行为能力的成年障碍者提供权利保障的路径以及为被监护人提供替代性社会保障。

1. 弥补限制民事行为能力或者无民事行为能力人的能力瑕疵

对于未成年人及年龄和精神健康方面的原因所导致的限制民事行为能力或者无民事行为能力的成年人，可以通过监护制度，弥补他们的能力瑕疵，使其民事权利能力得到完满实现。如对精神病患者，可以为其设立监护人，代理其实施民事法律行为，对精神病患者的人身权利和财产权利以及其他权利进行监督和保护。除了未成年人或精神病人外，对因疾病或精神耗弱而全部或部分不能处理自己事务的老年人也可以通过设立监护保障其合法权益。

2. 保护被监护人的合法权益，保障社会秩序稳定

通过监护制度、代理制度、民事责任制度，一方面，监护人可以保护被监护人，使他们免于遭受伤害，保障未成年人、限制民事行为能力和无

① 陈翰丹、陈伯礼：《论未成年人国家监护制度中的政府主导责任》，《社会科学研究》2014年第2期。

民事行为能力成年人的合法权益；另一方面，监护人可以监督或防止无完全民事行为能力的人实施侵害他人合法权益的行为，从而维护正常的社会秩序；在未成年人和精神病人实施违法行为侵害他人利益时，对于被监护人行为给他人造成损害的，监护人应当承担民事责任，对受害人所造成的损失可以通过停止侵害、恢复原状、赔偿损失等方式予以救济。

3. 为具有完全行为能力的成年障碍者提供权利保障的路径

对于那些具有完全民事行为能力的成年障碍者，可以通过设立意定监护制度，或持续性代理制度使逐渐丧失行为能力的老年人或其他智力或身体有一定障碍的成年人为自己未来的生活和财产提前做出安排，保障自己有尊严地度过晚年生活。21 世纪以来，一些国家通过新的立法或修正原有的监护法，建立了成年人的监护制度，如以日本为代表的大陆法系国家创设了意定监护制度，以美国为代表的英美法系国家创设了持续性代理制度，并确立了为成年人设置“保护”的必要性原则、尊重本人意思原则、补充性原则和防老授权限制原则。具体来说，老年人或其他成年障碍者可以在其有行为能力时预先选定自己信任的监护人，在该成年人丧失行为能力或部分丧失行为能力时，在其授权范围内保护被监护人的人身、财产及其他合法权益不受侵害；照顾被监护人的日常生活；保护、管理被监护人的财产；代理被监护人进行民事活动或诉讼活动。

4. 为被监护人提供替代性社会保障

监护制度的设立，可以提供替代性社会保障的功能。我国的社会保障体系未臻完善健全，对未成年人、成年障碍者等弱势群体的福利公共化等措施尚未完全到位，因此有一部分的社会保障性工作必须依靠家庭和亲属来承担。在今后相当长的时期内，家庭仍然承担着养老育幼，扶养看护患有疾病的家庭成员，为缺乏劳动能力、没有经济来源或独立生活能力的家庭成员提供供养和扶助的职责。同时，《民法总则》明确规定，对于因种种原因不能设立或不适合设立监护的家庭，或者监护人被撤销监护资格的，由所在地的居民委员会、村民委员会或者民政部门承担监护责任。即通过建立以家庭监护为基础，社会监护为补充，国家监护为兜底的监护制度保障未成年人、限制民事行为能力和无民事行为能力的成年人以及其他成年障碍者的合法权益。

三 《民法总则》充实与完善了监护制度的具体规范

（一）《民法总则》进一步发展了未成年人监护制度

《民法总则》在第二章第二节规定了监护制度，包括未成年人监护与成年人监护两大类型。第 27 条至第 39 条对法定监护人范围、顺位、指定监护、遗嘱监护、意定监护、监护争议解决程序、监护人的职责、监护人履行监护职责应遵循的原则、撤销监护人资格、恢复监护人资格、国家监护等作出了明确的规定，其中有 10 条涉及未成年人监护。《民法总则》对未成年人监护的规定在承继《民法通则》规定的同时，更新了监护制度的理念，丰富了具体措施，进一步完善了我国的未成年人监护制度，建立起具有中国特色的未成年人监护制度体系。

《民法总则》在《民法通则》监护制度的基础上，进一步发展和充实了未成年人监护制度，将儿童最大利益原则以及儿童自主权原则作为未成年人监护的基本理念及基本原则，并将这一理念体现在未成年人监护制度的具体规定中，彰显了尊重和保障人权的宪法精神以及保护未成年人生存权、发展权、受保护权、参与权的立法理念。在第 31 条明确规定了指定监护人的原则为尊重被监护人的意见，最有利于被监护人的利益，① 并在第 35 条监护职责的履行中明确规定："监护人应当按照最有利于被监护人的原则履行监护职责。监护人除为维护被监护人利益外，不得处分被监护人的财产。未成年人的监护人履行监护职责，在作出与被监护人利益有关的决定时，应当根据被监护人的年龄和智力状况，尊重被监护人的真实意愿。"

《民法总则》通过指定监护人、设立临时监护，以及在必要的情况下由相关机构、民政部门担任临时监护人或者监护人，初步建立对未成年人的国家监护，强化政府的监护职能，② 并明确规定监护人的指定程序、撤销监

① 《民法总则》第 31 条第 2 款："居民委员会、村民委员会、民政部门或者人民法院应当尊重被监护人的真实意愿，按照最有利于被监护人的原则在依法具有监护资格的人中指定监护人。"

② 《民法总则》第 31 条第 3 款、第 32 条、第 36 条。

护人资格的情形、撤销的程序以及撤销的后果、救助措施。总之，《民法总则》设立的未成年人监护制度试图通过多项措施、多种形式，全方位地保护未成年人的权益。

最高人民法院在2016年5月31日公布了12起侵害未成年人权益被撤销监护人资格的典型案例①，其中卢某某被撤销监护人资格一案是由民政部门申请撤销未成年人亲生父母监护权并最终担任监护人的典型案例②，体现了通过公权力介入家庭监护，全面保护未成年人利益的理念。

（二）《民法总则》扩大了成年被监护对象的范围

《民法总则》第28条将被监护对象从精神病人修改为“无民事行为能力或者限制民事行为能力的成年人”，删除了《民法通则》“精神病人”这一称谓，扩大了成年被监护对象范围。

《民法总则》中被监护对象的拓展回应了我国社会中监护需求扩大和老龄化加剧的现实，与国际社会尊重和保障老年人与成年障碍者的人权理念相一致。传统上，因心理疾患或者身体上、精神上的障碍而完全或部分不能处理自身事务的成年人均应受到监护，因此，《民法通则》规定了无行为能力或限制行为能力的精神病人受监护的情形。成年人只要属于不能辨认或者不能完全辨认自己行为的精神病人，不论其实际判断能力如何，法律均剥夺或限制其行为能力。制度设计理念偏重维护民事交易安全及秩序，重对被监护人的人身限制和财产监护，轻对被监护人参与社会生活的协助，

① 《最高人民法院公布12起侵害未成年人权益被撤销监护人资格典型案例》，最高人民法院官方微信，2016年5月31日。

② 卢某某系卢某一的父亲，卢某某明知卢某一未满14周岁且精神发育迟滞，仍与其发生性关系并导致卢某一怀孕被判刑入狱。四川省泸州市纳溪区民政局向法院申请撤销被申请人卢某某监护权。泸州市纳溪区人民法院经审理认为，被申请人卢某某作为卢某一的监护人，对被监护人卢某一实施性侵，严重损害了卢某一的身心健康，已经不适合再担任卢某一的监护人，故对申请人泸州市纳溪区民政局的申请，依法予以支持。由于卢某一的母亲患重度精神发育迟滞，无独立生活能力，不能尽到监护责任，其祖父母、外祖父母均已去世，其姐姐系未成年人，无监护能力。另外，综合卢某一的其他亲属的经济条件及身体状况等因素，亦不适合担任卢某一的监护人，依照《中华人民共和国民法通则》及最高人民法院、最高人民检察院、公安部、民政部《关于依法处理监护人侵害未成年人权益行为若干问题的意见》相关规定，依法判决撤销被申请人卢某某对卢某一的监护人资格，指定泸州市纳溪区民政局担任卢某一的监护人。

轻对被监护人真实意愿和自主决定权的尊重和利益保护，难以适应老龄化背景下高龄老人的养老需求。

20世纪90年代以来，老年人和成年障碍者的基本人权获得国际社会的关注，以尊重他们残存的能力、提升个人的福利为目标的人权保障理念在国际社会达成普遍共识。1999年10月，海牙国际私法会议通过了《成年人国际保护公约》，将心智丧失或者精神耗弱的成年人，包括脆弱的老年人，特别是患有老年痴呆症的老年人均作为其保护的对象。在对成年障碍者和老年人的国际人权保障实践和理论的发展进程中，逐渐衍生出"尊重自我决定"、"活用残存的能力"以及"正常化"的人权理念，并成为国际人权保障的共识。①

《民法总则》以最大限度保障被监护人的利益为核心，不再把欠缺行为能力的成年人当作消极被动的社会福利和救济对象，而是以人为本，把他们视为社会生活的平等参与者，尊重其自我决定权，维持其生活正常化。明确了监护人应当按照最有利于被监护人的原则履行监护职责，尊重被监护人的真实意愿，居民委员会、村民委员会、民政部门或者人民法院应当尊重被监护人的真实意愿指定监护人，最大限度尊重、保护而非全面剥夺成年被监护人的残存能力和自我决定权，对被监护人有能力独立处理的事务，监护人不得干涉。同时，维持和促进成年被监护人生活正常化，正常参与社会生活，明确规定保障并协助被监护人实施与其智力、精神健康状况相适应的民事法律行为，监护理念从《民法通则》的他治替代自治转变为《民法总则》的他治补充自治，从消极保护到促使被监护人自立，从隔绝于社会生活之外到正常参与融入社会生活。

随着我国老龄化趋势的发展，《老年人权益保障法》对《民法通则》规定的监护类型做出了相应调整，第26条确立了我国意定监护的雏形：具备完全民事行为能力的老年人，可以在近亲属或者其他与自己关系密切、愿意承担监护责任的个人、组织中协商确定自己的监护人。监护人在老年人丧失或者部分丧失民事行为能力时，依法承担监护责任。1986年颁布《民法通则》时，只对精神障碍和因年龄而失能的情形作出规定，对于身体障

① 参见李霞《成年监护制度研究——以人权的视角》，中国政法大学出版社，2012，第237页。

碍者、心理障碍者等情形未有涉及，无法满足其他需要监护的成年人的监护需求。《民法总则》第 33 条明确规定了意定监护制度：具有完全民事行为能力的成年人，可以与其近亲属、其他愿意担任监护人的个人或者组织事先协商，以书面形式确定自己的监护人。协商确定的监护人在该成年人丧失或部分丧失民事行为能力时，履行监护职责。这一规定回应了中国的老龄化浪潮中老年人或者成年障碍者对监护的社会需求与社会关切，既有现实意义，也体现了法律的与时俱进。

余　论

《民法总则》监护制度更新了监护制度的理念，确立了监护制度的原则与框架，增设了监护的种类，拓展了监护制度的功能，进一步完善了我国的监护制度。《民法总则》作为民法典的总则篇，主要是规定民事活动的基本原则和一般规定，在民法典中具有统领性的作用，《民法总则》规定的监护制度必然要考虑并囿于总则的地位，对监护制度的规定也具有统领性、框架性的特点。如何将《民法总则》确立的监护制度的基本原则及其框架性规定具体化，使之成为操作性强、可执行、可裁判的规则是婚姻家庭编监护章的任务。

首先，监护原则应当区分未成年人监护与成年人监护。目前的原则对未成年人监护和成年人监护未加区分，均采用“尊重被监护人的意愿，最有利于被监护人的原则”的理念，未体现成年人监护的特殊性。应将这一原则修改为：未成年人监护制度，以保障被监护的未成年人的最大利益为目的；成年人监护制度，以尊重本人的自我决定权，采取适当监护措施，协助维持本人生活正常化为目的。其次，应当增设监护监督制度，强化监护人的职责与责任，督促监护人依法履行监护职责。监护监督人可以是个人、组织或者国家行政机关，负责监督监护人履行监护职责，保障被监护人的合法权益，必要时可以请求人民法院撤销或者变更监护人。再次，在监护类型中应增设委托监护，目前的监护种类欠缺未成年人父母的委托监护制度，难以适应未成年人监护的需求，特别是难以满足现实生活中留守儿童的委托监护之需要，不利于儿童最佳利益的实现。委托监护是指未成年人的父母不能履行或部分不能履行对未成年子女监护职责的，可以将全部或部分监护职责委托给具有监护能力的人。期冀以此解决社会实践中存在的留守儿童无人监护的问题。又次，应当增设监护的拒绝与辞任。监护职责责任重大，且耗时费力，当监护人因身体或智力等其他客观原因难以履行监护人职责时，应当在法律上确认监护人享有拒任权和辞任权，完善监护体制。最后，还应对遗嘱监护、意定监护、监护职责以及撤销监护人资格等做出更为细化、明确的规定，以便于公民守法，司法机关执法。

中国民法典夫妻债务制度研究*

——基于财产权平等保护的讨论

薛宁兰**

【内容提要】我国民法典夫妻债务制度应树立平等保护债权人利益与夫妻双方利益、兼顾维护交易安全与维护婚姻家庭稳定理念。在夫妻债务性质认定上，确立夫妻合意、为家庭共同生活、夫妻共同生产经营等若干标准，以区分共同债务和个人债务。在清偿责任上，共同债务以夫妻共同财产清偿为原则，共同财产不足清偿或财产归夫妻各自所有的，以夫妻双方的个人财产均等偿还；个人债务由举债方偿还，其个人财产不足偿还的，可用夫妻共同财产或对方财产偿还，该方享有补偿请求权。

【关 键 词】民法典　夫妻债务　认定标准　清偿责任

"债"是民法特有的概念，对其含义可从两个层面认识：从权利角度观之，它是指"特定人对于特定人得请求为特定给付之权利"，即债权；从义

* 该文原载《妇女研究论丛》2018 年第 3 期，本文略有删减。

** 薛宁兰，中国社会科学院法学研究所研究员、博士生导师。

务角度看，它是指“特定人对于特定人负为特定给付之义务”，即债务。[①]故而，债是特定人与特定人之间的债权债务关系。本文以婚姻家庭为基本场域，对婚姻期间，夫妻双方或一方与第三人形成的债权债务关系中的债务性质认定及清偿责任，以债法原理为基础，以现行《婚姻法》及其司法解释为分析对象，从对夫妻双方和债权人财产权利平等保护的视角做一探讨，期待对编撰中的民法典夫妻债务制度有所裨益。

一　我国夫妻债务制度演进

中华人民共和国成立以来，国家立法机关先后颁行两部《婚姻法》(1950 年《婚姻法》、1980 年《婚姻法》)，2001 年又对现行《婚姻法》做出重大修改。历次婚姻立法与修法所处的经济社会发展阶段不同，针对的婚姻家庭问题也各具时代特色。尽管如此，夫妻债务制度始终在历次立法和修法中有所体现。

（一）立法沿革

1950 年《婚姻法》以“废旧立新”为己任。关于夫妻债务制度，其第 24 条规定：“离婚时，原为夫妻共同生活所负担的债务，以共同生活时所得财产偿还；如无共同生活时所得财产或共同生活时所得财产不足清偿时，由男方清偿。男女一方单独所负的债务，由本人偿还。”本条界定了夫妻共同债务的认定标准，确立了夫妻共同债务和一方个人债务的清偿原则。尤其确立了共同生活所得财产不足清偿夫妻共同债务时，由男方负责清偿的特殊规则。1950 年《婚姻法》在夫妻共同债务清偿上偏向保护女方的做法，主要基于当时“女方一般地较男方的经济地位弱”[②]这一社会现实，是立法具有社会性别视角的恰当选择。

当时的夫妻债务制度有三个特点：（1）它实为夫妻离婚时的债务认定与清偿制度；（2）夫妻共同债务的认定标准是婚后一方或双方“为夫妻共

---

① 黄茂荣：《债法通则之一　债之概念与债务契约》，厦门大学出版社，2014，第 1 页。

② 陈绍禹：《关于中华人民共和国婚姻法起草经过和起草理由的报告》，刘素萍主编《婚姻法学参考资料》，中国人民大学出版社，1989，第 83 页。

同生活所负”，否则，便是夫妻一方个人债务；（3）对夫妻债务的清偿做共同债务和个人债务之分，即夫妻共同债务以共同财产偿还为原则，共同财产不足偿还时，由男方负责清偿，夫妻一方个人债务，由本人偿还。

1980 年《婚姻法》问世于国家实行“改革开放”政策之初，是对 1950 年《婚姻法》的继续和发展。在夫妻债务制度上，它既受到 1950 年《婚姻法》影响，又针对男女两性社会地位变化，有所推进。其第 32 条规定：“离婚时，原为夫妻共同生活所负的债务，以共同财产偿还。如该项财产不足清偿时，由双方协议清偿；协议不成时，由人民法院判决。男女一方单独所负债务，由本人偿还。”这表明，新《婚姻法》在夫妻共同债务的认定标准上与原《婚姻法》相一致，仍将“为夫妻共同生活所负”作为唯一标准；新《婚姻法》也有不同于原《婚姻法》之处，它将夫妻共同财产不足清偿共同债务时“由男方清偿”，改为“由双方协议清偿；协议不成时，由人民法院判决”。新《婚姻法》做如此之规定，盖因新中国成立三十多年后，妇女群体社会经济地位大幅提升，《婚姻法》的任务已从新中国成立初期解放妇女，赋权于妇女，转向对夫妻双方法定权利义务的平等赋予和保护。①

1986 年我国《民法通则》针对个体工商户、农村承包经营户的债务，第 29 条规定：“个人经营的，以个人财产承担；家庭经营的，以家庭财产承担。”1988 年最高人民法院《关于贯彻执行〈中华人民共和国民法通则〉若干问题的意见（试行）》（以下简称《民通意见》），对此做出进一步解释：夫妻一方从事生产、经营的，其收入为夫妻共有财产，债务亦应以夫妻共同财产清偿。1990 年修改后的《民通意见》继续强调婚后一方经营收入为夫妻共有财产的，其债务应当用夫妻共同财产清偿。

为细化《婚姻法》第 32 条，1993 年最高人民法院《关于人民法院审理离婚案件处理财产分割问题的若干具体意见》（以下简称“1993 年司法解释”）第 17 条第 1 款指出：“夫妻为共同生活或为履行抚养、赡养义务等所负债务，应认定为夫妻共同债务，离婚时应当以夫妻共同财产清偿。”第一次将夫妻一方或双方履行法定抚养、赡养义务所负债务纳入夫妻共同债务

① 薛宁兰：《新中国婚姻立法的男女平等价值观衡量》，《山东女子学院学报》2018 年第 1 期，第 87 页。

范畴。不仅如此，第 17 条第 2 款还对不属于夫妻共同债务（即一方个人债务）的范围做出列举，主要包括四项：（1）夫妻双方约定由个人负担的债务，但以逃避债务为目的的除外；（2）一方擅自资助与其没有扶养义务的亲朋所负之债；（3）一方未经对方同意，独自筹资从事经营活动，其收入确未用于夫妻共同生活所负之债；（4）其他应由个人承担的债务。

随着中国经济形态从计划经济向社会主义市场经济转型，个人和家庭日益频繁地参与社会经济活动，在立法保持高度稳定状态下，司法解释促使夫妻债务制度逐步从原则向具体转变。

（二）现行制度构成

我国现行《婚姻法》仍为 1980 年《婚姻法》，它于 2001 年有重大修正。2001 年《婚姻法》修正案重在解决市场经济条件下婚姻家庭领域中的新问题，例如，夫妻一方重婚纳妾、与婚外异性同居等挑战一夫一妻制的行为。由于夫妻债务制度并非当时修法的重点，修改后的现行《婚姻法》因此没有建立起独立的夫妻债务制度，而是继续沿袭 1950 年《婚姻法》以来的惯常立法模式，只对夫妻离婚时的债务认定及清偿做原则性规定，并且在夫妻共同债务的认定标准与清偿规则上，基本保持了与先前规定的一致性。①

与修改前的《婚姻法》第 32 条相比，现行《婚姻法》第 41 条还是有所变化的。它增加了一种情形，即：夫妻约定婚后实行分别财产制，离婚时有共同债务的，以夫妻双方“协议清偿”为原则。增加这一内容实有必要，夫妻约定财产制是此次修法完善夫妻财产制的一个重要方面，既然法律允许夫妻双方订立书面协议实行分别财产制，实务中便会存在约定实行分别财产制的夫妻在离婚时仍有共同债务的情形。至于本条删去“男女一方单独所负债务，由本人偿还”的缘由，立法机关在《婚姻法》修正案的说明中未曾提及。尽管如此，许多法学教材关于夫妻离婚债务清偿的论述，依旧从共同债务清偿和个人债务清偿两方面阐述。依法理，夫妻一方婚前或婚后以个人名义所负的与夫妻共同生活无关的债务，是个人债务。个人

① 《婚姻法》第 41 条规定：“离婚时，原为夫妻共同生活所负的债务，应当共同偿还。共同财产不足清偿的，或财产归各自所有的，由双方协议清偿；协议不成时，由人民法院判决。”

债务应由本人偿还，即便立法不再明示，也是毋庸置疑的基本法理。

修改后的现行《婚姻法》第19条第3款对夫妻约定实行分别财产制时，一方婚内对外所负债务的定性与清偿做出规定。① 鉴于目前我国民众实行约定夫妻财产制比例较低，约定实行分别财产制的更为少见，这一条款的适用范围非常有限。就现行《婚姻法》第41条和第19条第3款的关系而言，前者适用于夫妻双方对财产制无约定（协议），当然实行法定夫妻财产制的情形；后者则适用于夫妻双方约定实行分别财产制时，一方对外所负债务的认定与清偿。这表明，随着我国夫妻财产制在结构和内容上的完善，夫妻债务制度得以相应细化，开始与夫妻财产制相匹配。

21世纪以来，市场经济在我国深入发展，婚姻期间夫妻一方与第三人发生债权债务关系的情形日益普遍。为防止夫妻双方通过离婚，恶意转移财产，逃避债务，侵害债权人利益的“假离婚，真逃债”现象，2004年4月1日实施的《最高人民法院关于适用〈中华人民共和国婚姻法〉若干问题的解释（二）》［以下简称《婚姻法解释（二）》］以四个条文（第23～26条），对夫妻婚前或婚后以一方名义所负债务性质的认定、举证责任分配、清偿责任等作了较为系统的解释。具体包括如下内容：（1）夫妻一方婚前所负债务原则上应认定为个人债务，债权人若向债务人的配偶主张权利的，须证明该项债务用于债务人婚后的家庭共同生活；（2）婚姻关系存续期间夫妻一方以个人名义所负债务，应当按夫妻共同债务处理，但“夫妻一方能够证明债权人与债务人明确约定为个人债务，或者能够证明属于婚姻法第十九条第三款规定情形”的除外；（3）当事人的离婚协议书或者人民法院生效的裁判文书（离婚判决书、裁定书、调解书）已对夫妻财产分割作出处理的，债权人仍有权就夫妻共同债务向男女双方主张权利；离婚一方就共同债务承担连带清偿责任后，可根据离婚协议或者人民法院的法律文书向另一方追偿；（4）夫妻一方死亡的，生存一方应当对婚姻关系存续期间的共同债务承担连带清偿责任。总体上看，《婚姻法解释（二）》采取的是“债权人优位”的价值取向，忽略了夫妻共同债务形成的特殊性，

① 《婚姻法》第19条第3款规定：“夫妻对婚姻关系存续期间所得的财产约定归各自所有的，夫或妻一方对外所负的债务，第三人知道该约定的，以夫或妻一方所有的财产清偿。”

缺乏对身份法属性的考量。[①] 其第 24 条以“婚姻关系存续期间”作为夫妻共同债务唯一性的认定条件，改变了我国婚姻立法长期坚持的“为夫妻共同生活”这一基本认定标准。

2014 年以来，最高人民法院为弥补不足，多次发布补充性意见、指导案例及补充规定。尽管如此，在司法实务中，有越来越多的债权人直接将举债方的配偶作为共同被告提起诉讼；法官简单机械适用第 24 条认定夫妻共同债务的比例居高不下。[②] 2017 年 2 月 28 日，最高人民法院对《婚姻法解释（二）》第 24 条增加两款补充规定：“夫妻一方与第三人串通，虚构债务，第三人主张权利的，人民法院不予支持；夫妻一方在从事赌博、吸毒等违法犯罪活动中所负债务，第三人主张权利的，人民法院不予支持。”业界普遍认为，虚假债务和非法债务在法律上本属无效，我国司法从未保护过此类债务，“补充规定”仅在强调普遍共识，并未解决夫妻共同债务“时间”推定规则引发的争议。2018 年 1 月 17 日，最高人民法院发布《关于审理涉及夫妻债务纠纷案件适用法律有关问题的解释》进一步细化夫妻共同债务认定标准，确立三类债务为夫妻共同债务。（1）基于夫妻共同意思表示所负的债务。第 1 条规定：“夫妻双方共同签字或者夫妻一方事后追认等共同意思表示所负的债务，应当认定为夫妻共同债务。”（2）因家庭日常生活所负的债务。第 2 条规定：“夫妻一方在婚姻关系存续期间以个人名义为家庭日常生活需要所负的债务，债权人以属于夫妻共同债务为由主张权利的，人民法院应予支持。”（3）债权人能够证明的债务。第 3 条规定：“夫妻一方在婚姻关系存续期间以个人名义超出家庭日常生活需要所负的债务，债权人以属于夫妻共同债务为由主张权利的，人民法院不予支持，但债权人能够证明该债务用于夫妻共同生活、共同生产经营或者基于夫妻双方共同意思表示的除外。”这些新规定不仅有《民法总则》、《婚姻法》和《合同法》的依据，也是各级法院多年审判实践经验的总结，[③]是今后各级法院

① 丁慧、崔丹：《反思与重构：我国夫妻共同债务认定规则的选择》，《中华女子学院学报》2017 年第 6 期，第 7 页。

② 阮占江：《夫妻共同债务或致妇女权益受损》，《法制日报》2016 年 3 月 8 日，第 7 版。

③ 《最高法出台司法解释明确夫妻共同债务认定标准》，中国法院网，http://www.court.gov.cn/zixun-xiangqing-77372.html，最后访问时间：2018 年 3 月 10 日。

处理此类案件认定夫妻债务性质的依据。

（三）小结

创建于1950年《婚姻法》的我国夫妻债务制度历经社会发展不同阶段，因市场经济发展和社会需求增长日益细化。在夫妻共同债务的认定标准上，历次婚姻立法和修法均表述为“为夫妻共同生活所负的债务”。由此可见，我国立法一直以债务的“目的和用途”为认定标准，学界也始终“将婚姻关系存续期间，夫妻一方或双方为维持婚姻家庭生活或者为共同财产、经营活动所负的债务认定为是夫妻共同债务”。① 司法解释则处于不断调整和变化之中。

由立法和司法解释组成的我国现行夫妻债务制度，在构成上，既包括夫妻共同债务的认定标准，也包含夫妻共同债务的清偿责任，制度的主要框架已经形成；在内容上，夫妻债务的认定标准多重，司法解释与立法尚不统一；法律和司法解释对夫妻共同债务清偿责任的规定模糊，存在诸多法律漏洞。在立法技术上，法律和司法解释关于夫妻债务制度的表达尚不够准确，将债务性质认定与债务清偿责任糅为一体，使得学理解释和司法实务中对债务定性和债务清偿的边界把握不清，在一定程度上带来法律实施的障碍。因此，现行夫妻债务制度在立法模式、结构、内容及语言表述等方面都需完善。

二　夫妻债务的性质认定

夫妻债务的性质认定（“共债”或“个债”）是夫妻债务制度的核心内容。确立夫妻债务性质的认定标准离不开对夫妻债务种类的认识。民法上引起债权债务关系形成的原因有四项：契约（合同）、侵权、不当得利、无因管理。由此，债的种类也大致分为契约（合同）之债、侵权之债、不当得利之债、无因管理之债四种。夫妻在共同生活期间也会与第三人形成这

① 丁慧、崔丹：《反思与重构：我国夫妻共同债务认定规则的选择》，《中华女子学院学报》2017年第6期，第6页。

四种债权债务关系。除此之外，基于婚姻家庭生活的特殊性，夫妻债务的类型也有特殊之处，因日常家事代理所生之债便是一例。虽然可将它们归于合同之债，但其产生的根据是夫妻依法享有的对日常家事的相互代理权，其目的在于维持日常家庭生活和对未成年子女的教育及抚养。

（一）日常家事债务

何谓“日常家事”？学理多认为，它是指夫妻共同生活及家庭共同生活中必须发生的各种事项，具体如食物、衣服、家具等生活用品的购置，子女教养、医疗、合理的保健、日常文化消费与娱乐、家庭用工等费用的支出等事项。[①]“日常家事代理”则是夫妻各自基于配偶身份依法产生的相互代理。在大陆法系国家及地区民法典中，它是亲属编（婚姻家庭编）的一项重要制度。[②]其基本内涵是：夫妻在日常家庭事务范围内，与第三人发生民事交往时依法享有相互代理的权利；夫妻一方在日常家事范围内与第三人为法律行为时，不必明示其代理权，可直接以自己的名义、双方的名义或以他方名义为之；夫妻一方实施此类行为的后果，由夫妻双方共同承担，由此产生的债务是夫妻共同债务，由夫妻双方承担连带清偿责任。可见，日常家事债务是夫妻双方或一方为满足家庭日常生活需要，依法行使相互代理权，与第三人形成的一类债权债务关系。

日常家事代理权虽是基于夫妻身份产生的法定代理权，但其行使的效果主要表现为财产上的效益。这可在大陆法系主要国家及地区民法典立法体例中得到印证。例如，《法国民法典》（第 220 条、第 1409 条）、《德国民法典》（第 1357 条、第 1437 条、第 1438 条等）、《瑞士民法典》（第 166 条、第 202 条、第 203 条）、韩国《民法典》（第 827 条、第 832 条）、中国台湾地区“民法典”（第 1003 条、第 1023 ~ 1025 条）都将日常家事代理权的一般性问题（范围及其限制）规定在婚姻的身份效力中，而将该项权利

① 史尚宽：《亲属法论》，中国政法大学出版社，2000，第 316 页；蒋月：《夫妻的权利与义务》，法律出版社，2001，第 61 页。

② 我国现行《婚姻法》一直未对日常家事代理权有明确规定。2001 年最高人民法院司法解释（一）第 17 条对《婚姻法》第 17 条第 2 款“夫妻对共同所有的财产，有平等的处理权”的解释，成为我国日常家事代理制度的基本依据。

行使所生债务的清偿、有无对抗第三人的效力规定在夫妻财产制中。

以法定夫妻财产制类型与我国相同的《法国民法典》为例，其在第一卷“人”第五编“婚姻”第六章“夫妻相互的权利与义务”中专条确立夫妻日常家事代理权，第220条第1款指出：“夫妻各方均有权单独订立以维持家庭日常生活与教育子女为目的的合同。夫妻一方依此缔结的债务对另一方具有连带拘束力。”① 对于法定财产制中构成共同财产负债的范围，《法国民法典》则在第三卷“取得财产的各种方法”第五编“夫妻财产契约与夫妻财产制”第二章“共同财产制”中做出规定。根据第1409条，法定财产制中构成共同财产负债的有两类。一是“依据第220条之规定，为维持家庭日常生活开支与子女教育费用的支出，夫妻双方应当负担的生活费用以及缔结的债务”。此为家庭债务，是“永久性负债”。具体包括：维持家庭日常生活的开支、抚养子女和子女的医疗费用、婚姻居所的费用负担及租金、区分所有权不动产的公摊费用等。夫妻双方对这些“永久性负债”承担连带责任。二是“在共同财产制期间产生的其他债务”。对这类债务的性质认定，需视具体情形判断，或者构成永久性的共同债务，或者是一方个人债务。对于后者，在以夫妻共同财产清偿后，举债一方应当给非举债的另一方补偿。② 可见，法国法是以日常家事代理制度为基本依据对夫妻债务做基本分类的。夫妻双方或一方基于日常家事需要与第三人形成的债务是共同债务；而夫妻共同财产制期间形成的其他债务，则视具体情形，或认定为共同债务，或认定为个人债务。

为防止夫妻一方滥用日常家事代理权减损配偶他方财产利益，实现法律对第三人利益保护和对配偶他方利益保护的平衡，大陆法系立法也对日常家事代理权的行使做必要限制。③ 《法国民法典》第220条第2款、第3

① 《法国民法典》(上)，罗结珍译，法律出版社，2005，第207页。

② 《法国民法典》(下)，罗结珍译，法律出版社，2005，第1138页。

③ 例如，《德国民法典》第1357条第2款规定：“婚姻一方可以限制或排除婚姻另一方处理其效力及于自己的事务的权利；如果此种限制或排除无充足理由，则经申请，由监护法院撤销之。此种限制或排除仅依照本法第1412条的规定相对于第三人有效。”《瑞士民法典》第166条第2款规定：“对于家庭日常事务之外的事宜，夫妻之一方仅在下述情形下可以代理：（1）配偶授权，或法官授权；（2）当情势紧急且配偶因生病、不在场或其他类似原因无法表示同意之意思。”

款对日常家事代理所生债务的连带责任所做的两项除外性规定是：（1）“视家庭生活状况，所进行的活动是否有益以及缔结合同的第三人是善意还是恶意，对明显过分的开支，不发生此种连带责任”；（2）一方“以分期付款方式进行的购买以及借贷，如未经夫妻双方同意，亦不发生连带责任；但如此种购买与借贷数量较少，属于家庭日常生活之必要，不在此限”。这表明，在法国法中，超出日常家事范围的“明显过分的开支”和“以分期付款方式进行的购买以及借贷”都不属于日常家事代理所生之债。它们是举债配偶一方的个人债务，而不是夫妻共同债务。法国最高法院进一步指出，家庭投资活动，尤其是以构建不动产财产为目的进行的投资活动，不属于《法国民法典》第220条规定的具有连带性质的日常家事债务。[①] 这又涉及法律对日常家事范围的限定，除法国法外，其他立法例多做原则性规定而无具体列举，实务中则通过判例和学说予以充实。依据德国判例，“满足家庭日常生活需要的交易”包括所有为满足家庭扶养需要与为满足家庭成员业余生活需要的交易。[②] 德国学者认为，日常家事代理权交易应当具备三个要件：（1）方式上，交易是为了满足生活需要；（2）内容上，交易是为了服务于特定的家庭；（3）标的上，交易应当是适当的，即符合某一家庭的经济状况和生活习惯。[③] 日本的判例和主流学说采取主客观相结合的折中说，认为判断某一法律行为是否在日常家事范围内，不仅要关注夫妻双方共同生活的内部情形和该法律行为的目的，也要充分客观地考察该法律行为的种类与性质，进行综合判断。[④]

综上可见，夫妻互为日常家事代理的范围是有限的。虽然它不能成为夫妻共同债务“时间”推定规则的理论基础，却是认定夫妻因日常家事所生债务性质的根据。在我国现实生活中，夫妻在日常家事范围内与第三人交易的标的通常不会过高，数额一般为几万元，夫妻之间及其与债权人发

---

① 《法国民法典》（上），罗结珍译，法律出版社，2005，第208～209页。

② 冉克平：《夫妻团体债务的认定及清偿》，《中国法学》2017年第5期。

③ 〔德〕迪特尔·施瓦布：《德国家庭法》，王葆莳译，法律出版社，2010，第88页。

④ 赵莉：《论确立夫妻日常家事代表权制度之必要——日本夫妻家事代理权制度带来的启示》，《江海学刊》2009年第2期。

生纠纷的也相对较少。[①] 尽管如此，基于夫妻日常家事代理在婚姻家庭生活中的基础性地位和较高的发生频率，我国民法典应当对日常家事债务做出列举。

（二）婚姻期间的其他债务

婚姻期间，夫妻除因行使日常家事代理权形成日常家事债务外，还会与第三人形成其他债权债务关系。如本文第一部分所述，为我国现行立法和司法解释所明示的夫妻债务类型主要是三类。（1）为夫妻共同生活所负债务。此类债务主要包含：为家庭日常生活所负债务（本文概称为"日常家事债务"），为履行法定抚养、赡养义务所负债务。（2）为夫妻生产经营所负债务。具体分为夫妻双方共同生产经营所负债务、夫妻一方生产经营所生债务两种。(3) 夫妻合意所负债务。具体包括或基于夫妻双方共同意思表示（"共同签字"仅是夫妻合意的一种客观外在表现），或另一方事先知情认可、事后追认，或以双方认可的其他方式为共同意思表示，而与第三人形成的债务。[②]

在日常家事之外，夫妻一方以个人名义与第三人形成的合同之债（如大额借贷、赠与、不动产买卖等），当第三人善意或无过失时，可否直接援引《合同法》第49条关于表见代理的规定[③]，推定其为夫妻共同债务呢？

对此，司法实务中多持肯定态度和做法。笔者认为，此种情形下，直接适用《合同法》规定推定夫妻债务性质有所不妥。理由主要有三。第一，日常家事代理与表见代理的制度追求各有侧重。日常家事代理制度主要在于强化夫妻团体，使夫妻一方在维持家庭共同生活时，对外享有必要的经济上的行动自由；表见代理制度的宗旨则是保护相对人的合理信赖和交易安全。[④] 故而，家事表见代理与一般民事表见代理构成的主客观要件与证明

① 参见叶名怡《〈婚姻法解释（二）〉第二十四条废除论——基于相关统计数据的实证分析》，《法学》2017年第6期。

② 以民法债的分类看，这些夫妻债务可归入合同之债。因此，婚姻期间夫妻及其法定监护人或因侵权行为，或因不当得利、无因管理所生之债也都不能被排斥在夫妻债务的种类之外。

③ 《合同法》第49条规定："行为人没有代理权、超越代理权或者代理权终止后以被代理人名义订立合同，相对人有理由相信行为人有代理权的，该代理行为有效。"

④ 冉克平：《夫妻团体债务的认定及清偿》，《中国法学》2017年第5期。

责任应当有所区别。[①] 第二，通过学理分析可知，《合同法》第 49 条和最高人民法院适用《合同法》、《婚姻法解释（二）》第 13 条都将表见代理的适用范围限于“委托代理”[②]，并且其适用的结果是由被代理人承担代理的后果。新近颁行的《民法总则》关于表见代理亦在“委托代理”而非“一般规定”中设专条规定。[③] 而日常家事代理则是基于夫妻身份的法定代理，具有特殊性，并且若夫妻一方对外负债行为符合“表见代理”要件，其后果则是由夫妻双方共同承担清偿责任。因此，在对超出日常家事代理范围所生夫妻债务性质的认定上，民法表见代理的适用空间是有限的。再者，基于民法意思自治原则，还可根据夫妻双方有无合意或一方是否追认等认定夫妻债务的性质。即便在特定情形下需要作出家事表见代理推定，也不能认为是直接适用《合同法》第 49 条的结果，而是“类推适用”[④] 或“准用”表见代理规则的结果。第三，如若直接依照表见代理规则推定夫妻一方超出日常家事范围所负债务的性质，必然导致此类债务将一律被推定为夫妻共同债务，从而与已废止的夫妻共同债务“时间”推定规则产生“殊途同归”的效果。显然，这既不符合婚姻家庭生活规律，也不利于对非举债配偶一方合法财产权益的保护。

在比较法上，确有诸如《瑞士民法典》第 166 条有关夫妻日常家事代理可形成表见代理的规定[⑤]，但在大陆法系其他民法典中未见有类似规定者。再者，此种情形下，导致第三人有理由相信的“理由”并非“夫妻关系”本身，而是夫妻一方对另一方的“外表授权”。例如，当一方处分登记在另一方名下的夫妻共有房屋时，若双方未有处分房屋的合意，因房产登记在另一方名下，第三人有理由相信一方的意思表示是夫妻双方的共同意思表示，便可能构成表见代理。否则，“就会不当扩大表见代理的适用范

① 孙若军：《论夫妻共同债务“时间”推定规则》，《法学家》2017 年第 1 期。

② 季秀平：《关于表见代理理解与适用的几个疑难问题》，《学习论坛》2011 年第 12 期。

③ 《民法总则》第 172 条规定：“行为人没有代理权、超越代理权或者代理权终止后，仍然实施代理行为，相对人有理由相信行为人有代理权的，代理行为有效。”

④ 曲超彦、裴桦：《论我国夫妻债务推定规则》，《求是学刊》2017 年第 3 期，第 95 页。

⑤ 《瑞士民法典》第 166 条第 3 款规定：“夫妻双方各自对自己的行为负责，如果第三人有理由认为夫妻一方未超越权限，则其配偶应承担连带责任。”转引自《瑞士民法典》，于海涌、赵希璇译，法律出版社，2016，第 65 页。

围，损害夫妻另一方的利益”[①]。从《最高人民法院关于适用〈中华人民共和国婚姻法〉若干问题的解释（一）》［以下简称《婚姻法解释（一）》］第17条第（二）项规定看，夫妻非因日常生活需要对共同财产做重要处理决定，既可能构成有权处分或有权代理，也可能构成无权处分、狭义无权代理或表见代理，并非一律构成表见代理，产生有权代理的法律效果。在日本，虽有学说主张日本《民法》第761条赋予夫妻相互具有代理权，夫妻一方超越此代理权限的行为应直接适用日本《民法》第110条关于表见代理的规定。日本主流学说及判例则认为，以夫妻存在相互代理权为由，广泛肯定《民法》第110条的适用，会损害夫妻间的财产独立。[②] 1969年12月18日，日本最高法院在对一起案件的裁定中指出，一方超越日常家事范围处分他方财产时，不能以其有代理权为由直接适用日本《民法》第110条的越权型表见代理。“只要夫妻一方没有授权另一方，仅在第三人确有正当理由相信该行为系夫妻日常家事之范围时，才能类推适用《民法》第110条，保护第三人的利益。”但“该表见代理并非越权型表见代理，而是授权型表见代理”。[③]

（三）夫妻债务性质的认定标准

婚姻家庭生活丰富多彩，夫妻债务亦成因复杂、种类繁多。即便如普遍存在的夫妻与第三人之间的合同之债，也各有不同，如基于日常家事代理、履行法定扶养义务、从事生产经营所负债务，如此等等，不一而足。这表明用一个高度抽象的夫妻债务认定标准衡量所有夫妻债务的性质，难免会有疏漏，但确立若干标准认定不同类型的夫妻债务仍有必要。

对于既然婚后一方所得是共有财产，婚后一方对外所负所有债务也应一律为夫妻共同债务的观点，本文认为，固然夫妻债务制度隶属于夫妻财产制，不同类型财产制下的债务制度内涵不尽相同。即便如此，也不可一概推定婚后所有债务都是夫妻共同债务。例如，依我国现行《婚姻法》，婚

---

① 季秀平：《关于表见代理理解与适用的几个疑难问题》，《学习论坛》2011年第12期。

② 参见2017年11月“中日民法分则编纂研讨会”会议资料，第31页。

③ 赵莉：《论确立夫妻日常家事代表权制度之必要——日本夫妻家事代理权制度带来的启示》，《江海学刊》2009年第2期。

前一方财产被排除在共有财产范围之外，婚前一方所负债务原则上也应是个人债务，但若该项债务在婚后用于家庭共同生活，则应被认定为夫妻共同债务。同理，婚后一方以自己的人格或财产为他人提供担保所生之债，一方因实施侵权行为所生损害赔偿、实施犯罪行为被判处罚金等，这些债务虽形成于婚姻期间，但与行为人的人身密不可分，亦不可基于婚后所得共同制，认定其为夫妻共同债务。因为，当代夫妻关系立法以夫妻别体主义为基础，男女婚后各自人格独立，法律地位平等，具有完全意思能力，都有“参加生产、工作、学习和社会活动的自由，一方不得对他方加以限制或干涉”,① 故而，婚后一方以自己的意思与第三人形成的上述债务，应认定为个人债务。再者，我国现行法定夫妻财产制虽为共同财产制，却是有限定范围的婚后所得共同制，详言之，它是排除了《婚姻法》第 18 条所列夫妻一方个人财产的婚后所得共同制。既然婚后一方所得并不都是夫妻共有财产，那么，一方对外所负债务也不应一律被认定为个人债务。可见，在立法上明确判断夫妻债务性质的标准甚为必要。

实践证明，我国婚姻立法一贯坚持的“为夫妻共同生活”这一标准符合婚姻家庭生活实际，有利于对非举债配偶一方财产利益保护，民法典应当继续坚持。然而，面向未来的我国民法典夫妻债务制度又不能止步于现行《婚姻法》，毕竟，以“为夫妻共同生活”这一“婚姻利益”为衡量夫妻债务性质的唯一标准实过狭窄。近期学界有建议将之扩大为“夫妻共同从中受益的债务”②，还有建议以“家庭利益”为认定夫妻共同债务的标准。③ 本文认为，我国应借鉴大陆法系国家及地区成熟立法例，吸纳现行司法解释合理成分，在继承的基础上发展我国夫妻债务认定标准。关于我国现行法及司法解释确立的夫妻债务认定标准，学界研究已归纳出“三规则说”“四规则说”“二规则说”。④ 这些虽因论者视角和理解不同而有所差别，却为立法选择提供了范式；最高人民法院新近关于夫妻债务纠纷案件

① 《婚姻法》第 15 条。

② 龙俊：《夫妻共同财产的潜在共有》，《法学研究》2017 年第 4 期。

③ 冉克平：《夫妻团体债务的认定及清偿》，《中国法学》2017 年第 5 期。

④ 夏吟兰：《我国夫妻共同债务推定规则之检讨》，《西南政法大学学报》2011 年第 1 期；陈法：《我国夫妻共同债务认定规则之检讨与重构》，《法商研究》2017 年第 1 期；李洪祥：《论夫妻共同债务构成的依据》，《求是学刊》2017 年第 3 期。

适用法律的解释，增加了现行《婚姻法》界定夫妻债务的“目的导向型”标准，除继续重申夫妻共同生活、夫妻共同生产经营两项标准外，还将夫妻双方合意作为认定夫妻共同债务的另一项标准，是对立法的有益补充。

如果说，将日常家事债务确定为夫妻共同债务是以日常家事代理理论为基础，将夫妻共同生产经营所生之债认定为夫妻共同债务符合婚后所得共同制要求①，那么，将夫妻双方合意作为共同债务认定的另一标准，则是以民事法律行为理论为基础，并与婚后所得共同制内在要求相吻合。现行《婚姻法》第 17 条第 2 款指出“夫妻对共同所有的财产，有平等的处理权”。《婚姻法解释（一）》第 17 条将此解释为两层含义：（1）夫或妻在处理夫妻共同财产上的权利是平等的，因日常生活需要而处理夫妻共同财产的，任何一方均有权决定；（2）夫或妻非因日常生活需要对夫妻共同财产做重要处理决定，夫妻双方应当平等协商，取得一致意见。可见，将“合意”作为夫妻非因日常家庭生活需要举债时认定共同债务的一项标准，符合《婚姻法》及其司法解释对共同财产制下夫妻对共有财产享有平等权利的规定与解释。

综上，我国民法典应当针对不同类型的夫妻债务，采取不同标准确定其性质。这既是对婚姻家庭生活经验与现实的总结，也是平等保护夫妻双方和债权人财产权益的需要。

三 夫妻债务的清偿责任

在夫妻债务制度中，当对夫妻债务性质的认定有清晰的标准后，随之而来的便是对清偿责任的确定。在范围上，夫妻债务的清偿责任包含一方个人债务清偿和夫妻共同债务清偿两方面。囿于篇幅，在此仅对夫妻共同债务清偿责任进行讨论。

依债法原理，当债务人为数人时，法律上有多种规制的可能：按份债

① 对于夫妻一方从事生产、经营所生之债的性质认定，前述司法解释以其收入是否归为夫妻共同财产，来界定夫妻债务的性质。2001 年《婚姻法》修正案明确将“生产、经营的收益”列举为夫妻共同财产，此类债务的性质因此在《婚姻法》中有明确答案。

务、连带债务、不真正连带债务、债务人共同体。[①] 夫妻共同债务是夫妻双方基于共同生活关系，为共同目的依法负担的债务。它以夫妻共有财产为履行债务的担保，可称之为“共同共有债务”。在债的形态上，“共同债务属于单一债务，即将多数人视作团体，对外仅存在一个意思表示，且可制约全体，债权人与团体成员之间不存在数个独立债权债务关系”。故在债务的履行上，主体之间财产共有的内在逻辑要求“因共同关系所生的共同财产理应成为共同债务人的责任财产”。[②] 在此问题上，目前学界已取得较为一致的见解[③]，本文表示赞同。

债法上，共同债务中的债务人共同体既可基于事实原因产生，又可依法产生。我国法律规定的情形有：合伙、夫妻共同共有财产、遗产分割前数个继承人对遗产的共同共有。这在一定程度上表明，夫妻共同债务产生的基础与合伙债务有相通之处，于是，便有主张将婚姻“视为”或“类比为”合伙组织，夫妻双方对共同债务应承担无限连带责任。[④] 本文认为，在探讨夫妻共同债务清偿责任时，将婚姻关系与合伙关系相类比，由非举债的配偶一方承担无限连带责任的观点值得商榷。

第一，婚姻关系是身份关系，是持续性的共同生活关系，是构成一个社会的基础性关系。合伙关系则是经济关系、耦合关系，合伙人之间并不具有夫妻那般亲密的情感，更不会因此生出父母子女等其他亲属关系。过去，学界多将婚姻关系与财产法上的合伙关系相类比，主要在于解释两者在利益共享、风险同担方面有相似之处。在我国婚姻家庭法“脱单入典”[⑤]已是定局的当下，虽然婚姻家庭未被《民法总则》列举为一类独立的民事主体，但它也没有如合伙组织等被归为“非法人团体”。婚姻家庭作为个人

① 王洪亮：《债法总论》，北京大学出版社，2016，第485～486页。

② 张驰、翟冠慧：《我国夫妻共同债务的界定与清偿论》，《政治与法律》2012年第6期。

③ 具体请见张驰、翟冠慧《我国夫妻共同债务的界定与清偿论》，《政治与法律》2012年第6期；贺剑《论婚姻法回归民法的基本思路　以法定夫妻财产制为重点》，《中外法学》2014年第6期；龙俊前引论文；缪宇《走出夫妻共同债务的误区》，《中外法学》2018年第2期。

④ 我国《民法通则》第35条第2款第1句规定：“合伙人对合伙的债务承担连带责任。”《民法总则》第104条规定：“非法人组织的财产不足以清偿债务的，其出资人或者设立人承担无限责任。”

⑤ 夏吟兰：《民法分则婚姻家庭编立法研究》，《中国法学》2017年第3期。

成长、民族进步、社会和谐、国家发展的重要基点，具有其他社会组织无法替代的社会价值与功能，因而在民法体系中具有独特地位。故此，“将夫妻财产关系简单地视为一般的共同共有关系，将夫妻关系等同于合伙，无论在法学理论上还是司法实践中都是不合理的”①。

第二，基于债法原理，以婚后所得共同共有制为基础的夫妻共同债务在形成的基础、债的形态及效力等方面虽与合伙债务相似，都被归为“共同共有债务”，但这仅为两者在财产法上的一致性。在身份法上，夫妻共同债务的存在或为维持日常婚姻家庭生活需要，或为履行养老育幼法定义务，甚或为家庭其他共同利益，其目的和功能与合伙债务根本不同。如果令夫妻一方为共同财产不足以清偿的共同债务承担无限连带责任，在我国尚无个人破产制度的当下，将会带来婚姻家庭的持续性动荡，不利于对婚姻家庭中弱势当事人的制度性保障。其实，在不同性质的合伙组织中，合伙人对合伙债务并非一律承担无限连带责任。2006 年修订的现行《合伙企业法》规定，普通合伙企业的合伙人对企业债务承担无限连带责任；在有限合伙企业中，普通合伙人对合伙企业债务承担无限连带责任，有限合伙人则以其认缴的出资额为限承担责任。这也印证了确立债务清偿责任时将婚姻与合伙相类比是不妥当的。

第三，夫妻作为共同债务的债务人，对债权人应负连带清偿责任。然而，连带责任并非无限责任，相反，作为夫妻共同债务担保的责任财产范围是有限的。从《婚姻法》第 41 条表述可知，为夫妻共同生活所负债务是以夫妻共同财产为限，由夫妻双方“共同偿还”的；本条并未明确夫妻共同财产不足清偿时要以夫妻各自财产负全部清偿责任。至于，《婚姻法解释（二）》第 25 条关于夫妻离婚后的共同债务清偿、第 26 条关于夫妻一方死亡后的债务清偿，虽然明确另一方“承担连带清偿责任”，却未明确责任财产范围要及于该方的个人财产。近年来司法实务中执行“跑路”的债务人配偶的个人财产，是对连带清偿责任的过度理解。

在比较法上，《意大利民法典》第 1294 条将共同债务人之间的“连带”解释为：“在法律没有不同规定或者契约没有不同约定的情况下，共同债务

① 马忆南、杨朝：《日常家事代理权研究》，《法学家》2000 年第 4 期。

人要承担连带债务。"[①]《意大利民法典》第186条和第190条亦规定，夫妻共同债务首先以夫妻共同财产清偿；共同财产不足以清偿全部债务时，债权人方可请求夫妻任何一方以各自财产为债务清偿，但夫妻各自的清偿仅以债权额的半数为限。可见，在意大利法中，对夫妻共同债务的清偿，是以夫妻共同财产清偿为原则，一方个人财产只承担辅助清偿责任。《法国民法典》分两种情形确立夫妻共同债务的清偿规则。（1）婚姻期间的债务清偿。《法国民法典》第1413条规定，婚姻期间的夫妻债务，债权人"均得就共同财产为清偿请求"。第1414条明确指出：只有根据第220条缔结的日常家事债务，"夫妻一方的债权人始能对其配偶所得的收益与工资实施扣押"。[②]（2）共同财产制解除后的债务清偿。《法国民法典》第1483条规定，夫妻一方对另一方所负的归由共同财产负担的债务，"仅就其一半负清偿之责"；共同财产分割之后，除有隐匿财产的情形外，"只要有财产清册，夫妻各方对债务所负清偿责任仅以其从共同财产中分得的财产为限"。[③]由于《法国民法典》《意大利民法典》确立的法定夫妻财产制类型与我国基本相同，上述规定对我国民法典立法具有借鉴意义。

最后，《法国民法典》《意大利民法典》关于夫妻债务的清偿规定还表明，在夫妻共同财产制下，夫妻共同财产亦可为夫妻一方的个人债务"买单"，由此，非举债的配偶一方享有要求举债配偶给予补偿的权利。法律如此规定，一方面有利于维持婚姻共同体存续的物质基础，另一方面凸显了婚姻家庭这一社会基本组织体所具有的浓厚伦理特性。

四　体系化构建我国夫妻债务制度的设想

行文至此，可对夫妻债务制度做一界定。它是有关婚后夫妻双方或一方与相对人（第三人）交易或履行法定扶养义务所生债务的性质认定、清偿责任及内部补偿等内容的制度。它不是夫妻离婚时的财产清偿制度，而

① 《意大利民法典》，费安玲、丁玫译，中国政法大学出版社，1997，第350～351页。以下引用均同。

② 《法国民法典》（下），罗结珍译，法律出版社，2005，第1142页。

③ 《法国民法典》（下），罗结珍译，法律出版社，2005，第1174页。

是夫妻财产制的组成部分。从大陆法系国家及地区民法典立法体例和内容看，在一定程度上，对夫妻债务性质的认定和清偿责任的划分，与夫妻财产制类型紧密相关。

在我国，夫妻债务的认定和清偿问题并非自始是法律和司法解释关注的焦点。它们日益成为现实而又紧迫的立法议题，是随着市场经济不断深入、家庭投资理财渠道多元化、债务风险不断放大等现象的出现而凸显出来的。面对司法实践中显现的现行夫妻债务制度在体例、结构及内容等方面的不完备，立法者切不可视而不见。在编撰民法典婚姻家庭编的关键阶段，整合现行《婚姻法》及其司法解释的相关规定，既是回应在夫妻债务问题上重大社会关切的现实需要，也是历史赋予立法者的使命。

基于上述讨论，本文主张体系化构建我国夫妻债务制度，具体建议如下。

1. 在夫妻的权利与义务中，设专条规定日常家事代理权。具体可包括四项内容：（1）在日常家庭事务范围内，夫妻互为代理人，平等享有日常家事代理权；（2）夫妻非因日常家庭生活需要对共同财产做重要处理决定时，双方应当平等协商，取得一致意见；（3）夫妻一方滥用代理权时，他方可予以限制，但不得对抗善意相对人；（4）夫妻一方越权代理时，他方可向法院申请剥夺其部分或全部代理权。①

2. 在夫妻约定财产制中，专条原则性规定："夫妻双方对婚后债务的性质及清偿有约定的，遵从双方约定。"除此之外，还应建立夫妻财产制协议的公示制度，可规定："夫妻财产制协议应当采取书面形式，并在婚姻登记机关登记。夫妻财产制协议未经登记的，不得对抗善意第三人。"② 此公示制度是第三人知晓包括夫妻债务约定在内的夫妻财产制协议的法定渠道，有利于防止举债配偶一方为规避责任而不告知第三人或者与其恶意串通，虚构债务，侵害非举债的配偶一方财产权益。

3. 在法定夫妻财产制中，专条列举性规定夫妻共同债务和个人债务的

① 关于日常家事代理权的条文设计，可参见课题组负责人梁慧星《中国民法典草案建议稿附理由　亲属编》，法律出版社，2013，第91页；王利明主编《中国民法典草案建议稿及说明》，中国法制出版社，2004，第62页；徐国栋主编《绿色民法典草案》，社会科学文献出版社，2004，第192页。

② 见中国社会科学院民法典项目组《民法典婚姻家庭编条文建议稿》（未刊稿）。

范围。夫妻共同债务包括但不限于：婚姻关系存续期间，夫妻双方或一方为日常家事所负债务、履行法定扶养义务所负债务、管理维护夫妻共同财产所负债务，以及其他与共有财产取得行为相关的债务。夫妻一方个人债务包括但不限于：一方婚前所负债务（但债务用于婚后家庭共同生活的除外）、一方在婚姻期间以自己名义负担的不属于法定共同债务的合同之债、一方在婚姻期间因实施侵权或犯罪行为所生之债等。

4. 鉴于今后夫妻债务的清偿不再限于离婚之时，故在立法体例上，可在夫妻财产制中规定夫妻债务的清偿责任及其责任财产范围。夫妻共同债务以夫妻共同财产清偿为原则；共同财产不足清偿或财产归夫妻各自所有的，以夫妻双方的个人财产均等偿还。① 夫妻一方的个人债务，应由其个人偿还；个人财产不足以偿还的，可以用夫妻共同财产或对方个人财产偿还，但另一方享有对夫妻共同财产或自己个人财产的补偿请求权。

总之，确立夫妻债务的认定标准与清偿责任，事关交易安全与婚姻安全，事关债权人利益和夫妻双方利益的平等保护。从重要性上看，它应当是立法问题，而非司法解释所能承载之重任。

① 课题组负责人梁慧星：《中国民法典草案建议稿附理由　亲属编》，法律出版社，2013，第209页。

关于民法典中亲子关系的立法思考

王丽萍*

【内容提要】《民法总则》采用“大监护”的立法模式来统筹解决父母和父母以外的人（或组织）对未成年人的监护问题，存在诸多弊端。民法典婚姻家庭编（草案）只是在现行《婚姻法》的基础上稍做修改，缺乏亲子制度的体系性安排及具体制度设计，并保留落后规定，存留父母本位的痕迹，无法适应时代需求。建议未来民法典婚姻家庭编中，第一，规定亲子关系的确认制度，包括亲子关系的推定与否认制度、认领制度；第二，规定人工生育子女的法律地位，不再使用婚生子女、非婚生子女的法律术语，统称为亲生子女；第三，规定未成年子女在家庭中的权利，包括受扶养权、受教育权、受保护权、与其他亲属的交往权、姓名权、发表意见权、财产权等；第四，规定父母照顾权制度，强调父母对未成年子女的义务与责任。

【关 键 词】民法典　立法建议　亲子关系　父母照顾权

亲子关系，即父母子女关系，是基本的家庭关系；调整亲子关系的法律制度，也是民法典中的基本制度。作为民法典的开篇之作《民法总则》

* 山东大学法学院教授、博士生导师、副院长。

采用“大监护”的立法模式来统筹解决父母和父母以外的人（或组织）对未成年人的监护问题。但是，父母和未成年子女间的血缘亲性、情感寄托乃至伦理道德、法律规范等，与其他监护人显然有所不同。作为民法典的总则编，《民法总则》主要规定民事活动的基本原则和一般规定，在民法典中具有统领性的作用，对于监护制度而言也是如此。如何将《民法总则》确立的监护制度的基本原则及其框架性规定具体化，使之成为操作性强的规则，是婚姻家庭编的主要任务。本文拟在分析《民法总则》监护制度的基础上，从应然的角度探讨民法典中的婚姻家庭编亲子制度的设计，并就婚姻家庭编（草案）的完善提出立法建议。

一 《民法总则》中未成年人法定监护制度的得与失

《民法总则》沿袭了《民法通则》中关于自然人民事行为能力的规定，将自然人分为完全民事行为能力人、限制民事行为能力人和无民事行为能力人，同时设立监护制度以保护限制民事行为能力人和无民事行为能力人的利益。这也意味着，在家庭中，父母作为未成年子女的法定监护人保护未成年人的利益。就对未成年人的监护而言，《民法总则》比起《民法通则》的规定有诸多进步之处。

首先，关于监护的理念。《民法总则》在《民法通则》监护制度的基础上，确立了尊重被监护人真实意愿、最有利于被监护人利益以及公权力适度介入三大理念，并将这三大理念体现在监护制度的具体规定中，比如拓展了监护制度的功能与类型（如遗嘱监护），确立了监护人资格撤销与恢复制度、临时监护制度，充实与完善了未成年人监护制度的内容等，这彰显了尊重和保障人权的宪法精神以及保护弱势群体利益的人权理念，进一步发展了我国监护制度对未成年人的人权保障性规定。

其次，顾及了父母作为未成年人监护人与其他人（或者组织）作为监护人时的不同。民法典编纂的过程中，一直存在“大监护”与“小监护”的争议。“大监护”的立法体例是将父母照护权（即父母对于未成年子女的权利义务，也有称亲权、父母照顾权）和监护统一称为监护；“小监护”的立法体例则区分父母照护权和监护。有学者提出，应当将监护制度作为主体法在《民法总则》中予以规定，在《民法总则》之中建立亲权、监护和照管三位一体的监护制度；① 也有学者主张我国应改广义监护制度为狭义监护制度，并指出，监护作为一项具体的法律制度，不应当被规定在《民法总则》当中，而应当规定在婚姻家庭法中，这符合未来民法典的总分体例，符合监护制度的双重法律属性，也符合大陆法系民法典的体系化传统，且有利于监护制度的完善与发展。② 2017 年 3 月颁布的《民法总则》继续沿用了“大监护”的立法体例，将未成年人父母和父母以外的人（或组织）对未成年人的监护统称为监护；同时第 27 条分两款分别规定父母和父母以外的人（或组织）对未成年人的监护，即承认父母作为未成年人监护人的特殊性。《民法总则》的相关规定，有合理之处，比如，正视了未成年人法定监护与其他监护设立的基础不同，规定遗嘱监护的身份专属性，以及父母被撤销监护资格时的资格恢复问题等。体现了父母与其他监护人的不同，也反映了立法者的态度。③

但是，《民法总则》的规定也有值得商榷之处，需要加以修改、补充和完善。

第一，关于监护理念。没有对未成年人监护和成年人监护加以区分，均采用“尊重被监护人的意愿，最有利于被监护人的原则”的理念，不能体现未成年人监护与成年人监护的不同。笔者认为，应当将这一原则修改为：未成年人监护制度，以保障被监护的未成年人的最大利益为目的；成年人监护制度，以尊重本人自我决定权，采取适当监护措施，协助维持本人生活正常化为目的。④

第二，关于父母照护权。《民法总则》虽然顾及父母作为未成年人监护人与其他人（或者组织）作为监护人时的不同，并规定了遗嘱监护、父母被撤销监护资格后的恢复等制度，但对于父母的权利、义务、责任和其他监护人的职责的履行及其法律后果，详细的区分性规定不足。父母对于未成年人的权利义务，笔者更倾向于称之为父母照护权。父母对未成年子女

① 杨立新：《民法总则制定与监护制度之完善》，《法学家》2016 年第 1 期。

② 夏吟兰：《民法典体系下婚姻家庭法之基本框架与逻辑体例》，《政法论坛》2014 年第 5 期。

③ 陈甦主编《民法总则评注》（上册），法律出版社，2017，第 280～281 页。

④ 李霞：《成年监护制度的现代转向》，《中国法学》2015 年第 2 期。

的照护权，与其他监护人（或组织）的监护权不同。父母照护权是基于父母的身份、依法律的直接规定而产生的权利，[①] 始于子女的出生，以保护子女利益为目的，须为了子女的最佳利益，全面发展儿童的个性、才能、智力和体力活动。[②] 父母对未成年子女的照顾、保护、教育的义务和权利，不是权利人利己的支配权和处分权，而是一种以关心照顾他人为特点的权利，是一种以法律的形式、为了子女利益而行使的权利，它实际上是一种义务，是"义务权"。[③] 正如日本著名的我妻荣教授所说的，"虽然在能够排除他人地进行哺育、监护、教育这个意义上，它是一种权利，其内容却在于谋求子女的福祉，而非谋求父母的福祉，并且，妥善地行使之，乃是对孩子以及社会的义务"。[④] 德国民法中称为父母照顾权，针对父母照顾权，子女有权要求父母对他们予以尊重以及全面考虑子女的生理、心理及人格的需要。[⑤] 父母照护权的权利义务的双重属性，在许多国家和地区的民法中均有反映。如《日本民法典》第820条，《德国民法典》第1626条，《法国民法典》第371－2条，《俄罗斯联邦家庭法典》第61、63条等。基于父母子女间的特殊身份关系，相比其他监护人，父母不能拒绝或者放弃对于未成年人的监护资格和监护义务；在被撤销监护人资格后可以有条件地恢复；不能请求报酬；父母的注意义务因带有浓厚的道德伦理色彩，立法上更倾向于对父母的信任，降低注意义务的要求，从而给予他们在处理未成年子女事务时更多的自由空间；等等。

第三，关于委托监护。对于现实中备受关注的留守儿童、困境儿童，法律关照明显不足。民政部网站资料显示，截至目前，不满十六周岁的农村留守儿童数量为902万人。其中，由（外）祖父母监护的占89.3%，由亲戚朋友监护的占3.3%，一方外出务工另一方无监护能力的占3.4%，无

① 林秀雄：《婚姻家庭法之研究》，中国政法大学出版社，2001，第331页。

② Carol Bellamy, "Human Rights and the Rights of the Child", in *Taking Action for Human Rights in the Twenty-First Century*, 1998, UNCSCO Publishing, p. 132.

③ 〔德〕格恩胡贝尔（Gernhuber）：《亲属法教科书》，转引自卡尔·拉伦茨《德国民法通论》（上），王晓晔、邵建东、程建英、徐国建、谢怀栻译，法律出版社，2003，第283页。

④ 〔日〕我妻荣：《亲族法》，日本：有斐阁，1961，第316页。

⑤ 〔德〕卡尔·拉伦茨：《德国民法通论》（上），王晓晔、邵建东、程建英、徐国建、谢怀栻译，法律出版社，2003，第283页。

人监护的占 4%。[1] 有相当一部分留守儿童、困境儿童，虽然名义上由祖父母、外祖父母监护，实际上却长期处于监护不力、关爱不足、疏于照顾、缺乏抚慰的状态，生活、教育、心理、行为等方面存在诸多问题。如何在监护制度中体现对留守儿童、困境儿童更多的关爱，解决他们在生活照顾、家庭教育、情感交流、安全保护特别是监护等方面缺失的问题，值得深思。现行的监护制度种类中欠缺未成年人父母的委托监护制度，建议规定委托监护制度，即当未成年父母不能履行或者部分不能履行对未成年人的照顾、保护职责时，可以将全部或者部分职责委托给具有监护能力的人，以解决社会现实中存在的留守儿童、困境儿童监护缺失的问题。

第四，关于亲子制度的系统性规定。我国现行法律规定中，重婚姻关系轻家庭关系、家庭关系中重夫妻关系轻亲子关系的色彩非常明显，现行《婚姻法》中没有完整的亲子制度。同样，这一现象在民法典婚姻家庭编（草案）中也没有得到纠正，这与民法典中的其他制度很难协调。中国民法典如果在亲子制度上仍然存在如此大的偏颇的话，实难谓一部能够屹立于世界民法之林的、面向 21 世纪的民法典。

二　民法典婚姻家庭编（草案）的不足之处

民法典婚姻家庭编（草案）中第三章“家庭关系”第二节规定了“父母子女关系和其他近亲属关系”，有关亲子关系的条文如下。

第八百四十三条：父母不履行抚养义务的，未成年子女或者不能独立生活的成年子女，有要求父母给付抚养费的权利。

第八百四十四条：父母有保护和教育未成年子女的权利和义务。未成年子女造成他人损害的，父母应当依法承担民事责任。

第八百四十五条：子女可以随父姓，可以随母姓。

第八百四十七条：父母和子女有相互继承遗产的权利。

---

① 《关注留守儿童需多措并举》，中华人民共和国民政部，http://www.mca.gov.cn/article/xw/mtbd/201801/20180100007507.shtml，最后访问时间：2018 年 10 月 10 日。

第八百四十八条：非婚生子女享有与婚生子女同等的权利，任何组织、个人不得加以危害和歧视。

不直接抚养非婚生子女的生父或者生母，应当负担未成年子女或者不能独立生活的成年子女的抚养费。

第八百四十九条：继父母与继子女间，不得虐待或者歧视。继父或者继母和受其抚养教育的继子女间的权利义务关系，适用法律关于父母子女关系的规定。

第八百五十条：对亲子关系有异议的，父、母或者成年子女可以向人民法院提起诉讼，请求确认或者否认亲子关系。

另外，第四章“离婚制度”中也有关于离婚后父母子女关系的规定。

第八百六十一条：父母与子女间的关系，不因父母离婚而消除。离婚后，子女无论由父或者母直接抚养，仍是父母双方的子女。

离婚后，父母对于子女仍有抚养、教育和保护的权利和义务。

离婚后，不满两周岁的子女，以由母亲直接抚养为原则。已满两周岁的子女，如双方因抚养问题发生争执不能达成协议时，由人民法院根据双方的具体情况，按照最有利于未成年子女的原则判决。

第八百六十二条：离婚后，一方直接抚养的子女，另一方应负担抚养费的一部或者全部，负担费用的多少和期限的长短，由双方协议；协议不成时，由人民法院判决。

关于子女抚养费的协议或者判决，不妨碍子女在必要时向父母任何一方提出超过协议或者判决原定数额的合理要求。

第八百六十三条：离婚后，不直接抚养子女的父或者母，有探望子女的权利，另一方有协助的义务。

行使探望权利的方式、时间由当事人协议；协议不成时，由人民法院判决。

上述规定，基本上是在现有的《婚姻法》规定的基础上稍做修改，新增加的规定只有第850条对亲子关系异议的处理。

现有草案关于亲子关系的规定，存在以下弊端。

第一，缺乏亲子制度的体系性安排。亲子关系是作为家庭关系的一节，与“其他亲属关系”规定在一起的，缺乏体系性、科学性设计。父母子女关系，如此普遍、广泛的调整对象，却被婚姻家庭编忽视，没有完整的、体系性的制度安排，不仅难以满足民众对行为规范的基本需要，也无法为司法实践提供必要的裁判依据。

第二，必备制度严重缺失。从系统的亲子制度的角度，借鉴世界其他国家、地区的规定，亲子法通常涵盖亲子关系的确定和亲子间的权利义务。详言之，包括：亲子关系的推定与否认制度、认领制度、亲子关系的种类、子女在家庭中的权利与义务、父母照护权的内容与行使、父母照护资格的撤销与恢复。草案中新增加的第850条，只能稍解亲子关系异议处理的燃眉之急，却无法弥补亲子关系的推定与否认制度、认领制度的漏洞。

第三，草案依然存留父母本位的痕迹。父母是子女最大利益的守护者，对未成年子女的生存与发展承担首要责任。当代国际社会，在《儿童权利公约》标准的指引下，以父母履行责任与义务，保障子女最大利益为特征的子女本位立法已成为各国亲子关系立法的主流。[①] 我国《婚姻法》中涉及亲子关系的内容，自1980年《婚姻法》以来从未修改，仍残存父母本位立法的痕迹。有关父母对子女权利义务的规定过于概括、简略，父母抚养教育子女的内涵、边界及法律责任不明确、不具体，对子女权利的保护也不周延。我国应在民法典婚姻家庭编中单独设立亲子关系章，[②] 规定子女在家庭中的权利义务。[③] 另外，在子女本位的理念下，为了彰显父母对于子女承担的义务与责任，《德国民法典》亲属编率先将“亲权”改称为“父母照顾权”，根据《德国民法典》第1626条第1款的规定，父母有照顾未成年子女的义务和权利。德国民法将父母照顾未成年子女的义务和权利的总和称为父母照顾，包括人的照顾和财产照顾；[④] 父母照顾权实为利他性权利，其

① 王丽萍：《亲子法研究》，法律出版社，2004，第29~40页。

② 夏吟兰：《比较法视野下的“父母责任”》，《北方法学》2016年第1期。

③ 王丽萍：《亲子法研究》，法律出版社，2004，第97~113页。

④ 《德国民法典》，陈卫佐译，法律出版社，2006，第509页。

行使须为了子女的利益，名为权利，实为权利义务的总和，因此是“义务权”。[①] 我国民法典中也应当明确规定父母对于未成年子女的权利义务，对不履行或不当履行父母责任者，应当明确规定父母的责任，并由国家公权力介入，对未成年子女实行国家监护。

第四，依然保留落后的规定，如草案第848条依然使用“婚生子女”和“非婚生子女”的法律术语。笔者认为，应当取消婚生子女与非婚生子女的法律术语，代之以“亲生子女”。婚生子女是男女双方在依法确立婚姻关系后所生育的子女，而非婚生子女则是在依法确立婚姻关系前或婚外行为所生的子女，如同居、婚前性行为、姘居、通奸乃至被强奸后所生的子女。以父母是否存在婚姻关系，将子女分为婚生子女与非婚生子女，是“父母本位”立法的表现，是落后的分类，不符合人权保障的历史潮流。从世界范围来看，立法上对非婚生子女的态度，有从歧视到平等保护的过程。目前，在绝大多数国家，无论婚生子女还是非婚生子女，其与父母的权利义务关系是一样的，并不区别对待。在“子女本位”的立法理念下，有些国家的法典不再使用“婚生子女”与“非婚生子女”的名词。如1998年修正后的《德国民法典》亲属编、1960年《埃塞俄比亚民法典》、1986年12月颁行的《越南婚姻家庭法》中均不再出现“非婚生子女”一词。中华人民共和国成立后，自1950年第一部《婚姻法》至1980年的《婚姻法》，均在法律中规定了“婚生子女”与“非婚生子女”的称谓。我国现行《婚姻法》第25条规定：“非婚生子女享有与婚生子女同等的权利，任何人不得加以危害和歧视。不直接抚养非婚生子女的生父或生母，应当负担子女的生活费和教育费，直至子女能独立生活为止。”这种规定，一方面将子女分为婚生子女与非婚生子女，另一方面又强调对非婚生子女的保护，虽然顾及了对非婚生子女的保护，但这种保护难谓彻底。有学者认为，我国《婚姻法》关于非婚生子女法律地位的规定与苏联一样，是世界上最彻底、最先进的。[②] 笔者认为随着社会的进步与发展，最彻底、最先进的做法是取消

---

① 王丽萍：《论家庭对于未成年人的保护——以父母照顾为中心》，《法商研究》2005年第6期。

② 参见杨大文主编《婚姻法学》，中国人民大学出版社，1989，第207页；杨大文主编《亲属法》，法律出版社，1997，第252页。

“婚生子女”与“非婚生子女”的称谓，统称为“亲生子女”；既然非婚生子女享有与婚生子女同等的权利，任何人不得加以危害和歧视，法律中也就没有必要再使用“婚生子女”“非婚生子女”的法律术语，以彻底保护未成年子女的合法权益。

第五，对父母子女关系缺乏科学的分类。草案中依然沿袭了父母与婚生子女、父母与非婚生子女、养父母与养子女、继父母与继子女的分类标准，这既不科学也不适应时代的需求。随着科技的发展，人工生殖技术解除了不能生育子女的夫妻的苦恼，采取辅助人工生殖技术生育的子女呈上升趋势，法律有必要对此加以回应。人工生育技术即辅助性生育技术，人工生育子女是指非通过男女之间自然的性行为而是利用人工生育技术受胎而出生的子女，分为母体内受孕（人工授精）和母体外受精（试管婴儿）两类，而人工授精又分为同质授精和异质授精两种。同质授精是指将夫妻双方的精、卵细胞，用人工方法授精生育子女，夫妻与所生子女间具有血缘关系，与自然血亲的父母子女关系完全相同；异质授精是指用第三人提供的精子对妻子进行人工授精的方法。母体外受精的方式比较复杂，是指用人工方法取卵，将卵子和精子在试管中形成胚胎后再植入子宫妊娠的生殖技术。母体外受精又可分为：（1）采用夫妻的精子和卵子在体外受精，再植入妻子的子宫妊娠，这与同质授精一样，子女均与父母双方有自然血亲关系；（2）采用妻子的卵子与第三人提供的精子在体外受精，再植入妻子的子宫内妊娠，这与异质授精相同，子女有生物学上的即供精者和法律上即养育者两个父亲；（3）采用第三人的卵子与丈夫的精子在体外受精，再植入妻子的子宫妊娠，这时子女则有一个生物学上的母亲和一个孕育自己的生身母亲；（4）采用第三人提供的精子和卵子体外受精，在试管内形成胚胎后植入子宫提供者的子宫内妊娠生育，这时子女则会有一个生物学上的父亲和一个法律上养育自己的父亲，以及一个生物学上的母亲即卵子提供者、一个代孕母亲即子宫提供者和一个法律上的养育母亲。在上述情况下，如何确定具有法律意义的父母子女关系，均需要在法律上加以明确的规定。关于父母子女的分类，笔者认为应当包括父母与亲生子女、父母与养子女、父母与继子女、父母与人工生育子女。

三　关于民法典中亲子制度的立法建议

《民法总则》明确规定了监护制度的基本框架及主要内容，将儿童最大利益原则以及儿童自主权原则作为未成年人监护的基本理念，并贯穿在未成年人监护制度的具体规定中，无疑发展和充实了我国未成年人监护制度。[①] 笔者认为，在民法典婚姻家庭编立法中应当坚持儿童最大利益原则，单列父母子女关系一章，分三节规定亲子关系的确定、未成年子女在家庭中的权利义务、父母照护权，并区分监护、父母照护权、抚养三个法律术语的不同内涵。在父母子女关系一章中更好地明晰未成年子女在家庭中的权利义务、父母对未成年子女的权利义务，凸显父母作为未成年子女首要责任人的作用。

第一，设专节规定亲子关系的确认制度，包括亲子关系的推定与否认制度、认领制度以及人工生育子女的法律地位。建议用以下四个条文，加以规定。

第一节　亲子关系的确认

第　条【亲子关系的推定】

生育子女的妇女，为所生子女的母亲。

在婚姻关系存续期间受胎或者出生的子女，以其母亲的丈夫为父亲。非婚同居期间受胎或者出生的子女，以与其母亲同居的男子为父亲。

受胎的时间，推定为子女出生之前的第三百天到第一百八十天之间。

关于亲子关系的推定，法律另有规定的除外。

第　条【亲子关系推定的否认】

有下列情形之一的，父母及成年子女均有权向人民法院提起亲子关系推定的否认之诉：

（一）通过科学方法证明子女不可能是被推定的父亲的亲生子女的；

（二）有其他事实证明子女不可能是被推定的父亲的亲生子女的。

---

① 夏吟兰：《民法典未成年人监护立法体例辩思》，《法学家》2018 年第 4 期。

父母提起否认之诉的期限为一年，自知道或者应当知道否认事由之日起计算。

成年子女提起否认之诉的期限为一年，自子女成年后知道或者应当知道否认事由之日起计算。

第　条【认领】

在有利于未成年人利益的前提下，生父可以认领未成年的亲生子女。认领成年亲生子女的，须经子女本人同意。认领不得任意撤销。

未成年子女的生母或者其他法定代理人、成年子女，有权向人民法院提出强制生父认领之诉。

第　条【人工生育子女的法律地位】

采取人工辅助生殖技术出生的子女，是同意采取该方式生育子女的男女双方的亲生子女。

理由如下。(1) 关于亲子关系的推定。父母子女之间的亲子关系的确定，是父母子女间产生法律上的权利义务关系的前提。法律中必须就亲子关系的确定作出明确的规定，否则父母子女间的权利义务关系就面临着“皮之不存，毛将焉附”的局面。母亲与子女间的亲子关系是明显的，可以根据子女出生的事实加以确定，不必经过法律手续；而父亲与子女间的亲子关系的确定则相对复杂，由于存在生物性父亲与社会性父亲不相符的事实，就需要对父子关系加以确定。正是基于此，世界上绝大多数国家采取推定的方式确定父母子女之间的亲子关系。推定是最有效率并行之有效的办法。推定作为通行的做法，有很多的立法例可供参考。如《德国民法典》第1591~1593条、《意大利民法典》第231~234条。(2) 关于亲子关系推定的否认。既然采取法律推定的方式来确定父母与子女间的亲子关系，这种推定就有可能被相反的客观事实所推翻，受到亲子关系推定的子女有可能在客观事实上与被推定为父母的男女之间并不存在自然血亲关系。为了使法律推定与客观事实相一致，并让应尽义务的真正生父不逃脱法律责任，各国在规定亲子关系推定的同时，在法律上允许提出亲子关系推定的否认之诉。(3) 关于认领。子女的认领，是指父母承认子女为自己的子女的行为，包括自愿认领与强制认领。认领制度也是世界各国的通例。

第二，设专节规定子女在家庭中的权利义务。建议规定以下八个条文：

第二节　子女在家庭中的权利义务

第　条【受抚养权】

子女有接受父母抚养的权利。

父母应当抚养、照料未成年子女的生活，为未成年子女的健康成长提供必要的条件。

第　条【受教育权】

子女有接受父母的教育、人格尊严受到尊重的权利。

父母应当疼爱、教育子女，关心子女的学习并促进其在身体、智力、品德、人格方面的健康发展。

第　条【受保护权】

子女有接受父母保护的权利。

子女有权维护自己的权益不受父母滥用权利的侵害。

第　条【子女交往权】

子女有权与父母任何一方交往，但严重损害子女利益的除外。

子女有权与祖父母、外祖父母、兄弟姐妹交往，但与子女利益相抵触的除外。

第　条【表达意见的权利】

子女有权在家庭中表达自己的意见。有关子女利益的一切问题，父母应当考虑子女的意愿。

父母必须考虑八周岁以上的子女的意见，但与子女最佳利益相抵触的除外。

第　条【财产权】

子女对其劳动收入、接受赠与、遗赠和继承取得的财产及其收益享有财产权。

第　条【子女的一般义务】

子女应当尊重、帮助和孝敬父母。

第　条【子女在家庭中的服务义务】

子女在与父母共同生活期间，有义务承担与其年龄、体力和健康相适应的家务劳动。

关于设专节规定“子女在家庭中的权利义务”的立法理由。亲子关系，是家庭关系的核心，父母子女之间存在最直接的、最近的血缘关系，亲子法是亲属法中的重要内容之一。亲子法的历史演进，经历了从“家族本位的亲子法”到“亲本位的亲子法”再到“子女本位的亲子法”的发展过程。目前世界各国均逐渐将亲子法的立法本位置放于未成年子女，着重规定父母对未成年子女的义务和责任，规定未成年子女在家庭中受到尊重及其享有的各种权利，强调子女最大利益的保护。我国亲子法的基本观念、基本目的也应以子女最佳利益为核心，重视未成年子女在家庭中的权利，强调父母的义务和责任以及子女最佳利益原则。相关的立法例，如《俄罗斯联邦家庭法典》第十一章以专章规定了“未成年子女的权利”，并将子女的权利规定在“父母的权利和义务”（第十二章）之前。《俄罗斯联邦家庭法典》中规定了未成年子女在家庭中生活和受教育的权利，与父母和其他亲属来往的权利，受保护的权利，表达意见的权利，子女的名、父名的姓的权利，子女的名和姓的变更，子女的财产权利等几个方面。笔者认为，未成年子女在家庭中享有一系列的权利，如受扶养权、受教育权、受保护权、与其他亲属的交往权、姓名权、发表意见权、财产权等。当然子女在家庭中也负有一定的义务，如尊重父母，帮助关心父母，承担与年龄、体力相当的家务劳动等。强调未成年子女在家庭中的权利，有利于形成尊重子女人格和尊严的家庭氛围，有利于子女的身心健康发展，也是现代法治保护弱者的必然要求。

第三，建议设专节规定父母照护权制度。建议以下十五个条文：

第三节　父母照护权

第　条【姓名决定权】

父母有权决定、改变未成年子女的姓名，但子女已满八周岁的，应当征求子女的意见。

第　条【居所决定权】

父母有权决定未成年子女的居所。

未成年人的父母应当与未成年子女在同一居所居住。

非经父母同意，未成年子女不得在他处居住。

第　条【教育权】

父母应当以适当的方法教育未成年子女在身体、品德、智力、人格等方面全面发展。

父母有义务使未成年子女接受义务教育，并应当充分考虑未成年子女的才能、爱好，为未成年子女接受教育提供条件。

禁止使用有害于未成年子女身心健康的方式管束或者教育子女。

第　条【职业同意权】

十六周岁以上的未成年子女就业和选择职业时，应当征得父母的同意。

第　条【法定代理权】

父母是未成年子女的法定代理人，有权代理子女为法律行为。

第　条【交往权】

父母任何一方均有义务和权利与子女交往。

父母离婚的，不与子女共同生活的一方有探望子女、与子女正常交往的权利，另一方有协助的义务。

第　条【交还子女请求权】

在未成年子女被他人诱骗、拐卖、劫持或隐藏时，父母享有请求交还子女的权利。

第　条【财产管理权】

父母对于未成年子女的财产，应当以适当的方式妥善管理。

父母出于未成年子女健康成长或者受教育的必要，可以使用、收益和处分未成年子女的财产。

第　条【保护未成年子女人身、财产的义务】

父母负有保护未成年子女人身、财产的义务。

未成年子女的人身、财产受到侵害时，父母应当采取相应的措施予以保护。

第　条【照护权的行使原则】

父母应当按照有利于子女利益的原则行使照护权。父母履行照护职责，在作出与被照护人利益有关的决定时，应当根据被照护人的年龄和智力状况，尊重被照护人的真实意愿。

父母双方应当共同行使照护权。父母的意见发生分歧时，应当取得一致意见后行使。父母双方未能就未成年子女的某一重大事项取得一致意见时，任何一方均有权请求人民法院裁判。

在必要和可能时，父母应当就有关子女的重大事项与子女讨论并力求取得一致。

第　条【照护权滥用的禁止】

父母不得以行使照护权为名侵害未成年子女的合法权益。

第　条【照护人资格的撤销】

父母有下列情形之一的，人民法院根据有关个人或者组织的申请，撤销其照护人资格，安排必要的临时监护措施，并按照最有利于被照护人的原则依法指定监护人：

（一）实施严重损害被监护人身心健康行为的；

（二）怠于履行照护职责，或者无法履行照护职责并且拒绝将照护职责部分或者全部委托给他人，导致子女处于危困状态的；

（三）实施严重侵害子女合法权益的其他行为的。

本条规定的有关个人和组织包括：其他依法具有监护资格的人，居民委员会、村民委员会、学校、医疗机构、妇女联合会、残疾人联合会、未成年人保护组织、依法设立的老年人组织、民政部门等。

前款规定的个人和民政部门以外的组织未及时向人民法院申请撤销监护人资格的，民政部门应当向人民法院申请。

第　条【抚养义务的继续履行】

被人民法院撤销照护人资格的父母，应当继续履行抚养义务。

第　条【照护人资格的恢复】

被人民法院撤销照护人资格的父母，除对未成年子女实施故意犯罪的外，确有悔改表现的，经其申请，人民法院可以在尊重子女真实意愿的前提下，视情况恢复其照护人资格。

第　条【照护关系终止】

有下列情形之一的，照护关系终止：

（一）未成年子女成年；

（二）未成年子女被他人收养；

（三）未成年子女或者父母死亡；

（四）父母丧失照护能力；

（五）人民法院认定的照护关系终止的其他情形。

照护关系终止后，应当依法为未成年子女另行确定监护人。

立法上应设置父母照护权与父母之外的人（或组织）对未成年人的监护权两种并行的保护未成年人的法律制度。我国现行《民法总则》中的监护制度，是建立在自然人民事行为能力划分的基础上的，未成年人的监护人包括父母作为监护人和其他人（或组织）作为监护人两种不同的情形。由于父母与未成年人之间特殊的人身关系，对于未成年人而言，父母与其他人（或组织）担任监护人显然有很大区别。建议区分父母对于未成年子女的监护与非父母对于未成年人的监护的不同情况：父母对于未成年子女的监护的情形称为父母照护权，非父母对于未成年子女的监护的情形称为监护权，并设置不同的法律规则，包括照护人/监护人的选任、照护人/监护人的职责、照护人/监护人可否获得报酬、照护人/监护人是否可以辞任、照护人/监护人需承担的法律责任等，从而最大限度地保护未成年人的利益。强调父母对未成年子女的照顾、保护，称之为父母照护权符合现代亲子法的理念。相关的立法例，如《德国民法典》中将父母对未成年子女的教育、照顾、保护的义务和权利规定为“父母照顾权”，其第 1626 条明确规定，父母有义务和权利照顾未成年子女，父母照顾权包括对子女的人身照顾（人身照顾权）和对子女的财产照顾（财产照顾权）；父母在对子女的照料和教育中，要考虑到子女的对独立的、具有责任意识的行为不断增长的能力和需要；在视其发展状况而为适宜的情况下，父母应当同子女讨论父母照顾问题并力求取得一致；等等。笔者认为，民法典婚姻家庭编中应当规定父母照护权，包括人身照护权和财产照护权。人身照护权有：姓名决定权、居所决定权、教育权、职业同意权、法定代理权、交往权、交还子女请求权。财产照护权，也称财产管理权，是父母对于未成年人的财产及其收益所享有的义务与权利的总称。父母照护权的行使目的，在于保护未成年子女的权益，因此，有利于未成年子女健康成长、保护子女的人身和财产利益，是父母照护权行使时必须遵守的基本原则；严禁滥用父母照护权；当父母的行为与子女的利益相悖时，侵害未成年子女利益时，应视情况撤销其照护人资格。如，父母实施严重损害未成年子女身心健康行为的（如实施严重家庭暴力行为，或者对未成年子女实施犯罪行为），或者怠于履行照护职责，或者无法履行照护职责并且拒绝将照护职责部分或者全部委托给他人，导致未成年子女处于危困状态的，或者实施严重侵害未成年子女合法权益的其他行为的（如教唆未成年子女犯罪的），等等。由于父母子女间的血缘亲情关系，除对未成年子女实施故意犯罪行为外，父母被人民法院撤销照护人资格后，确有悔改表现的，经其申请，人民法院在尊重未成年子女真实意愿的前提下，根据具体情况，可以恢复父母的照护人资格。

改革与完善收养人条件的立法进路[*]

李秀华[**]

【内容提要】收养人条件研究不仅关系收养当事人利益，也涉及社会整体利益。因此，各国法律对收养人应具备条件均要进行规范和调整。收养人条件直接影响收养关系的质量与走向。在民法典婚姻家庭编编纂视野下审视并重构收养人条件法律制度，对规范收养法律关系具有重要意义。基于不同立法目的，不同国家对收养人条件规定不同。我国《收养法》第6条规定明晰了收养人综合性条件，对界定收养人的适格、稳定收养法律关系具有重要意义。实践证明，我国收养人条件法律制度已滞后于社会发展，并凸显了许多与现代收养制度理念不适应之处。针对收养人条件规定存在不足与局限，本文提出了改革与完善收养人条件的立法思考与进路。

【关 键 词】收养　收养人条件　立法研究

一　问题的提出：收养人条件面临新挑战

在民法典婚姻家庭编编纂之际，探讨收养人条件的法律制度设计有助

* 该文原发表于《中华女子学院学报》2019年第1期。

** 李秀华，扬州大学法学院教授。

于保护收养人和被收养人双方的合法权益，有助于实现收养秩序的稳定，有助于推进家庭与社会的和谐与发展。实践证明，我国收养人条件法律制度已滞后于社会发展，并凸显了许多与现代收养制度理念不适应之处。2008年4月四川省汶川地区地震给我国收养制度带来强烈冲击，引起了社会各界对收养人条件制度的设计与研究进行重新审视与法律思考。2013年1月，河南兰考火灾事故发生以后，引发了社会各界对收养人条件的反思。[①] 根据民政部网站公布的数据，2008年全国收养登记合计42550件，其中中国公民收养登记37009件，外国人收养登记5541件。被收养人合计44115人，其中残疾儿童2833人，女性31065人。2009年底，全国各类收养性单位共收养儿童11.5万人，比2008年增长27.8%。2009年全国收养登记合计44260件，其中：中国公民收养登记39801件，外国人收养登记4459件。被收养人合计44359人，其中残疾儿童2578人，女性32241人。2010年底，全国各类社会福利机构共收养儿童10.0万人。2010年全国办理家庭收养登记34529件，其中：中国公民收养登记29618件，外国人收养登记4911件。被收养人合计34473人，其中残疾儿童2692人，女性25203人。2011年全国办理家庭收养登记31424件，其中：中国公民收养登记27579件，外国人收养登记3845件。2012年全国办理家庭收养登记27278件，其中：中国公民收养登记23157件，外国人收养登记4121件。2013年全国办理家庭收养登记24460件，其中：内地居民收养登记21033件，港澳台华侨收养登记197件，外国人收养登记3230件。[①]

截至2016年底，全国共有孤儿46.0万人，其中集中供养孤儿8.8万人，社会散居孤儿37.3万人。2016年全国办理家庭收养登记1.9万件，其中：内地居民收养登记1.6万件，港澳台华侨收养登记131件，外国人收养

① 2013年1月4日早8时许，兰考县一收养孤儿和弃婴的私人场所发生火灾，造成7名孩童死亡。起火地点为兰考人袁厉害家。兰考县相关领导表示，袁厉害自己有子女，没有足够的抚养能力，也没在民政局登记，不符合《收养法》，不具备收养条件。兰考县在事故处置过程中，启动问责机制。20多年，袁厉害陆续收养了100多名弃婴，一度被人称作“爱心妈妈”。一场意外火灾，把袁厉害这几十年的辛苦都一下抹去。《兰考7名弃儿被烧死事故问责：县民政局长停职》，凤凰网，2013年1月8日；《追问兰考大火：6基层官员岂能担7条生命的全责》，新华社，2013年1月8日；《央视质疑河南兰考有钱招待记者，无钱盖福利院》，网易新闻，2013年1月13日。

登记2771件。家庭收养子女的数量呈现波浪式总体下降的趋势。这个残酷的现实不得不让我们审视收养条件立法的不足与局限。当地收养管理状况因此发生改变。民政部下发紧急通知，对全国范围内民办机构和个人收留孤儿、弃婴情况进行摸底。经排查统计，全国收留孤儿、弃婴的个人和民办机构878家，收留人数9394名。得到民政部门监管并领取最低生活保障或孤儿基本生活费的4654人，约占总数的49.5%。[①] 民政部于2013年3月会同国家宗教事务局专门成立了调研组，深入福建泉州区县开展调研，切实了解宗教界收留孤儿、弃婴的实际情况。例如，袁厉害收养案中袁厉害有子女，收养弃婴及儿童应在到相关登记机关办理登记前发出公告，公告期满后无人认领，视为查找不到生父母的弃婴儿童，袁厉害未到相关部门予以登记，综上袁厉害不符合收养条件，为违法收养。但袁厉害事件引出了相关法律问题。我国现行《收养法》中对收养人收养能力有要求和规定，但因地区经济、文化、环境等差异比较大，最终收养能力评价上会有不同的理解和看法，这就造成对收养人条件的误读以及现实中不明确的问题。对收养能力规定进一步细化，包括性别、物质条件、收入状况、居住条件、犯罪记录等，这些具体明确的规定可以有利于了解收养人的具体情况，保障收养双方当事人的权益，同时对于本身经济能力较强的、社会地位高的家庭应创造更多条件促成收养，解决收养问题，通过法律细化保障收养双方的权利。与外国一些发达国家相比我国儿童福利和权益保护不够全面和完善。全方位多角度审查和落实有关收养人条件的法律，完善收养人条件制度和法规，可以更有效地保障收养中儿童的合法权利。实践中，收养人的收养行为已被深深嵌入浓郁的传统经济、文化与伦理背景中，呈现鲜明的地缘、血缘和时代特色。探讨收养人条件规范问题，审视立法现状，将法学、心理学与社会学等多元视角纳入收养人条件立法视野中势在必行。

① 对于没有纳入政府监管的孤儿弃婴，在排查过程中，已经有相当一部分按照排查通知要求得到妥善安置，一些不符合或者没有基本养育条件的个人和民办机构已把收留的孤儿弃婴移交给了社会福利院。参见卫敏丽《全国共有收留孤儿弃婴的个人和民办机构878家》，新华网，2013年3月1日。

二 收养人条件立法解读、困境与学术争鸣

近几年，我国家庭收养子女的数量呈现波浪式总体下降的趋势。这个残酷现实不得不让我们重新审视收养条件立法的不足与局限。收养的目的是确立父母子女间的权利义务关系，收养人条件直接影响收养关系的质量。明细收养人条件，对规范收养法律关系具有重要意义。我国《收养法》第 6 条对收养人条件作出了规定，其中对收养人的年龄、子女状况及抚养能力等方面提出了较高的要求。收养人应具备一定的条件，如，收养的目的是在收养人与被收养人之间确立父母子女关系，履行法律规定的相应责任与义务，因此，收养人与被收养人之间应有合理的年龄差距。基于《宪法》和《婚姻法》关于计划生育的要求，《收养法》要求收养人无子女。但是根据《人口与计划生育法》的要求，收养人无子女的法律条文与新的法律规定产生了冲突，应作相应调整，即收养人可以无子女或有一名子女。收养人有抚养教育被收养人的能力。为了保证被收养人的健康成长，笔者认为对收养人抚养、教育能力的要求包括三个方面：第一，收养人应具有良好的思想道德品质；第二，收养人有保证被收养人健康成长的物质条件；第三，收养人未患有在医学上认为不应当收养子女的疾病。有配偶者收养子女，必须夫妻双方共同抚养。第 6 条从年龄和收养人的能力方面对收养人进行多方面的限制与要求，符合世界各国收养法关于收养人要求的发展趋势。许多国家会明确收养人的年龄，以保障收养人与被收养人年龄保持理性而规范的差距。第 6 条规定与《收养法》倡导的有利于被收养的未成年人的抚养、成长，保障被收养人和收养人的合法权益原则规定的精神较为一致。按照学者的观点，该条所规定的收养人的条件属《收养法》所规定的收养关系成立的实质条件，即违反该条件，收养关系无效。[①] 越来越多的国家在收养立法中抛弃了传宗接代的立法目的，因此在收养人条件规定上有所不同。例如，受宗教影响，一些国家的收养制度带有特别色彩。例如，尼泊尔在收养条件中特别明确规定，外国人在尼泊尔

① 李静堂：《论收养制度》，《中南政法学院学报》1992 年第 3 期。

收养儿童时，既不能改变被收养儿童的姓氏，也不能改变被收养人的宗教信仰。根据印度的传统，收养旨在保障收养人的精神需求与纪念祖先，因此法定收养人的条件较为严格。例如印度立法规定只允许信仰印度教的人在印度进行收养。我国《收养法》的第 6 条规定降低了收养人年龄，明晰了收养人综合性条件，对界定收养人的适格、稳定收养法律关系具有重要意义。随着收养制度的发展，适当地对第 6 条进行扩张解释，或者对该条适当地进行目的性扩张，可以更好地实现收养立法目的。[①] 将中国收养制度置于国际社会与全球化的浪潮之下，进行收养法国际比较与区际法律比较研究。亦有一些学者立足本土，就目前收养条件规定偏严，收养制度设计缺失如试收养制度、不完全收养制度等及收养程序不够严谨，缺乏可操作性等问题进行分析与探讨，就改革与发展我国的收养制度进行了深度思考与立法前景的构思。[②] 我国收养人条件立法体例较为简单，仅笼统地以实质要件和形式要件加以表述，并最终以法律行为的有效成立加以囊括。全国人民代表大会常务委员会、最高人民法院的高度关注推动着收养立法研究走向深入并取得许多成果。如果国家在制度安排上不规范，设计观念与内容相互冲撞，并以其他法律规范来协调多套法律制度关系，将难以符合《收养法》构建和发展和谐稳定的收养关系的立法宗旨。笔者认为过度强调对被收养人"单向保护"的观点容易否定收养各方当事人通过协商方式对收养关系的一些内容进行更加妥当的安排。德国学者海因·科茨等指出："私法最重要的特点莫过于个人自治或其自我发展的权利。契约自由为一般行为自由的组成部分……是一种灵活的工具，它不断进行自我调节，以适用新的目标。"我们应避免以纯私法观点来规范收养人条件立法。不同领域学者的相关研究成果给了我们更规范与人性化的启迪。如适度扩张收养的人文理念与关怀，尊重收养人与被收养人的权益，尽快完善相应的法律制度

① 蒋新苗：《收养法比较研究》，北京大学出版社，2005；王冠：《涉外收养制度中儿童利益原则在冲突法中的体现》，《学术交流》2008 年第 2 期；石玉、杜新丽：《具有难民身份的儿童的收养问题探析》，《湖南师范大学社会科学学报》2007 年第 6 期。

② 李亚宁：《论收养制度的完善及实践中的非法行为》，《烟台师范学院学报》（哲学社会科学版）2001 年第 3 期；李俊：《略论民法典中收养制度的设计》，《甘肃政法学院学报》2006 年第 1 期；文灿：《事实收养的判断标准》，《社会福利》2007 年第 3 期。

之必要性与紧迫性。[①] 巫昌祯、杨大文、杨怀英、李志敏、王德意等老一代婚姻家庭法专家多年前从理论与实务高度关注了收养人条件的法律制度构建。在我国，从 1991 年 12 月《收养法》通过到 1998 年 11 月《收养法》修正案出台，我国收养人条件的合理性始终受到关注与质疑。[②] 收养人条件体现了收养各方主体平等、互助的优越性，但仍存在值得关注的探讨与争鸣。

（一）收养人条件的探讨与争议

对此有三种立法主张。第一种主张认为应采用限定主义。旨在严肃收养行为，防止违法收养产生。第二种主张采用不限定主义。对收养行为应采更包容、开放及更加具有人文关怀的态度，使收养行为更具开放性与包容性。第三种主张采适度限定收养主义。有学者认为，我国《收养法》对收养人条件规定采取的是典型限制主义，不符合我国现实情况，不利于老有所养，幼有所育。[③] 多数人认为应采不限定主义，建议放宽收养条件。许多学者认为收养人条件过于局限，分析了限制收养人条件之种种弊端，强调从儿童最大利益原则角度进行考量，建议改革收养人无子女、收养一名子女等实质要件。例如，年龄上可以进一步放宽，收养一名子女条件应取消。从收养本意而言，这一立法要求主要是为了维护被收养人利益和保护老年人的合法权益。从计划生育要求看，放开二胎政策并不是全面放开生育政策，如对有子女的人不作任何要求与控制，势必会影响计划生育的执行，从而导致家庭构成的不平衡，对计划生育工作开展十分不利。因此，从国家整体利益出发，对有子女的人的收养权利加以必要限制是立法上的

---

① 李鹏飞、王伟：《弱嵌入性理论认知图示下的自贡市家庭收养解读》，《四川理工学院学报》（社会科学版）2008 年第 3 期；王素英：《收养汶川地震孤儿应该充分尊重被收养儿童的权益》，《中国民政》2008 年第 7 期；汪自成：《汶川地震未成年人收养问题的法律应对》，北大信息网，2008 年 6 月 17 日。

② 蒋新苗：《国际收养法律制度研究》，法律出版社，1999；蒋新苗：《现代收养制度趋同化取向》，《湖南师范大学社会科学学报》2000 年第 6 期；李纲 ：《论收养法律制度的价值取向》，《甘肃政法成人教育学院学报》2006 年第 1 期。

③ 早在 1991 年 11 月 5 日至 7 日，中国婚姻家庭法学会在广西壮族自治区桂林市召开收养法学术会议。这是一次完善与推进收养法走向规范的具有里程碑意义的会议。其中，对收养条件的立法指导思想进行热烈而认真的研究。多数学者认为应采不限定主义态度。

必然要求。理由如下：第一，对收养人过度限制难以实现预期的收养目的，不符合国际收养立法趋势；第二，随着社会发展及公众观念日趋更新，对收养人的限制性规定已不适应公民收养需求。很多学者认为不应对收养人条件规定过于严苛。[①] 思考如下：在司法解释或《收养法》实施细则中，或未来立法中应作更为宽泛的解释或法律规定，将有利于保护儿童和老人合法权利。理由如下：第一，从民法原理上而言，收养是一种民事法律关系，只要当事人意思表示真实，又不违反法律或社会公共利益，不必作过于严格的限制；第二，《收养法》应确认新中国成立以来已有的地方和部门收养法规所规定的合理收养范围，以保持我国民事法律的连续性和稳定性；第三，收养实践证明对收养人条件过分限制不符合社会实际情况。

（二）关于收养人年龄界定的探讨

收养人年龄，实质上是收养人的基本资格条件。在收养法律关系中，年龄是确定公民在法律关系中的权利能力、行为能力和责任能力的标准。在收养方面需要确定一个合理与科学的收养人年龄界限，以满足人们收养子女的合理要求。收养人年龄界限，主要是根据立法传统、伦理秩序、国家和社会利益等多种要素确定的。因此，各国对收养人年龄规定不一。我国立法确定30周岁为收养人的年龄界限主要基于下列依据。第一，收养是确立养父母养子女关系的法律行为，只有达到一定年龄的人，才具有为人父母的资格和作为收养人的基础条件。第二，根据《婚姻法》和《收养法》规定，收养必须符合计划生育的要求与精神。因此，收养人必须首先具备无子女和不能生育的前提条件。若允许有子女或有生育能力的人收养，会出现与计划生育规定的精神相悖的现象。因此，无子女和医学认为不能生育是收养人的必须具备条件。而年龄界限则是以上述为前提的一个必要条件。第三，根据我国婚姻传统，夫妻婚后通常渴望享受亲子之情。年龄到30周岁各方面条件相对成熟，收养子女对夫妻和社会均有利。收养条件主要基于主客观多种因素，不是收养人单方意愿所能决定。尤其收养必须在

① 杨振山：《民商法实务研究·婚姻家庭卷》，山西人民出版社，1997，第333～335页；王歌雅：《完善收养制度的立法思考》，《法律适用》1997年第4期；吴国平：《试论我国收养立法的完善问题》，《安阳师范学院学报》2007年第1期。

实行计划生育原则的精神下实施时，更增大了收养过程的复杂性，因此，收养人各方面条件的成熟难以同步。学界主要有两种法律态度。第一种观点，认为收养人年龄较为恰当。理由如下：第一，收养人年龄是根据晚婚与计划生育要求推算出的收养年龄界限，对保障实现无生育能力人收养权益更为稳妥；第二，收养人年龄符合我国收养传统习惯与当事人心理状态；第三，符合国际社会关于收养年龄的发展趋势；第四，可满足夫妻尽早收养子女的愿望，亦可保障子女在父母精力最充沛时期得到最佳抚育和照料。第二种观点，认为收养人年龄界定仍偏高。笔者认同此观点。理由如下：第一，偏离现实生活中收养人与被收养人实际情况；第二，若被收养人父母双亡，亟待亲人与他人收养，收养人年龄则成为收养阻碍；第三，许多国家收养人的年龄低于 30 周岁。立法建议：在某些特殊情况下，降低收养人年龄于公于私均有利。对收养人年龄的过度限制，不利于收养关系稳定，无形之中会缩小被收养人范围，不利于收养愿望实现及维护收养人与被收养人的利益。

（三） 无配偶男性收养女性为养女，年龄差40周岁以上的规定是否妥当?

依据《收养法》第 9 条规定，无配偶男性收养女性时，收养人与被收养人之间的年龄相差 40 周岁以上，此种做法是否合理？普遍的认识是实践中女性容易受到男性性侵或者有结婚的潜在可能性，被收养的女性在客观上有受保护的需要。笔者认为，这一解读很显然缺少正当性与合理性。这一规定显然具有随意性，甚至带有一定的世俗偏见。民法典婚姻家庭编编纂之际，笔者认为在此问题上，不应有性别差异与对单身者的歧视性规定。出于《收养法》保护被收养的未成年人的目的，对于无配偶男性与女性实施收养行为应设置一定的年龄差要求。年龄差在将来立法中应缩小，相当于一代人即可。

（四） 收养与计划生育政策

有学者强调对收养人条件的设置在某种意义上是为了更好地实行计划生育原则。笔者认为多年来因收养人条件与计划生育关系未能梳理清晰，收养人条件与计划生育政策在形式上发生了冲突。通过严格立法严堵计划生育政策漏洞是否是立法正确的选择？笔者认为，收养应将国家利益与公民正当要求有机结合起来，引导社会公众遵守计划生育政策。因此放宽收养条件，让需要子女的父母和需要父母的儿童尽可能按照最好的安排组成家庭，同时在收养程序上作出严格规定，通过程序运作排除违反计划生育政策的收养。2016 年 1 月 1 日起，中国正式从“只生一个好”转向鼓励生育两个孩子。这一政策的调整与变化直接影响收养制度的调整与安排。在实施收养行为时应适度地实行计划生育政策，在收养数量方面进行相应改革。计划生育政策应成为收养制度人性化结果，而不应成为收养制度追求的目标。此外，现代收养制度的宗旨应体现儿童利益最大化。笔者建议：第一，重新定位收养与计划生育逻辑关系，收养实质要件不应不合理地排除公民收养权，能够对其限制的仅是程序规定；第二，取消收养人无子女或收养数量的限制条件，辅以适应原配套程序的措施，会更人性化地促进计划生育政策落实；第三，采取宽松实质要件与严格程序要件相结合的收养模式，以便落实计划生育原则的精神。

（五）如何兼顾收养人与被收养人的利益？

有学者认为当今世界上大多数国家收养制度的价值取向与功能以“育幼为主”。在收养制度进一步发展与完善的过程中，会迎来为子女利益的收养与为收养人利益的收养并存的历史发展阶段，并推动养老育幼功能的复兴。现行《收养法》收养人条件等制度设计方面仍欠缺人文关怀。例如是否可以放宽收养人条件，如降低收养人年龄，改革收养人须无子女、只能收养一名子女的收养条件？建立确定收养人资格的监理机构，赋予收养人与被收养人因具有血缘关系而享有优先收养权，设立收养磨合期即试养期。放宽收养条件，设立不完全收养制度，兼顾收养当事人的利益。兼顾收养人与被收养人利益是当今世界收养立法的基本原则。立法价值取向与收养制度的功能发挥有直接关联，强调并落实这一原则是现代收养制度的客观要求，对我国收养制度融入国际收养化的潮流及促进收养制度的健康发展具有重要意义。

三 收养人条件的立法审视与重构

一些学者以其敏锐的视角对收养人制度进行了系统性研讨。一些学者试图将收养立法研究从国际比较研究视角嵌入中国《收养法》本土研究版图。如对一些国家收养法进行比较研究、对区际收养制度比较研究、对中国收养制度系统研究及提出立法建议。将收养人条件的立法置于全球化浪潮下，进行收养法国际比较与区际法律比较研究。一些学者突破本土研究的狭窄空间，将新的收养精神与理念导入中国收养制度中，客观上为中国收养人条件立法研究、借鉴、移植最新立法成果创造了条件。比较研究为建立和完善我国涉外收养人条件法律制度提供了宝贵借鉴和重要理论参考。笔者认为应改革收养人条件：降低对收养人要求，注意收养人年龄界限与其他法律规定协调，注意吸取先进国家的优秀研究成果之精华，增加试养制度，明晰涉外收养的适用法律与程序。

（一）国外立法经验的借鉴与启示

1. 美国法——同步关注收养人与被收养人的合法权益

美国立法十分强调收养立法保障子女利益最大化。美国相关政府官方网站——儿童信息门户网站中包含了所有国家授权的机构，囊括了私人和公立收养机构的信息。私人收养机构多关注婴儿收养，而公立收养机构则主要负责为等待领养的儿童寻找合适家庭。1997 年颁布《收养和安全家庭法案》后，美国的监护儿童收养数量急剧增加。美国相关法律规定：收养人必须年满 25 周岁。为确保收养质量，在办理收养手续前，收养者必须见被收养儿童。即使被收养子女在国外，收养者也要想尽办法见被收养子女。收养人如果仅仅看到过所要收养孩子的录像或照片，不等同于法律上确定的“亲自见过”。不过，收养人在办理收养手续前或过程中，没有亲眼见到所要收养的孩子，申请人仍有机会成功收养，但条件是申请人必须提交一份声明，同意这个孩子可以被二次收养。“二次收养”的规定像一把悬在头上的剑，时刻提醒收养人认真履行好养父母的责任，否则随时都有可能被剥夺做养父母的权利。收养前，申请收养的家庭需要接受背景调查。在收养前，收养人还应提交儿童收养推荐书。家庭调查的目的是确保被收养儿童拥有良好的成长环境，不会因为被收养而受虐待。家庭调查所涵盖的内容相当多：调查员亲自与预养父母对话，询问家庭情况，比如预养父母家庭人数；对预养父母及其家庭成员的身体、精神、情感能力进行评估；预养父母的财政状况也会被细致记录，比如收入、债务、消费，以及赡养家庭其他成员的费用。调查员还要对预养父母住房条件作细致描述。除此之外，预养父母为残疾儿童提供适当照料的能力将被记录在案。最后预养父母还需接受“照料收养儿童的能力”的综合评估。调查员还会了解预养父母的其他情况，比如调查他们及其家庭成员的儿童虐待记录，是否滥用药物，是否有性虐待或家庭暴力记录（联邦调查局或警方出具证明），是否犯过罪（曾犯严重罪行的人没有资格收养儿童）。如果预养父母未能如实反映情况，收养申请将被驳回。

2. 德国、法国收养的相关法律规定

民主德国和联邦德国统一前实行不同的婚姻家庭法律制度，其实体法规范和程序规范存在巨大差异。《民主德国家庭法典》和《联邦德国民法典》均规定，无行为能力或限制行为能力的人不能收养子女。民主德国在家庭法典第 67 条中规定收养人必须为成年人，并要求收养人与被收养人的年龄之间必须有合理差距。联邦德国法规规定更加具体，例如规定有婚生子女或非婚生子女的人不可以再收养其他儿童，但收养人即使有其他子女，仍然可以收养自己的非婚生子女。法院可以根据是否有利于被收养儿童的利益，决定是否宣告收养关系成立。联邦德国法律规定，已经结婚的夫妻可以单方成立收养关系，但应取得配偶方的同意。联邦德国法律规定，如果收养人申请收养自己的非婚生子女或配偶一方的子女，不受收养者必须年满 25 周岁或 21 周岁的限制，法院可以作为特例准许。由此可见，儿童利益最大化原则推进大陆法系与英美法系作出改进。以儿童利益为立足点的观念的影响冲击一些国家的收养立法与司法实践。美国大部分州的法律以保护儿童利益为首要考虑的观点，对法国、德国、英国法院也产生了巨大的影响。法国规定，夫妻共同收养或单独收养，或是独身男女单独收养子女，收养人年龄必须年满 30 周岁，如果被收养子女是继子女，需要符合 10 周岁的年龄差条件。如果夫妇一方单方收养，其年龄不得低于 30 周岁，而且需取得其配偶的同意。如果夫妻双方共同收养，至少有一方年满 30 周岁且双方结婚 5 年以上，且已婚夫妇必须无婚生子女才能申请收养他人子女。如果夫妻在收养后又生育子女，并不影响收养关系的法律效力。在完全收养中，被收养的儿童必须未被他人收养，即一名儿童不得同时被他人共同收养，只有原先的收养方死亡后才可以为他人收养。法国未对收养当事人的性别、宗教信仰和国籍等方面进行限制性规定，但收养法特别强调收养人的道德和品行，目的是维护被收养儿童的权益。例如，法国法律允许父母收养自己的非婚生子女，这样就使得非婚生子女的父母在恢复非婚生子女合法地位时避免了一些不必要的尴尬，收养成为通奸或乱伦所生的非婚生子女获得合法地位的唯一方法。

3. 英国立法：细致与多元化

英国收养立法理念在于对无子女的人给予父母权利，对无父母或父母无养育能力的人予以父母保护。对子女养育而言，家庭环境绝对优于最佳社会福利设施所能给予的生活。其立法主张收养使无血缘关系的养父母与养子女间产生父母子女关系。根据英国收养法规定，除夫妻以外，不得两人共同收养子女。夫妻共同收养时，夫妻双方均应年满 21 周岁。英国现行收养法规定，生父与生母可以共同收养其非婚生子女，但父母一方去向不明或有其他重大理由的，他方可以单独收养。英国立法中明确将收养分成两个阶段：第一阶段，由法院决定儿童是否适合被收养；第二阶段，在试养期或收养磨合期，儿童与预期养父母共同生活一段时间后才能正式成立收养关系。英国立法主张收养是不可分割的统一过程，只是在收养成立以前应有一段试养期，并由法院以监护令的方式确立预期养父母的监护权，以保证试养期中的儿童的身份或法律地位处于稳定状态。

4. 比较法视野下的研究与启示

许多国家收养人条件的立法十分注重与有利于被收养儿童成长的原则统一起来，强调收养制度关系到收养当事人各方的合法利益。现代国际社会的收养法一般规定了试养期，通常为六个月到一年。但也有少数国家的法律规定为两年，如《瑞士民法典》有此要求。许多国家收养法还规定了试养过程及此前的收养调查程序，既关注被收养子女利益最大化，也十分关注收养人的利益。各国立法与司法实践不尽一致。海牙跨国收养以保护被收养儿童权利为出发点，当然也关注收养人的利益。收养人年龄集中在20周岁至28周岁，对单身收养子女的条件相对宽松，建立试收养制度，旨在保障被收养人与收养人的双向利益。这为我们重构收养人条件提供了可以借鉴的经验。

（二）完善我国收养人条件的立法思考与进路

对收养人条件的设立，除基本收养条件符合外，还应包括性格与心理测试等，收养人必须达到一定标准才能收养子女。关于收养人条件，国外立法收养条件一般相对宽松，对收养人年龄、收养条件的控制并不是特别严格，目的是更好地优化收养关系，实现收养制度的目标。因为过多地设立限制的条件不利于保护收养人和被收养人的权利。妥善设立收养人条件，不仅是我国收养人条件制度改革之必然，也是世界各国收养立法的发展潮流。

1. 降低收养人年龄

关于收养人年龄规定，一些国家在立法中出现了一些趋同现象。笔者建议适当降低收养人的年龄。中国与法国收养法均规定收养人应年满30周岁。《法国民法典》规定，无论是夫妻共同收养还是单独收养，或单身男女单独收养，收养者都必须年满30周岁。《法国民法典》第344条规定，收养人的年龄应当比其收养的子女的年龄大15周岁以上，如拟予收养的子女是收养人配偶的子女，收养人与被收养人的年龄仅要求相差10周岁以上。联邦德国法律规定，如果收养人申请收养自己的非婚生子女或配偶一方的子女，允许其不受收养者必须年满25周岁或21周岁的限制，法院可以作为特例准许。但对未成年人的人身或财产行使监护权者，在监护关系存续期间，即只要监护人继续行使监护权或者承担被监护人的财产管理之责，不得收养被监护的未成年人为养子女。《民主德国家庭法典》和《联邦德国民法典》都一致规定，无行为能力或限制行为能力的人不能收养子女，“允许配偶一方收养另一方的子女”收养人的年龄，民主德国只在家庭法典第67条笼统地规定必须为成年人，并要求收养人与被收养人的年龄之间必须有合理的差距，相比民主德国，联邦德国的规定更详细、更规范。《奥地利普通民法典》第180条规定：养父应年满30周岁，养母应年满28周岁。如果配偶双方共同收养，或者被收养人是收养人的配偶的亲生子女，而且，在收养人和被收养人之间已经存在与亲生父母子女关系相当的关系，允许低于上述年龄界限。养父和养母必须至少比被收养人大 18 周岁。如果被收养人是收养人配偶的亲生子女，或者被收养人与收养人之间存在血亲关系，则年龄相差 16 周岁就已足够。笔者认为，收养人年龄略高于法定结婚年龄即可，例如年满 25 周岁即可，结婚年龄在一定程度上标志着一个人心理与行为的成熟，标志着一个人对社会、对家庭具有一定的责任担当。

2. 从立法上肯定无配偶者收养子女的权利

我国现行《收养法》第 9 条规定："无配偶的男性收养女性的，收养人与被收养人的年龄应当相差四十周岁以上。"从该条文义来看，其适用前提之一是收养人为无配偶的男性。该条对无配偶男性收养女性设置了特殊限制条件。按照学者观点，法律作出此种限制的主要目的是防止"乱伦"和其他非法现象的发生。[①] 在民法典婚姻家庭编立法中，多数学者认为无配偶男性或女性收养子女的年龄差在 25 周岁至 30 周岁，虽然未完全突破传统立法对单身者收养异性子女年龄的过度要求，但已经是中国立法的重大突破。显然这种推测缺少科学规范的根据，带有对单身者的歧视，并具有随意性与片面性。关于无配偶者能否收养子女，有支持论与反对说两种观点。有学者通过实证研究提出反对观点，认为无配偶者收养子女有诸多弊端。其理由如下。第一，抚养能力不足。绝大多数无配偶者因自己条件差，错过婚期。有些无配偶者不能独立承担抚养责任，多需要家庭成员帮助抚养，不利于孩子健康成长。第二，直接进入单亲家庭模式，缺乏父母完整之爱。无配偶者收养子女使养子女处在特殊的家庭环境中，难以实现收养子女的目标。第三，收养动机模糊。有学者调查发现有些无配偶者收养的目的仅是养儿防老。[②] 因此有学者建议禁止无配偶者收养子女。亦有学者持相反意

① 余延满：《亲属法原论》，法律出版社，2007，第 421 页。

② 王蕾、姜宗乐：《单身收养之管见》，《中国民政》1999 年第 11 期。调查表明自 1992 年 4 月 1 日《收养法》实施至 1999 年 4 月 1 日前的 7 年间，烟台市共办理收养登记 386 件，其中，收养人为单身的 51 件，占总收养件数的 13.2%。就绝大部分单身收养行为来看，前景不容乐观。男性单身收养人大都综合能力较差，竞争能力弱。45 件男性单身收养中，收养人有婚史的只有 7 人，其他均为未婚；余湛认为应完善我国《收养法》，如从法律上禁止无配偶者收养子女。余湛：《谈我国收养条件立法的缺憾与重构》，《佛山科学技术学院学报》（社会科学版）2003 年第 4 期。

见认为无配偶不应成为收养障碍，理由如下。第一，无配偶者收养子女并不必然导致对子女不利的后果。如果经过综合评估，如综合素质、经济条件、学识等符合收养要求，应允许无配偶者收养。第二，如果在法律上否定无配偶者收养子女的权利，会有歧视之嫌。随着单身者数量的增加，单身收养会成为未来收养趋势之一。第三，对单身收养条件进一步完善。[①] 因为单身并不意味着必定无法有效建构收养关系。立法上明晰无配偶者可以收养子女的规定，应有助于推进多元收养模式的建构。

3. 取消收养人“无子女”的规定

恩格斯指出：社会生产包括两方面，“一方面是物质资料即食物、衣服、住房以及为此所必需的工具的生产；另一方面是人类自身的生产即种的繁衍”。目前我国是世界第一人口大国。2015 年 10 月十八届五中全会决定全面放开二胎政策，这意味着一对夫妇可以生育两个孩子。2015 年 12 月 27 日，十二届全国人大常委会第十八次会议通过了对《人口与计划生育法》的修改，实行了 30 多年的独生子女政策在 2016 年 1 月 1 日正式终结。[②] 我国新《人口与计划生育法》第 18 条第 1 款、第 2 款规定：“国家提倡一对夫妻生育两个子女。”“符合法律、法规规定条件的，可以要求安排再生育子女。具体办法由省、自治区、直辖市人民代表大会或者其常务委员会规定。”新的《人口与计划生育法》使《收养法》受到挑战。《收养法》在制定过程中注重了与计划生育原则实行的协调。《收养法》第 3 条规定，收养不得违背计划生育的法律、法规。《收养法》中有关不得以送养为理由超计划生育的规定，无子女者只能够收养 1 名子女的规定，年满 30 周岁才能成为收养人等规定都是这一原则的具体体现。因为放宽生育政策，是否可以收养二胎甚至多胎同样成为立法关注的问题。因此，在具体实施收养时，必须注重收养政策与计划生育原则的配套执行。其依据一，长期计划生育

① 有学者认为随着生命质量与人口寿命的提高，人们的生活模式与生活观念发生了变化。出现了不婚族。不婚族不愿做传宗接代的工具，中国已出现第三次单身危机。我国单身队伍不断壮大。在一定阶段或一定时期因情感或生活需要出现单身收养很正常，很符合人性，但给予一定法律规制很必要。如无配偶女性收养男子作为养子亦应有年龄差距的限制。参见吴国平《特殊收养行为的法律规制》，《广西大学学报》（哲学社会科学版）2007 年第 4 期；赵明《不婚族不愿做传宗接代的工具》，《福州日报》2005 年 11 月 30 日，第5 版。

② 新华社：《明年 1 月 1 日独生子女政策终结》，2015 年 12 月 28 日。

政策实施，导致可供被收养子女人数急剧减少，二胎政策全面放开，使收养一名子女的条件受到前所未有的挑战；依据二，最大化实现养老功能，不完全收养制度可成为其制度措施之一；依据三，不完全收养制度在许多国家均成功运行。[①] 在一定程度上看，法律科学建立收养条件对建构高质量的收养关系有一定的意义。当然，如果收养条件规定过于宽松与随意，在现实中违法违规的收养行为将难以制止。《收养法》第 8 条规定："收养人只能收养一名子女。收养孤儿、残疾儿童或者社会福利机构抚养的查找不到生父母的弃婴和儿童，可以不受收养人无子女和收养一名的限制。"该条第 1 款对收养人收养子女的数量作出限制，即收养人原则上只能收养一名子女。法律作出此种限制的目的是保障被收养人的利益，因为收养人收养的子女越多，其所能够提供的抚养条件就越有限，因此，收养人原则上只能收养一名子女，目的是保障被收养人的生活条件。[②] 该条第 2 款作出了例外规定，即收养人收养孤儿、残疾儿童或者社会福利机构抚养的查找不到生父母的弃婴和儿童，可以不受收养人无子女和收养一名的限制。法律作出此种规定，主要是为了保障孤儿、残疾儿童或者社会福利机构抚养的查找不到生父母的弃婴和儿童的合法权益，尽量促成收养关系成立，从而使其能够在父母抚育下健康成长。考虑保障被收养人的合法权益，保障其健康成长，收养人也不宜收养过多子女，应结合收养人的抚养能力等多种因素，确定其适合收养的子女数量。关于无子女规定，对具有经济条件，有子女，但适合收养的人而言，显然不够妥当。笔者认为，基于保护未成年人的利益考虑与对收养人利益的考量，特定情况下，对收养人子女数量应进一步放松，并且不以收养人须无子女为限。"收养人无子女"的规定由于在实践中可能会存在与"收养不得违背计划生育的法律、法规"的规定相冲突，

① 李秀华：《改革开放三十年中国收养法研究之回顾与展望》，陈苇主编《中国婚姻家庭继承法研究之回顾与展望》，中国政法大学出版社，2010，第 252 页。

② 出于保障被收养人生活条件的原因而限制收养人收养子女的数量是否妥当，值得探讨。因为不同收养人的经济状况不同，一概要求每个收养人原则上只能收养一名子女并不一定妥当，而且从我国目前的经济发展水平来看，一些收养人收养两名以上的子女，也能够保障其基本的生活条件。因此，从保护未成年人的角度出发，似乎不应当限制每个收养人只能收养一个子女，而应当根据收养人的具体状况，判断其可以收养的子女的数量。杨大文主编《亲属法与继承法》，法律出版社，2013，第 204 页。

若在未来的婚姻家庭编中保留“收养不得违背计划生育的法律、法规”之规定，《收养法》第6条关于收养人“无子女”的规定就失去制定的实际意义了。笔者认为，取消“收养人无子女”的规定，正是为更好地落实计划生育原则，更好地建构高质量的收养关系。

4. 应明晰抚养人抚养教育能力的范围与属性

《收养法》第6条规定收养人“有抚养教育被收养人的能力”。如何界定收养人抚养教育能力的范围和属性？笔者认为，除从经济条件上界定外，还应包括伦理道德、品质修养、心理健康、社会评价等各方面的能力，进行评价与综合判断不容易，关于思想道德品质等方面的能力衡量更缺少一定的客观标准。但笔者认为在抚养教育子女的能力中应包括充满弹性的要素。

5. 应建立试收养制度

笔者认为，养父母对收养引发冲突的心理和精神方面的准备程度及儿童对收养心理反应直接决定收养的成败。为此，收养不仅要符合法定条件，而且应给收养当事人留出适当的收养磨合期即试养期。一些国际条约或公约在这方面也有具体规定。早在1967年《关于儿童收养的欧洲公约》第9条就明确规定：“主管机关在批准收养以前，应对收养人、儿童及其家庭进行适当的调查，同时还对调查范围以及调查员的资质等作详细规定。”联合国《儿童权利宣言》第16条则规定：在收养以前，儿童福利服务组织或收养机构应对被收养儿童与预期养父母之间的关系进行观察和调查。各国立法应确保被收养儿童成为收养家庭的合法成员并享有一切相关的权利。但是，由于试养期和收养调查需要耗费大量的人力、物力和财力，一些发展中国家因经济条件的限制而难以维持，从而使该机制推广受到来自儿童送养国（原住国）的强大阻力。为确保国际收养顺利、健康地发展，不仅应坚持以保护儿童利益为出发点，而且应逐步完善和健全试收养制度和调查报告机制。随着国际收养立法与司法实践的发展，笔者认为在收养过程中必须重视收养当事人内在的心理适应性。在我国制定民法典婚姻家庭编时应顺应倡导试养期的国际潮流，因此，将试收养制度、收养调查程序纳入我国立法范畴应是当务之急。

四 结语

越来越多的学者将收养人条件的立法研究从收养制度的宏观研究转向微观研究，并将国际比较研究视角嵌入中国《收养法》本土研究版图。许多国家收养法逐渐摒弃将收养视为纯契约行为的当事人放任主义，改采强化收养行政或司法程序的国家监督主义。在推进儿童利益最大化原则在实践中得到更大程度体现的同时，也开始重视收养人条件的立法研究。许多国家基于养老育幼功能的复活与实现，多采放宽收养条件的立法主张。尤其是收养人与被收养人的条件追求规范化、宽松化及人性化。在实质要件上许多国家收养条件立法采国家公权力介入主义，即收养机关有权针对收养进行实质性审查，只有在有利于子女成长的前提下才作出收养决定。对收养人条件的探讨在注重研究如何凸显人文主义理念的同时，将最大限度地激活养老育幼的功能，由此会加强研究收养人立法的完善。由于收养行为涉及人身法领域的多方契约，其成立与生效问题不仅关系到被收养人利益及其社会身份定位问题，也关系到收养人、送养人利益，同时关系到社会公益和国家计划生育政策的有效实施。所以强调收养人条件立法研究具有理论和实践价值：一方面使得收养人条件立法在宏观指导的路径上，更好地保障合法的收养关系，充分发挥家庭的社会功能，使老有所养、幼有所育的原则真正落到实处；另一方面，则可对收养人条件制度建构方面等作出更为有效的分析和解释，突破现有收养法律模式，使得收养人条件的立法与实践对接更严谨，更具科学性与规范性。

理论前沿

司法逻辑下的“假离婚”*

蔡立东　刘国栋**

【内容提要】法院裁判“假离婚”案件的司法智慧是贯彻“区分原则”：区分意思表示动机和内容，以确认婚姻关系终止的法律效力；区分身份关系与财产关系，以界分同一法律事实对身份关系和财产处分的不同法律效力；区分公法关系和私法关系，以规制“假离婚”引发的次生问题。相较于将“假离婚”阐释为“通谋虚假离婚”，司法实践秉持的“区分原则”契合了离婚的法律构造、离婚协议的性质以及公法和私法区分的法律逻辑，应该成为解决“假离婚”引发的利益纠葛和法律冲突的当然选择。

【关 键 词】假离婚　司法智慧　通谋虚伪表示　区分原则

引　言

关于“假离婚”的报道频频见诸报端，引发了社会和学术界的广泛关

* 该文原载于《国家检察官学院学报》2017年第5期。

** 蔡立东，吉林大学法学院院长，吉林大学法学院、吉林大学理论法学研究中心教授，国家司法文明协同创新中心专职研究人员，“长江学者奖励计划”青年学者；刘国栋，吉林大学司法文明协同创新中心博士研究生。

注。电影《我不是潘金莲》的热映，更是起到了推动的作用。《我不是潘金莲》讲述了一个典型的中国式“假离婚”故事，主人公李雪莲为了生二胎，与其丈夫秦玉河合谋“假离婚”，待自己将孩子生下来后，两人再复婚。然而其丈夫却违背当初的约定，与自己的相好结婚，“假离婚”变成了“真离婚”。为了撤销“假离婚”，李雪莲提起诉讼，但是法院以不存在“假离婚”为由，驳回了其诉讼请求。败诉后的李雪莲不明白：明明是“假离婚”，怎么就成了“真离婚”？为了讨个“说法”，她踏上了漫漫上访之路。李雪莲的满嘴荒唐言和一把辛酸泪折射出社会转型期的丰富制度信息：普通民众对于法律现代性的认知、不同层级官员处理问题的实践逻辑、法院和地方政府之间的关系、信访制度的异化等等。这些问题都曾，现在也是社会和学术界的关注焦点，本文无意对影片折射出的全部问题进行评析，而将关注的重心置于李雪莲上访事件的起因——民众与司法机关对“假离婚”法律效力认知上的龃龉。基于此，本文的讨论将围绕着“假离婚”的定性和“假离婚”的法律效力展开，先对法院认定“假离婚”场合的司法经验进行梳理，概括法院关于“假离婚”的性质认定和法律效力确定的一般规律。继而分析法院的司法裁判相较于既有理论的区别，并发掘其中的正当性因素，寻求与既有的制度和民法理论相契合的解释方向，为法院解决类似案件提供明确指引。

一 “假离婚”的意涵诠释

“假离婚”并不是法律概念，只是生活用语，意指当事人表面上虽然申请办理离婚登记，终止法律上的婚姻关系，但实际上双方的真正目的不在于结束婚姻这种生活方式。“假离婚”之假在于：一是当事人离婚意思表示形成的动机不是夫妻感情确已破裂或婚姻关系破裂，而是对离婚可能带来之次生利益的谋求；二是当事人的目的仅为终止法律上的夫妻身份关系，而不结束事实上的共同生活关系。其特点则在于：一是当事人对于“离婚”的目的是明知的，并且共同策划，不存在欺诈和胁迫的问题，这有别于一方“受骗”而导致的假离婚；二是当事人向民政机关表达了终止（法律上）婚姻关系的意思，民政机关颁发了离婚证，这有别于通过伪造“离婚协议”

“离婚证”形成的“假离婚”。“假离婚”现象发生的根源在于，尽管离婚的主要效果是终止夫妻双方之间存在的合法婚姻关系，但是离婚还会产生许多次生的法律效果，例如获得计划生育指标、获得购买房屋的资格、获得拆迁款（房）。“假离婚”当事人事实上目的就是获得离婚所带来的次生效果，一旦达到某种目的，随时准备复婚，因此，习惯上将这种行为称为“假离婚”。“假离婚”当事人将财产利益置于身份关系之上，对财产利益的谋求玷污了婚姻关系的感情纯洁性，冲击着社会主义意识形态的底线。在强调以德治国与依法治国并重的背景下，[①] 在法律层面上，如何对“假离婚”进行定性？如何评价其法律效力及法律后果？

学理上，通常将“假离婚”阐释为“通谋虚假离婚”，继而对其效力展开探讨。[②] 在这一解释进路下，夫妻之间离婚的意思与表示之间不一致，意思表示存在瑕疵，以此为前提，关于“假离婚”法律效果的归结，形成两种主要立场。其一为无效说。这种立场的逻辑是：“假离婚”属于通谋虚伪的表示，是一种骗取离婚证（离婚登记）、有悖法律和公序良俗的违法行为。“意思表示真实”是有效民事法律行为的必备条件。这意味着虚假的表示、非真意表示不发生法律效力。纵然业已取得离婚登记，离婚协议仍属无效，离婚登记也无效。我国台湾地区也有学者主张，通谋虚假离婚无效，如史尚宽先生认为，通谋虚假的离婚应为无效，但不得对抗善意第三人。[③] 其二为有效说。此种立场的逻辑是：尽管按照民法的一般原理通谋虚伪的

① 习近平强调，改革开放以来，我们深刻总结我国社会主义法治建设的成功经验和深刻教训，这条道路的一个鲜明特点，就是坚持依法治国和以德治国相结合，强调法治和德治两手抓、两手都要硬。这既是历史经验的总结，也是对治国理政规律的深刻把握。新华社：《习近平：坚持依法治国和以德治国相结合》，http://www.tibet.cn/news/china/1481 697260427.shtml，最后访问时间：2017 年 6 月 5 日。

② 关于通谋虚假离婚的界定，相关学者的主要观点有以下几种。王礼仁先生认为，所谓通谋虚假离婚，是指双方当事人并没有真正离婚的意思，但形式上已向婚姻登记机关办理了离婚登记的行为。王礼仁：《婚姻诉讼前沿离婚与审判实务》，人民法院出版社，2009，第 526 页。高憬宏先生认为，所谓通谋虚假离婚，是指当事人双方为了共同的或者各自的目的，约定暂时离婚，待到目标达到后再复婚的违法离婚行为。高憬宏主编《审判案例研究》，法律出版社，2015，第 33 页。刘耀东先生认为，虚假离婚或称为“假离婚”，是指夫妻双方或一方本无离婚的真实意思而双方为了共同或各自的目的通谋或单独做出虚伪的离婚意思表示的行为。刘耀东：《虚假离婚若干法律问题研究》，《云南大学学报法学版》2011 年第 2 期。

③ 参见史尚宽《亲属法论》，中国政法大学出版社，2000，第 466 页。

意思表示是无效的，但是离婚行为具有特殊性，因其采用公然的方式缔结的，故效力的判断应坚持“依方式公然缔结之行为，不能因私的密约左右其效力”[①] 原则，离婚行为包含了民政机关的形式审查、登记的公示公信效力以及诚实信用原则等因素，[②] 这些因素决定“假离婚”应该引发离婚的法律后果。也就是说，尽管当事人离婚的意思表示有瑕疵，但是为了确保行政登记的公信力，应该承认该行为具有终止婚姻关系的法律效力。

“法律的生命不在于逻辑，而在于经验”，法律在解释和适用过程中确证其存在，呈现其面貌，并实现其价值与意义。[③] 鉴于我国法律并未对“假离婚”效力的评价提供明确的指引，学理上也未能形成统一、权威的结论，在这种情形下，应该以司法裁判经验砥砺学说，促进共识的形成，并对相关问题的解决贡献适切的方案。

二 “假离婚”案件司法智慧的挖掘与整理

本文以“假离婚”的裁判逻辑为分析对象，肯定司法智慧植根于丰富的司法经验，并以裁判文书为呈现载体，通过对“假离婚”司法案例的梳理，可以探知法官认定“假离婚”性质和法律效力的司法经验。本文在“中国裁判文书网”中，以“假离婚”“假离婚协议”“虚假离婚”为关键词，在法院说理部分进行检索，截至 2016 年 12 月 21 日，共检索到适格案例 510 篇。

由于夫妻双方借助离婚方式追求法外利益具有相当的隐蔽性，第三人作为局外人，根本无法了解夫妻关系的真实情况，难有足够证据证明“假离婚”的事实，即使是作为当事人的夫妻双方在“假离婚”的证明上也是困难重重，故而在司法实践中，因当事人无法有效举证，在 510 篇适格案例中，有 497 篇案例“假离婚”的事实未被法院认定。尽管法院认定当事人“假离婚”的案例成为“例外”，但例外案例成为探知法院裁判经验的更适合素材，本文主要以这 13 篇司法案例为分析样本（详见表 1）。

① 〔日〕栗生武夫：《婚姻法之近代化》，胡长清译，中国政法大学出版社，2003，第 59 页。

② 参见高憬宏主编《审判案例研究》，法律出版社，2015，第 31～32 页。

③ 蔡立东：《论法人行为能力制度的更生》，《中外法学》2014 年第 6 期。

表 1　法院认定“假离婚”的案件简况

序号	裁判文书名称	原告身份	“假离婚”的动机	法院观点
1	邓小燕、戴佩敏等案外人执行异议之诉民事判决书[①]	债权人	逃避债务	在债权人举证证明“假离婚”场合，离婚协议书对财产的处分损害债权人利益的，对债权人不具有约束力，夫妻双方应对债务承担连带责任
2	罗莉与杨正健债权人撤销权纠纷案二审民事判决书[②]	债权人	逃避债务	债权人举证证成“假离婚”场合，若离婚协议书关于财产的处分损害债权人的利益，债权人有权请求撤销
3	区显民诉吴松苗债务连带赔偿纠纷案一审民事判决书[③]	债权人	逃避债务	夫妻双方在公安机关依然登记为夫妻，且共同生活，可以认定为“假离婚”，应该对债务承担连带还款责任
4	孟某甲犯拒不执行判决、裁定罪一审刑事判决书[④]	公安机关	逃避债务	采用“假离婚”的方式转移自己财产，拒不执行法院判决、裁定，情节严重的构成拒不执行判决、裁定罪
5	刘爱军、葛明久等案外人执行异议之诉民事判决书[⑤]	债权人	逃避债务（侵权之债）	夫妻双方事前离婚，其后一方实施侵权行为，构成以“假离婚”逃避债务，依据离婚协议主张执行异议，法院不予支持
6	原告刘永亮与被告高晓燕所有权确认纠纷案一审民事判决书[⑥]	夫妻一方	逃避计划生育政策	尽管行政诉讼驳回当事人要求撤销“假离婚”的诉求，但行政诉讼并不能够实质审查离婚协议的真实性 当事人证成“假离婚”场合，离婚协议书与承诺书不一致的，离婚协议书不能体现双方处分财产的真实意思
7	李某某与陈某某分家析产纠纷案二审民事判决书[⑦]	夫妻一方	逃避计划生育政策	在“假离婚”场合，“离婚协议”约定一方未分割到任何财产，也未获得任何经济补偿，有悖于公平公正、权利义务相一致的原则，应认定一方名下的房屋为共同财产
8	潘妃与海口市美兰区人口和计划生育委员会其他行政纠纷案二审判决书[⑧]	计划生育委员会	逃避计划生育政策	计划生育机关举证证明夫妻双方“假离婚，真超生”，对其进行行政处罚符合法律规定
9	高志霞与郭小军返还原物纠纷案一审民事判决书[⑨]	夫妻一方	获得购房资格	在“假离婚”场合，离婚协议中关于共同财产的处分，违反了自愿、公平及诚实信用原则，不受法律保护

续表

序号	裁判文书名称	原告身份	“假离婚”的动机	法院观点
10	于×1 与于×2 离婚后财产纠纷案二审民事判决书[10]	夫妻一方	获得购房资格	当事人举证证明“假离婚”场合，法院认为离婚协议非系在双方感情已完全破裂的情况下慎重考虑所签，难以体现双方真实意思的表示
11	张忠山诉王淑英离婚后财产纠纷案一审民事判决书[11]	夫妻一方	多享受福利补贴（低保）	夫妻双方在民政局签订的离婚协议书系双方真实意思表示，合法有效。证明“假离婚”的字据不能够对抗“离婚协议”的效力，双方的财产分割合法有效
12	周某甲与安某离婚纠纷案二审民事判决书[12]	夫妻一方	多享受福利补贴（采暖费）	双方均认可“假离婚”场合，“假离婚”期间的养老金应视为共同缴纳，应视为双方的共同财产
13	张某与李某离婚后财产纠纷一审民事裁定书[13]	夫妻一方	其他	在“假离婚”已被证明场合，一方基于与合谋共同以欺骗手段办理的离婚协议起诉，请求分割夫妻共同财产的，不予支持，应由有关机关予以纠正、处理

注：①参见浙江省宁波市中级人民法院（2015）浙甬执异终字第 2 号民事判决书。
②参见陕西省商洛市中级人民法院（2016）陕 10 民终 303 号民事判决书。
③参见广州市中级人民法院（2007）穗中法民四初字第 75 号民事判决书。
④参见潍坊市坊子区人民法院（2016）鲁 0704 刑初 85 号民事判决书。
⑤参见烟台市中级人民法院（2015）烟民四终字第 621 号民事判决书。
⑥参见西平县人民法院（2013）西民初字第 690 号民事判决书。
⑦参见陕西省榆林市中级人民法院（2015）榆中民一终字第 00254 号民事判决书。
⑧参见海口市中级人民法院（2015）海中法行终字第 31 号行政判决书。
⑨参见克拉玛依市克拉玛依区人民法院（2014）克民一初字第 316 号民事判决书。
⑩参见北京市第一中级人民法院（2015）一中民终字第 00182 号民事判决书。
⑪参见天津市红桥区人民法院（2012）红民初字第 3121 号民事判决书。
⑫参见大连市中级人民法院（2015）大民一终字第 916 号民事判决书。
⑬参见汉川市人民法院（2015）鄂汉川民初字第 00598 号民事裁定书。

表1反映出“假离婚”的真实动机林林总总、纷繁复杂，但在审理“假离婚”案例中，法院普遍采取“隔离技术”，自觉控制相关法律机制及其逻辑的有效射程，消弭法律评价矛盾，其主要的裁判思路和经验体现为坚持“区分原则”①，实现三个区分。

1. 意思表示动机与内容区分的裁判原则。就“假离婚”中的身份关系而言，法院采取区分意思表示动机和内容的解释路径。在协议离婚场合，当事人签订了“离婚协议”，民政机关办理了离婚登记，双方的婚姻关系就已经终止，至于夫妻之间离婚的目的，则被法院视为意思表示的动机，并不构成意思表示的内容，对意思表示是否真实不产生影响，故在此场合，不存在所谓的意思表示瑕疵，亦不能据此否认离婚的法律效力。依循此种解释路径，法律意义上，就身份关系而言，不存在所谓的“假离婚”，追求法外利益的“假离婚”无论目的为何，离婚的后果均得到法院认定。②

2. 身份关系与财产关系区分的裁判原则。若“假离婚”已经被当事人举证证明，法院区分人身关系和财产关系，采取了不同的处理方式。就身份关系而言，法院认为离婚的意思表示是真实的，婚姻关系已经终止。而就财产关系而言，在“假离婚”已被相应证据证明场合，一般情况下，法院认定离婚协议中关于财产处分的内容并非夫妻双方真实的意思表示，并不具有约束当事人的效力，依法对夫妻间的财产重新进行分配。实践中也有少数法院在此种场合肯定离婚协议效力，例如案例11，法院认为，证明“假离婚”的字据不能够对抗离婚协议的法律效力，双方之间的财产分割内容有效。

3. 公法关系与私法关系区分的裁判原则。在审判实践中，“假离婚”的事实已经被相关证据（当事人之间的协议）证明场合，针对当事人之间的离婚行为，在私法层面，法院并不对“假离婚”行为作过多的评判，而在公法的层面，法院将“假离婚”认定为违法行为，交由相关部门批评、处理（案例13）。“假离婚”也作为认定拒不执行判决、裁定罪（案例4）以

---

① 此处的“区分原则”是借鉴物权法上的“区分原则”，其主要是为了解决不同性质的法律关系在效力评价上不同对待的问题。

② 比较典型的案例是“赵俊兰与许德广、许福强侵权责任纠纷”［（2013）新民初字第955号］。法院认为，“根据《婚姻法》规定，双方自愿离婚，到民政部门办理离婚登记手续，其离婚行为既有法律效力，受法律保护。双方自离婚后，对涉及身份权的行为不再具有法律约束力，且离婚行为具有身份性，不存在主观意识控制上的真假情形”。

及诈骗罪构成的事实。[①]

在司法裁判的经验世界中，于身份关系的范畴内，法律意义上并不存在所谓的“假离婚”，当事人方一旦办理了离婚登记，就发生离婚的法律后果。但这一认定不能穿透身份关系与财产关系、私法关系与公法关系的界分，也就是说在私法关系中的财产关系以及公法关系中，依然有“假离婚”的存在空间。

通过对“假离婚”案件裁判经验的提炼，我们发现，司法智慧迥异于学界通说，本质的分歧集中在两个方面。其一，关于离婚意思表示自身的效力问题。法院对待离婚意思表示时，采取动机和内容区分的裁判路径，承认终止法律意义上的婚姻为当事人的真实意思，不存在意思表示内容瑕疵。而学理上无论是“有效说”还是“无效说”，均认为“假离婚”为通谋虚伪意思表示，这意味着意思表示的内容存在瑕疵。其二，关于离婚登记的法律意义。法院认为离婚登记是解除婚姻关系的成立（生效）要件，具有公示效力，但并不具有特殊的法律意义。而通谋虚假离婚解释路径中的有效说认为，离婚登记被赋予了“修复”意思表示瑕疵的功能，尽管离婚意思表示存在瑕疵，既然已经办理了行政登记，那么该行为就有效。既然司法经验背离了学理主张，需要对司法裁判立场的适应性进行分析，挖掘隐藏在裁判经验背后的内在机理，评判其正当性，为法官坚持已经作出的适切选择提供智力支持。

三　“假离婚”法律解释路径的应然选择

相较于将“假离婚”的法律性质阐释为“通谋虚假离婚”，司法实践采用“隔离技术”，坚持“区分原则”，对不同性质的法律关系区别对待，将对身份关系的评价与对财产关系及公法关系的评价隔离，更为妥帖地应对了“假离婚”现象引发的利益纠葛和法律冲突。

① 四川宜宾市一男子为了获得拆迁款，与自己的妻子离婚，与自己的丈母娘结婚，待到获得拆迁款后，再离婚，与妻子复婚，通过“离婚—结婚—离婚—复婚”的折腾，如愿以偿实现了多分拆迁款的目的。其后，因户籍造假，被检察机关以诈骗犯罪提起公诉。参见陈凯《和丈母娘假结婚诈骗了谁》，《北京日报》2012 年 8 月 22 日，第 018 版。

（一）动机与内容区分的裁判原则契合离婚的法律结构

1. 动机与内容区分的裁判原则契合意思表示的构造

按照民法的一般原理，离婚是一种典型的民事法律行为，其效力取决于意思表示的真实性。而意思表示是一个由内而外的过程，按照时间顺序依次为：首先，当事人有某种行为动机（获得拆迁补偿款、获得计划生育指标、获得房屋购买资格等等）；其次，当事人基于该动机，形成意欲产生一定法律后果（终止婚姻关系）的意思；再次，有将法效意思向外公开的意思（向民政机关申请离婚的意思）；最后，向外实施发布该法效意思的行为（向民政机关申请离婚）。① 按照学者的通说，意思表示是将内心想要发生法律效果的意思表示于外部的行为。② 我国现今奉行的也正是没有经过任何改造的、两百多年前由萨维尼所创立的、以效果意思和表示意思为中心，并以效果意思为起点的二层法律行为论。③ 换言之，当事人的法律行为有效与否取决于其意欲发生法律效果的意思是否真实，至于当事人为相关行为的动机和意图，只是当事人的内部心理活动，一般不是法律评价的对象，因而不具有法律意义，亦不构成意思表示的内容。

正是因循此种原理，法院采取了意思表示动机和内容区分的裁判路径。当事人为了获得计划生育指标、为了获得拆迁款（房）等，这些内容所表征的是当事人的动机和意图，不应该作为法院评价意思表示效力的考量因素。法院考察当事人的离婚意思是否真实应以当事人所欲发生法律效果的意思为核心，即以当事人终止婚姻关系的效果意思是否真实为圭臬。以此观之，当事人对于离婚的法律效果内心意思是真实的，因为只有离婚，才能够获得计划生育指标、规避现行的限购政策等等，事实上当事人对离婚

① 参见梁慧星《民法总论》，法律出版社，2011，第172~173页。

② 王泽鉴：意思表示，指将企图发生一定私法上效果的意思，表示于外部行为。王泽鉴：《民法总则》，北京大学出版社，2009，第266页。王利明先生认为，所谓意思表示，是指向外部表明意欲发生一定司法上效果之意思的行为。王利明：《民法总论研究》，中国人民大学出版社，2003，第539页。胡长清先生认为：意思表示者，对于外界表彰法律行为上之意思之行为也。具有足以形成法律行为内容之意思，表示与外部之行为，为意思表示。胡长清：《中国民法总论》，中国政法大学出版社，1997，第223页。朱庆育将欲发生法律效果之意思表示于外的行为。朱庆育：《民法总论》，北京大学出版社，2013，第184页。

③ 孙鹏：《民事法律行为之新构造》，《甘肃社会科学》2006年第2期。

效果的态度是积极追求的，并不能说离婚的意思是具有瑕疵的，当事人的意思表示符合《婚姻法》第31条“自愿”离婚的要求。[①] 同时，考察“假离婚”的运作过程，也佐证了当事人“离婚”的法效意思是真实的，《我不是潘金莲》反映的“假离婚”运作程序是：“离婚→实现法外利益→复婚”。这说明当事人对离婚的法律效果是明知的，故而寄希望通过复婚的途径来实现重新结合的目的。

反观通谋虚假离婚的解释路径，认为当事人之间并无解除婚姻关系的内心真实意思，双方之间的婚姻关系并没有破裂或者完全破裂，之所以离婚是为了实现共同的目的，并且离婚是暂时性的，待到目的实现后，双方再复婚。基于此种逻辑，当事人为什么离婚被纳入意思表示的内容中，不以离婚为目的的离婚便意味着意思表示瑕疵。将当事人的行为动机纳入意思表示内容的范畴，冲撞了意思表示的法律构造。而且循此逻辑裁判有关案件，法官需要考察当事人方的离婚原因，而正所谓“清官难断家务事”，法官陷入对纷繁复杂之离婚动机的考察，能否起到避免“假离婚”的功效尚有疑问，却不免遭遇国家过度干预私生活自主权的质疑。[②] 通谋虚假离婚的解释路径，将“假离婚”的运作作为一个整体，难以解释当事人“离婚→实现法外利益→复婚”的运作程序。现实中，通谋虚假离婚的解释路径，容易诱发当事人通过“假离婚”，继而通过诉讼途径要求确认离婚“无效”以实现自身的目的，这样离婚便沦为儿戏，削减离婚的严肃性，亦造成现实中合法突破“一夫一妻”制度的尴尬局面。[③]

① 《婚姻法》第31条规定：“男女双方自愿离婚的，准予离婚。双方必须到婚姻登记机关申请离婚。婚姻登记机关查明双方确实是自愿并对子女和财产问题已有适当处理时，发给离婚证。”

② 但对协议离婚而言，除了诸如当事人应兼顾家庭的社会责任，力戒轻率离婚这样的道德说教，很难在法律上说它有什么不对。因为协议离婚的无因性被视为私生活自主权摆脱国家过度干涉斗争的标志成果，对只要是双方自愿合乎程序的离婚效力无条件维护，甚至被作为体现现代国家标榜婚姻自由的“样板工程”。国家既然连离婚理由都无权干涉，那对眠于理由之下的目的、动机之类就更无权过问了。孙鹏：《民事法律行为之新构造》，《甘肃社会科学》2006年第2期。

③ 干部匡某为了实现与农村妻子离婚的目的，以解决子女城镇户口为借口，编造“先假离婚，待子女户口解决，再复婚”的谎言，两人申请离婚登记，并且颁发了离婚证。其后，匡某假戏真做，与另一妇女结婚，导致其原配妻子四处告状，县民政部门在各方压力下，撤销了离婚证，匡某与原配的婚姻关系恢复，从此拥有了两个合法妻子，过上了“一夫二妻”的生活。参见谭云华《这起离婚案件该如何处理》，《法学评论》1990年第6期。

2. 动机与内容区分的裁判原则契合离婚登记的法律意义

离婚登记具有双重法律性质，一方面，离婚登记是离婚行为的成立（生效）要件。离婚行为属于要式法律行为，其成立（生效）不仅需要满足意思表示要件，还需要满足办理离婚登记的形式要件。学理上，存在关于欠缺登记要件之民事法律行为的法律效力的争议。其一，成立要件说。有学者认为，要式行为通常指构成法律行为的意思表示须采取特定形式或履行特定程序方可成立的法律行为。[①] 其二，有效要件说。从法律行为本来的意义上说，其是意思自治的体现，意思表示生效的，民事法律行为即成立，至于形式，则是法律或者是当事人对法律行为效力的控制，因此，形式应为生效要件。[②] 但是，无论采取何种立场，意思表示一致才是离婚行为的实质要件，离婚登记只是一种形式。另一方面，离婚登记是一种羁束性行政行为。根据《婚姻登记条例》第 13 条，当事人申请离婚的，婚姻登记机关需要对相关材料进行审查，并且就相关情况进行询问，对于符合离婚条件的，当场予以登记，并且颁发离婚证。结合民政部《婚姻登记工作规范》第 57 条的规定和我国离婚登记审查的“去行政化”的发展趋势，[③] 可以认定我国离婚登记审查属于形式审查，登记机关依照法定的条件和方式决定是否予以登记，并不享有自由裁量权，由当事人对申请材料的真实性负责。在这种情形下，作为行政确认行为，离婚登记是对实然法律事实或法律关系的确认，并不能使私人间无效的法律行为转换为有效，否则将违背法律行为效果自主的原则及行政确认行为的法律性质。

民事裁判中意思表示动机和内容相区分的裁判路径契合了离婚登记的法律意义，在这一路径下，离婚登记的意义就是其为婚姻关系终止的成立（或生效）要件，按照传统民法理论，法律行为具备成立要件及生效要件时，即发生当事人所预期实现的法律效果，成为有效的法律行为，学说上

① 董安生：《民事法律行为》，中国人民大学出版社，2002，第 142 页。

② 李永军：《民法总论》，中国人民大学出版社，2015，第 194 页。

③ 总体而言，我国离婚审查较多地体现了“去行政化”色彩，尊重当事人的自治和离婚自由，例如 1994 年《婚姻登记管理条例》第 25 条规定了当事人弄虚作假、骗取婚姻登记的，登记机关可以宣告无效，并收回离婚证，并对当事人进行罚款。而 2003 年《离婚登记条例》废除了这一内容。同时，新法去掉了“管理”字样，取消离婚时须提交单位、村民委员会或者居民委员会出具的介绍信的规定，取消了离婚申请一个月的审查期等。

称为"完全的法律行为",[①] 按照动机和内容相区分的解释路径，当事人关于离婚的意思表示本身是真实的，并且经过离婚登记，那么应属于"完全的法律行为"，在行政法层面，离婚登记则只是对该有效的离婚意思表示采用公法手段加以确认而已。

反观通谋虚假离婚的解释路径，尽管有效说也认可通谋虚假离婚的效力是有效的，但是在说理方面过分地强调离婚登记的法律意义，强调只要办理了合乎离婚程序的登记，即使离婚的意思存在瑕疵，也能够产生离婚的效力。这一理由颠倒了离婚的实质要件和形式要件的法律意义，难以与既有的民法制度自洽。由于《婚姻法》中没有关于通谋虚假离婚的规定，那么就应该适用民事法律行为的一般规则，而业已制定的《民法总则》第146条,[②] 依然坚持了通谋虚伪意思表示无效的原则，这极大地压缩了通谋虚假离婚"有效说"立场可适用空间。

（二） 人身关系与财产关系区分的裁判原则契合离婚协议的性质

《婚姻法》明确规定，协议离婚必须满足三个条件：一是当事人具有民事行为能力；二是夫妻双方就离婚达成一致；三是夫妻双方就财产关系和子女抚养达成一致。这一制度安排意味着我国离婚协议本质上是一个复合型协议,[③] 内容涵盖了婚姻身份关系终止、财产关系处分以及子女抚养关系的确定等。依照离婚协议内容的不同性质，可以将其分为身份关系和财产关系两部分。

在协议离婚的场合，婚姻关系的终止和财产关系的处分是两个完整且独立的意思表示，两者各自独立生效，它们的效力应该分别评价，其主要理由如下。第一，离婚协议中财产分割的内容可以独立于身份关系解除而独立发生效力。司法实践中，夫妻之间离婚前，便可达成相应的财产分割协议，该协议效力法院予以认可。例如上海市高级人民法院《关于审理婚

---

① 王泽鉴：《民法总则》，北京大学出版社，2009，第476～477页。

② 《民法总则》第146条规定："行为人与相对人以虚假的意思表示实施的民事法律行为无效。以虚假的意思表示隐藏的民事法律行为的效力，依照有关法律规定处理。"

③ 离婚协议的性质存在争议，学界主要包含"单一的涉及身份关系的协议说"、"混合型民事合同说"以及"附条件民事协议说"。参见李洪祥《离婚财产分割协议的类型、性质及效力》，《当代法学》2010年第4期。

姻家庭纠纷若干问题的意见》（沪高法民一〔2007〕5号）第7条规定，夫妻共同生活期间或者分居期间达成的财产分割协议，当事人无证据证明其具有无效或可撤销、可变更的法定情形，或协议已经履行完毕的，应认定协议对双方有拘束力。如果财产分割协议以离婚为前提条件，而双方未离婚的，应该允许当事人反悔。第二，离婚协议中关于财产分割的内容，就其本质而言，属于附条件的协议，以协议离婚为生效条件，[①] 若财产分割的内容要发挥效力，前提是财产分割协议的内容为有效，其中暗含了这样一种逻辑关系：自法律层面而言，附条件的协议为有效的合同，合同效力的长成逻辑应为“成立→有效→未生效→生效”。[②] 以此理解，离婚协议中财产分割的协议效力先应满足意思表示真实的条件，才能够有效，待到办理离婚登记时，则产生对当事人的约束力，其与婚姻关系内容是相互独立的，而非绑定。如果其本身存在意思表示瑕疵的效力障碍，即使离婚这一生效条件达成，也不存在有效的问题。第三，关于离婚协议中财产分割的意思欠缺并不影响离婚的效力。依照《最高人民法院关于适用〈中华人民共和国婚姻法〉若干问题的解释（二）》第9条，男女双方协议离婚后一年内就财产分割问题反悔，请求变更或者撤销财产分割协议的，人民法院应当受理。这说明，在协议离婚过程中，当事人关于财产分割的内容存在欺诈、胁迫等意思表示不真实的情况，可以申请法院变更或撤销，但是并不影响协议离婚身份面向上的效力，这也从侧面反映出离婚协议中人身关系和财产关系是相互分离的。

身份关系与财产关系区分的裁判原则契合了离婚协议的性质，法院在审理“假离婚”案件时，尽管根据动机和内容相区分的解释路径，肯定了当事人协议离婚的身份法效力，但是仍需要对离婚协议中财产处分的意思进行重新审查，如果当事人并没有财产分割的真实意思，那么法院就否定该意思表示的效力。其中案例6中法院的裁判说理具有代表性，“原告刘永亮与被告高晓燕所有权确认纠纷”案中，[③] 法院认为：“原、被告虽然于2010年2月20日依据双方签字的‘离婚协议’在民政部门办理了离婚登

① 参见李洪祥《离婚财产分割协议的类型、性质及效力》，《当代法学》2010年第4期。

② 参见蔡立东《行政审批与权利转让合同的效力》，《中国法学》2013年第1期。

③ 参见西平县人民法院（2013）西民初字第690号民事判决书。

记，但就在原、被告办理离婚登记的当日，原告为被告书写‘承诺书’一份，明确载明‘我保证同高晓燕离婚为假离婚，……如果不遵守上述承诺，房子、孩子全部归高晓燕所有’。原、被告办理离婚登记后，弄假成真，被告高晓燕不服就民政部门办理的离婚登记提起行政诉讼，请求撤销民政部门的离婚登记，经本院和市中院两级法院审理，市中院最后终审判决维持了民政部门为原、被告办理的离婚登记。被告高晓燕提起的行政诉讼虽然经县、市两级法院审理最后被告高晓燕败诉，但法院维持的是民政部门的行政登记行为，维持的并不是本案原、被告之间签字的‘离婚协议书’，对‘离婚协议书’当事人关于民事权益的处理，民政部门和行政诉讼都不便，也没有进行实质审查和审理，而原告提供的‘离婚协议书’中关于房产的约定与原告向被告出具的‘承诺书’相矛盾，所以原告以‘离婚协议书’中关于房产的约定为依据主张房屋产权，要求被告协助办理房产过户手续证据不足，理由不当，本院不予支持。”关于撤销离婚登记的行政诉讼中，一审和二审均维持了离婚登记的效力，但这不意味着离婚协议中关于财产分割协议内容也是真实的，因为民政部门和行政诉讼都没有对财产分割的内容进行实质的审查，行政诉讼的胜诉并不能够反映离婚协议中关于财产内容的处分意思是真实的，法院对双方财产分割的意思进行重新审查，认可“承诺书”中的意思是双方真实意思。而以此理解，案例 11 中“假离婚”的字据不能够对抗离婚协议的效力是值得商榷的，它违背了离婚协议是复合型协议的性质，在没有善意第三人的场合，否定“假离婚”字据的效力没有尊重双方的真实的意思，并不具有正当性。

（三） 公法关系与私法关系区分的裁判原则契合公私法划分的法律逻辑

进入 20 世纪 90 年代，民法学界逐渐重视被视为理论禁区的公、私法划分问题，[①] 论证了现代国家区分公法、私法的必要性。只有强调公、私法的区分及私人自治，在民事生活中实行当事人意思自治、合同自由，即由当事人自己决定他们之间的权利义务，只在发生纠纷时才由国家出面作

① 梁慧星：《中国民法立法史·现状·民法典的制定》，《民法学说判例与立法研究》，中国政法大学出版社，1993，第 73 页。

“第二次性”干预，[①] 才能确立私人自治的相对独立空间，才能建立适应社会主义市场经济的本质和体现其内在要求的法律体系。社会主义市场经济法律体系以承认公法与私法的区别并正确划分公法与私法为前提，存在两类性质不同的法律关系。一类是法律地位平等的主体之间的关系，另一类是国家凭借公权力对社会生活进行干预的关系，由此决定了规范这两类关系的法律、法规性质上的差异，并进而决定了两类不同性质的诉讼程序和审判机关，形成私法的世界，公法原则上不得入内的效应，同样公权力也不能按照私权利的运行机制运作。对于任何法律、法规，若不究明其属于公法或属于私法，就不可能正确了解其内容和意义，不可能正确解释和适用。[②] 基于“假离婚”所引发的法律纠纷，相关执法机关也已经意识到既有政策中的这一漏洞，采取积极的行政手段和政策手段，填补相应的政策漏洞。一是在政策层面提高离婚购房的风险。例如南京市限购政策中要求“本市户籍成年单身人士（含离异）在本市限购1套住房”，这意味着只有一方未分得住房，方能获得购房资格，这加重了当事人通过“假离婚”手段获得购房资格的政策风险。[③] 二是在贷款政策层面对某一时间段的离婚实施差别化信贷政策。例如中国人民银行《关于加强北京地区住房信贷业务风险管理的通知》要求“对于离婚一年以内的房贷申请人，各商业银行应参照二套房信贷政策执行；申请住房公积金贷款的，按二套住房公积金贷款政策执行”，这意味着以“假离婚”获取住房贷款的难度和风险进一步加大。故而，在应对“假离婚”引发的法律纠纷问题上，公法关系与私法关系区分的裁判原则恰恰契合了公、私法二分的现代法律体系框架，不仅可以妥帖地平衡各方的利益冲突，而且可以弘扬现代法的理念。

---

① 梁慧星：《中国民法立法史·现状·民法典的制定》，《民法学说判例与立法研究》，中国政法大学出版社，1993，第73页。

② 王家福：《关于社会主义市场经济法律制度建设问题》，人民网，http://www.people.com.cn/GB/14576/15097/2369528.html，最后访问时间：2017年1月7日。

③ 参见马祚波、王烨、仇惠栋《“离婚炒房”在南京也被限了！二套房首付高至8成！》，《扬子晚报》2016年10月6日，第A02版。

结 论

法律作为调整人们行为之规范的总和，其重要价值即在于保护合法权益。遵法守法依法行事者，其合法权益必将受到法律保护；反之，不遵法守法甚至违反法律者，因其漠视甚至无视法律规则，就应当承担不受法律保护或者受到法律追究的风险。[①] 当事人实施“假离婚”的原因形形色色，其目的均是追求法外利益，荡涤着本已十分脆弱的家庭伦理，但是不能期待以《婚姻法》包打天下，对相关行为的规制需要选择对应的恰当手段。司法智慧中的“隔离技术”及“区分原则”不啻为一种极佳的选择。既然身份关系层面对“假离婚”只能有不二的评价，那么就应合理阐释“假离婚”涉及行为的法律性质，对相关行为实施恰如其分的规制。当然《婚姻法》上，也可以探索限制当事人复婚的时间间隔，如规定当事人离婚一定时期后，方能复婚。只有这样数管齐下，才能从根本上解决“假离婚”对相关法律、政策以及道德底线的冲击问题。

① 参见最高人民法院（2016）民再审字第149号民事判决书。

论直系姻亲的发生、终止及其法律效力[*]

——以儿媳与公婆、女婿与岳父母为重点探讨

金　眉[**]

【内容提要】直系姻亲是基于婚姻和血缘关系而形成的亲属，包括配偶的直系血亲和直系血亲的配偶，婚姻关系成立的时间应当就是直系姻亲关系形成的时间。现行《婚姻法》没有规定姻亲关系终止的原因，依照我国的历史传统，离婚不仅意味着双方婚姻关系的终止，也意味着姻亲关系的终止，对此法律应当尊重这一传统；在配偶一方死亡的情形下，基于该婚姻而形成的姻亲关系是否终止，法律应当尊重当事人的意愿，把姻亲关系是否终止的选择权留给姻亲关系的当事人。岳父母与女婿、公婆与儿媳是生活中往来最多、联系最密切的直系姻亲，法律应当禁止公公与儿媳、岳母与女婿结婚，同时规定儿媳对公婆、女婿对岳父母承担部分扶养义务，至于对公婆、岳父母尽了主要赡养义务的儿媳与女婿，法律不宜赋予其继承权，而应当将其列为取得遗产的其他人，赋予其遗产酌分请求权。

* 该文系2017年国家社科基金项目“亲系和亲等制度研究”（17BFX138）的阶段科研成果，发表于《江苏社会科学》2018年第6期。

** 金眉，法学博士、中国政法大学教授。

【关 键 词】直系姻亲　发生　终止　法律效力

直系姻亲是指己身配偶的直系血亲（二者共同后代除外）和己身直系血亲的配偶，具体包括：（1）配偶的直系血亲，如配偶的父母（公婆、岳父母）、祖父母、外祖父母等；继父或继母与继子或继女也存在直系姻亲关系。（2）直系血亲的配偶，如儿媳、女婿、孙媳、曾孙媳、孙女婿、曾孙女婿等。在现实生活中，这些直系姻亲之间存在不同程度的联系，但彼此之间何时形成及何时终止姻亲关系，在法律上是否存在权利与义务关系，现行《婚姻法》并没有作出明确的规定。这是法律的疏漏，还是彼此之间本应当无权利义务关系？姻亲相对于血亲而言缺少血缘联系，因此彼此之间在法律上是否具有权利义务关系，就要根据具体情形而定。在所有的直系姻亲中，二亲等以外的直系姻亲如孙媳、曾孙媳、孙女婿、曾孙女婿等因为以多个婚姻为联系基础，相隔世代久远，彼此之间关系相对疏远，也就不宜设定任何的权利义务；生活中往来最多、联系最密切的直系姻亲无疑是岳父母与女婿、公婆与儿媳，以及继父母与继子女，他们属于一亲等的直系姻亲。其中的继父母与继子女关系，可以以彼此是否存在扶养事实而区分为不同的类型，其发生、终止以及彼此之间的权利义务关系也较其他直系姻亲复杂，笔者将撰文另述。鉴于篇幅所限，本文将以岳父母与女婿、公婆与儿媳的直系姻亲关系为讨论的重点。

一　直系姻亲关系的发生与终止

直系姻亲是基于婚姻和血缘关系而形成的亲属，只有在婚姻关系成立后，夫妻一方才与另一方的直系血亲之间形成直系姻亲关系；因此，婚姻关系成立的时间应当就是直系姻亲关系形成的时间。但是当婚姻关系终止时，直系姻亲关系是否也随之终止呢？导致婚姻关系终止的原因可以是离婚也可以是配偶一方死亡，对于这两种原因是否导致姻亲关系的终止，各国立法存在不同的规定。关于姻亲关系是否因离婚而终止，世界上存在终止主义和存续主义两种立法例，前者以日本、韩国以及我国台湾地区为代表,[①] 将婚姻的解除作为引起姻亲关系终止的法律事实；后者以德国为代表,[②] 规定姻亲关系不因离婚而终止。

如果配偶双方死亡，直系姻亲关系会随着主体的消灭而终止。但若配偶一方死亡，姻亲关系是否终止呢？对此各国的法律规定存在差异，归纳起来，大致有以下立法例。（1）自治主义，即法律不作强制性规定，而是由姻亲双方当事人选择姻亲关系是否终止。此立法例以日本现行民法典为代表，其规定夫妻一方死亡，生存配偶表示终止姻亲的意思时，姻亲关系终止。[③]（2）有条件的终止主义，即法律规定在一定条件下姻亲关系终止。此立法例以《法国民法典》为代表，其规定，夫妻一方及其与他方在婚姻中所生子女均死亡时，儿媳与公婆、女婿与岳父母之间基于姻亲而产生的扶养义务终止。[④]（3）不终止主义。此立法例以《意大利民法典》为代表，该法典第78条规定："即使没有子女，姻亲关系也不因一方配偶的死亡而消灭。"[⑤]

我国现行《婚姻法》没有规定姻亲关系终止的原因，但依照我国的传统与当代实践，离婚不仅意味着双方婚姻关系的终止，也意味着姻亲关系的终止，对此法律应当尊重这一传统，明确规定双方离婚后姻亲关系终止。至于配偶一方死亡是否产生姻亲关系消灭的结果，从《继承法》第12条的规定来看，立法者显然是主张公婆与儿媳、岳父母与女婿的直系姻亲关系在存在扶养的情形下并不因配偶一方死亡而终止，也不因生存配偶再婚而

---

① 《日本民法典》第728条第1款规定："姻亲关系因离婚而终止。"参见《日本民法典》，王爱群译，法律出版社，2014，第116页。《韩国民法典》第775条规定："姻亲关系因婚姻的撤销或离婚而终止。"参见《韩国民法典　朝鲜民法》，金玉珍译，北京大学出版社，2009，第120页。我国台湾地区"民法·亲属编"第983条规定："与左列亲属，不得结婚：一、直系血亲及直系姻亲；……""前项直系姻亲结婚之限制，于姻亲关系消灭后，亦适用之。"见黄荣坚、许宗力等编纂《月旦简明六法》，台北：元照出版有限公司，2015，第395页。即法律规定禁止姻亲之间通婚，即便是姻亲关系消灭，这种效力依然延续。

② 《德国民法典》第1590条规定："即使建立姻亲关系的婚姻已经解除，姻亲关系仍继续存在。"参见《德国民法典》，杜景林、卢谌译，中国政法大学出版社，1999，第366页。

③ 《日本民法典》第728条第2款，参见《日本民法典》，王爱群译，法律出版社，2014，第116页。

④ 《法国民法典》第206条，参见《法国民法典》，罗结珍译，北京大学出版社，2010，第66页。

⑤ 此条款也有除外规定，参见《意大利民法典》，费安玲、丁玫译，中国政法大学出版社，1997，第32页。

终止。从现实生活看，存在丧偶的儿媳与公婆、女婿与岳父母保持密切联系的情形，也存在彼此并无往来的情形。在笔者看来，即便彼此存在往来，存在扶养的情形，我们也不能据此就推导出彼此存在保留法律上的权利义务的愿望，因为在很多时候，彼此的往来和扶养只是代表着一种情谊，并不意味着法律上的权利义务。姻亲本是以婚姻为中介而形成的，配偶一方死亡，则婚姻关系终止，在此情形下，基于该婚姻而形成的姻亲关系是否终止，在笔者看来，法律应以尊重当事人的意愿为准，把姻亲关系是否终止的选择权留给姻亲关系的当事人，如果当事人自愿保持原有的姻亲关系，则法律无须干涉。这样的结果既有利于尊重当事人的意愿，符合《婚姻法》作为私法的特点，同时也有利于鼓励发扬养老育幼的传统，促进家庭成员之间的互助团结。

二　直系姻亲的法律效力

在法律上，亲属关系一经法律调整，便会在具有亲属身份的主体之间产生法定的权利与义务，这种法律后果就是亲属的效力或称法律效力。就岳父母与女婿、公婆与儿媳之间在法律上的效力而言，其内容主要表现在是否存在结婚的限制、是否承担扶养义务以及是否相互继承等方面。

（一）禁婚亲效力

世界各国关于禁婚亲的法律均是立足于优生与伦理。准确地说，笔者在此探讨的是曾经的公公和儿媳、曾经的岳母和女婿能否结婚的问题。就现行《婚姻法》而言，如果单纯按照法律规范释义，那么离婚就意味着原来处于婚姻中的男女解除了婚姻关系，从而获得了再婚的自由。但是在双方曾经存在姻亲关系特别是直系姻亲关系的情况下，法律是否允许其结婚，不仅涉及伦理的底线应当划在何处，还涉及我们如何看待人的本质，正是后一因素使各国关于直系姻亲结婚的法律呈现不同的规定。

关于直系姻亲之间能否结婚的规定，境外的立法可以分为三类。一是绝对禁止，即使姻亲关系因离婚或一方死亡而消灭，也不得结婚，此立法例以日本、意大利、瑞士、韩国法律为代表，如《日本民法典》第735条

“直系姻亲之间，不得结婚。即使在姻亲关系按照第 728 条[①]或第 817 条之九[②]的规定终止后，亦同”；[③]《意大利民法典》第 87 条规定直系姻亲之间禁止结婚，并且直系姻亲之间在婚姻被宣告无效、婚姻关系解除、婚姻的民法效力终止的情形下，仍然禁止结婚；[④]《瑞士民法典》第 100 条规定岳母与女婿、公公与儿媳之间，继父与继女、继母与继子之间，不问其建立亲属关系的婚姻是否已被宣告无效，或因死亡、离婚已被解除，均禁止结婚；[⑤]《韩国民法典》第 809 条规定：“六亲等以内血亲的配偶、配偶六亲等以内的血亲、配偶四亲等以内的血亲的配偶的姻亲，或曾为姻亲者之间不得结婚。”[⑥]

二是相对性禁止，即原则上不得结婚，但在特殊情况下经过批准，仍允许结婚，如《法国民法典》规定，禁止结婚的亲属包括直系姻亲、特定的旁系姻亲（如叔伯母与侄子、舅母与外甥等）。但法律对此限制规定了免除条款，免除的理由必须是基于“特别重大原因”，免除权由共和国总统行使，免除的情形只能是：（1）属于直系姻亲，并且原有婚姻关系人死亡；（2）属于三亲等旁系血亲；（3）属于旁系姻亲。[⑦]

三是允许直系姻亲结婚，如德国，关于禁止结婚的血亲亲等范围呈现逐步缩小的趋势，1998 年的《重新规定结婚法的法律》则进一步缩小了禁止结婚的亲等范围，并且废除了姻亲之间禁止结婚的规定，这意味着在 1998 年结婚法改革以后，德国法中不再禁止姻亲包括直系姻亲结婚。[⑧] 近些年来，在是否允许直系姻亲结婚的问题上，欧洲人权法院曾经推翻了英国的一则法院判决，允许曾经的儿媳与公公结婚。其理由是：禁止他们结婚的法律出于维护家庭完整的目的这样做，但并未达到此目的；没有任何乱伦的或其他的刑法条款禁止公婆与媳婿之间的婚外同居关系，因此不能说

---

① 第 728 条：“姻亲关系因离婚而终止。夫妻一方死亡，生存配偶有终止姻亲关系的意思表示的，适用前款规定。”参见《日本民法典》，王爱群译，法律出版社，2014，第 116 页。

② 该条法律规定养子女与生父母及其他血亲的亲属关系，因收养而解除。

③ 《日本民法典》，王爱群译，法律出版社，2014，第 117 页。

④ 《意大利民法典》，费安玲、丁玫译，中国政法大学出版社，1997，第 36 页。

⑤ 梁慧星：《中国民法典草案建议稿附理由》，法律出版社，2006，第 28 页。

⑥ 《韩国民法典　朝鲜民法》，金玉珍译，北京大学出版社，2009，第 124 页。

⑦ 《法国民法典》，罗结珍译，北京大学出版社，2010，第 55 ~ 56 页。

⑧ 〔德〕迪特尔·施瓦布：《德国家庭法》，王葆莳译，法律出版社，2010，第 55 ~ 56 页。

禁止两者的婚姻能阻止媳妇的小孩在“伦”上陷入混乱。①

我国现行《婚姻法》并未明确规定直系姻亲关系解除后彼此不得结婚，如果从法律文本解释的立场出发，当然应该视为法律未禁止即推定为允许。这也是实践中婚姻登记机构对直系姻亲通婚予以登记的根据。② 但这样的登记甚至连法官自身都存在困惑，早在20世纪50年代，一些地方法院就曾请示最高人民法院直系姻亲能否结婚。最高人民法院的回复是：

> 关于没有婚姻关系存在的“公公与媳妇”、“继母与儿子”、“叔母与侄”、“子与父妾”、“女婿与岳母”、“养子与养母”、“养女与养父”等可否结婚问题，经我们拟具初步意见，报请中央司法部以（53）司普民字12/989号函复同意。认为婚姻法对于这些人之间虽无禁止结婚的明文规定，为了照顾群众影响，以及防止群众思想不通，因而引起意外事件的发生，最好尽量说服他们不要结婚；但如双方态度异常坚决，经说服无效时，为免发生意外，当地政府也可斟酌具体情况适当处理（如劝令他们迁居等）。
>
> 对于这些个别特殊问题，你院并嘱所属法院可多根据实际情况就地加以具体处理。特别是要照顾群众的影响。一般不需作统一规定。③

因此，新中国成立后中国的立法与司法事实上是允许曾经的直系姻亲结婚的。但是这样的立法究竟是婚姻自由的必然结果还是有违伦理的法律漏洞呢？对此问题学界存在争议。赞成直系姻亲之间能够通婚的理由主要是：其一，婚姻以感情为基础，与身份关系无关，当事人并非不知道自己

---

① 参见徐国栋《优士丁尼〈法学阶梯〉评注》，北京大学出版社，2011，第84页。

② 《我与婚姻法》一书曾经记载：“实践中曾有公公要求与丧偶儿媳结婚，因有悖伦理道德引起社会舆论哗然，不得不远迁他乡的事例。可见法律与道德冲突之剧烈。而拟制血亲、直系姻亲间通婚所引起的亲属关系混乱也令人瞠目结舌。北京曾发生过这样一件事，母亲甲与女儿乙均为演员，母亲甲离婚后与导演丙结了婚。婚后他们与女儿乙一起生活。在共同生活期间，女儿乙与继父关系很好，致使继父丙与其母亲甲离婚。不久，继父丙要求与女儿乙结婚。婚后，丙与乙的关系由继父转为配偶，而甲由原来是丙的配偶转为丙的岳母。同时，他们与他们的其他亲属间的辈分及其称谓也要改变。”读来令人感叹。参见巫昌祯《我与婚姻法》，法律出版社，2001，第185页。

③ 马原主编《婚姻法继承法分解适用集成》，人民法院出版社，2001，第16页。

的行为有悖社会的伦理规范，双方缔结婚姻的后果也主要由当事人自己承担，如果他们自己已经突破了这样的心理束缚并且愿意去面对他们的结合所带来的种种非议，那么法律就不应当干涉；其二，早在1953年，那时的社会伦理道德恐怕比现在更加森严，最高人民法院采取的是“说服”“劝令”的态度，而没有强行禁止，在日益开化的今天实在没有必要开历史的倒车；其三，如果说这样的通婚违背了社会伦理道德，那么这种所谓的伦理道德到底是什么？它是否为社会文明的表现，是否为一种善良风俗？维系这种伦理道德的意义又在什么地方？我们要的不是抽象的道德，而是伦理规范背后体现的实质价值，在对这个问题作出令人信服的解释之前，不得随意借一个空泛的概念就剥夺公民的结婚自由。①

但是2005年发生在江苏高邮的一则案例为我们认识这一问题提供了直观的视角。

丁全仁与占小东本是公公和儿媳。丁全仁的二儿子丁桂宏1994年经人介绍与占小东结婚，次年生下一子。后因感情破裂，两人于2004年离婚，经法院判决，读小学二年级的男孩随母生活。丁全仁的老伴已经去世，2005年，59岁的丁全仁与30岁的占小东在该市民政部门领取了结婚证。

丁全仁的行为受到儿女们的强烈反对。因在家中已无法立足，丁全仁遂与占小东在外租房生活。几个儿女认为丁全仁做出了违背伦理的事情，便决定分割家产（主要是房产），将其排除在外。丁全仁无奈之下，将子女告上法庭，要求法院判给他应有的房产。其儿女们私下表示，不知该如何面对父亲的“新婚妻子”，二儿子丁桂宏在感情上更是无法接受，读小学的孩子也无法适应亲人称谓的转变。由此引发人们对《婚姻法》的立法精神与家庭伦理关系的热议和深思。②

曾经的直系姻亲之间如果结婚会导致亲属关系上怎样的改变呢？我们可以上述案例为例：丁全仁与他孙子原来的爷孙关系转变为现在的父子关系；丁桂宏与其儿子的关系由原来的父子关系转变为继兄弟的双重关系；丁全仁曾经的儿媳变成了自己的妻子；占小东过去的公公变成了自己的丈

① 朱和庆主编《婚姻家庭法案例与评析》，中山大学出版社，2005，第21页。

② 徐国栋：《优士丁尼〈法学阶梯〉评注》，北京大学出版社，2011，第83~84页。

夫；丁全仁的儿子丁桂宏变成了自己妻子的前夫；丁桂宏曾经的妻子变成了自己的继母；孙子的爷爷变成了自己的继父，自己的妈妈变成了自己的奶奶；丁全仁的孙子变成了自己的继子；如若生育子女，情形将更复杂。①

看到此处，相信任何读者都会认为曾经的直系姻亲通婚会带来亲属称谓的混乱。当然，如果仅仅是称谓的混乱并不重要，重要的是如费孝通先生所言的："每一个称谓，当它最初被用来称呼时就包含了与亲密的亲属相应的某种心理态度。"② 这种心理态度中自然包含了人类对性存在的羞涩之心和禁忌之耻感，这是立法需要尊重的自然法。对于法律而言，存在于直系姻亲通婚上的问题还不在彼此称呼的改变和纠结的心理态度，而是每一种称呼所表达的身份改变都代表着法律上的权利与义务的变更。对此恩格斯说得很清楚："父亲、子女、兄弟、姊妹等称呼，并不是单纯的荣誉称号，而是代表着完全确定的、异常郑重的相互义务，这些义务的总和构成这些民族的社会制度的实质部分。"③ 如果我们认可上述说法，那么当曾经的直系姻亲通婚之后，就必然会出现家庭内部秩序的混乱和相互之间在法律上的权利义务关系的变更与混乱。

在笔者看来，是否允许直系姻亲结婚的问题，归根结底还是我们如何看待"人是什么"的哲学问题，如果我们将生活中的个体看作彼此毫无关联的生物体，那么顺理成章就会从机械的原子论的立场出发，视已经离婚的直系姻亲之间不存在结婚的障碍，当然可以结婚。但事实上，在中国人的生活和观念中并不存在孤立隔绝的个体，当我们在回答"我是谁"的时候，总是脱离不了与祖先和后代的联系；而在现实生活中，由父母、子女组成的核心家庭与祖孙、外祖孙组成的扩展家庭通常也保持着密切的往来。中国社会在经历了近代以来的社会变革之后，大家族主义已经不存在，但小家庭主义仍然存在，每个人都带着自己的亲缘关系生活在当下，进而影响权利的享有与义务的承担。家庭作为中国人的存在来源和归宿，是我们

① 徐国栋：《优士丁尼〈法学阶梯〉评注》，北京大学出版社，2011，第84页。

② 费孝通：《江村经济》，江苏人民出版社，1986，第63页。

③ 恩格斯：《家庭、私有制和国家的起源》，中共中央马恩列斯著作编译局译，人民出版社，1999，第28页。

安全感、幸福感的主要来源，其和谐则是仰仗一定的伦理秩序来维系，这是法律必须尊重的价值。

各国法律关于血亲禁止结婚的根据是优生和伦理。前者可以因为科学的进步而影响我们对禁止结婚的血亲范围的确定；而直系姻亲之间能否结婚则与优生无关，只涉及当下伦理的底线问题，正是因为各国、各民族对伦理的理解不同，中外法律各异。众所周知，伦理是关于人与人之间道德关系的设计，体现的是人与人之间相互关系的应有之理。在中国文化传统中，伦理秩序是通过人与动物的区别、人与人之间的区别而实现的。就婚姻而言，它首先是人类两性结合与动物雌雄结合的区别，在古代以男系传宗接代为目的、以嫁娶仪式为外在表现形式，由此确立的是人类与禽兽、文明与野蛮的区别；与此同时，性别、长幼形成家庭成员之间的区分，即父母子女、兄弟姐妹、夫妇之间的尊卑等差，由此将家庭内等级秩序推广行之于社会，也就形成了等差有序的社会秩序，所以婚姻成为一切社会关系的渊源。① 经历了近代以来社会转型的洗礼，传统家庭伦理中基于性别与年龄而形成的等差已经为男女平等、保护儿童和老人利益所取代，但是传统伦理中人类与禽兽、文明与野蛮区别的理念仍然存在于我们的文化中，结婚需要坚持一定的禁忌即对性行为设一定的界限仍然是中国民众认可的伦理。道理正如费孝通先生所言："若是让性爱自由地在人间活动，尤其在有严格身份规定的社会结构中活动，它扰乱的力量一定很大。它可以把规定下亲疏、嫌疑、同异、是非的分别全部取消，每对男女都可能成为最亲密的关系，我们所有的就只剩下了一堆构造相似、行为相近的个人集合体，而不成其为社会了，因为社会并不是个人的集合体，而是身份的结构。墨子主张兼爱，孟子骂他无父，意思就是说没有了社会身份，没有了结构的人群是和禽兽一般了。"② 较之其他文明，中华文明认为人之所以为人的一个根本是与动物区别，这在寻找配偶的问题上表现为强调家庭伦理，即将寻偶对象排除在家庭成员和曾经的家庭成员之外，实则是将寻找生活伴侣

---

① 对此陈鹏先生一语中的："婚姻基于天地阴阳自然之性，为人伦之本，家始于是，国始于是，社会之一切制度，莫不始于是，是为中国古代婚姻观念之又一特点。"参见陈鹏《中国婚姻史稿》，中华书局，1990，第16页。

② 费孝通：《乡土中国　生育制度》，北京大学出版社，1998，第143页。

的竞争排除在家庭之外，由此避免伤及亲人感情和家庭秩序的混乱。正是基于此理，我们说直系姻亲之间的通婚破坏了亲属之间的情感，它在人类通常感到最安全的地方渗入了性竞争的因素，容易离间亲情，导致亲人之间的难堪和反目，为此法律应当禁止其通婚。

（二）扶养效力

多数国家没有规定儿媳与公婆、女婿与岳父母之间有扶养的义务，只有少数国家规定相互有扶养义务，如《法国民法典》第206条规定："女婿和儿媳也应当并且在相同情况下对公婆、岳父母负相同义务，但是，在产生姻亲关系的夫妻一方及其与配偶的婚姻所生子女均已死亡时，此种义务即告停止。"[①]《意大利民法典》第433条则规定了女婿和儿媳对公婆和岳父母承担给付扶养费、赡养费义务的顺序。[②] 我国现行《婚姻法》对岳父母与女婿、公婆与儿媳之间是否存在扶养义务并没有规定，从法律规范的角度看，这意味着彼此没有扶养的义务，是否承担扶养之责，听从当事人自己的意愿。但是最高人民法院《关于人民法院审理离婚案件处理财产分割问题的若干具体意见》（1993年）第17条规定："夫妻为共同生活或为履行抚养、赡养义务等所负债务，应认定为夫妻共同债务，离婚时应当以夫妻共同财产清偿。"从这一规定看，制定者又是将赡养所负之债视为夫妻共同债务，由此可以推定制定者视儿媳对公婆、女婿对岳父母存在扶养的义务。但是从法律完善的角度看，最高人民法院的规定是不能代替立法的，《婚姻法》需要明确儿媳对公婆、女婿对岳父母是否存在扶养义务；如果存在扶养义务，那么法律还需要进一步确定扶养的类型与内容。

关于儿媳对公婆、女婿对岳父母是否应当承担扶养义务，学术界存在赞成与反对两种观点。赞成的观点认为：（1）在社会保障制度还未高度发达的情形下，养老扶幼的职责应由家庭及其成员负担，这是尊老爱幼传统的要求；（2）可以与《继承法》第12条相呼应，有利于调动直系姻亲履行扶养义务的积极性。反对的观点则认为：（1）我国法律规定的法定夫妻财

---

① 《法国民法典》，罗结珍译，北京大学出版社，2010，第66页。

② 《意大利民法典》，费安玲、丁玫译，中国政法大学出版社，1997，第123页。

产制为婚后所得共同制，履行扶养义务的物质来源是夫妻共同财产，没有必要再规定直系姻亲之间的扶养义务；（2）规定直系姻亲之间的扶养义务让准备结婚的男女需要更现实地考虑未来直系姻亲的生活状况，有妨碍婚姻自由之嫌；若夫妻一方死亡，会增加生存一方配偶的再婚难度；（3）我国处于社会主义初级阶段，大多数人的经济承受能力有限，不能无限制扩大扶养的范围。①

笔者并不赞同反对的观点。首先，从扶养义务履行的物质来源看，大多数情形下是源自夫妻共同财产，从表面上看履行扶养义务似乎没有问题。但事实是，凡是人就都有私心，在共同财产制通行的中国社会，扶养本身就涉及夫妻财产的使用与消耗，其间反映的并不只是人们道德水平高低的问题，也包括儿媳对公婆、女婿对岳父母这类直系姻亲在法律上应不应当具有扶养义务的法律问题，其深处则涉及中国人有关直系姻亲的观念、感情和心态。现实生活中因为扶养双方父母而产生矛盾的夫妻比比皆是，如果没有道德的培育和法律的强制力，人们面对直系姻亲的扶养时就容易表现出疑惑和自私自利。可以想象，法律若是规定扶养的义务只由子女承担，而对其配偶则听从自愿，没有一定的扶养义务的要求，那么现实生活中就容易出现厚此薄彼的情形。从历史看，在农村以及深受农村观念影响的人群中，原本就存在夫妻赡养男方父母是必须的而无赡养女方父母责任的观念，在此历史背景下，如果法律对直系姻亲之间的扶养义务不予表态，那么女方的利益就容易受到损害。其次，规定直系姻亲之间的扶养义务会增加结婚当事人的现实考虑的观点也是不成立的，因为即使没有这样的义务规定，结婚的当事人也会有现实的考虑。至于夫妻一方死亡，在生存的配偶不愿意维持姻亲关系的情形下，姻亲关系便会终止，也不会增加其再婚的经济负担；反之，在生存配偶愿意维持姻亲关系的情形下，自愿继续承担扶养义务的行为是当事人的选择，对此法律不应当干预。至于拿社会主义初级阶段说事，更是不能让人信服。中国现阶段的社会发展状况是经过改革开放的发展，贫困发生率从10.2%下降到4%以下，② 这意味着大部分

① 余延满：《亲属法原论》，法律出版社，2007，第518页。

② 见中共十九大报告。

人已经脱贫，有经济能力承担双方父母的养老。从中国养老的传统看，父母养老也需要配偶的配合。与之相关联的问题是，由于夫妻结构成为核心家庭的主轴，妻子摆脱了依附于夫的从属地位而成为家庭的主人，对公婆的孝敬也就没有了传统社会的当然性。这在法律上就表现为直系姻亲之间有无权利义务关系的问题，如果法律对此缺少回应，那么现实生活中扶养的实现与差异程度就完全取决于夫妻双方的感情甚至地位的强势与否。

以笔者之见，中国城乡目前的实际状况是以两代人的核心家庭和三代人的主干家庭为主要生活单位。在中国人的生活观念中，女婿与岳父母、儿媳与公婆虽然没有血缘联系，但是都互相视为自己家庭的成员。在中国，婚姻通常不是单个的个体的结合，这意味着每一个小家庭与自己的来源家庭保持着联系和依赖关系，子女成家以后与父母的联系仍然密切，在生育下一代之后，许多父母自愿承担着帮助与资助的责任，核心家庭与父母家庭的联系还会增强。当子女家庭存在困难时，有能力的父母通常会伸出援助之手。不仅如此，在家的传承意义上，女婿与岳父母、儿媳与公婆又是作为一个家庭的核心成员一起生活，通常保持着密切的生活往来。而在实际生活中，子女对父母的扶养又需要配偶一方的配合，而这种配合也是增强彼此感情的纽带。因此从婚姻家庭的长久和睦而言，法律应当确认女婿对岳父母、儿媳对公婆需要承担提供物质条件的义务；至于日常料理和精神安慰，毕竟姻亲不是基于血缘和抚养而形成的，姻亲之间与父母子女之间的感情存在客观上的差距，儿媳、女婿也不可能在精神层面深入了解配偶父母的历史与秉性，因此法律上不宜为其设定日常料理、精神安慰的义务。

（三）继承效力

在世界范围内，姻亲关系从古至今都不是继承权产生的基础。就世界各国继承法的历史传统看，财产主要是沿着血亲关系向后代传承，因此血亲关系是继承权取得的基础，各国继承法也是依照血亲关系决定继承人的范围和继承顺序。在血亲关系之外，婚姻关系作为血亲形成的源头，出于对生存配偶的保护，各国法律也将其作为继承权产生的基础。根据学者的研究，在世界范围内，最早将姻亲关系、扶养关系相联系作为继承权取得根据的是苏联，此后为其他社会主义阵营的国家所效仿。这一立法的背景是新建立的社会主义国家经济落后且缺少社会保障，为此国家充分发挥家庭养老育幼的功能，将扶养关系纳入继承领域，以此减轻国家的负担。① 此立法的目的在于帮助国家应对在经济落后阶段无力承担社会责任的窘迫，因而只是一时的应对措施，只为少数苏联阵营国家采用。我国现行《继承法》第12条将对公婆或岳父母尽了主要赡养义务的丧偶儿媳与女婿直接列为第一顺序的继承人，赋予其继承权，从源流上看是对苏联法律的部分继受。从当时的立法说明看，目的则是基于更好地赡养老人的需要。② 但是这样的立法在赞同者看来属于中国特色，在反对者看来则是破坏了世界范围内姻亲关系不能成为继承权基础的传统，导致继承权产生的基础不统一，也与我国《继承法》的源流与传统不符。③ 对此笔者赞成将对公婆、岳父母尽了主要赡养义务的丧偶儿媳与女婿列入其他取得遗产的人之中，赋予其遗产酌分请求权，如此一方面可以保持法律逻辑上的严密，另一方面可以避免《继承法》落入权利与义务对等的陷阱，防止改变继承意义的纯洁。

综上所述，直系姻亲关系的发生、终止及其法律效力具有不同于血亲的特点，特别是作为直系姻亲的儿媳与公婆、女婿与岳父母在是否需要禁止结婚、是否需要承担扶养的义务和是否因为扶养就可以取得继承权等方面都存在学术争议，相关的法律也有待进一步的明确和完善。事实上，姻亲在法律上的效力还应当包括在其他部门法上产生的效力，比如行政法规定的任职回避、诉讼法规定的作证豁免等，鉴于篇幅的限制，本文在此不作详述。

① 杨立新主编《继承法修订入典之重点问题》，中国法制出版社，2015，第56页。

② 杨立新主编《继承法修订入典之重点问题》，中国法制出版社，2015，第66页。

③ 杨立新主编《继承法修订入典之重点问题》，中国法制出版社，2015，第53~81页。

我国台湾地区2016年"意定监护法"草案评析*

李　霞　罗宇驰**

【内容提要】为人口老龄化少子化的社会现实与国际成年监护法的改革趋势所催逼，我国台湾地区在2016年制定了"意定监护法"草案。草案内容主要包括设置了独特的意定监护启动程序，明确了法定监护与意定监护之间的适用关系，其最大亮点在于确立了尊重本人自我决定权原则。我国在《民法总则》中确立了意定监护制度，但尚存立法上的漏洞。在完善意定监护制度时，我国民法应当充分吸收台湾地区草案的长处，以尊重自我决定权原则为首要基本原则，制定具体的自我决定权规则，并构建便捷灵活的意定监护启动规则。

【关 键 词】意定监护　自我决定权　意定监护启动规则

2016年10月，我国台湾地区公布了"'民法'亲属编（意定监护）"

---

* 本文系2017年国家社科基金项目"老年人意定监护制度研究"（项目编号：17BFX211）、司法部2016年度国家法治与法学理论研究项目"民法典·老龄监护措施替代机制研究"（项目编号：16SFB2032）的阶段性研究成果。

** 李霞，华东政法大学科学研究院教授、博士生导师；罗宇驰，华东政法大学民商法专业硕士研究生。

部分条文修正草案（以下简称“‘意定监护法’草案”）。盖因我国台湾地区感于意定监护制度制定的必要性，其相关事务主管部门在 2011 年委托学者进行可行性研究、[①] 组织草案起草工作，并于 2016 年 10 月公布“意定监护法”草案。草案已于当年 11 月送交行政主管部门审查，并于 2016 年公布。本文将介绍台湾地区“意定监护法”草案的主要内容，评析其得失，并在此基础上反思大陆相关制度，以期能更好地完善大陆制定中的民法典婚姻家庭编中的成年监护制度。

一 “意定监护法”草案制定的背景

1. 人口老龄化社会的需求

截至 2018 年 1 月，我国台湾地区户籍登记人口总数达到 2357.1 万人，其中 65 岁以上老年人口占到社会总人口的 13.86%，老化指数达到 105.70。[②] 人的老化，造成老年人意思能力逐渐衰退，处理日常生活事务的能力也随之受到限制。老年人在医疗护理、财产管理及身体照顾[③]等事务上，难维护其民事权利。脆弱之权利状态亟待保护，而少子化带来的家庭结构的变化，亦使社会和老年人不能仅依赖家庭监护解决老龄问题。庞大的老年人口基数已令此成为不可忽视的社会问题，人口老龄化与少子化带来的制度需求压力使创设和完善支援老年人的法律体系迫在眉睫。

2. 法定监护和其他制度无法满足老龄人的制度需求

首先，台湾地区现行与意定监护类似的制度包括法定监护和委任契约。法定监护并非以“尊重自我决定权”为核心，[④] 在对本人为监护宣告后即完

① 研究成果为邓学仁教授领衔的《“法务部”“意定监护制度之研究”委托研究案研究成果报告书》，https://www.moj.gov.tw/HitCounter.asp? xItem = 264888&ixCuAttach = 74953，最后访问时间：2018 年 1 月 30 日。

② 我国台湾地区行政主管部门统计处 2018 年 1 月统计通报，https://www.moi.gov.tw/stat/news_detail.aspx? sn = 13366，最后访问时间：2018 年 1 月 30 日。

③ 成年监护人在管理制度利用者的身体照顾事务时，并不要求监护人亲自照料制度利用者的饮食起居，而是代理制度利用者与他人订立照料服务合同、关注监护制度利用者的身心健康等。

④ 参见吴彦钦《论新修正之成年监护制度——兼论美国法上持续性代理权授与法》，硕士学位论文，东吴大学，2009，第 5 页。

全剥夺其民事行为能力。[①] 本人的生活安排、财产管理、身体照顾等事务均由法院选任的法定监护人替代其决定。监护人人选、监护事务的管理，均无法由本人决定或指示，只能由他人依据“最佳利益保护原则”进行决定。法定监护保护本人兼顾交易安全的制度功能本身就决定了法定监护无法为本人提供弹性、差异性和可选择的支援机制。其次，基于委任契约授予广泛和持续的代理权的方式，也不能替代意定监护之功能。在本人丧失意思能力后其所订立的委任契约是否有效，将面临解释论上的问题。本人丧失意识能力后，对意定代理人无控制和监督的可能，此时委任契约无法避免意定代理人滥用代理权。[②]

3. 国际残障者人权保障趋势的催逼和尊重自我决定权理念的促动

2008 年，由 192 个国家发起的《残疾人权利公约》确立了尊重自我决定权理论。自我决定权既是民法意思自治原则的当然产物，也是数项国际人权公约所倡导的基本权利。[③] 我国台湾地区虽然不具备加入《残疾人权利公约》的主体资格，但也在 2007 年颁布了“身心障碍者权益保障法”，从而接受了“尊重自我决定”的理念，并对进一步完善成年监护制度提出了要求。尊重自我决定权，表现在不仅尊重意思能力不健全时残留的自我决定，而且尊重意思能力丧失之前的自我决定，同时还及于本人预先对自己将来能力欠缺后的事务的决定。[④]

另外，近年来国际社会频繁修法的促动也是重要因素。世纪之交，发达国家纷纷制定或修改意定监护制度：自 1990 年起德国渐次修改预先照管法内容，日本于 1999 年制定《任意后见契约法》及《后见登记法》以促进意定监护发展，英国 2005 年通过《意思能力法》，法国于 2007 年通过的第 2007－308 号修正案在《法国民法典》第 477 条引入了意定监护制度，韩国在 2011 年也以日本《任意后见契约法》为蓝本，在《韩国民法典》中新增

① 台湾地区“民法”第 15 条：“受监护宣告之人，无行为能力。”

② 关于意定监护与代理之区别，可参考林秀雄《论新修正之成年监护制度》，《月旦法学杂志》2009 年第 164 期；李霞《意定监护制度论纲》，《法学》2011 年第 4 期；〔日〕新井诚《意定监护制度之存在意义再考》，黄诗淳、陈自强主编《高龄化社会法律之新挑战：以财产管理为中心》，新学林出版社，2014，第 237～278 页。

③ 李霞：《意定监护制度论纲》，《法学》2011 年第 4 期。

④ 李霞：《成年监护制度的现代转向》，《中国法学》2015 年第 2 期。

第959－14条至第959－20条，确立了意定监护契约法的主要框架。其他国家制定或修改意定监护制度，完善成年监护体系，成为台湾地区引进意定监护制度的外因。

二 我国台湾地区“意定监护法”草案主要内容

草案主要包括六个条文，拟增至“民法”亲属编第四章第二节“成年人之意定监护”中，即“民法”第1113条之2至之7。[①] 从内容上看，草案包括以下内容。

（一）意定监护契约及其当事人

意定监护是指，本人与受任人约定，于本人受监护宣告时，受任人允为担任监护人之契约。意定监护系为本人预先约定监护人的人选，以替代

① 我国台湾地区“民法”（草案）第1113条之2：（1）称意定监护者，谓本人与受任人约定，于本人受监护宣告时，受任人允为担任监护人之契约；（2）前项受任人得为一人或数人；其为数人者，除约定为分别执行职务外，应共同执行职务。之3：（1）意定监护契约之订立或变更，应由公证人作成公证书始为成立，并由公证人于七日内以书面通知本人住所地之法院；（2）前项公证，应有本人及受任人在场，向公证人表明其合意，始得为之；（3）意定监护契约于本人受监护宣告时，发生效力。之4：（1）本人因精神障碍或其他心智缺陷，不能为意思表示或受意思表示，或不能辨识其意思表示之效果时，法院得依第14条第1项所定之人、辅助人、意定监护受任人或其他利害关系人之声请，为监护之宣告，并以意定监护契约所定之受任人为监护人，同时指定会同开具财产清册之人；（2）法院为前项监护之宣告时，有事实足认意定监护受任人不利于本人或有显不适任之情事者，法院得依职权就第1111条第1项所列之人选定为监护人。之5：（1）法院为监护宣告前，意定监护契约之本人或受任人得随时撤回之；宣告后，本人或受任人有正当理由者，得声请法院许可终止之；（2）意定监护契约之撤回，应以书面先向他方为之，并由公证人作成公证书后，始生撤回之效力，公证人作成公证书后七日内，以书面通知本人住所地之法院，契约经一部撤回者，视为全部撤回；（3）法院为监护宣告后，监护人共同执行职务时，监护人全体有第1106条第1项或第1106条之1第1项之情形者，法院得依第1113条之4第1项所定声请权人之声请或依职权，就第1111条第1项所列之人另行选定或改定为监护人；（4）法院为监护宣告后，意定监护契约约定监护人数人分别执行职务时，执行同一职务之监护人全体有第1106条第1项或第1106条之1第1项之情形者，法院得依前项规定另行选定或改定全体监护人，但执行其他职务之监护人无不适任之情形者，法院应优先选定其为监护人。之6：意定监护契约已约定报酬或约定不给付报酬者，从其约定；未约定者，监护法人得请求法院按其劳力及受监护人之资力酌定之。之7：（1）意定监护契约约定受任人执行监护职务不受第1101条第2项、第3项规定限制者，从其约定；（2）意定监护，除本节有规定者外，准用本章第二节有关成年人监护之规定。

法院依职权选任监护人的契约。本人可预先约定意定监护人的人选，也可明确约定赋予受任人管理和处分本人财产的权限。若未明确约定时，仍适用“民法”第1101条第2款、第3款之规定，经法院许可方可生效。本人可将不同的监护事务分别分配给数个不同的委任人。作为委任契约的一方当事人，在契约生效前称谓“本人”。

意定监护人可以是复数，应共同执行职务，除非另有约定。共同执行职务时，必须全体同意。对个别受任人、监护人主张解除的，视为意定监护契约全部解除。复数意定监护人共同执行监护职务的，出现全体不适任或辞职时，由法院依申请或依职权改定或选定监护人。不适任的情况包括“民法”第1106条第1项及第1106条之1第1项规定的①：死亡、不可为监护人、有事实足以认定不符本人最佳利益及其他明显不适任的情事。如复数意定监护人中还有个别监护人适任的，法院不得改定或选定监护人。复数意定监护人分别执行监护职务的，管理该监护事务的全体监护人如果出现不适任或辞职情况，由法院依申请或依职权另行选定或改定全体监护人，其他适任的监护人应优先选定为监护人。

意定监护契约的另一方重要当事人是意定监护监督机关。该监督机关为法院和利害关系人担任，法院对监护人的监督采取直接监督和全时段监督的模式。主要包括：（1）事前监督，法院于监护宣告时审查意定监护契约受任人之适任情况；（2）事中监督，通过“民法”第1113条之7草案条文准用有关成年人法定监护之规定，并通过第1113条准用有关未成年人监护之规定，法院可对未有明确约定授予权限的购置、处分不动产等行为进行许可，未经许可的购置和处分行为不生效力（“民法”第1101条第2款），法院于必要时，可以命令监护人提交监护事务之报告、财产清册或结算书，检查监护事务或本人财产状况（“民法”第1103条）；（3）事后监督，对于监护人不适任、有违本人最佳利益的情况，法院得依职权或依利

① 我国台湾地区“民法”（草案）第1106条第1项：“监护人有下列情形之一，且受监护人无第一千零九十四条第一项之监护人者，法院得依受监护人、第一千零九十四条第三项声请权人之声请或依职权，另行选定适当之监护人：一、死亡；二、经法院许可辞任；三、有第一千零九十六条各款情形之一。”“民法”第1106条之1第1项：“有事实足认监护人不符受监护人之最佳利益，或有显不适任之情事者，法院得依前条第一项声请权人之声请，改定适当之监护人，不受第一千零九十四条第一项规定之限制。”

害关系人申请介入并改定或选定监护人。

（二） 意定监护契约的成立与生效要件

意定监护契约必须由公证人做成公证书才能订立、变更、解除。公证人在七日内将公证之事实书面通知本人住所地法院。明确公证的程序要求，本人与受任人必须在场，向公证人表明合意，对意定监护契约的公证方可有效。意定监护契约在本人受监护宣告时发生效力。

意定监护程序始于“监护宣告”，法院在为监护宣告时，有事实认定受任人不利于本人或有明显不适任的情事的，可依职权选任监护人，不受意定监护契约的限制。至于监护宣告的启动则依申请，由本人、配偶、四亲等内亲属，最近一年有同居事实的其他亲属，检察官，主管机关或社会福利机构，辅助人，意定监护受任人及其他利害关系人向法院提出申请。意定监护契约的解除，则是根据监护宣告前后而有所区分，监护宣告前，本人和受任人可以依委任合同解除一般规定，随时解除之；监护宣告后，本人和监护人必须有正当理由，经法院许可后才能解除。在形式上，意定监护契约的解除必须以书面形式通知相对人，并经公证人做成公证书后才具备解除效力。

此外，“意定监护法”草案还对意定监护人的报酬做了规定：尊重契约当事人之间关于报酬的约定，若无约定，监护人可向法院请求。

（三） 意定监护与法定监护的适用关系

当存在意定监护契约时，原则上优先适用意定监护。除非意定监护契约将有违本人的“最佳利益”，此时将由法院依职权或依申请选任法定监护人。法定监护可以转化为意定监护，意定监护在有事实足以认定违反本人最佳利益时，将由法院启动法定监护。在意定监护契约成立后生效前的时间段内，若本人已出现意思能力衰退，但未至意思能力丧失的情况，可通过辅助宣告为本人设置辅助，在不能为意思表示或受意思表示，或不能辨识意思表示效果时，由法定辅助人申请监护宣告，启动意定监护。

三 我国台湾地区“意定监护法”草案评析

我国台湾地区“意定监护法”草案确立并搭建了意定监护制度的较完

备的框架体系，确定了尊重本人的自我决定权为基本原则，并对意定监护与法定监护的适用顺位等予以明确。虽具体规则中存在一定不足，但总体上是朝文明法治更进了一步。

（一）成年监护体系更加多元化、弹性化

虽然新“成年监护法”早在2008年制定并通过，一元化的“禁治产”制度被废止，代之以二元化的“监护”与“辅助”制度，实现了监护法领域的部分现代化转向，然而集中在法定监护领域，未能涉及意定监护领域。[①] 意定监护制度的创设，使意思能力尚属健全的人可预先规划自己意思能力严重衰退之后的生活。本人可选择自己信任的受任人，分配和定制受任人的职权。可以预想到“意定监护法”草案通过后，台湾地区成年监护体系将朝着多元化、弹性化迈进一步，有助于满足人口老龄化对法制的需求。

（二）尊重本人自我决定权原则的确立

自我决定权是自然人对自己的利益得按照自己意愿和偏好进行自由支配的权利。尊重本人的自我决定权，体现在三个层次。第一层次是在意思能力受损前，本人的自我决定尊重。[②] 在私法上表现为作为基石的意思自治原则。第二层次是尊重本人在意思能力受损前对将来的生活的规划。[③] 第三层次是尊重本人的残存意思。[④] 在传统“成年监护法”中，当成年人因意思能力受损时，公权力机关通常宣告将该成年人置于“监护”的保护之下。在此法律父爱主义的立法模式下，成为被监护人的成年人无法以自己的意思和偏好对自己事务进行支配，而是由法定监护人“替代”他支配，亦即由法定监护人代理被监护人对其事务进行“意思”表示。

相对于法定监护而言，台湾“意定监护法”草案允许本人与受任人在

---

① 李霞:《台湾地区新修正的成年监护制度及其评析》,《法学论坛》2010年第5期。

② 参见〔日〕新井诚《任意後見制度の立法的必要性について》，ジユリスト1141号，1998，第42页以下。

③ 参见〔日〕细川瑞子《认知障碍者的成年监护的原理》，信山社，2010，第6页。

④ 李霞:《成年监护制度的现代转向》,《中国法学》2015年第2期。

意定监护契约中约定在执行监护职务时不受台湾“民法”第1101条第2项、第3项的限制，也即双方当事人可约定受任人在管理本人的财产事务时具有独立的代理权，无须经法院许可。草案尊重本人与受任人之间形成的特殊信任关系及本人的预先指示，在贯彻当事人意思自治原则的同时，也能简化程序和便利受任人。既有助于本人财产的及时处分，又有利于减轻法院的裁判负累，[①] 有效地平衡尊重自我决定权和保护本人利益两项监护法基本原则。第二层次的自我决定权将通过第1113条之2草案条文、第1113条之7草案条文在法制层面予以落实。通过准用条款，[②] 台湾“民法”第1112条也将适用于意定监护法领域：“监护人在执行监护职务时，应当尊重受监护人的意思，并考虑其身心状态与生活状况。”然而在何种程度上进行“尊重”、本人意思如何被探明等问题却未能通过6个草案条文进行明确。从自我决定权的本义出发，尊重本人意思与协助本人决策是一体两面。在本人渐次地、缓慢地陷入意思能力不足的状态时，本人对信息的掌握、理解和本人意思的表达都有赖于监护人的协助，[③] 监护人“必须为其提供容易认知的信息并加以说明，消除其在取得信息、理解信息直至形成意思决定的过程中所存在的障碍并提供援助”。[④] 不可否认尚有缺憾，从台湾“民法”涉及成年监护的规范及“意定监护法”草案来看，自我决定权未能在第三层次上得到有效保障。由于缺少有效的协助机制、不能实现协助本人决策；而仅对本人意思表示“尊重”，台湾地区“成年监护法”上少量的“尊重本人意思”的条文容易沦为具文，本人也仅能享有部分的自我决定权。

（三）意定监护的启动规则独特

意定监护启动草案径以监护宣告为意定监护契约的生效时间，意定监

---

① 监护人“代理”制度利用者购买或处分不动产，非经法院许可，不生效力。在台湾地区，法院许可监护人管理财产事务的案件被称为“关于许可监护人行为事件”。在成年监护领域，这类案件的数量远超其他案件类型，仅次于申请监护宣告事件。参见邓学仁《台湾成年监护之现状与课题》，《律师杂志》2013年第5期。

② “民法”第1113条之7草案条文第2项：“意定监护，除本节有规定者外，准用本章第二节有关成年人监护之规定。”

③ 探明本人意思是协助本人决策的一环，探明后应由监护人将本人意愿和偏好记录固定于载体之上。

④ 李霞：《成年监护制度的现代转向》，《中国法学》2015年第2期。

护和法定监护在启动规则上共用“监护宣告”程序。当申请权人向法院申请为监护宣告时，法院通常应当就应受监护宣告之人的精神或心智状况询问鉴定人。鉴定应当有精神科专科医师或具有精神科经验的医师参与。[①] 法院在确定应受监护宣告的人有必要设置监护后，审查受任人是否适任，最后以意定监护契约受任人为监护人。

而监护宣告的法律后果，是直接宣告为无行为能力人。[②] 无行为能力人的意思表示无效，[③] 由其法定代理人代为和代受意思表示。[④] 法定代理人（监护人）的意思替代了本人的意思而发生效力。

本文认为，草案的启动规则为本草案的独特之处，也为世界上独有。曾有台湾学者主持的“意定监护制度之研究”项目成果报告书主张以日本《任意后见契约法》为蓝本，将法院选任意定监护监督人时作为意定监护契约的生效时间。[⑤] 尽管韩国 2012 年实施的意定监护法也是采纳了该规则，但台湾地区弃之。这是本草案的一道独特亮点，众所周知，亮点未必代表光明，正如独特并不等于文明和先进。意定监护和法定监护在启动规则上共用“监护宣告”程序的做法，未能尊重本人意思能力，是否有悖“意定监护法”的初衷不无疑问。首先，表现在法律效果上，监护宣告背离意定监护的主旨，在法律后果上监护宣告剥夺本人行为能力的做法与旧有禁治产制度无异。有关方面给出的立法理由认为“此一制度业已施行多年，且为一般民众普遍接受，为避免修正后变动过大，社会无法适应，爰仍规定受监护宣告之人，无行为能力”。[⑥] 这个理由立即受到学界的驳斥：“台湾法不尊重残存能力或自我决定权，目的仅在于保护弱势精神障碍者”，[⑦]“立法理由似是而非，‘平等地肯认某种行使权利之能力，并不会造成重大不利之

① 台湾地区“家事事件法”第 167 条。

② 台湾地区“民法”第 15 条。

③ 台湾地区“民法”第 75 条。

④ 台湾地区“民法”第 76 条。此处的代为意思表示即为完全的替代性决策。

⑤ 试拟条文第 1113 条之 2 第 2 款，见邓学仁《“法务部”“意定监护制度之研究”委托研究案研究成果报告书》。

⑥ 台湾地区“民法”0970502 版本异动条文及理由，https://lis.ly.gov.tw/lglawc/lawsingle?002E180608FA000000000000000001400000000400FFFFFD0004507097050200^001B2001001，最后访问时间：2018 年 3 月 9 日。

⑦ 林秀雄：《论新修正之成年监护制度》，《月旦法学杂志》2009 年第 164 期。

后果，惟当本人实际行使有困难时，提供适当的支援措施即可’”。[①] 现行台湾成年法定监护的启动规则忽视本人残存意思能力，倘若意定监护启动规则与法定监护保持同轨，本人意思在法律上都已经被否定，本人被宣告“民事死亡”，在没有监护人介入的情况下禁止参与社会，[②] 谈何用意定监护制度来保障自我决定权？草案在启动规则上的设计，实有抱薪救火之特点。

其次，在程序上烦琐，意定监护相比于法定监护而言本应更为便捷，更尊重本人的隐私。心智残障者本人可以逃避漫长的行为能力鉴定程序，可避免被贴上带有歧视性的“无民事行为能力人”标签。意定监护程序的启动比法定监护应更便捷，比较法实践也证实：意定监护启动规则越简便使用率越高。如2015年德国已登记的预先照管协议数量高达约280万件，远超于2014年130余万件的（法定）照管登记，而且由于德国法上预先照管协议不强制登记，所以实际的预先照管协议数量远超280万件。[③] 而在启动规则上突出程序保障的日本，[④] 2011年至2015年任意后见利用数量虽每年逐渐上升，然而占成年监护利用数量总体比例一直保持在1.11%～1.17%的范围之内。[⑤] 启动规则对本人及受任人设置较多程序限制时，将降低意定监护制度的使用率。

（四）意定监护与法定监护的适用关系有待进一步清晰

意定监护与法定监护的适用关系主要包括两方面：在不同事项上能否分别设置意定监护与法定监护；在同一事项上能否同时设置意定监护与法

① 黄诗淳：《从身心障碍者权利公约之观点评析台湾之成年监护制度》，《月旦法学杂志》2014年第233期。

② Robert D. Dinerstein：《实施〈残疾人权利公约〉第12条中的“法律能力”——从监护制度到协助决定制度的艰难转型》，陈博译，《反歧视评论》第1辑，法律出版社，2014。

③ Volker Lipp, Going Private, “Vorsorgevollmacht” as an Alternative to Legal Guardianship for Adults, 2016。

④ 日本《任意后见契约法》虽以家事法院选任任意后见监督人作为契约生效时间，然而在家事法院的选任过程中，家事法院必须听取对本人意思的鉴定结果（日本《特别家事审判规则》第3条之2）、听取本人及监督候任人的意见（日本《特别家事审判规则》第3条之3）。相比于德国、奥地利等国家的立法模式，日本法的程序更侧重于对制度利用者本人的保护，公权力机关确保制度利用者确有适用任意后见保护之必要，简便程序较低。

⑤ 最高裁判所事務総局家庭局作成資料，转引自佐藤彰一《日本の成年後見制度の動向》，载아시아 지역의 후견 및 권익옹호 전문가 국제포럼，서울，2017。

定监护，如果不能，则应当优先适用哪一种监护类型。草案所确定的是在同一事项上，意定监护优先法定监护适用的规则。[①] 但当本人仅就个别事项约定意定监护，嗣后因意思能力严重衰退，而有对未约定事项进行监护必要，法院依职权或申请启动法定监护程序，此时如何衔接意定监护与法定监护制度？草案尚有继续完善的空间。

另外，台湾“民法”第1113条之5第4项草案条文后段的规定，也有待研究。例如，假设甲乙为张三财产管理事务上的意定监护人，丙为张三医疗护理事务上的意定监护人。甲乙因全体出现不适任情事而撤销监护，撤销是因为其有违最佳利益原则，而以丙优先则未必能符合被监护人的意愿，也未必能符合最佳利益。因为意定监护关系中，本人分别为自己财产管理、人身照顾和医疗护理等重大事项挑选受任人，本人不选任丙处理财产管理事务是有其考量，如果尊重自我决定权，法院选定丙就存在违背本人意愿的嫌疑。而且将其优先考虑为财产管理事务的选定人，不能保证丙就能完全处理好，未必能符合最佳利益原则。

四　中国大陆成年意定监护制度之反思

我国大陆实际上也面临着与台湾地区同样的成年监护法改革压力和制度需求。尤其值得注意的是，我国是联合国《残疾人权利公约》缔约及批准国，负有采取妥当有效措施协助身心障碍者实现其意思与权利的义务。[②] 我国将目光投向意定监护制度，并在民法典中制定意定监护法规则。这些现有规范虽然部分地引进了自我决定权原则，然而在立法上还是存在诸多问题。

（一）意定监护制度的法律体系尚未建立

我国2017年颁布的《民法总则》第33条正式确立了我国成年意定监护，相比《老年人权益保障法》第26条而言，意定监护利用者的范围扩大

① 台湾“民法”第1113条之4草案条文第1项。

② 联合国《残疾人权利公约》第12条。

到全体成年人。但《民法总则》第 33 条只是原则性规定，对于意定监护合同的要式要件、生效时间的判断标准、意定监护事项的监督、意定监护合同的解除、意定监护的终止等内容均未有规定。《民法总则》第 34 条和第 35 条主要规范“监护人”的职责和义务。然而《民法总则》第二章中的“监护人”不仅包括未成年监护人，也包括成年监护中的法定监护人与意定监护人。《民法总则》将具有不同价值的监护制度挤进两个法律条文中，难谓妥当。《民法总则》第 39 条虽同样针对未成年监护、成年监护及两大类型中的法定监护、意定监护，但其主要内容是以监护需要不存在和监护人不适任的两类情事展开，意定监护终止的特殊情况还有待民法典分编进行规制。

可以看到，我国民法上意定监护制度尽管具备了定义、监护人职责和义务及监护关系终止的法律规范，但意定监护法的基本框架还未确立，重要的配套性措施付之阙如，意定监护制度仍不完善。尽管学界对新制度的设计已经有了一定研究成果，而对现有规范的反思尚有不足，在这方面与台湾地区的意定监护法尚有距离。此外现有规范上也存在明显的立法缺失。

（二） 意定监护启动规则有待商榷

《民法总则》第 33 条后段将本人“丧失或者部分丧失民事行为能力”作为监护人履行监护职责的前提条件。然而本人“丧失或者部分丧失民事行为能力”的时间节点却并不能作为意定监护的启动节点，其原因在于以下几点。

第一，“丧失或者部分丧失民事行为能力”应解释为本人有受到意定监护制度协助与保护之必要。在本人意思能力未受损的通常状态下，本人在形成意思表示时虽或多或少受到他人的协助，[①] 但“获取信息—理解信息—产生决策—表达决策”的全过程并未存在重大障碍，有能力“按照自己的意思设立、变更、终止民事法律关系”，这是私法上意思自治的基本内涵。而存在监护的场合，本人自由行使民事权利的权利都将受到“代理（实则

① 例如购买金融产品时获得专业人士的咨询帮助，处理诉讼时得到专业律师的协助等。

代替）本人实施民事法律行为的代理权”的限制。本人的权利在以“慈爱”为名的监护中受到限制，所以不到本人权利确有保护之必要时，不应当对其设置监护。

第二，民事行为能力是法律拟制产物，其丧失与部分丧失仍有待其他程序确定。民事行为能力制度是近代民法发展中对意思能力（天然能力）进行类型化拟制的产物，在年满十八周岁时，自然人被法律推定为完全民事行为能力人，[①] 当自然人发生不能辨认或不能完全辨认自己行为的事实状态时，必须经由法定机关作出认定，自然人才被民法评价为“限制民事行为能力人”“无民事行为能力人”。

有观点认为，“心智丧失，不具有识别能力和判断能力，即为丧失民事行为能力；未完全丧失意思能力，能够进行适合其智能状况的民事行为，即为部分丧失民事行为能力。如何判断当事人是否能够辨认自己的行为比较困难，民法总则第24条规定，由当事人的利害关系人或者有关组织向人民法院申请认定该成年人为无民事行为能力人或者限制民事行为能力人”。[②] 这一观点包含两个意思：《民法总则》第33条后段所指的“民事行为能力”应当作包含“识别能力和判断能力”的意思能力理解；意思能力状态难以判断，需要以“宣告”无民事行为能力人或限制民事行为能力人制度为意定监护的启动规则。

上述观点的思路与台湾地区“意定监护法”草案的思路一致，即法定监护与意定监护共用同一启动规则。[③] 但是意定监护与法定监护在启动程序上应当是有所区别的。从应然层面而言，法定监护启动程序的价值在于除了确定本人确有受监护之必要外，同时为本人选任出法定监护人，国家介入自然人的生活中去，必须严守“最少限制原则”，以强化程序保障作为保护自然人独立自治的重要手段；意定监护中的监护人由本人预先选任，意

① 《民法总则》第17条、第18条。

② 沈德咏主编《〈中华人民共和国民法总则〉条文理解与适用》，人民法院出版社，2017，第298页。

③ 我国目前并无正式的监护启动程序，在实践中往往以宣告无民事行为能力人或限制民事行为能力人制度替代监护宣告程序。参见李霞、刘彦琦《精智残疾者在成年监护程序启动中的权利保障》，《中华女子学院学报》2017年第5期。

定监护契约亦由本人在他人帮助下定制,[①] 本人对意定监护启动后监护人执行职务的勤勉及忠实义务是信赖的，公权力介入的程度较前者更轻。从实然层面而言，我国现行法定监护启动规则十分混乱。如法院、村委会、居委会、残联都可以为他人设置监护人,[②] 强化程序保障实则是为了矫正“随意启动监护制度”的谬妄；在意定监护实际操作中，本人或为了及早摆脱纠缠不休的潜在法定代理人[③]或因已露认知症的端倪需要信任的代理人尽快与护理机构进行沟通，强调程序保障的法定监护启动程序无法及时满足他们的需求。所以意定监护制度必须有独立的启动规则，且应减轻本人、意定监护契约受任人和法院的程序负累。

（三） 自我决定权原则与最佳利益原则位阶关系模糊不清

自我决定权原则与最佳利益原则是现代成年监护中的两大重要原则，然其适用的顺序有严格的规则。[④] 从《残疾人权利公约》第 12 条确定的成年监护法理而言，自我决定权原则在任何时候都是第一顺位的。然而我国民法并未明确规定，也无法读出两项原则的适用位阶。

同时，《民法总则》第 35 条虽然确立了“最佳利益原则”和“自我决定权原则”，然而两项原则的内涵是模糊不清的。“最佳利益原则”体现为监护人按照“最有利于被监护人的原则履行监护职责”，然而“最有利”的评价标准为何？是以客观评价为标准还是以本人主观评价为标准？是以本人财产利益为参考对象，还是以本人人身权益为参考对象？这些问题仍有

---

① 在法国，为他人设立的意定监护协议必须公证，见《法国民法典》第 477 条第 3 款、第 4 款；涉及财产处分等行为的意定监护协议必须经公证，意定监护人才可独立行使代理权，否则必须经法院许可。详见〔法〕蒂芙尼·阿提亚《意定监护制度》，《“特殊困难群体的公证法律保护”研讨会论文集》，2017（未公开出版）。日本（《任意后见契约法》第 3 条）、韩国（《韩国民法典》第 959－14 条第 2 款）法上，意定监护契约必须经公证方可成立。

② 参见李霞、刘彦琦《精智残疾者在成年监护程序启动中的权利保障》，《中华女子学院学报》2017 年第 5 期。

③ 当制度利用者与其部分家属存在严重矛盾，制度利用者选任他人为意定监护人，如果意定监护启动程序不便捷，制度利用者在陷入意思能力欠缺状态时，在《侵权责任法》第 55 条、《医疗机构管理条例》第 33 条的规范下，家属肆意管理其人身照顾和医疗措施的风险较大。

④ “Committee on the Rights of Persons with Disabilities,” *General Comment*, No. 1, 2014, CRPD/C/GC/1, p. 6.

待解释。“自我决定权原则”包含三层意思：监护人应“最大程度地尊重被监护人的真实意愿”，监护人应保障和协助本人实施其能力范围内的事务，本人有能力独立处理的事务，不得干涉。[①] 其中最值得讨论的就是第一层含义，“最大程度”到底包括多大的程度？本人表达的意思如何被确定为其“真实意思”？当前法律规范缺乏本人真实意思探明机制与最佳利益评价体系，“自我决定权原则”与“最佳利益原则”还有待从原则落实到具体规则。

《民法总则》第 35 条并未明确规定两项原则的适用位阶。比较法上成年监护法都有明确规定适用位阶，例如：美国《统一持续性代理权法》第 114 条第 a 款第 1 项有规定代理人应当“按照本人已知的合理预期执行代理职务，否则以本人最佳利益执行代理职务”；《奥地利普通民法典》第 284h 条第 1 款规定“代理人在处理其受托事务时，应当符合被代理人的意思……如果缺少可以确定的被代理人的意思，则代理人应当尽可能增进被代理人的幸福”；[②]《德国民法典》第 1901 条第 3 款前段规定“照管人必须满足被照管人的意愿，但以这样做不与被照管人的最佳利益相抵触，且对照管人来说时可合理期待的为限”。[③] 部分国家法律或仅规定了自我决定权原则，例如：日本《任意后见契约法》第 5 条规定“任意监护人在执行（二）1 所规定之委托事务时，须尊重本人之意思，且须考虑其身心状态及生活状况”。[④] 有的国家法律则将自我决定权吸收入最佳利益原则中，例如英国《意思能力法》第 4 条第 6 款。前述法律均以一定的方式对两项原则的适用位阶予以规定，具有较强的“指引作用”。而我国《民法总则》第 35 条及其他条文未有类似的规定，实务中监护人执行职务时应履行的义务在原则层面就含混不清，而且在具体规则上也付之阙如。

① 参见 Linda S. Whitton & Lawrence A. Frolik, “Surrogate Decision-Making Standards for Guardians: Theory and Reality,” *Utah Law Review*, Vol. 3, 2012, p. 1491；黄诗淳《从身心障碍者权利公约之观点评析台湾之成年监护制度》，《月旦法学杂志》2014 年第 233 期。

② 《奥地利普通民法典》，周友军、杨根红译，清华大学出版社，2013，第 47 页。

③ 陈卫佐：《德国民法典》（第 4 版），法律出版社，2015，第 555 页。该条虽然规范的是（法定）照管，然而对于预先照管亦有参考意义。

④ 邓学仁：《日本之新成年监护制度》，《警大法学论集》2000 年第 5 期。

五　大陆成年意定监护在婚姻家庭编的立法补救

（一）自我决定权原则落实为民法典婚姻家庭编具体规则

如前所述，我国成年监护法虽已确定自我决定权原则，然而仅依靠法律原则的确立是难以实现“尊重本人真实意愿”目的的。本人进入意定监护后或多或少都有赖于意定监护人的代理实现其意志，意定监护人在面对自我决定权原则时拥有绝对的自由，应当从监护人职责和义务规则的角度入手，将自我决定权从原则上的概念落实为真正的权利。

成年监护法领域涉及的自我决定权包括两个层次：第一，尊重本人预先对自己陷入意思能力残缺后生活的计划；第二，尊重本人残存的意思能力。在现实中，自然人的意思能力的衰减并不是突发的，多数反而是缓慢的、间歇的，最终可能达到全无意思能力的状态。监护人开始执行职务时将面临本人有预先意思表示、本人无预先意思表示但尚具一定心智能力和本人既无预先意思表示且无心智能力的三种情况，针对上述三种情况，建议应在婚姻家庭编立法中明确如下规范。

1. 制定示范合同，鼓励成年人尽可能地作出预先意思表示

意定监护合同是意定监护关系的基石，当本人在合同中表达了具体事项的处置意图或规划安排时，意定监护人应当遵从本人的预先意思表示。同时通过意定监护合同成立公证、相关部门制定意定监护示范合同的方法，也可避免合同存在因违反法律效力性强制规定或公序良俗而无效的风险。意定监护受任人在与本人订立合同时，尤其应当就约定其履行监护职责的事项进行沟通，鼓励本人将管理思路记载于合同中。对于涉及本人重大财产处分（例如本人唯一住宅的出售、出租）和重大生命健康（例如可能的严重疾病的医疗护理愿望）的事项，必须予以明确约定。

2. 意定监护人执行职务时的探明本人意愿义务

在本人“实施与其智力、精神健康状况相适应的民事法律行为”时，本人虽然在意思表示上存在障碍，然而通过监护人提供信息、说明解释、协助表达等方式可以作出意思表示的，监护人此时就应当遵循本人意愿探明规则。

意定监护人对本人意愿探明义务包括：（1）定期探视本人，了解本人生活需要及生活习惯；（2）为本人搜集和提供该项决定事务相关的信息；（3）以便于本人理解的方式将信息及决定可能的后果解释给本人；（4）协助本人表达决定内容，了解本人对决定事务的意愿和偏好，并将此意思记载于书面；（5）对于重大事项的意愿探明，必须作以公证。

3. 替代决定最后手段规则

替代决定最后手段规则是指本人意思通过探明无法了解时，才可由意定监护人替代本人进行决定，而监护人必须考虑如果是被监护人自己做决定时会如何决策，而不是监护人自己认为怎么样才符合被监护人的最佳利益。① 监护人应当考虑，② 如果本人在具有意思能力时，可能影响本人决策的信仰、价值观念和其他考虑因素。监护人应当与本人关系亲密之人沟通，了解本人在类似问题上的一贯做法。

（二）灵活、便捷意定监护启动规则的构建

意定监护启动规则的制度功能体现在，对于本人和受任人而言他们意识到意定监护已经启动，受任人已经成为意定监护人；对于第三人而言，了解到本人已经为监护制度保护，意定监护人具有一定范围的代理权。所以意定监护启动规则就是要发挥明确监护启动事实、保护交易安全两个基本功能。如前所述，只要意定监护启动规则可以实现两个基本功能，那么我国法上的意定监护完全没必要也不应当与法定监护共用同一个启动规则。

比较法上意定监护的启动程序普遍较为简便，③ 其中美国《统一持续性

① Robert D. Dinerstein：《实施〈残疾人权利公约〉第12条中的“法律能力”——从监护制度到协助决定制度的艰难转型》，陈博译，《反歧视评论》第1辑，法律出版社，2014。

② 参见英国《意思能力法》第4条第6款、第7款之规定。

③ 如加拿大安大略省《替代决定法》第9条第3款和第49条第2、3款即规定，财产管理持续性代理合同与人身照顾持续性代理合同在本人丧失财产管理能力、人身照顾能力时生效，判断能力丧失的状态可由合同约定由评估人员予以评估，人身照顾持续性代理合同中的能力丧失状态的标准亦可由合同约定；德国《预先照管法》规定预先照管协议成立时即生效，见 Volker Lipp，Going Private，“Vorsorgevollmacht” as an Alternative to Legal Guardianship for Adults，2016；法国的意定监护制度，在“失能发生的时候，只要出具失能医学证明，监护委托即可生效。开具医学证明的医生，必须在共和国检察官所指定的医生名单上；医学证明必须明确指出：委托人不具备表达意思的能力”。参见〔法〕蒂芙尼·阿提亚《意定监护制度》，《“特殊困难群体的公证法律保护”研讨会论文集》，2017（未公开出版）。

代理权法》第 109 条尤可资借鉴。根据该条规定，监护代理权可以在已获本人授权一人或若干人在法律文件或记录中确认停止条件成就时生效；如果本人没有授权他人或他人不愿确认本人是否丧失法律能力的，代理权在医生、持有执照的心理学家、执业律师、法官、政府官员出具确认法律文件或记录时生效。[①] 代理权人可将此确认文件与持续性代理权契约向第三人出示，以证明代理权的存在及有效。该启动规则看似简便，实际上该法第 120 条还规定了第三人拒绝承认被认可的持续性代理权的责任，足证欠缺公示程序及公信效力，交易第三人还需对两种文件的真实性进行确定。便利市场交易、保护交易安全的功能还有待强化。

结合美国法与法国法[②]上的规则，将“意定监护人资格确认公证”作为我国意定监护启动规则更适合我国国情。其理由基于，首先，应当允许意定监护契约双方当事人可以自行约定“丧失或者部分丧失民事行为能力”的判断标准，例如上海普陀公证处经办的一起意定监护公证中，在我国意定监护法实务中首次使用新模式，即通过三级甲等医院精神科鉴定即可证明本人意思能力已经受损；其次，意定监护契约受任人将本人意思能力状态证明文件交付公证机构，申请进行资格确认公证，公证人员通过核对本人意思能力状态证明文件真实、探视本人等程序即可作出公证；最后，公证机构将公证书上传至全国登记管理系统进行备案登记。[③] 交易相对人可以通过公证书确认意定监护契约的真实性与监护人代理权的有效性，公证机构无须承担本人意思状态证明工作也便于缩减意定监护启动规则消耗的时间。

六　结语

当前，我国台湾地区人口老龄化与少子化已经产生了新的社会问题和

① 王竹青主编《美国持续性代理权和成年人监护制度立法及法律适用》，知识产权出版社，2016，第 21 页。

② 法国意定监护法非常重视公证的作用，公证处经常以类似“意定监护监督人”的身份参与到具体监护委托事项的管理中。

③ 我国已建立全国公证管理备案登记系统，参见司法部公证指导性案例 1 号。

法律需求，“意定监护法”草案的公布是正当其时的。草案构建了一个完备的意定监护法体系，制度利用者可选择自己信任的受任人，分配和定制受任人的职权，利用意定监护合同为自己量身打造最为便利适宜的协助机制。草案虽然尚存一些瑕疵，但从整体而言，有助于我国台湾地区朝着多元化、弹性化的现代成年监护体系方向不断完善。我国大陆亦正面临着同样的法律改革背景，成年监护法尤其是意定监护法的需求较台湾地区更为迫切。我国意定监护可借民法典婚姻家庭编编纂之机，反思现行意定监护法的不足，在自我决定权与最佳利益原则位阶关系问题上应当坚持自我决定权原则优先适用，在意定监护启动规则问题上更广泛地借鉴比较法规范，创制灵活便捷的启动规则。应从“落实自我决定权原则，制定自我决定权具体规则”的思路出发，进一步完善我国意定监护制度。

论成年人监护制度的最新发展：支持决策*

王竹青**

【内容提要】支持决策是为响应联合国《残疾人权利公约》第12条的要求在成年人监护领域出现的新理念和新措施。支持决策的核心价值是使残疾人在他人的帮助下自主做出决定，从而维护残疾人的人格尊严与自由。支持决策在世界范围内受到极大关注，很多国家在尝试建立支持决策的法律模式。我国正处于民法典编纂过程中，支持决策理念的出现，为我国成年人监护立法提供了新思路、新方向。我国民法典婚姻家庭编在设计成年人监护制度时，应以辅助制度体现支持决策的指导思想及具体内容。

【关 键 词】成年人监护　支持决策　残疾人　权利保护

现代成年人监护制度是保护老年人和有精神障碍、心智障碍的成年人的民事法律制度。支持决策（Supported Decision-Making or Assisted Decision-

---

* 该文原发表于《法学杂志》2018年第3期。

** 王竹青，北京科技大学教授。

Making[①]）是联合国《残疾人权利公约》第 12 条确立的保护精神障碍者、心智障碍者的法律原则，是成年人监护领域出现的新理念及新措施。《残疾人权利公约》第 12 条要求缔约国确认残疾人在生活的各方面享有与其他人平等的法律能力，且应采取适当措施为残疾人行使法律权利提供必要的协助，确保残疾人在继承财产、管理财务、办理银行贷款等金融业务方面享有与他人一样的平等权利，确保残疾人的财产不被任意剥夺。支持决策的立法目的是使残疾人在他人的支持下对自己的事务做出决定，从而使残疾人享有与非残疾人一样的尊严与自由，在法律面前获得平等承认。

继持续性代理权（意定监护）作为监护的替代措施被世界上大多数国家立法采纳后，支持决策作为监护的另一个替代措施出现在世人面前。[②] 对于一个已经席卷了残疾人世界的概念，支持决策在采纳和适用方面仍处于初级阶段。[③] 对支持决策的概念界定目前尚无通说，但美国学者 Robert Dinerstein 的定义有一定的代表性，他认为，支持决策可以被视为一系列的关系、实践、安排和协商，采用正式或非正式的程序，使残疾人在他人的支持下对自己的事务做出决定。[④] 支持决策既是一种理念也是一种措施。作为一种理念，它与自主决策（Self-Determination）、替代决策（Substitute Decision - Making）共同构成了成年人监护的指导思想。作为一种措施，它成为很多国家尝试解决残疾人权利保护问题的手段和方法。

---

① Supported Decision-Making or Assisted Decision-Making，有不同的中文翻译，联合国官网提供的《残疾人权利公约》各缔约国的初次报告中文版本对该词的翻译也各不相同，包括支持的决策、协助式决策、辅助式决策等。本文采用“支持的决策”，为表述的需要，简化为“支持决策”。

② 持续性代理权和支持决策都是发源于西方的监护替代措施。持续性代理权在我国被称为意定监护，支持决策目前在我国尚没有对应制度，本文的写作旨在解决这一问题。

③ Robert Dinerstein，Esme Grant Grewal，Jonathan Martinis，“Emerging International Trends and Practice in Guardianship Law for People with Disabilities，” *International Law Students Association Journal of International &Comparative Law* 22（2016）：460.

④ Robert Dinerstein，“Implementing Legal Capacity Under Article 12 of the UN Convention on the Rights of Persons with Disabilities：The Difficult Road from Guardianship to Supported Decision-Making，” *Human Rights Brief* 19（2012）：9.

一　支持决策产生的历史背景及理论基础

（一）支持决策产生的历史背景

支持决策源自监护制度。监护制度自罗马法时期即是保护行为能力不足者的法律措施。从监护制度在英美法系的发展来看，13 世纪之前的英国，监护是国王的责任。① 国王对痴呆者或精神错乱者的监护责任由上议院的大法官代为履行，大法官是权力的持有者，也是国王良知的守护人。② 从 14 世纪开始，“国家亲权”的理念进入监护领域，对弱者的保护成为国家的权力和责任。国家将所固有的“国家亲权”授予法庭对行为能力不足的成年人予以保护。③

随着医学思想的进步，医学专家认为病人是行为能力不足者且需要得到医疗照顾。“医疗模式”开始在社会上流行，残疾被看作人类“本质的、不可避免的疾病”。④ 残疾人包括行为能力不足者应在长期照顾机构中生活，这种观念在 20 世纪一直占主导地位。可以说，20 世纪的监护是机构化的监护，监护人，无论是公共监护人还是私人监护人，通常都选择让被监护人在机构中生活，他们认为这样的安排符合被监护人的最大利益，而且是最安全的选择。⑤ 然而，残疾人能够在机构中得到照顾的想法不但未得到现实的印证，反而使残疾人受到更多的伤害。残疾人被送进特定的机构，与社会隔离，并遭受虐待和忽视。机构化监护造成了严重的社会问题。

从 20 世纪中期开始，机构对残疾人的限制和虐待受到越来越多的关注，

---

① D. Surtees, “How Goes the Battle? An Exploration of Guardianship Reform,” *Alta Law Review* 50 (1), 2012: 115.

② Oseph Story, *Commentaries on Equity Jurisprudence: as Administered in England and America*, 12th ed. Boston: Little Brown, 1877, p. 608.

③ Phillip Power, *The Origins and Development of the Protective Jurisdiction of the Supreme Court of New South Wales*, Dream Weaver, 2003, pp. 73 - 76.

④ Theresia Degener, “International Disability Law-A New Legal Subject on the Rise: The Interregional Experts,” *Berkeley Journal of International Law* 18 (1999): 180.

⑤ Samuel R. Bagenstos, “The Past and Future of Deinstitutionalization Litigation,” *Cardozo Law Review* 34 (1), 2012.

"去机构化"的观念开始出现。早期的改革侧重于加强对残疾人的保护，以使其免受虐待和忽视，但封闭的、机构化的监护使这种保护难以实现。"去机构化"运动对于机构的虐待现象实现了突破，后来残疾人权利运动倡导从"医疗模式"向"社会模式"转变,[①] 社区照顾的理念开始进入人们的视野。残疾人开始从机构移居到社区生活，一些人在他人的帮助下开始对自己的事务做出决定。在如何看待和对待残疾人的问题上，观念开始发生转变，残疾人需依赖国家或他人照顾才能生活的观念受到挑战，他们开始被当作拥有独立权利的个体对待。残疾人不再仅仅是医疗和福利的对象，而是社会生活的平等参与者，他治为主的保护逐渐转化为自治为主的辅助或保佐，立法理念从法律父爱转向尊重自我决定权和正常化。[②] 残疾人权利运动推动了法律的发展，很多国家的法律开始承认残疾人享有独立的权利，特别是做出决定的权利。对残疾人的认知也在发展，"精神残疾并非固定不可改变的，决策能力在他人的帮助下可以提高或保留"。[③] 这种客观状态使支持决策的种子开始发芽，并自20世纪70年代开始在西方国家以不同的形式表现出来，到今天已经发展成为监护领域保护残疾人权利的重要法律制度。

（二）支持决策的理论基础

支持决策的理论基础是每个人都应享有平等的尊严与自由。所有人，无论是残疾的还是健康的，均有获得同等对待的权利。每个人都应该具有实现人类核心经历的特定能力，包括做某些事情的能力，或者达到某些特定状态的能力。个人的能力是其内在禀赋、外部资源以及社会环境的产物。因此，为了尊重个人的固有价值，一个公正的社会必须提供让个人可以运用自己能力的途径。这可以通过开发个人拥有的内在禀赋，改变给予他的外部资源，调整他的生活环境，或者做出那些与这些基本功能息息相关的

---

① Peter David Blank and Michael Millender, "Before Disability Civil Rights: Civil War Pensions and the Politics of Disability in America," *Alabama Law Review* 52 (2000): 1-3.

② 李霞：《成年监护制度的现代转向》，《中国法学》2015年第2期。

③ Robin Creyke, "Who Can Decide? Legal Decision-Making for Others," No. 19, Department of Human Services and Health Aged and Community Care Division, 1995, p. 38.

决定来实现。[①] 这些方法可以确保个人发展以及有尊严的生活。对于人类社会所有人都有权获得的能力，残疾人不应因为他们缺乏参与某种实践的推理能力而被排除在人类社会之外。残疾人所受到的限制并非残疾本身造成的，而是社会或政治建构造成的，因而是可以改变的。比如一个腿部残疾的人，在没有外力的帮助下很难从一个地方到另一个地方，但如果将其看作单纯的身体损伤的结果是不正确的，这可能是缺乏资源购买轮椅或没有方便轮椅行走的街道和建筑物的自然环境造成的。如果社会能为行动不便者提供轮椅和无障碍环境，那么腿部残疾者就可以实现行动自由。对于智力障碍者也是如此，智力障碍不能被简单地看作先天或后天损伤的结果，而应当考虑外界是否为智力障碍者提供了必要的资源和环境。通过外界的支持或帮助，智力障碍者可以成为自身事务的决定者，可以享有人类有尊严的生活。

在支持决策理论出现之前，监护领域一直以替代决策作为指导思想。替代决策理论认为，被监护人是无行为能力人或限制行为能力人，在相关范围内无意思能力，亦无决定能力，相关事务的决定权应由监护人替代被监护人行使，监护人的替代决策能够保护被监护人，实现被监护人的最大利益。替代决策要求监护人在替代被监护人做决定时，尽可能模仿被监护人在有决定能力时可能做出的决定。它允许法官和监护人探求精神障碍者本人的真实意愿，并且通过法官和监护人“内在、主观的判断”使之得以实现。[②] 但法官和监护人是否能够真正体会和实现被监护人的最大利益始终存在疑问。很多评论家和倡导者认为，对于阻止无必要的监护以及对需要帮助者提供服务和支持方面，改革在很大程度上是失败的。[③] 改革的目的是保护或实现被监护人的最大利益，实践中要求被监护人有知情同意并做出决定的权利，当被监护人完成这一任务有困难时，最大利益原则才可以被

① Alexander A. Boni-Saenz, “Personal Delegations,” *Brook Law Review* 78 (2013): 1249.

② Louise Harmon, “Falling off the Vine: Legal Fictions and the Doctrine of Substituted Judgment,” *Yale Law Journal* 100 (1990): 1.

③ Leslie Salzeman, “Re-thinking Guardianship (Again): Substituted Decision Making as a Violation of the Integration Mandate of Title Ⅱ of the Americans with Disabilities Act,” *University of Colorado Law Review* 81 (2010): 173 - 182.

适用。[①] 然而，并无机制确保监护人能如此行为，也无资源帮助监护人去体会被监护人的愿望。研究表明，监护人在替代被监护人做决定时，监护人的个人偏好会影响决定的内容。因此，监护人替代被监护人所做的决定很可能未实现被监护人的最大利益，特别是在被监护人保留一定的意思能力，但其意愿与监护人的决定不一致的情况下，被监护人的最大利益更难以得到保障。[②]

替代决策非但不能确保实现被监护人的最大利益，反而过多地剥夺了当事人做决策的权利。被宣告为无行为能力的当事人即使保留某些行为能力，在宣告期间做出的决策亦无法律效力；被宣告为限制行为能力的人，在一些重大事项上的决策无法律效力。这种监护措施对被监护人来说无疑是残酷的、不人道的，被监护人享有的权利仅类似于 5 岁儿童所拥有的权利。[③] 可以说，监护是除死刑外最严酷的惩罚措施。正是基于对上述问题的深刻认识，产生了世界范围内波澜壮阔的成年人监护改革运动。尊重被监护人的自我决策权、活用其残存能力、维持被监护人的生活正常化成为成年人监护制度改革的核心理念。废除无行为能力、限制行为能力宣告制度（禁治产、准禁治产宣告制度）是改革的重大成果之一；缩小替代决策的适用范围，对有部分行为能力的人适用支持决策成为改革的另一个重大成果。支持决策采取“以被监护人为中心”的理念，在被监护人参与决策的过程中，监护人应该对被监护人关心的问题做出实质性回应，对被监护人的决策应给予最大限度的尊重，无论该决策是否满足被监护人的最大利益，只要被监护人明确表达“这是我想做的”，监护人即应尊重被监护人的选择。支持决策在监护领域创设了新理念，创立了“以人为中心”而不是以“最大利益为中心”的监护模式，成为现代成年人监护制度的最新指导思想。

---

① Conservatorship and Guardianship in Minnesota, note 25.

② Conservatorship and Guardianship in Minnesota, note 25.

③ Fred Bayles & Scott McCartney, *Guardians of the Elderly: An Ailing System Part I: Declared "Legal Dead" by a Troubled System*, Associated Press, 1987.

二　支持决策与各国的法律实践

（一）加拿大的法律实践：为支持决策提供样本

大约在20世纪70年代，支持决策开始在加拿大的实践中出现，① 它不是为了落实联合国《残疾人权利公约》第12条而被引入的，相反，加拿大为《残疾人权利公约》的出台提供了实践经验。随后“平常化”、“公民倡导”和“冒险权”等概念开始出现。可以说，加拿大是支持决策的倡导者和先行者，其创造的这些概念、理念被很多国家所借鉴，成为现代成年人监护制度的核心价值。

支持决策在加拿大各省以不同的形式存在，是法庭任命监护人的重要替代措施。以不列颠哥伦比亚省为例，1996年不列颠哥伦比亚省通过了《代表协议法》（Representation Agreement Act，RAA），成为第一个将支持决策纳入立法的省。《代表协议法》允许残疾人任命一名“代表人”（representative）帮助其管理事务。代表协议（representation agreement）类似于代理协议（power of attorney agreement），具有以下特征：（1）当事人可以私下签署代表协议而不需要法庭介入；（2）当事人保留法律能力且随时可撤销代表协议；（3）代表人超越权限给当事人造成的损失，需负赔偿责任。② 代表协议与代理协议的区别主要有两点，一是残疾人可以作为主体签署协议，即便他/她被认为是缺乏行为能力的；二是代表人可以违背当事人的意愿，如果当事人的意愿是不合理的，或者没有足够的证据证明当事人的意愿是明确的。③ 因为代表人有权在当事人的愿望不合理时违背当事人的意愿，所以《代表协议法》并不完全符合支持决策的要求。

根据《代表协议法》，代表人在某些方面不能代表当事人做决定，比如做出拒绝维持生命治疗的决定，将当事人安置在某个机构，限制当事人与

① A. Frank Johns, “Person-Centered Guardianship and Supported Decision Making: An Assessment of Progress Made in Three Countries,” *Journal of International Aging Law & Policy* 9 (2016): 11.

② Representation Agreement Act, R. S. B. C. 1996, c. 405.

③ Representation Agreement Act, pt. 1 s: 3, pt. 2 s. 8, pt. 3 s. 16.

其他人接触，或者不顾当事人的反对而同意医学治疗等。法律提倡对支持决策的履行进行监督，如果代表协议包括对当事人财产的管理，那么当事人必须选择一名监督人监督代表人的管理行为。

成年人监护的发展趋势是尽可能少用监护措施，以减少对被监护人的限制、干预及污名化，从而保护被监护人的自由和基本权利。加拿大的一些省明确规定法庭在任命监护人之前或任命监护人的过程中要考虑是否可采用支持决策，法庭或行政机关也可以把支持决策作为处理案件的一种方式。法律通常规定每个成年人拥有自由的权利、自主决定的权利、最少受限制和干预的权利等，法庭审理是最后的手段，而且法律以成年人均有行为能力为前提。一些省的法律明确规定，不能单独以成年人沟通方式的缺陷作为认定其无行为能力的依据。①

加拿大的支持决策作为成年人监护法律的组成部分，解决了众多行为能力缺乏或不足的成年人的问题。但是，创设支持决策的成本和复杂程度、成年人适用支持决策时的理解程度以及健康和社会服务机构对代表协议的认知程度等，使支持决策的适用存在一定程度的困难。支持决策的适用需要满足特定的条件，例如需要有支持系统，最好是家庭、非政府组织的支持，还需要有大量的有相关知识和意愿的人员，需要有成年人保护组织提供有效的安全保护。相关人员表示，作为支持决策的提供者，他们“充满挑战、压力和责任”，支持别人做决定比自己做决定要困难得多。② 尽管存在这些困难，加拿大的实践证明，支持决策是有效的，到目前为止没有发现有害的结果。③

（二） 澳大利亚的法律实践：对支持决策的非法定化尝试

澳大利亚引入支持决策是为响应《残疾人权利公约》第 12 条的要求。

---

① Civil Code of Quebec, S. Q. 2016, c. 64, art. 154 (Can.).

② Krista James & Laure Watts, “Understanding the Lived Experiences of Supported Decision-Making in Canada: Legal Capacity, Decision-Making and Guardianship,” *Law Communication Ontario*, 2014: 11.

③ A. Frank Johns, “Person-Centered Guardianship and Supported Decision Making: An Assessment of Progress Made in Three Countries,” *Journal of International Aging Law & Policy* 9 (2016): 32.

澳大利亚维多利亚公共倡导办公室于2010年12月至2012年作为试点执行支持决策项目，目的在于使残疾人能够多方位参与决定过程，以替代监护的适用。澳大利亚采取的是非法定模式，即没有针对支持决策单独立法，而是由残疾人和支持者以协议的方式确定支持关系。[①] 当事人之间的协议受"国家决定原则"（National Decision-Making Principles，NDMP）及其指导方针（guidelines）的约束。支持者可以是亲属或关系密切的朋友，他们在与当事人的健康、居住和生活方式有关的事项上提供帮助。参与项目的目标人群是智力障碍者及脑损伤者。协议在第三方的监督下签署，且由第三方跟踪协议的履行。协议内容包括残疾人表达愿意接受支持、与他人形成信赖关系的意愿，需要被支持的决定事项，以及支持者的候选人等。

澳大利亚的支持决策是对残疾人保护制度的改革，立法者认识到在支持关系下，残疾人有为自己的事务做出决定的可能。评估发现，支持决策为大多数残疾人提供了具体的帮助，包括做出决定的信心、技能以及掌控生活的能力。支持决策被认为是有积极意义的，它给予残疾人表达意见的法律途径，使残疾人和支持者之间可以进行有效的对话。澳大利亚的维多利亚公共倡导办公室在其2009年的报告中声称：对支持决策的研究表明，如果残疾人的愿望、喜好和希望能够表达出来，事实上他们已经做出了决定。[②]

由于缺乏法律的正式认可，支持决策对残疾人的保护是有限的，因而在适用上有一定的障碍。未来建立一种法律认可的支持决策模式来替代监护是非常重要的。自由协议的状态对于已经建立起辅助网络的人来说也许是有益的，但是对于那些被孤立的人来说也许是危险的。因此，通过明确的法律规定来保护那些被孤立的人进入支持网络，才能真正实现支持决策作为监护替代措施的意义。2013年9月联合国残疾人权利委员会对澳大利亚初次报告的结论性意见谈到澳大利亚尚未建立起支持决策的法律框架，

---

① Mary-Ann De Mestre，"Supported Decision Making as an Alternative to Guardianship Orders：The South Australian Trial，" *Elder Law Review* 8（2014）：4.

② Office of the Public Advocate，*Supported Decision-Making：Background and Discussion Paper*，2009，p. 23.

建议澳大利亚立即采取行动，用支持决策取代替代决策。[1]

尽管存在上述问题，支持决策在澳大利亚受到普遍欢迎，作为对传统监护制度的替代措施，它使残疾人获得了《残疾人权利公约》第 12 条赋予的平等权利。对支持决策的研究表明，支持决策提高了残疾人的基本权利，消除了因残疾带来的歧视，使残疾人和其他人一样得到了平等对待。[2]

（三）美国的法律实践：对支持决策的审慎采纳和积极推进

美国对持决策一直持审慎的态度，到目前为止，联邦层面没有统一的法律范本，但一些州在尝试确立支持决策的法律模式。2012 年，纽约州高级法院通过 Dameris 案[3]确立了支持决策的法律地位。纽约州高级法院承认 Dameris 在他人支持下有做出决定的能力，并且承认其决定的法律效力，从而终止了对她的监护。这是支持决策进入美国的较早案例。

2013 年的 Hatch 案成为支持决策替代监护的另一起试验性案例，在美国产生了极大影响。Margaret Hatch 是一名唐氏综合征患者，在被确定需要监护之前她一直生活在社区中，有工作，有朋友，生活状态积极而乐观。不幸的是她在一次意外事故中被汽车撞伤，她的母亲和继父为她申请了永久、全面监护。法庭最初判决她接受临时监护，并把她安置在一个机构中生活。在这个机构中，她被禁止使用手机和电脑，禁止从事之前的工作，而且禁止与朋友会面。一审判决后，Hatch 在其支持者的帮助下提出上诉。在该案的终审听证中，法庭听取了专家证人对支持决策的阐述，专家证人进一步阐述 Hatch 通过其朋友和社区的帮助已经成功地建立了自己的生活网络，能够像正常人一样生活，而且在其他两个民间组织的帮助下，她可以生活得更好。专家证明，在这些资源的帮助下，Hatch 可以管理自己的事务，不需要被监护。法庭最终任命了一名有限监护人管理其“医疗和安全

---

① 7 U. N. Convention on the Rights of Persons with Disabilities, Comm. on the Rights of Persons with Disabilities, Concluding Observations on the Initial Report of Australia, U. N. CRPD/C/AUS/CO/1, Sep. 12, 2013.

② Terry Carney and Fleur Beaupert, “Public and Private Bricolage: Challenges Balancing Law, Services and Civil Society in Advancing ‘CRPD’ Supported Decision-Making,” *UNSW Law Journal* 36 (2013): 177.

③ In re Dameris L., 956 N. Y. S. 2d 848, 855 (N. Y. Sup. Ct. 2012).

事务”，监护的有效期为一年，之后自动终止。法庭如此判决的目的是实现向支持决策的过渡。① Hatch 案在美国成为讨论支持决策的经典案例，无数学者基于此案探讨了监护的种种弊端及支持决策的积极意义。该案为支持决策进入美国法律体系起到了重要的推动作用。

2015 年，得克萨斯州成为美国第一个承认支持决策作为监护替代措施的州。支持决策由残疾人和支持者以协议的方式设立，以“支持和服务”（supports and services）为主要内容。得克萨斯州法承认支持决策协议的适用性和有效性，在医疗健康、财产管理、生活安排等方面，作为监护的替代措施，支持决策协议可以通过正式或非正式的方式为需求者提供资源和帮助。该法要求法庭在做出监护判决之前，必须使用明确且令人信服的证据证明“支持和服务”不能帮助当事人做出决定。② 同样在 2015 年，美国国家监护协会（National Guardianship Association，NGA）在其报告中声称，“现代社会是尊重个人权利的社会，我们必须允许每一个人参与其个人事务的决策过程”。“在做出监护判决之前必须考虑支持决策的可适用性。如果监护是不可避免的，也要考虑将支持决策作为监护的组成部分。”③ 虽然美国没有统一的支持决策法律范本，但美国学者 Salzman 认为支持决策应包含以下四个基本要素：（1）本人保留做决策的法律能力；（2）支持关系由本人自愿建立且可以随时终止；（3）本人积极参与决策过程；（4）本人接受支持做出的决策具有法律效力。④

（四）对支持决策的分析与评价

从上述国家的法律实践来看，无论是法定还是非法定形式，支持决策通常是当事人自愿签署的一种协议，协议主要包括残疾人愿意接受支持的意愿以及希望支持者给予帮助的内容等。此外，残疾人具有签署协议的主

---

① Ross，No. CWF 120000426P－03. 5.

② Tex. Est. Code Ann. §1002. 101.

③ Nat'l Guardianship Ass'n Inc. Position Stmt. on Guardianship，Surrogate Decision-Making，& Supported Decision-Making，2016. http://www. guardianship. org/documents/NGA_Policy_Ststement_052016. PDF，最后访问日期：2017 年 9 月 25 日。

④ Leslie Salzman，“Guardianship for Persons with Mental Illness-A Legal & Appropriate Alternative?” *St. Louis University Journal of Health Law & Policy* 4（2011）：306－307.

体资格、协议的签署与履行由第三方监督、协议具有法律效力、协议可随时终止等，也是各国对支持决策的基本态度。

总体来看，支持决策在各国得到了肯定与支持。与监护相比，支持决策对残疾人的心理会产生积极的影响。监护模式因残疾人无法参与决定过程而造成其权利被剥夺、生活无法控制等负面心理影响。残疾人在支持者的帮助下参与决策过程，可以弥补这种缺陷。在监护模式下，残疾人处于被监护人的地位，与其相关的事项由监护人决定。这不仅使残疾人本人感到羞辱，而且使他人对残疾人造成轻视。支持决策至少使残疾人在某种程度上参与决策过程，对与其相关的事项做出决定，由此可以减轻或消除残疾人的羞耻感及他人的负面态度。美国学者 Harrison 的研究发现，残疾人每周与支持者的谈话越多涉及决定内容，残疾人的认知活跃程度就越高，对其健康的影响就越好。① 此外，支持决策关系增强了残疾人与他人交往的愿望，这对残疾人的心理健康是极为有益的。

但是，支持决策对残疾人的心理也有造成负面影响的可能。一个基本的担心是，支持者对残疾人的潜在影响或强迫，即便支持者不是有意要获得某种利益或者影响残疾人做出决定，过度影响也是存在的。通过特别设定问题框架、对残疾人意愿不准确的评估，或者简单的会话，很容易将讨论引向并非反映残疾人真实愿望的方向。除了支持者故意强迫和无意识引导产生的过度影响外，残疾人的蓄意顺从也是过度影响的产生原因。一些关于医疗健康替代决定的研究表明，老年人更愿意相信替代决定者的决定，而不愿自己做出决定。② 这种情况在支持决策中也存在。此外，残疾人被迫进入支持决策关系也会对其产生不良结果。监护中存在的剥削和虐待，在支持决策中同样存在。事实上，因为支持决策发生在私人之间，支持者应承担的责任不明，因此发生虐待和剥削的可能性更大。尽管有很多担心，但是目前没有数据对这种担心提供支持。支持决策过程的不确定性导致的

---

① Michael Valenzuela & Perminder Sachdev, “Can Cognitive Exercise Prevent the Onset of Dementia? Systematic Review of Randomized Clinical Trials with Longitudinal Follow-Up,” *American Journal of Geriatric Psychiatry* 17 (2009): 185 – 186.

② 5 Steven H. Miles et al., “Advance End of Life Treatment Planning: A Research Review,” *Arch. Internal Med.* 156 (1996): 1063.

影响因素的调查极为困难。对于如何控制过度影响、强迫、虐待等危险因素的发生，仍缺乏实践经验。

三　支持决策在我国未来民法典中的植入及改良

支持决策是为响应《残疾人权利公约》第 12 条要求而在世界范围内掀起的一股监护制度改革浪潮，与为应对老龄社会而产生的持续性代理权（意定监护）制度一起成为成年人监护制度改革的标志性成果。将《残疾人权利公约》第 12 条的内容进行国内法转化，是各国法律探索和实践的目标。我国正处于民法典编纂阶段，为支持决策纳入法律体系提供了历史契机。

我国正处于民法典编纂过程中，监护制度的总体设计由《民法总则》和婚姻家庭编共同完成。目前《民法总则》已完成了监护制度的概括式、框架式规定，具体的、体系化的规定将由婚姻家庭编完成，因此支持决策应在婚姻家庭编的监护部分进行具体设计。

（一）支持决策的法律地位

在成年人监护体系设计过程中，首先要考虑支持决策的法律地位问题。大陆法系学者通常将监护分为法定监护和意定监护两大类型，在法定监护之下再做细分。意定监护作为一种相对独立的类型，在世界各国的法律体系中基本自成一体，英美法系国家称其为持续性代理权，大陆法系的德国称其为预先授权，日本、韩国称其为任意监护，其适用条件以当事人具有完全行为能力为前提，与当事人欠缺行为能力下适用的法定监护相比，在性质、适用条件等方面均不相同，因此支持决策不属于意定监护的范畴。支持决策主要为保护残疾人权利而设，与行为能力欠缺或不足有直接关系，因此应属于法定监护的范畴。

传统监护制度为弥补行为能力不足而产生，虽然现代监护制度进行了重大改革，但监护与行为能力的关系依然非常紧密，行为能力依然是确定监护程度的重要标准。如《法国民法典》第 425 条基于当事人精神或生理因素导致的无法正常表意的程度，规定了四种强度不同的保护措施，即监护、家庭特许监护、保佐、司法救助。该法第428条规定的比例原则，要求保护措施必须与受保护者的情形相适应，对于长期需要代理的无行为能力人适用监护制度或家庭特许监护；对于部分行为能力不足的人，适用保佐制度，由保佐人对一些重要行为表示同意；对于完全有行为能力，但需要暂时性保护的人（如重病住院治疗的病人）适用司法救助制度。[①] 日本、韩国的监护立法基本采纳了法国模式，除意定监护外，法定监护采取三分法，日本分为监护、保佐和辅助，韩国分为监护、限定监护和特定监护，均以行为能力的强弱为划分标准，而且监护基本适用于无行为能力人。

行为能力制度作为民法的基本制度，是决定法律行为效力的决定性因素之一，也是对身心障碍者（意思能力不足者）给予保护的重要法律依据。根据法律行为理论，意思能力是法律行为的核心要素，意思能力是否健全决定了法律行为是否有效。因此，意思能力是判定行为能力的重要因素。为尊重意思能力欠缺或不足的当事人的基本权利，现代监护制度在处理行为能力和监护的关系上，以承认每个成年人均有完全行为能力为前提，不经法定程序，任何人的行为能力不受剥夺与限制。

因此，我国监护制度的体系化设计仍应以行为能力为基本的分类标准，但在监护案件中，应废除概括式的无行为能力或限制行为能力宣告制度，不以无行为能力或限制行为能力宣告为法院指定监护人的前提条件。监护立法应围绕具体的行为能力展开，如合同能力、遗嘱能力、结婚能力、承认或否认亲子关系能力、医疗指示能力等。在监护案件中，法官需明确当事人欠缺的具体行为能力并据此做出有针对性的判决，而不是概括性地做出无行为能力或限制行为能力的宣告判决。

支持决策的产生是为了保护残疾人的权利，在民法领域主要针对行为能力不足或欠缺的成年人，从法国、日本的监护分类来看，应该属于保佐的调整范畴，在韩国则应属于限定监护的调整范畴。至于支持决策在我国应处于何种法律地位，则依赖于我国立法对监护的分类。目前婚姻家庭编正在修订阶段，成年人监护的立法模式尚不清晰，但其应处于与限制行为

① 米歇尔·格里马：《法国法上对特殊困难群体的保护：基本原则以及人身保护》，上海中法公证法律交流培训中心《通讯》，www. cnfr - notaire. org/admin/Uplmages2/2017091710072632380. pdf，最后访问日期：2017年9月30日。

能力对应的类型当无疑义。

（二）支持决策在我国成年人监护制度中的改良

英美法系国家的“持续性代理权”制度在我国以“意定监护”为表现形式，作为可借鉴的立法经验，支持决策或许可以“辅助”的形式出现在我国未来的成年人监护制度中。

从语义学的角度来看，“辅助”是最接近支持决策的中文表达。“辅助”指从旁帮助、协助，与支持决策的主旨相吻合。此外，“辅助”作为监护的一种类型在日本和我国台湾地区被使用，作为法律专业术语已有特定的指向与含义，容易被大众理解和接受。

从我国成年人监护的立法构想来看，法定监护势必要做出更细致的划分，至于做二元制还是三元制划分，学术界有不同的声音。笔者认为，无论我国采取二元制还是三元制的立法体例，支持决策（“辅助”）应该作为对有部分行为能力人的帮助措施而存在，重要的是其内容如何体现《残疾人权利公约》第 12 条的要求。

根据《残疾人权利公约》第 1 号一般性意见（2014），各国落实支持决策时应该考虑下列因素：（1）支持决策应该适用于所有人，而非仅适用于那些高度需要帮助的人；（2）一切形式的支持应立足于“本人的愿望和偏好”，而非假定的“最大利益”；（3）本人的沟通方式，即使是有限的、非传统形式的，也不应成为其获得支持的障碍；（4）法律必须对本人选任支持者提供便利，国家有义务促进支持措施的创设，特别是对那些被孤立或者没有能力获得支持的人要提供特别帮助，第三方必须有能力验证支持者的身份，而且在确信支持者没有遵循本人的意愿和偏好的情况下对支持者采取必要的行动；（5）资源缺乏不能成为支持决策的使用障碍，国家必须确保在没有成本或只有名义成本的情况下可以使用支持决策；（6）本人需要支持的状况不能用来对抗其他权利，如投票权、生育权、父母亲权等；（7）本人必须享有随时终止或改变支持关系的权利；（8）所有的程序法和实体法中必须有尊重本人意愿和偏好的保障措施；（9）支持条款不能基于对意思能力的评估，应该采取支持所需要的新的、非歧视性的指标。

为满足上述要求，我国在“辅助”制度设计中，应包含或体现以下内容。

辅助的定义：辅助是指有部分行为能力的残疾人在他人的帮助下，表达自己的愿望及偏好，并对与自己有关的事务做出决定。

辅助的原则："以人为中心"，辅助应以被辅助人的愿望及偏好为中心，而非以被辅助人的最大利益为中心。

辅助的确立及监督：辅助可以由当事人以协议的形式确立，也可以由法院通过审判确立。以协议形式确立的，本人可以在亲属、朋友、民间组织中选择自己信任的人作为辅助人，并在选择辅助人的同时选择监督人，由监督人监督协议的确立及履行；由法院审判确立的，法院在任命辅助人的同时，应任命监督人。本人通过辅助协议即能够得到有效帮助的，则不需要进入司法程序。法院在审理辅助案件的过程中，应尊重本人的意见，为本人自主决定提供必要的帮助，以使本人能够清楚地表达个人意愿及偏好，法院应在此基础上对本人尚存的行为能力给予肯定，仅对当事人需要辅助的内容做出判决。

辅助人的职责：辅助人在辅助过程中，应尽可能地与被辅助人进行沟通，了解被辅助人的愿望及偏好，尊重被辅助人的决定，即便被辅助人的决定不符合其最大利益，只要是被辅助人的真实愿望，辅助人即应当给予尊重并执行。对于被辅助人做出的明显损害其利益的决定，辅助人可向法院起诉，由法院对该决定的效力做出裁决。

辅助协议的登记：辅助协议应在民政部门登记备案，以便国家对被辅助人的情况进行跟踪了解，并在必要时提供帮助。

辅助协议的效力：辅助协议不需要进行公证，但经过公证的辅助协议具有对外效力。本人或辅助人可随时单方终止辅助协议。辅助协议的终止应由监督人予以认可。

辅助纠纷的处理：辅助纠纷发生时，本人、辅助人或监督人可以向民政机关申请调解，也可以直接向人民法院起诉。

除上述内容外，其他与监护相同的内容，可适用监护的相关规定。需要强调的是，我国的辅助制度应有两种适用条件，一是由当事人自主协商适用；二是由法院判决适用，法院在判决时应充分尊重当事人的意愿，并尽可能为当事人提供必要的帮助，以使当事人能够清楚地表达意愿。这种制度设计与法国、日本、韩国的制度均不相同。如此，我国的辅助制度兼具意定和法定的特点，因而可以脱离法定监护的范畴，成为与意定监护、法定监护并行的制度，进而在世界范围内为成年人监护提供中国经验。

四　结论

诞生于西方的支持决策制度不是从真空中产生的，而是从西方社会环境和价值观念中产生并被塑造的。历史和社会因素导致的人们对人权观念的认识，日益增长的对自由的追求与尊重，促进了现代社会对支持决策机制的接纳。

民法作为赋权法，是国际公约转化为国内法的主要法律手段。在我国民法法典化的过程中，将支持决策纳入监护立法，既是履行对《残疾人权利公约》的承诺，更是对残疾人权利进行保护的需要。支持决策作为监护制度的最新发展，目前在国内还未得到足够的认识和重视，本文旨在抛砖引玉，期待更多的学者和实务工作者对此进行研究和实践，以促进我国残疾人权利保障事业的快速发展。

司法实务

吉林法院家事审判改革情况分析

温淑敏[*]

【内容提要】吉林省高级人民法院按照最高人民法院关于家事审判改革的部署和要求，积极探索家事审判工作方式和工作机制改革工作，由改革试点工作领导小组全盘统筹，以案件集中管辖、审理为抓手，更新理念，注重人文关怀，努力构建多元化解决家事纠纷机制。通过培训交流指导提升审判业务能力，以多种方式宣传营造良好司法氛围，存在的问题有审判队伍不稳定，专业能力不足，经费保障不够，调解难度高。对策有加快立法，强化理论研究，完善联动解决机制，培养专业审判队伍。

【关 键 词】家事审判改革　吉林经验　家事纠纷

家庭是社会的细胞，家庭和睦则社会安定。周强院长也曾指出：家庭是社会的基本细胞，婚姻家庭关系的和谐稳定是国家发展、民族进步、社会和谐的重要基石。妥善处理婚姻家庭纠纷关涉整个社会的和谐稳定。吉林省高级人民法院法院（以下简称吉林省高院）认真按照《最高人民法院关于开展家事审判方式和工作机制改革试点工作的意见》的要求，将家事

* 温淑敏，吉林省高级人民法院民事审判四庭庭长。

审判方式和工作机制改革试点工作纳入全省法院工作重点，深入贯彻落实，更新理念、大胆创新，扎实开展改革试点工作。现将吉林省三级法院两年来在家事审判改革过程中的一些做法、遇到的热点难点问题及对策思考梳理如下，并就此与各位同人进行交流和探讨。

一　吉林法院家事审判改革基本情况

2016 年 5 月 11 日，最高人民法院召开视频会议，宣布在全国范围确定 118 个中基层法院，自 2016 年 6 月 1 日起开展为期两年的家事审判方式和工作机制改革试点工作。家事审判改革由此拉开了序幕。吉林省高院认真贯彻、迅速部署、积极探索。

按最高人民法院要求上报吉林省全国家事审判改革试点法院同时，吉林省高院又确定了 11 个中级人民法院和 19 个基层法院作为全省试点法院。吉林法院列入全国和省试点法院共计 30 家。吉林省高院要求试点法院结合各自实际情况，在借鉴其他家事审判工作开展较好的法院先进经验的基础之上，积极探索适合本地区情况的家事审判方式和工作机制。

为进一步落实最高人民法院家事审判方式和工作机制改革试点工作视频会议精神，吉林省高级人民法院制定了《全省家事审判方式和工作机制改革试点工作方案》，明确了目标原则、主要内容、受案范围、实施步骤和工作措施。要求其他未列入试点的法院参照试点法院进行改革。吉林省高院确定民四庭一个合议庭审理家事审判申请再审案件和对下指导工作。

2017 年 7 月，最高人民法院专职审判委员会委员杜万华到长春市中级人民法院与吉林省三级法院部分法官就家事审判改革试点工作进行座谈，并到长春市经济开发区人民法院调研。杜万华专委对吉林省高院家事审判改革工作予以肯定，并指出，吉林省高院家事审判改革试点工作把握方向准、工作措施实、改革势头好。2017 年底，家事审判工作方式和工作机制改革试点工作在全省范围内全部推开。

两年来，吉林各级法院共受理一审家事纠纷案件 58392 件，占受理一审民事案件的 12.83%，结案率达 96.57%，调撤率为 52.16%。全省三级法院共有 79 个家事合议庭，家事法官共计 316 名。

二 吉林法院开展家事审判改革的具体做法

（一）加强组织领导，成立改革试点工作领导小组

吉林省高院党组将此项工作纳入全省创一流法院的工作内容。省高院成立领导小组，由副院长吕洪民任组长，民四庭、立案一庭、干部处、研究室为成员。各中院将改革工作纳入重要日程和重点工作，指定分管副院长、庭长专门抓。各基层法院院长亲自抓，分管副院长具体抓，为开展工作提供强有力的组织保障。

（二）设立专门机构，实现集中管辖和专业化审理

吉林省高院要求全省各级法院全部组建家事审判专门合议庭，分管家事审判工作的副院长均为合议庭成员，且合议庭成员原则上均为已婚，并至少有一名女法官。目前，吉林省法院集中管辖有三种模式。一是市区法院集中管辖。从2017年7月开始，长春中院将市区九个基层法院的家事案件集中到经济开发区人民法院，由经济开发区人民法院专门审理。二是集中院一个民事审判庭或法庭审理，如辽源市西安区人民法院。三是相对集中审理。相对集中审理分为两种情况，一种情况是，临近基层法院的部分乡镇的家事案件集中到院机关一个民事审判庭审理，其他派出法庭分散审理，但均集中专人审理，如松原市宁江区人民法院。另一种情况是，各派出法庭均分散审理，但均集中专人审理，如白山市靖宇人民法院。在家事案件和少年案件审理模式上，有的法院采用合并的模式，如辽源市西安区人民法院设立家事少年审判庭审理家事案件和少年审判案件。至此，全省法院除铁路法院外均实现了集中专业化审理。

（三）吸收先进理念，出台家事审判相关制度

前期试点法院在吉林省高院的指导下，探索制定了《家事纠纷诉讼指引》《家事案件审理规程（试行）》《关于适用“离婚冷静期”处理离婚纠纷案件的规程（试行）》《家事案件心理疏导暂行规定》《人身安全保护令

实施规程（试行）》《家事案件判前法制教育规定（试行）》《探视权纠纷案件的审理规程（试行）》《抚养、赡养纠纷案件审理规程（试行）》《监护案件审理规程（试行）》《家事调解员工作规程（试行）》《家事调查员工作规程（试行）》《关于进一步完善离婚证明书制度的若干意见》《当事人财产申报表》《长春法院离婚案件原（被）告诉讼要素表》《同意接受心理疏导确认书》《心理疏导工作联系函》《家事纠纷心理疏导情况表》等配套制度和文书样式。

（四） 加强硬件建设，注重对家事案件当事人的人文关怀

家事审判硬件设施的配置方面体现家事审判的特征，彰显家事审判的人文关怀和服务意识。我们对传统的审判法庭布置模式进行了大胆改进，以家庭责任担当、亲情维系、宽容理解等为内涵，先后在各试点法院建立家事审判调解中心、心理咨询室、家事审判法庭、诉前等候区、诉讼当事人休息区、儿童关护室等基础设施，全力打造“家庭式”审判庭，使用抽象化法徽，采取“圆桌式”“座谈式”场景布置，代替传统的审判台，用“丈夫”“妻子”“父母”“子女”等温暖的家庭成员称谓来代替原告、被告等专业法律术语。在儿童关护室摆放了多种颜色的儿童玩具及儿童读物；在心理咨询室播放舒缓的音乐，配置了心理健康方面的书籍；在情感课堂我们为纠纷的家庭成员准备了极具特色的各类情感教育宣传片，尽量让家事纠纷当事人缓解情绪，放松心情。截至 2018 年 5 月末，辽源西安区法院已为 232 名当事人进行了心理辅导，照顾关怀 326 名家事案件纠纷中的未成年儿童，同时为 165 对夫妻进行了情感课堂的专题教育。通过这些卓有成效的辅助措施，成功调解和好离婚案件 637 件。珲春市人民法院规划设计了 500 平方米的家事少年审判区，内设有家事法庭、少年法庭、妇联维权室、家事调解室、心理评估室、未成年保护所（内设单面镜功能）、反家暴临时庇护所、老年人安置室。装修设计结合满族、朝鲜族文化特色，营造出宽松、融洽、易于和解的氛围，兼具司法权威与人文关怀，体现家事审判的司法柔性。

（五） 凝聚各方力量，创建家事纠纷联动解决机制

两年来，试点法院紧紧依靠当地党委和政府，不断加强与妇联、民政、

司法、社区等部门组织的沟通与协调，联合出台文件，聘请辖区妇女干部、司法所工作人员为家事调查员和调解员，聘请有心理咨询师资格证书的教师为心理咨询师。随着家事审判工作的逐步深入，这项工作也在不断完善和加强，形成多角度、全覆盖的联动机制，并将联动机制应用到案件中。长春地区两级法院均与对应的各级妇联干部建立了微信交流群，通过微信交流家事案件处理经验、政策理解，分享相关资料，并为妇女干部日常遇到的问题提供法律帮助。通化地区两级法院与司法局、妇联等部门横向联系，努力打造法院、检察院、公安局、司法局等“政法一条龙”，妇联、团委、教育局等“社会一条龙”联动机制，形成了全社会关心家事审判的格局。伊通县人民法院与县妇联、县法律援助中心、街道共同建立家事纠纷多元化解决工作机制，形成信息通报机制，确定专门联络员，定期互相报送家事纠纷处理工作简报，共同搭建相关纠纷信息的大数据分析、研判平台，并由妇联、法援及街道向法院选送工作经验丰富、工作热情高的人员作为家事纠纷特邀调解员，与法官一起进行案件调解工作；并且高度重视和预防家暴行为，及时为有需要的群众联系庇护场所，并积极推进人身安全保护令制度。临江市人民法院建立以家事审判法官为中心的家事调解、调查网。每一名家事调解员（调查员）与其村书记或社区主任均为一个“网点”，各“网点”单独与家事审判法官联系，家事审判法官作为“中心”为各“网点”提供法律支持，各“网点”为家事审判法官提供家事线索，为更合情、合理、合法地解决本市居民的家事纠纷问题提供保护网。此外，还探索设立专业咨询和辅导机构，如延吉市人民法院与延吉市内两家心理咨询机构建立互动机制，通过法院购买服务的方式，该机构在接到心理疏导工作联系函后，派出心理咨询师进行心理疏导。

（六）积极开展家事审判培训、交流与指导

1. 加大培训力度，不断提升家事审判队伍专业能力和水平。吉林省高院先后组织召开了三期家事审判工作培训班，对全省法院分管家事改革工作院领导、庭长、法官代表及高校教师等近千人进行培训学习，培训班聘请吉林大学法学院教授、最高人民法院法学所专家和外地法院法官授课。省高院还举办两期心理咨询培训班，全省共计 35 人取得三级心理咨询师资

格证。

2. 成立婚姻家庭纠纷审判实务课题组。2017年吉林省高院成立由三级法院10名法官组成的婚姻家庭课题组，聘请吉林大学婚姻法学教授作为指导老师，对家事审判工作方式和工作机制改革内容进行专题调研，利用视频方式对全省法官进行培训。课题组成员分别在不同研究领域和方向完成了9篇课题报告，这9篇报告涵盖了反家暴制度、家庭财产申报与查询制度、老年人权益保障、家事调查制度、多元化纠纷解决机制、探望权及监护制度等多个方面，全方位地对家事审判工作中经常遇到的问题进行思考和研究。2018年，吉林法院向最高人民法院申报了3项家事审判改革领域的研究课题。

3. 深入调研，强化对下指导。根据工作实际，吉林省高院确保每年至少一次由省院主管院领导带队或深入基层法院一线调研，或组织召开家事审判工作现场会、调度会，保证在全省家事审判改革过程中及时发现问题，及时解决，实现政令畅通、落实到位。

4. 按照《最高人民法院关于开展家事审判方式和工作机制改革试点工作的意见》部署要求，吉林省高院下发了《吉林省基层人民法院2017年家事法官考评指导意见》和《吉林省高级人民法院家事审判改革考评办法》，对全省法院家事审判改革进行考评，考评方案从专业化队伍建设、专业化设施建设、制度化建设和社会化建设四个方面进行设置。从考评结果看，全省各级法院均能够完成考评方案制定的目标，感情冷静期制度，案后跟踪、回访、帮扶制度，家事调查员制度，心理疏导员制度，财产申报制度，离婚证明书制度等相关制度也在日趋完善，实践中也取得了很好的社会效果和法律效果。

5. 组建家事审判改革工作沟通微信平台。充分利用互联网技术，组建全省法院家事审判改革工作微信沟通平台，该平台的建立使得全省三级法院能够形成联动机制，更方便、快捷地将改革精神及相关制度进行部署落实、贯彻执行，并且在该群中，还能够进行业务交流和探讨。各中级人民法院和基层法院也纷纷效仿省高院平台，建立自己的交流平台，进行业务交流和信息沟通，真正实现数字化办公和无障碍交流。

（七）加大宣传力度，营造良好司法氛围

1. 强化日常普法宣传。一是法院审判人员定期到辖区社区、学校等，开展家事审判改革讲座与婚姻家庭普法教育。二是充分利用法律宣传日、宪法宣传日以及网络微信公众号等宣传平台，利用生动形象的文字漫画形式向群众宣传家事审判理念，寓教于乐，寓法于民。2018 年 3 月，结合《反家庭暴力法》实施 2 周年和“三八”妇女节，吉林省高院在全省范围内组织了大规范的普法宣传活动，要求各级法院在当地新闻媒体上召开新闻发布会，采取多种方式开展宣传活动。

2. 利用自媒体进行宣传。拍摄微电影《别让我选择》，该电影由长春中院根据真实案例改编，并由长春中院法官肖瑶主演。其拍摄全部由长春中院及其辖区法院独立完成，真实讲述家事审判法官在审判中的心路历程及家事案件改革后的家事审判工作状况，让更多的人关注家事纠纷，理解家事审判改革。

三 存在问题和实际困难

（一）家事审判专业化水平有待提高

家事审判具有特殊性，对家事审判法官综合素质的要求更高，由于缺乏家事案件的调解技巧及婚姻家庭心理知识等方面的专业培训，部分家事法官在审理过程中感觉力不从心。

（二）家事审判程序需进一步探讨

如家事案件管辖外延到哪里；家事案件集中审理后如何最大限度地方便当事人诉讼；如何理顺与当地相关职能部门的沟通协调机制；家事案件集中管辖与现行法律存在冲突；法院依职权调查的范围如何确定；等等。

（三）多方协调配合方面还需不断加强

家事纠纷提倡多元化解，需要相关职能部门有效配合。实践中这方面

还有不顺畅、不协调之处，如送达人身保护令执行时，有的公安机关明确表示拒绝接收，查询有关当事人户籍信息时，也不愿提供便利和帮助。家事调查员履行调查职能时，相关职能部门不配合，对调查员身份有异议。

（四）家事案件调解难度大，举证难度大

一是家事类纠纷往往夹杂着长年累月的情感纠葛，当事人往往是到了矛盾极端激化时才选择法律途径。一旦该类纠纷进入诉讼程序，极易引发当事人焦虑、暴躁等负面情绪，以至在法庭争吵甚至斗殴的现象，导致各方关系进一步恶化，更难以接受法院的调解意见和各方单位的协调帮助。二是家事类纠纷案件当事人及其利害关系人之间具有紧密复杂的亲缘、血缘关系，纠纷发生前通常不会提前主动收集和固定证据。进入诉讼程序后案件事实较难查清或还原，不利于法官作出客观公正的裁判。

（五）家事审判队伍不稳定

目前，全国法院普遍存在案多人少的突出矛盾，家事审判法官更是不堪重负。据统计，近年来婚姻家庭抚养、继承纠纷等家事案件数量持续上升，成为民事审判的第一大类，占民事案件的1/3左右。家事审判法官相比较其他民事法官，除案件数量较多外，需要承担更多的送达难、调查取证难、工作量大、审理周期长、当事人情绪激烈等压力，导致家事审判法官队伍不稳定，不能吸引优秀的法官长久留在家事审判岗位上。

（六）经费保障制度缺失

家事案件审判不单局限于就案办案，还要引进家事调解、调查、心理咨询等机制，而实行这些机制涉及聘用家事调解员、家事调查员、心理咨询师的经费问题，在这方面缺乏经费保障。

四　对策思考

（一）加快家事审判方面立法进程

建立独立的家事审判程序、证据规则、审理规程，明确经费保障等。

对家事审判法官的考核、管理符合家事审判特点，建立家事审判队伍专业化长效机制，维护家庭和谐稳定，促进社会文明进步。

（二）强化家事审判改革理论研究和对下指导

我国家事审判改革时间较短，审判实践急需理论方面的支持和指导。最高人民法院、省级人民法院应及时推广成熟的经验和做法，适时出台相关指导性案件和规范性文件，继续加强全国、省内交流和对外交流，搭建交流平台，采用多种方式促进不同地区间家事审判经验交流，形成互相促进、共同推进的良好格局。

（三）不断完善家事纠纷联动解决机制

坚持在当地党委的领导下开展工作，积极争取当地政府的支持，在现有多方纠纷联动解决机制基础上，积极探索充分发挥各级妇联、公安、民政、司法厅、共青团等相关部门在家事纠纷处理过程中优势的有效途径，推进这项制度向纵深发展，依法有效保护妇女儿童权益、化解婚姻家庭纠纷。

（四）培养建立一支专业化家事审判队伍

这是深化家事审判改革、巩固改革成果的重中之重，也决定着家事审判改革的成功。

1. 随着家事案件不断增多，涉及相关人员数量十分巨大，相关的未成年人教育与抚养、妇女权益维护、老年人赡养等社会问题频发。

2. 家事案件类型日益复杂。家事案件不仅涉及财产关系、身份关系，还有未成年子女的利益保护以及当事人在情感上、伦理上的纠葛。同时家事纠纷内容也愈来愈复杂，如离婚双方财产可能会包括公司股份、保险理财、古玩字画、股息红利、安置补助费、土地征用费等，还会涉及未成年子女的抚养权、探视权等问题，以及后期的执行问题，错综繁杂。

3. 家事审判多元化纠纷解决机制的建立，要求法院要与多部门联动，形成全社会化解家事纠纷的合力，妥善解决家庭纠纷。

基于上述三个主要因素考虑，目前亟须成立专业化家事审判机构和队伍，将具有一定社会阅历、心理学知识和热爱家事审判的人员充实到家事审判工作岗位，推动家事审判改革向纵深发展。

吉林省高院将在最高人民法院的指导下，坚持遵循司法规律，坚持从法院工作实际出发，坚持依法推进、统筹协调、循序渐进，努力探索有吉林特色的家事审判方式和工作机制，推动吉林省家事审判工作不断科学发展。

从行政审判角度对我国婚姻制度的考察

薛　峰　王素南*

【内容提要】司法实践中，对于婚姻登记引发的纠纷，当事人通常选择提起行政诉讼来维护自身的权利。本文运用实证分析方法，发现涉婚姻登记行政诉讼案件类型集中，具有行民交叉等特点，认为针对当前涉婚姻登记行政诉讼案件存在的问题，应当理顺婚姻法与行政法之间的关系，协调行政审判与民事审判，以实质化解行政争议的理念统一涉婚姻登记行政诉讼案件的裁判标准，以行政行为补正制度促进行政诉讼多样化判决方式的运用，以完善行政诉讼一并审理民事争议制度保障当事人的合法权益。

【关 键 词】婚姻登记　行政诉讼　裁判标准

婚姻是人类文明进程的标志，是一定时期社会制度（法律）所确认的，男女双方以永久共同生活为目的的，以夫妻的权利和义务为内容的结合。婚姻具有强大的法律效力，将引起亲属法、财产法和相关的行政法等法律

* 薛峰，法学博士，应用经济学博士后，北京市第一中级人民法院行政审判庭庭长。王素南，法学硕士，北京市第一中级人民法院行政审判庭法官助理。

领域产生一系列权利（力）义务的变化。因此，必须保证婚姻的合法性，加强法律对婚姻问题的调整。于是，自人类社会出现婚姻法律制度后，合法性就是婚姻的本质属性。婚姻是男女两性的结合，婚姻增加了第三方的介入，为国家所关注和调整。国家总是通过民事、行政和刑事法律手段调整婚姻关系。例如，《中华人民共和国婚姻法》（以下简称《婚姻法》）为婚姻的存废规定各种必须符合的要件，包括实质要件和形式要件。行政法进一步落实《婚姻法》有关规定，按照婚姻登记的要件要求办理婚姻登记，确保婚姻合法。《刑法》通过打击重婚罪等保证婚姻的合法性。本文将通过对北京市第一中级人民法院审理的涉及婚姻登记行政案件的考察，从行政法和《婚姻法》两个角度研究我国婚姻制度，以期通过公法、私法共同发力，构建完美的婚姻关系并有助于民法典的制定及相关审判实践。

根据《婚姻法》第8条、第31条、第35条①和《婚姻登记条例》第2条的规定，县级人民政府民政部门或者乡（镇）人民政府主管内地居民婚姻登记。《婚姻法》第11条明确规定，因胁迫结婚的，受胁迫的一方可以向婚姻登记机关或人民法院请求撤销该婚姻。《最高人民法院关于适用〈中华人民共和国婚姻法〉若干问题的解释（三）》（以下简称《婚姻法》解释三）第1条第2款明确规定，当事人以结婚登记程序存在瑕疵为由提起民事诉讼，主张撤销结婚登记的，告知其可以依法申请行政复议或者提起行政诉讼。以上规定均是人民法院行政审判主管涉婚姻登记行政案件的法律法规根据。实践中对于由婚姻登记瑕疵引起的纠纷，当事人多选择提起行政诉讼。

一　涉婚姻登记行政诉讼案件及其审理状况

自2008年至2018年这十年时间，北京市第一中级人民法院共受理行政

① 《中华人民共和国婚姻法》第8条规定：“要求结婚的男女双方必须亲自到婚姻登记机关进行结婚登记。符合本法规定的，予以登记，发给结婚证。取得结婚证，即确立夫妻关系。未办理结婚登记的，应当补办登记。”第31条规定：“男女双方自愿离婚的，准予离婚。双方必须到婚姻登记机关申请离婚。婚姻登记机关查明双方确实是自愿并对子女和财产问题已有适当处理时，发给离婚证。”第35条规定：“离婚后，男女双方自愿恢复夫妻关系的，必须到婚姻登记机关进行复婚登记。”

诉讼案件14892件，其中涉婚姻登记行政诉讼案件66件，占行政诉讼案件总数的0.44%。涉婚姻登记行政诉讼案件审理呈现以下特点。

（一）案件类型较为集中

就婚姻登记类型而言，婚姻登记分为结婚登记、离婚登记和复婚登记三种。相应地，涉婚姻登记行政诉讼案件也主要分为结婚登记行政纠纷、离婚登记行政纠纷和复婚登记行政纠纷。结婚登记行政纠纷中最常见的案件类型为，婚姻登记当事人结婚登记时提交虚假的登记材料欺骗婚姻登记机关作出登记，例如，借用、冒用他人身份进行登记结婚或使用虚假身份信息登记结婚，当事人认为结婚登记应当被撤销，并提起行政诉讼。该类型案件占结婚登记行政纠纷的80%以上。离婚登记行政纠纷中最常见的类型为，离婚登记当事人认为离婚时登记人不具备民事行为能力，认为离婚登记应被撤销，并提起行政诉讼。该类型案件占离婚登记行政纠纷的95%以上。上述这两类诉讼涉及的案件均具有民行交叉的特点，较为复杂。复婚登记行政纠纷较少见。

就提起婚姻登记行政诉讼案件的当事人看，既包括婚姻登记的相对人，也包括婚姻登记相对人以外的第三人。第三人申请撤销婚姻登记的类型主要是离婚登记，申请撤销离婚登记的原因主要在于离婚登记的某个相对人不具有民事行为能力。另外，提起婚姻登记行政诉讼案件的当事人的性别比例并无明显差异。

就婚姻登记行政诉讼案件原告的诉求看，无论是结婚登记行政纠纷，还是离婚登记行政纠纷，原告均认为行政机关的婚姻登记存在问题，诉讼请求均为要求行政机关撤销婚姻登记或者确认婚姻登记行为无效。也就是说，涉婚姻登记行政纠纷的类型较为单一，不涉及婚姻登记机关违法撤销婚姻登记、无正当理由拒绝婚姻登记，以及婚姻登记机关滥收费等违法行政侵权类案件。

就婚姻登记行政诉讼案件当事人的救济途径看，虽然根据《婚姻法》解释三第1条第2款的规定，当事人也可以对婚姻登记纠纷提起行政复议，但是当事人均未选择行政复议的救济路径，都是通过直接提起行政诉讼来维护自己的合法权益。

就婚姻登记行政诉讼案件的审理对象而言，法院行政审理针对的是婚姻登记机关的婚姻登记行为本身，不直接涉及婚姻效力的判断问题。婚姻登记行为的效力与婚姻的效力是两个完全不同性质的概念，但二者又互相影响。

（二）具有明显的民行交叉特点

婚姻是男女两性结合的社会形式，是作为社会细胞的家庭的起点。现代法治国家，婚姻问题已不再简单的是民事法律关系问题。以结婚登记为例，多国亲属立法例和亲属法学将婚姻成立的要件分为实质要件和形式要件。婚姻成立的实质要件是指结婚当事人的本身状况，以及一方与另一方的须符合法律的要求。规定实质要件的目的在于要求婚姻的内容必须合法。形式要件是指成立婚姻的程序必须符合法律要求。二者的关系是，当事人符合实质要件仅意味着具有结婚的可能性，履行法定的结婚程序才能使结婚的可能性变成现实性。同时具备了实质要件与形式要件的婚姻才能为国家所承认，受法律的保护。我国《婚姻法》规定，婚姻成立、生效的实质要件是必须符合《婚姻法》第 5 条规定的自愿原则、第 6 条规定的年龄要件，且不属于第 7 条规定的禁止结婚的情形，不存在第 10 条规定的婚姻无效的情形及第 11 条规定①的可撤销情形。婚姻成立、生效的形式要件是实行婚姻登记制。只有依法办理结婚登记，婚姻才具有法律效力。

婚姻登记属于行政登记，是具体行政行为。婚姻登记中，主管机关有义务审查是否具备婚姻登记的实质要件。这就使形式要件与实质要件紧密结合在一起。虽然有关婚姻效力的判断主要是民事法律关系层面的问题，婚姻双方当事人的婚姻效力纠纷属于民事纠纷，但是认定婚姻是否有效的

① 《中华人民共和国婚姻法》第 5 条规定："结婚必须男女双方完全自愿，不许任何一方对他方加以强迫或任何第三者加以干涉。"第 6 条规定："结婚年龄，男不得早于二十二周岁，女不得早于二十周岁。晚婚晚育应予鼓励。"第 7 条规定："有下列情形之一的，禁止结婚：（一）直系血亲和三代以内的旁系血亲；（二）患有医学上认为不应当结婚的疾病。"第 10 条规定："有下列情形之一的，婚姻无效：（一）重婚的；（二）有禁止结婚的亲属关系的；（三）婚前患有医学上认为不应当结婚的疾病，婚后尚未治愈的；（四）未到法定婚龄的。"第 11 条规定："因胁迫结婚的，受胁迫的一方可以向婚姻登记机关或人民法院请求撤销该婚姻。受胁迫的一方撤销婚姻的请求，应当自结婚登记之日起一年内提出。被非法限制人身自由的当事人请求撤销婚姻的，应当自恢复人身自由之日起一年内提出。"

关键前提是判断双方之间的婚姻是否已成立，而婚姻登记行为是婚姻成立的形式要件，判断婚姻登记行为的合法性则属于行政法律关系范畴。在婚姻纠纷案件中，经常出现行政纠纷的解决是民事纠纷解决的前提这种情况。因国家公权力介入民事关系的认定，民事诉讼和行政诉讼中的案件在司法裁判上存在相互关联和影响的特殊关系。例如，冒名婚姻纠纷案件中，“外在婚姻”（被冒名者与结婚证上另一方的婚姻登记行为）是否合法有效，是能否解决“内在婚姻”（冒名者与共同生活者之间婚姻效力）的前提。再如，离婚后再婚的情形，若行政诉讼撤销离婚登记，将对撤销离婚登记后双方当事人再婚的合法资格产生直接影响。《中华人民共和国行政诉讼法》（以下简称《行政诉讼法》）第61条第1款规定：“在涉及行政许可、登记、征收、征用和行政机关对民事争议所作的裁决的行政诉讼中，当事人申请一并解决相关民事争议的，人民法院可以一并审理。”因婚姻登记引发的纠纷也应当是行政诉讼一并审理民事争议案件的范畴，但是对于这种民行交叉案件如何审理，在司法实践中还有待进一步探讨。

（三）对涉婚姻登记行为案件的审理并不限于审查婚姻登记行为的合法性

通过对涉婚姻登记行政案件的分析发现，99%以上案件的婚姻登记机关都尽到了谨慎的形式审查义务，并没有过错或违法行为。婚姻登记纠纷案件中的瑕疵并非婚姻登记机关所为。虽然在涉婚姻登记行政诉讼中，法院审查的重点是婚姻登记机关婚姻登记行为的合法性，但即使是婚姻登记机关在登记时候尽到了谨慎的形式审查义务，婚姻登记行为仍然可能因为婚姻登记的双方当事人违反结婚或离婚的实质要件而被判决撤销。例如，在一起要求撤销离婚登记行为的行政案件中，法院依据法医学鉴定意见书，认为离婚登记时的当事人不具备民事行为能力，虽然婚姻登记机关尽到了审查义务，仍然判决撤销了离婚登记行为。[①]

① 参见（2015）海行初字第1051号案件。

二　审理涉婚姻登记行政诉讼案件存在的问题及原因分析

（一）审理涉婚姻登记行政诉讼案件存在的问题

通过对审理涉婚姻登记行政诉讼案件现状的梳理与分析，发现主要存在以下问题。

1. 涉婚姻登记行政诉讼案件的裁判标准不统一

通过对婚姻登记行政诉讼裁判结果的分析，发现常见案件裁判标准存在不统一的问题。裁判标准不统一主要存在于结婚登记纠纷中借用、冒用或者虚假他人身份进行登记结婚案件中。在实践中，婚姻登记纠纷具有暴露迟、揭露晚等特点，当事人难以及时提起行政诉讼。由于婚姻关系的人身性、特殊性，当事人从结婚到离婚一般是超过 5 年的，早已超过了法定期限。所以，行政审判在法定起诉期限上经常会出现两难的抉择，要么是严格按照法定起诉期限的规定，对超过法定起诉期限的案件予以驳回；要么是对法定起诉期限不予理睬，仍然对案件进行审理，实质化解纠纷。若严格按照法定起诉期限审理案件，会导致处于崩溃边缘的婚姻关系不可调控，社会安定受到影响。而忽略法定起诉期限，对婚姻关系进行调控，又会违反法律，损害司法权威。因为没有统一的审查标准，相同案情的案件会出现不同判决的情况。例如，就结婚登记中冒用他人身份登记结婚类案件，法院经审查作出的裁判结果完全不同。有的案件，法院以当事人起诉超过法定起诉期限为由，裁定驳回当事人的起诉。有的案件，法院认为虽然超过法定起诉期限，但是从实质化解行政纠纷的角度考虑，依然判决撤销了被诉的结婚登记。结婚登记中补发结婚证案件中，在法院已经判决当事人离婚的情况下，当事人出于其他目的申请婚姻登记机关补发结婚证。婚姻登记机关因不掌握法院判决离婚的事实为当事人补发结婚证，后当事人又向法院起诉要求撤销补发的结婚证。有的案件，法院以补发的结婚证并未给当事人设置新的权利义务为由裁定驳回原告的起诉。有的案件，法院认为，补发的结婚证与生效的民事离婚判决相悖，判决撤销补发的结婚证。

2. 行政诉讼的功能未得到完全释放

（1）多样化的行政诉讼判决方式未得到有效运用

如前所述，通过对涉婚姻登记行政诉讼案件的分析，发现法院的裁判方式较为单一。婚姻登记存在瑕疵情形的，法院仅具有撤销登记行为的判决，基本无确认违法或无效判决，无要求行政机关重做或补正婚姻登记的判决。针对违法行政行为，行政诉讼的判决方式有撤销判决、确认违法和确认无效判决。虽然就婚姻登记行为而言，撤销判决和确认无效判决在后果上是相同的，都意味着婚姻登记行为的自始无效，但对当事人有不同的意义。当事人请求撤销婚姻登记行为受到法定起诉期限的限制，请求确认婚姻登记行为无效则不受法定起诉期限的限制，可以更好地保护当事人的合法权益。行政诉讼不同的判决方式具有不同的功能，可以针对不同的案情，从保护当事人合法权益的角度进行不同的选择适用。

（2）行政诉讼中一并审理民事争议制度的功能未得到有效发挥

涉婚姻登记行政诉讼案件具有民行交叉的特点。在婚姻登记行政纠纷中，法院审查的重点是婚姻登记行为的合法性问题，而非婚姻关系的效力。但是仅仅通过行政诉讼解决婚姻登记纠纷，可能出现两种情况。一是“纯正”的行政判决，即单纯审查婚姻登记行为的合法性。只要存在《行政诉讼法》规定的予以撤销的情形，一律撤销婚姻登记行为。一旦撤销了婚姻登记行为，婚姻关系的成立就失去了基础。二是变相的民事判决，即对一些虽然存在程序违法但不影响效力的婚姻，则干脆由通过行政诉讼审查行政行为，转向审查婚姻关系，并用民法上的理由作为行政判决的根据，使行政判决变成了“穿行政判决外衣的民事判决”[①]；或者当事人在提起行政诉讼解决了婚姻登记的先决问题之后，再另行提起民事诉讼。实际上，这完全可以通过行政诉讼中一并审理民事争议制度进行解决。而司法实践中，根本没有婚姻登记纠纷的当事人在提起行政诉讼的同时一并提起审理民事争议的申请。法院可以通过一并审理民事争议制度审理该类案件，无须异化行政诉讼的审理对象，使行政判决变成“穿行政判决外衣的民事判决”。

3. 涉婚姻登记行政审判存在空转的趋势

对于此类行政案件的审理，由于不能处理好民行交叉的问题，行政审

① 王礼仁：《解决婚姻行政诉讼与民事诉讼“打架”之路径》，《法律适用》2011 年第 2 期。

判不能解决当事人的实体问题。例如，司法实践中经常遇到一方使用伪造的虚假身份信息与另一方登记结婚的案件，因无法证明与其结婚者的真实身份，难以提起离婚诉讼。被欺骗的一方通常会提起行政诉讼请求撤销婚姻登记机关颁发的结婚证。在被欺诈一方无法证明欺诈方结婚登记时使用的证件为伪造的情况下，法院通常不直接调查取证，而是以婚姻登记机关尽到了形式审查的义务为由，裁定驳回原告的起诉或驳回原告的诉讼请求。这种“无所作为”的思维使行政审判存在空转的现象，当事人的合法权利难以得到保护。

（二）涉婚姻登记行政诉讼案件存在问题的原因

1. 不诚信及对婚姻的不重视

随着我国高速发展和社会转型，在人们获益增多的同时，一些人仅追求个人利益最大化的思想和行为以不诚信的方式在社会方方面面体现出来。“宁在宝马车上哭，不在自行车上笑”和为了经济适用房而随意结婚、离婚等充满物欲的婚姻观在一段时间内泛滥，“闪婚闪离”逐渐增多。这都是不诚信在婚姻问题上的反映。婚姻既是一项社会制度，但同时也是个体安排生活的一种方式。随着社会的变迁和经济的发展，国家与社会关系进一步理顺，家庭由公共领域向私人领域回归，婚姻由传统的“父母之命、媒妁之言”转变为可以由婚姻当事人自由掌控的“分分合合”。经济的发展使无论男女基本上都可以在市场体系中找到自己生存的立足点，不再依赖婚姻对自己进行保护。而婚姻作为一种生活方式，道德及国家法律对其都不再施加像传统社会那样多的“干预”，人们可以“随心所欲”地选择自己的婚姻状态。人们可以选择结婚，也可以选择不结婚，可以把婚姻作为一种手段以达到自己的目的，也可以在通过婚姻达到自己的目的之后选择离婚。这些选择缘于婚姻作为私人生活方式的性质及国家的放松管控，当事人无须承担过多的责任和来自家族及社会的舆论压力，人们对婚姻的态度呈随意化、淡漠化趋势，不再那么重视婚姻。随之而来，“闪婚闪离”几乎已经成为一种社会时尚，使用伪造、变造或者冒用他人身份证件、户口簿、无配偶证明及其他证件、证明材料骗取结婚登记，故意隐瞒无民事行为能力或限制民事行为能力状况等婚姻登记严重失信行为层出不穷。

2. 未能厘清《婚姻法》与行政法的私法与公法的关系及其适用

虽然通常认为婚姻登记行为的性质为行政确认，但婚姻登记行为具有《婚姻法》与行政法等私法与公法的双重属性。行政确认，是指行政主体对于象征相对人的法律地位、法律关系或有关法律事实进行甄别，给予确定、认可、证明（或否定），并予以宣告的具体行政行为。[①] 行政确认是对已有的特定法律事实和法律关系的认定，本身并不设定权利义务，实质上是行政主体对法律事实予以确认或登记在案以备公众查阅，并且通过证明等手段使其权利和地位为他人所公认。行政确认的本质在于使个人、组织的法律地位和权利义务获得法律上的稳定性，是国家行使管控权的体现。就婚姻登记而言，当事人提起婚姻登记申请之前，只要符合法定结婚条件，不需要经过行政机关的行政许可[②]就具备婚姻关系主体身份。只是国家为了确定婚姻家庭关系，维护家庭稳定与社会秩序安定，保护双方当事人及善意第三人的合法权益，设立婚姻登记制度，通过婚姻登记，颁发结婚、离婚证书等国家确认形式表明行为人的婚姻状态。只有经过婚姻登记，其婚姻关系的设立或消除才会被国家和社会认可，才会产生相应的法律效力。因而婚姻登记机关对缔结或解除婚姻登记申请具有审查、登记的法定职权，因婚姻登记机关办理婚姻登记过程中产生的纠纷，具有行政争议属性。然而婚姻登记机关确认的男女双方的婚姻关系是民事关系，只是由于秩序的需要，国家公权力介入了私人领域。因此，婚姻登记是公民意思自治与国家干预的结合。婚姻登记的公法属性与公民意思自治的私法属性共存。公法与私法的交织引发的争议则势必在《婚姻法》与行政法中体现，从而导致婚姻登记行政诉讼司法审查的种种问题。如何理顺《婚姻法》与行政法等私法与公法之间的关系，准确定位纠纷的性质，有效选择适当的纠纷处

① 姜明安：《行政法与行政诉讼法》，北京大学出版社，高等教育出版社，2005，第190页。

② 行政许可，是指在法律一般禁止的情况下，行政主体根据行政相对人的申请，通过颁发许可证或执照等形式，依法赋予特定行政相对人从事某种活动或实施某种行为的权利或资格的行政行为。行政许可则是准许其获得过去没有的权利，是权利的赋予，具有后及性。有许可性质的登记能直接产生法律效果而不需要以其他法律行为、法律事实为基础且能赋予行政相对人特殊的行为资格从而带来较大利益的登记。如公司登记、社团登记等。登记不登记是一种单方行为，只不过其决定登记是与当事人意志重合的，只有在不登记时才能充分显示其单方意志。

理机制，是婚姻登记行政诉讼司法审查困境的症结所在。

3. 婚姻登记机关仅对婚姻登记当事人提交的材料进行形式审查的做法被不良当事人利用和钻空子

按照《婚姻登记条例》的规定，登记机关在进行登记之前应当进行事前审查，考察当事人的情况及其真实性，然后决定予以登记或者不予登记，基于效率和对婚姻登记双方的信任，事前审查主要是一种形式审查。婚姻登记机关只能对婚姻的实质要件进行形式审查。当事人符合结婚或离婚的实质要件，对于非本人到场、未签名或非本人签名、登记的名字或日期出现错误等登记程序不符合法律的要求等错误登记行为，没有可供婚姻登记机关纠正的事后审查权限和程序。还存在其他一些特殊问题需要婚姻登记机关事后审查解决，却无法律依据。例如，假冒他人身份证件的登记、偷取对方证件请他人办理登记等现象，现实中尚处于“无法可依”状态。婚姻登记行为具有公私法双重属性，其行政行为属性不可忽视。事后审查是依法行政的题中应有之义，行政机关有权力也有责任对不符合所适用的法律规定的事实条件、程序条件或者适用法律发生错误的行政行为予以纠正。就登记行为而言，一般不会出现适用法律错误的问题，所以，事后审查主要应包括事后的事实审查和事后的程序审查，这两项审查权在诸多涉及民事关系的行政登记行为当中均存在，例如收养登记行为①、房屋权属登记行为②等，登记机关发现已完成的登记事实上或者程序上不符合法律规定的登记条件，均有权撤销登记行为。但是，目前我国婚姻登记机关对其做出的婚姻登记行为的事后审查职责范围仅限于“胁迫婚”。而实践中，婚姻登记机关对“被胁迫”婚姻登记的撤销权基本上已经被闲置。

4. 割裂的研究方法和审判方式难以充分应对民行交叉等复合型问题

传统上，关于婚姻的问题，主要有婚姻法学和民事审判研究，关于行

---

① 《收养登记工作规范》第 30 条规定：“收养关系当事人弄虚作假骗取收养登记的，按照《中国公民收养子女登记办法》第十二条的规定，由利害关系人、有关单位或者组织向原收养登记机关提出，由收养登记机关撤销登记，收缴收养登记证。”

② 《房屋登记办法》第 81 条规定：“司法机关、行政机关、仲裁委员会发生法律效力的文件证明当事人以隐瞒真实情况、提交虚假材料等非法手段获取房屋登记的，房屋登记机构可以撤销原房屋登记，收回房屋权属证书、登记证明或者公告作废，但房屋权利为他人善意取得的除外。”

政行为的问题主要有行政法学和行政审判研究。由于涉婚姻登记行政案件具有强烈的民行交叉特点，事关公民的基本宪法权利，单一学科理论和审判实务难以提供充足的理论基础和审判实践，难以充分保护公民的基本宪法权利。例如，对婚姻效力及婚姻登记行为的审查是分别进行的，行政审判与民事审判各自审理各自的审理对象。行政诉讼不能解决撤销婚姻登记后婚姻效力的问题，民事诉讼不能解决婚姻效力依据载体的婚姻登记行为问题。

三 解决路径

（一）以实质化解行政争议的理念统一涉婚姻登记行政诉讼案件的裁判标准

解决行政争议是行政诉讼的立法宗旨之一。面对《婚姻法》与行政法就婚姻登记行为程序违反法律后果规定的竞合之处，我们认为，应当从《婚姻法》与行政法的基本理念和价值取向出发，确定婚姻登记行为程序违反法律后果认定标准，区别不同的案件类型，从保护当事人合法权益及婚姻成立的实质要件角度进行裁判。例如，冒名婚姻登记关系中，即只要婚姻双方当事人符合结婚或者离婚的实质要件，不应以婚姻登记行为程序违法为由撤销婚姻登记行为。《行政诉讼法》对行政程序的规定其实质是为了“控制和规范行政权”，若行政程序严重违法，就会直接判定违法而忽略对行政行为实体合法性的考量，使行政主体承担不利的法律后果，切实维护行政相对人的合法权益。但由于婚姻登记行为具备公示婚姻关系的特殊功能，登记的方式可以将当事人发生婚姻关系或消灭婚姻关系的意思表示出来，其效力范围波及广泛，不仅限于家庭，而且向社会辐射。婚姻登记与婚姻人伦秩序的维系、家庭关系的健全、子女的正常成长、财产关系的稳定、社会的和谐密切相关。若仅因婚姻登记程序违法而简单否定既定的婚姻关系，显然不利于当事人权益的保护与社会秩序的稳定，这与行政法的立法初衷和立法原意也是相违背的。因此人民法院对程序违法婚姻登记行为的审查标准应有别于其他行政行为，不能简单地因程序违法而否定登记行为的效力。

（二）以行政行为补正制度促进行政诉讼多样化判决方式的运用

行政行为补正制度，是指行政主体对具有轻微程序瑕疵的行政行为予以事后补救，使其消除程序违法情形，从而维持其合法效力的法律制度。具体到婚姻登记程序瑕疵的补正制度上，是指婚姻登记机关对轻微的、不影响婚姻实体效力的程序瑕疵予以事后补救，使其消除程序瑕疵，维持婚姻合法效力。《行政诉讼法》第 74 条规定，行政行为违法，但不具有可撤销内容的，人民法院可以判决确认违法。确认行政行为违法但不撤销，此处的不具有可撤销内容既包括管理中的事实行为，又包括形式欠缺的具体行政行为。法院在审理婚姻登记行政案件时认定婚姻登记行政行为违法后，可以责令登记机关对之前的登记行为予以补正。与“撤销加重作”的判决方式相比，补正制度因其效力溯及既往而更能保障符合婚姻实质条件当事人的利益，而与“撤销加补办”相比，在一个行政诉讼中同步解决该问题更节约司法与行政资源，降低当事人登记成本，提高婚姻关系的恢复效率。因此，对于一般瑕疵的结婚登记，在其不涉及违反结婚实质要件的前提下，均可根据新《行政诉讼法》中的“补正”路径予以处理，而非一竿子地无效或可撤销。《婚姻法》中也有类似的观点。例如，虽然虚假的意思表示不具有结婚合意的效力，但是结婚后如果已有以夫妻关系同居生活的事实，可认为以前的意思表示的瑕疵已被治愈。①

（三）进一步完善行政诉讼一并审理民事争议制度，保障当事人合法权益

在瑕疵婚姻登记的法律效果中包含婚姻是否成立与婚姻是否有效两方面的内容，婚姻是否成立涉及婚姻登记程序是否合法，而婚姻是否有效涉及的是对婚姻效力有无的考察。从行政行为的性质来看，行政行为的公定力决定该行为一经作出，便具有国家意志先定力，决定了民事主体必须予以服从，因此，违法的行政行为在依照法定程序被否认效力之前也应当具有效力。简言之，行政行为的公定力性质导致在此类民行交叉的案件中，

---

① 杨大文主编《亲属法》，法律出版社，1997，第 83 页。

行政行为的合法性问题与婚姻成立生效之间存在必然联系，二者可以一并。

目前，对于民行交叉的问题集中于不动产登记、工商登记中讨论，以婚姻登记为切入点的较为少见，但婚姻因其“身份契约”的性质，在司法判断中应更为谨慎、谦抑化。在救济路径的选择上应综合考量基本法理、审判效率、司法成本，综合确定。就冒名登记婚姻而言，婚姻登记行政行为属于行政登记无疑，而在判断冒名登记所涉民事争议是否与行政争议有“内在关联性”上，冒名登记符合受到行政行为影响的后续民事权利义务关系出现争议这种情形，即对于“外在婚姻”的婚姻登记行为是否合法有效的判断是解决“内在婚姻”当事人婚姻关系问题的前提，两项不同的婚姻关系中只有一项能够成立有效。换言之，冒名登记婚姻情形属于《行政诉讼法》第61条规定的当事人申请一并解决相关民事争议的适用前提。因此，在具体起诉过程中，真实登记一方作为原告对婚姻登记行为向有管辖权的人民法院提起行政诉讼时，可以同时提出一并解决与其具有实质婚姻关系的“配偶”间的婚姻效力至分割财产、继承关系、子女收养等问题，从而一并解决行政争议与民事争议，使自身权益得到及时、合法的保护。一并解决行政民事争议是行政诉讼中还不太成熟的制度，应进一步探索该制度在司法实践中的具体运用。

（四）进一步加强对可撤销婚姻登记行为等重点问题的研究

撤销婚姻与撤销婚姻登记行为是两个不同的概念。撤销婚姻针对的对象是婚姻关系，属于民事法律关系范畴；撤销婚姻登记行为针对的是登记机关作出登记的行政行为，属于行政法律关系范畴。撤销婚姻主要有行政程序和诉讼程序两种。根据《婚姻登记条例》第9条规定，因胁迫结婚的，受胁迫的当事人依据《婚姻法》第11条的规定向婚姻登记机关请求撤销其婚姻。《婚姻登记工作规范》第52条、第53条对此也进一步明确。[①] 根据《婚姻法》第11条规定，受胁迫一方婚姻关系当事人也可以向人民法院请

① 自2016年2月1日起实施的民政部《婚姻登记工作规范》第52条规定：“婚姻登记处对不符合撤销婚姻条件的，应当告知当事人不予撤销原因，并告知当事人可以向人民法院请求撤销婚姻。”第53条规定：“除受胁迫结婚之外，以任何理由请求宣告婚姻无效或者撤销婚姻的，婚姻登记机关不予受理。”

求宣告撤销婚姻。根据《最高人民法院关于适用〈中华人民共和国婚姻法〉若干问题的解释（一）》第 11 条的规定，人民法院审理婚姻当事人因受胁迫而请求撤销婚姻案件，应当适用简易程序或普通程序。撤销婚姻登记行为目前可以通过行政复议或者提起行政诉讼解决。《婚姻法》解释三第 1 条第 2 款明确规定，当事人以结婚登记程序存在瑕疵为由提起民事诉讼，主张撤销结婚登记的，告知其可以依法申请行政复议或者提起行政诉讼。婚姻登记瑕疵属于瑕疵行政行为。我国有行政法学者认为，具体行政行为按瑕疵的程度，可以分为明显轻微的瑕疵、一般瑕疵和重大而明显的瑕疵三类。其中一般瑕疵是除明显轻微的瑕疵和重大而明显的瑕疵以外的瑕疵。对具有明显轻微的瑕疵的行政决定可予补正，对具有一般瑕疵的行政决定可予撤销，具有重大而明显瑕疵的行政决定则属于无效行政决定。[①] 婚姻登记瑕疵主要包括非本人亲自到场、冒名登记、使用虚假信息登记、越权登记、婚姻登记证书失误记载、非婚姻登记人员登记这几种类型。对于明显轻微瑕疵的行政行为，行政主体可以依职权或应申请或依据法院的判决予以补正，例如婚姻登记证书失误记载这种情形。对于具有重大而明显瑕疵的行为，法院应判决确认该行政行为无效。《行政诉讼法》第 75 条规定了行政行为应当被法院判决无效的情形。[②] 婚姻登记瑕疵中的越权登记就属于这种情形。对于一般瑕疵行为，适用行政行为可撤销制度，应当奉行“以司法撤销为主，以行政撤销为辅”的原则。《行政诉讼法》第 70 条规定了行政行为可撤销的情形。[③] 根据我国目前的法律法规规定，婚姻登记瑕疵的可撤销仅能通过诉讼实现。婚姻登记瑕疵案件中，使用虚假身份登记案件是常见的案件类型，该类案件属于法院应当判决撤销的婚姻登记瑕疵。下面着重对该类型进行分析。

从实践中婚姻登记行为的过程来看，婚姻登记结果是否准确，是否与客观真实一致，不仅取决于登记机关是否尽到审查义务，有些时候还取决

① 叶必丰：《行政法与行政诉讼法》，武汉大学出版社，2008，第 211 页。

② 行政行为有实施主体不具有行政主体资格或者没有依据等重大且明显违法情形，原告申请确认行政行为无效的，人民法院判决确认无效。

③ 行政行为有下列情形之一的，人民法院判决撤销或者部分撤销，并可以判决被告重新作出行政行为：（一）主要证据不足的；（二）适用法律、法规错误的；（三）违反法定程序的；（四）超越职权的；（五）滥用职权的；（六）明显不当的。

于当事人是否诚信守法。在申请人恶意欺诈的情形下，即使登记机关严格进行审查，由于登记的时限性、效率性要求，也可能无法识破当事人的非法意图，从而产生了错误的登记结果。在婚姻登记行为中，登记人向婚姻机关进行申请，然后婚姻登记机关针对该申请作出婚姻登记的行为。对相对人申请参与的意思表示，行政机关可以接受，也可以拒绝，行政机关在接受相对人的意思表示后就应视为行政机关的意思表示。相对人的意志被行政机关的意志吸收转化为行政意志的同时，相对人行为或意思的瑕疵也转化为行政行为的瑕疵。相对人以欺诈手段所提出的申请，是一种违法行为，行政机关受相对人欺诈所作出的行政行为依据的事实是错误的，应视为主要证据不足的行政行为，应被撤销。但该种情形应当厘清导致该违法行为发生的过错方。婚姻登记机关在该情况下是没有过错的。当法律对行政机关的审查进行限制时，行政机关就不能突破制度框架，因而其对当事人申请材料的识别能力在法律上是有限度的，行政机关基于法律的限制而无法发现和查明的欺诈行为，不应当被视为过错。行政机关没有发现且不应当发现欺诈嫌疑，但受欺诈行政行为发生的，则只能认定为相对人过错。此时，行政行为违法与行政机关过错没有对应关系，尽管相对人的意思表示已转化为行政行为的违法，但相对人的过错并没有转化为行政机关的过错。因此，只要婚姻登记机关依照《婚姻登记条例》《婚姻登记工作规范》的规定收集了应当收集的申请材料并尽到必要注意义务，且该材料不足以让登记工作人员产生应有的怀疑，那么，即使不符合婚姻登记实质要件的行政行为发生，也不应认定为婚姻登记机关过错。行政机关在没有过错的情况下，虽然婚姻登记行为被撤销，但也不应当承担不利的法律后果。

（五）进一步加强对涉婚姻登记制度的基础理论研究

以婚姻不成立、无效与可撤销等为例。首先需要进一步健全婚姻不成立、无效与可撤销的法律制度。婚姻不成立、无效与可撤销所指向的是婚姻行为。从民法理论出发，法律行为的成立与有效这两个概念在适用法律规则及认定标准上均有所差异。法律行为的成立一般属于事实层面上的判断，关注的是某项法律行为是否存在的问题。而法律行为的有效则指为了使已成立的法律行为产生法律效力而需要具备的要件，国家可以出于管制的目的对私人行为加以评价设立强制性规定。某一个法律行为的成立与有效均有其各自独立的适用规则，但成立是生效的前提。婚姻关系作为民事法律行为的一种，同样也适用法律行为成立与有效的区别问题。婚姻成立指男女之间的两性关系因符合法定的成立要件而被法律认为婚姻关系产生或存在。因婚姻关系是身份关系，可能违反人伦及公序良俗，国家当然对婚姻成立行为进行“干涉”。结婚是一种法律行为，具备法定的要件，依法成立的婚姻才可能具有合法婚姻的法律效力。婚姻成立、有效的法定要件分为两大类：一是形式要件，二是实质要件。按照婚姻的成立与不成立理论，婚姻成立并不是因为有结婚行为，而是因为结婚行为符合《婚姻法》第 8 条，《婚姻登记条例》第 4 条、第 5 条、第 7 条、第 8 条所要求的结婚登记形式要件。成立的婚姻要生效，必须同时具备下列实质要件：符合《婚姻法》第 5 条规定的自愿原则、第 6 条规定的年龄要件，不属于第 7 条规定的禁止结婚的情形、第 10 条规定的婚姻无效的情形以及第 11 条规定的可撤销婚姻的情形。也就是说，在我国结婚登记是婚姻成立的唯一法定程序和形式要件。符合结婚实质条件的男女双方，只有在办理了结婚登记并取得结婚证后，其婚姻关系才受国家法律的承认和保护。这是结婚登记效力的体现。正是在此意义上，登记所涉及的评判标准是结婚的程序要件及形式要件，要解决的问题是婚姻是否成立，而与婚姻的性质即婚姻有效、无效还是可撤销无关。

与婚姻成立的概念不同，无效婚姻制度及可撤销婚姻制度则是婚姻的有效要件，是对符合成立条件的婚姻进一步予以评价。无效婚姻并不是承认婚姻，而是指违法的两性结合不产生婚姻的法律效力。无效婚姻不是婚姻的种类之一，它只是用来说明借婚姻之名而违法结合的一个特定概念。根据《婚姻法》第 10 条的规定，重婚，近亲结婚，婚前患有医学上认为不应当结婚的疾病、婚后尚未治愈，未达到法定结婚年龄等四种情形属于无效婚姻。由于无效婚姻针对婚姻的实质要件采用的是有限列举式的规定，排除了因婚姻登记机关登记程序出现问题而使婚姻成为无效婚姻的可能。可撤销婚姻则是指受胁迫而结婚的情形。《婚姻法》第 11 条规定：“因胁迫结婚的，受胁迫的一方可以向婚姻登记机关或人民法院请求撤销该婚姻。”第 12 条同时规定：“无效或被撤销的婚姻，自始无效。”因此，婚姻的不成立与无效、可撤销之间存在本质区别。

结　语

每一个家庭都是社会这个“大家”的基础单位，而婚姻关系的构建则是家庭关系形成的基础细胞。当面临婚姻登记的实质要件与形式要件存在不一致的情况时，如何判定相关法律关系的效力、采取何种救济方式解决相关问题、在审判实务中如何尽快统一评判标准、实现行政审判与民事审判殊途同归地维护当事人的合法权益等问题亟须得到解决。本文希望通过对相关案例进行梳理分析，能为同类案件办理提供借鉴。

青年论坛

婚姻家庭法中的差异原则*

高云鹏　于晓丽**

【内容提要】以我国婚姻家庭法之男女平等、保护妇女合法权益原则的历史发展进程为研究起点，对现行《婚姻法》基本原则对女性权利保护的“男女平等+特别保护”模式进行分析，对其在未来婚姻家庭法中继续沿用的必要性与合理性提出疑问，提出在民法典婚姻家庭编部分的基本原则中增加差异原则，认为差异原则的内涵应包括平等性差异和保护性差异两部分，保护性差异应以平等性差异为基础。

【关 键 词】男女平等　差异原则　平等性差异　保护性差异

一　问题的提出

作为独立的法律部门，同时作为中华人民共和国的第一部法律，1950年《中华人民共和国婚姻法》（以下简称《婚姻法》）确定了“男女权利平等”和“保护妇女合法权益”的基本原则，目的在于为家庭中的女性提供

---

* 该文被收入孟祥刚主编《家事审判研究：“德州杯”家事审判论坛优秀论文选》，人民法院出版社，2018。

** 高云鹏，济南大学政法学院副教授；于晓丽，济南大学政法学院副教授。

双重权利保障，对我国女性权利的保护产生了深远的影响。1980 年《婚姻法》把“男女权利平等”改为“男女平等”，保留了“保护妇女合法权益”原则，该原则被 2001 年《婚姻法》修正案继承并适用至今。未来婚姻家庭法被纳入民法典体系后，将从独立的法律部门变为民法典分则中的一部分，既要和民法典的私法体系保持统一性和一致性，也需要有身份法独特的例外性。婚姻家庭法基本原则是依然延续历史传统，还是要结合民法典的背景及婚姻家庭制度的特点进行修正，是一个迫切需要讨论的问题。

二 我国婚姻家庭法中的男女平等进程回顾

（一）1950 年《婚姻法》——实现形式平等

相较于西方女性以争取法律地位平等为开端的平权之路，我国女性解放并非完全源于自身的觉醒，而是和民族解放密切相关。中国共产党成立之初就意识到妇女解放与民族解放的必然联系，将其纳为阶级和民族解放运动的一部分。① 1950 年《婚姻法》把“男女权利平等”作为基本原则，而不是“男女平等”，旨在以赋权性规定实现男女形式上的平等，完成婚姻家庭领域废旧立新的伟大历史使命。

强调男女权利平等的同时，这部《婚姻法》的立法理念也强调性别差异，突出体现了对当时处于弱势地位的妇女的权益保护。② 学界给予该法高度评价，认为它立法理念先进，各条规定均紧扣立法目的，触及了中国封建社会以男性为中心、男尊女卑的家庭制度和男主外、女主内的性别关系内核，对当时女性地位的改变大有裨益。也提出由于一部分妇女还没有参加社会生产，取得独立的经济地位，或是受传统习俗的影响，在行使这些权利时存在事实上的差别。③

这一阶段，取得与男性同样的权利对女性来说具有重大的突破性，这

① 陈文联：《马克思主义妇女观在中国的历史命运与现代路径》，《湖南师范大学社会科学学报》2007 年第 2 期。

② 薛宁兰：《新中国婚姻立法的男女平等价值观衡量》，《山东女子学院学报》2018 年第 1 期。

③ 杨大文、刘素萍：《论我国婚姻法的任务和作用》，《法学研究》1963 年第 2 期。

与女性受压迫的独特经历相关。女性纷纷突破男尊女卑的束缚，走出家庭，进入社会，自身解放的同时也满足了经济建设对更多劳动力的需求。遗憾的是这一时期的性别平等观念很快受到极左思想的影响，男女权利上的平等进一步被误读为绝对平等，妇女参加社会生产被作为男女平等的首要表现形式。在生产中出现了因忽视男女生理的差别，妇女过度劳动身体受到伤害的情形。“男女都一样”成为20世纪六七十年代对男女平等的最高诠释。①

（二）1980年《婚姻法》——追求实质平等

1980年《婚姻法》在基本原则部分把“男女权利平等”改为“男女平等”，同时在具体制度上进行了修改，意味着男女双方在婚姻和家庭生活的各个方面，不仅享有平等的权利，而且担负平等的义务。② 如在抚养子女问题上，规定一方抚养子女，另一方应负担必要的生活费和教育费；离婚进行财产分割时，夫妻的共同财产由双方协议处理；夫妻债务清偿时，如该项财产不足清偿时，由双方协议清偿。这些规定较1950年《婚姻法》规定的变化，正是男女权利平等原则向男女平等原则转变的制度体现。

由于这个时期的平等观依然没有消除“去性别化”的局限性，在改革开放的大背景下，女性为这种“去性别化”的平等付出了代价。当女性走出家庭参与到社会工作中，男性却并没有回归家庭，家务劳动由女性承担的传统格局并没有相应改变，女性承担着工作和家庭的双重压力，女性的生存状况在社会大变革的冲击下面临着新的挑战，促使人们对男女平等原则产生新的思考和分歧。

20世纪90年代，社会学界出现对“妇女回家”问题的讨论和对“男女都一样”的反思。③ 政治、哲学界也出现了对男女平等理论及实践的质疑，开始了从男女平等向性别公正的理论转向，男女平等的理论与实践遇到了

① 刘洁：《“男女平等”的异化与误读——以集体化时期太行山区妇女参加社会生产为例》，《党史研究与教学》2014年第1期。

② 周道鸾：《新婚姻法比原婚姻法有哪些重大发展》，《法学杂志》1980年第3期。

③ 20世纪90年代中期，在《社会学研究》上刊登了一系列关于男女平等的讨论文章。这些文章围绕郑也夫提出的“代价论”展开，比较集中地反映了学界对男女平等的不同观点。

空前的挑战。[①] 在婚姻家庭法研究领域，没有人公开反对男女平等，但也开始了对男女平等原则的反思和对性别差异的关注，认为男女平等原则并不是无视男女的自然生理差异，简单地要求男女一切相同，应当采取必要的差别待遇。

（三）2001 年《婚姻法》（修正案）——关注性别差异

随着 1995 年第四次世界妇女大会在北京召开，我国正式引入社会性别理论。在此次大会上，社会性别成为讨论的重点，并被引入《北京宣言》和《行动纲领》等重要文件。这个时期欧美早期女性主义所提出的“反对压迫”“争取平等”等字眼基本上从女性主义的字典中消失，变成了“文化”“差异”“身份认同”等。更多人开始呼吁关注性别差异，针对女性的特点进行特殊保护，中国的性别平等观念由此进入了“关注差异，注重妇女特殊保护”的新阶段。

2001 年《婚姻法》（修正案）对 1980 年《婚姻法》进行了小范围的修订，将社会性别意识纳入《婚姻法》修改中，体现出两个明显的特点。第一，在男女平等的文本用语上更加彻底，避免陷入女性主义批判的“以男性标准构建女性权利”的误区。[②] 第二，在制度设计上体现性别视角，更加注重体现保护“弱者”的精神，如增加了禁止有配偶者与他人同居、禁止家庭暴力等规定，增加了离婚制度中家务劳动补偿、经济帮助等规定。学者们认为这部《婚姻法》中的性别平等并不彻底，应适当修正形式平等之不足，追求实质平等。这部《婚姻法》对女性在家庭中的生育价值和劳动权益予以了特别的关注，提出我国的夫妻财产制度依然存在性别盲点，在现行的社会性别制度下，只会造成对妇女新的不公正，妇女的生育价值与家务劳动价值无法体现和补偿，法律这种表面的公平在某种程度上却维护了事实上的不公平。

① 闵冬潮、刘薇薇：《质疑　挑战　反思——从男女平等到性别公正》，《妇女研究论丛》2010 年第 5 期。

② 例如 2001 年《婚姻法》修正案第 9 条：“登记结婚后，根据男女双方约定，女方可以成为男方家庭的成员，男方可以成为女方家庭的成员。”第 22 条：“子女可以随父姓，可以随母姓。”相比 1980 年《婚姻法》，去掉了两个“也”。

2001 年《婚姻法》（修正案）之后，最高人民法院先后三次发布关于《婚姻法》的司法解释，《婚姻法解释（三）》是社会经济结构变迁在婚姻家庭领域的集中体现，引发了社会各界前所未有的大讨论，也引发婚姻家庭法研究对回归家庭本质和伦理性的思考。由于社会性别意识的缺失，《婚姻法解释（三）》被称为“披着平等面纱的法律解释”，有学者尖锐地批评其“保护三代家庭、老人及男性权利，弱化核心家庭及女性权利，彻底撕裂女性对家庭温情的合理期待”。①

（四）评析

从中国婚姻家庭法性别平等的历程来看，中国经历了由男尊女卑到男女平等再到性别差异的过程，这和西方女性主义的发展历史有极其相似的一面。从女性主义的视角来分析，我国目前《婚姻法》基本原则中“男女平等＋特别保护”模式基本遵循了晚期自由主义女性主义的路径，即平等对待男性和女性，保障女性与男性相同的法律权利，同时根据明显差异给予区别对待。也存在与自由主义女性主义相同的误区，就是将男性与女性进行了二元划分并且将其对立起来。正如美国黑人女性主义者贝尔·胡克斯提出的，传统女性主义者对妇女命运的分析倾向于把焦点仅仅集中在性别问题上，而没有为建立女性主义理论提供一个坚定的基础。② 后现代女性主义更加广泛地关注不同女性所面临的问题和多元化的个体差异，认为不必假设一个具有共同经验和利益的妇女群体，女性也不必被看作一个整体用来与男性相比较，而转向开始关注女性内部的多元化。在社会分工和阶层划分日益明显的今天，她们提出平等不仅仅是性别平等，更是人与人之间的平等。

另外，与西方女性主义的平权之路不同，我国女性解放并非完全源于自身的觉醒，相对于作为现代理念的男女平等原则，女性在性别平等问题上存在一定的被动性。1950 年 4 月 16 日的《人民日报》社论提到：“从此

① 张伟：《婚姻关系契约与性别利益——〈婚姻法解释（三）〉的法经济学审视》，《学术界》2016 年第 6 期。

② 〔美〕贝尔·胡克斯：《女权主义理论：从边缘到中心》，晓征、平林译，江苏人民出版社，2001，第 12 页。

旧中国遗留下来的封建主义婚姻制度将被彻底废除，而新民主主义婚姻制度将普遍实行于全国。”而传统婚姻家庭中男女有别的性别角色观念却并没有彻底改变，与性别平等的法律观产生冲突，形成双重评价标准，使女性在家庭和社会中不堪重负。同时与女性角色在传统观念中曾被弱化相反，男性角色也曾被父权文化极大地强化了。现代社会中，越来越多的男性开始走进厨房干起家务，也依然力不从心地扮演着传统观念赋予他们的“强者”角色，角色的剧烈冲突和压力也使男性严重超载，并常常由此陷入困境。因此，平等不是单方面的要求，理想的状态是走出传统男女二元划分的思维定式，打破“男强女弱”的观念枷锁，不仅解放女性，同时也使男性解脱。①

三　差异原则的提出

无论是从世界文明历史进程来看，还是从当代各国的理论研究来看，对差异的认同都从未中断过，却没有将差异赋予与平等相平行的地位。学者的论述基本上都是在论述平等的过程中将差异原则作为平等问题的一个子论题，用于对“形式平等”进行矫正，或是作为说明“实质平等”的一种工具。笔者认为作为对《民法总则》中平等原则的例外与补充，将差异原则提升到与平等原则相同的理念地位已恰当其时。应提出将差异原则作为未来民法典婚姻家庭编部分的基本原则，替代现在的“男女平等 + 特别保护”原则，原因如下。

（一）男女平等原则在婚姻家庭法中的局限性

首先，男女平等原则是一个具有宪法位阶的人权原则。作为一种内含价值判断的衡量标准和尺度，平等既是法律的精神和生命，又是一个抽象而不易掌握的原则，在法学界尤其是宪法学界引起的争论远未尘埃落定，对形式平等普遍赞同而对实质平等持不同的态度，成为当代平等问题争论的焦点。从婚姻家庭法的现状来看，男女平等是我国立法者在私法上对平

① 梁理文：《论男性在实现男女平等中的重要作用》，《妇女研究论丛》2003 年第 4 期。

等最为用力的领域。[①] 但如何确定法律具体的平等并在执法和司法中得以体现一直是个相当复杂的法律难题，事实上也并不存在所谓“平等”的标准。实践中“平等”常常被理解为“同等”抑或“平均”，往往过于重视“同等情况同等对待”，而将“不同情况不同对待”作为附随情形，这一点在婚姻家庭法的具体制度和规范体系中体现得比较突出。

其次，男女平等原则主要是一个公法原则，目的是禁止国家对女性群体采取歧视性行为，因而其在私法领域的作用是有限度的。例如挪威《男女平等法》第 2 条第 1 款规定“本法适用于任何领域里的性别歧视……”；第 2 款则规定“本法不适用于家庭生活及纯私人事务。遇有此类案件，本法第 10 条提到的权力机关不执行本法”。[②] 一方面，法案适用于家庭生活和纯个人事务中的性别歧视。另一方面，它又不在家庭和私人生活领域里执行。婚姻契约和社会契约之间有本质的差别，在婚姻家庭领域，在人格平等的基础上，在主体意思自治的范围内，只要不违背公序良俗，即使存在事实上的不平等，平等原则也不应发挥其效能。

再次，在婚姻家庭领域，男女平等也不是唯一的或最终的目标。婚姻和家庭是以人类的幸福和教育为目的的社会共同体，重要的是如何在互相尊重、人格平等的基础上实现美好的生活理想，在维护个人尊严的前提下实现和睦与喜乐。因此，婚姻家庭中的平等也应该只是抽象意义上的人格平等，过分追求平等，反而可能会引起家庭矛盾和对立性，使夫妻之间无法和睦地过日子，家庭伦理终将无法实现。有社会学者曾指出“男女平等”最大的意义在于“女子拥有与男子同样的权利，从而为女子发展潜能提供了机会。但是它迅速走向极端，变追求机会平等为完全的平等，以致造成了一种新型的、更为荒诞的不平等”。[③]

最后，除此之外，对于实现男女平等，婚姻家庭法的力量也非常有限，需要依赖婚姻家庭法之外公共政策的支持，同时还受到社会认同、风俗习惯、多年形成的文化传统的制约。因此，笔者认为男女平等原则在婚姻家

---

① 徐国栋：《平等原则：宪法原则还是民法原则》，《法学》2009 年第 3 期。

② 薛宁兰：《重新解读男女平等的法律含义——访挪威男女平等事务督察官》，《环球法律评论》2002 年第 4 期。

③ 郑也夫：《男女平等的社会学思考》，《社会学研究》1994 年第 2 期。

庭法领域应仅指当事人的男女各方在法律关系中地位平等，不涉及法律关系以外的问题。

（二）婚姻家庭法回归民法典的背景

在制定民法典的大背景下，婚姻家庭法的基本原则问题在学术界一直存在争议。有学者提出，若婚姻家庭法独立制定，则沿用原来的原则没有问题，但若婚姻家庭法回归到民法典，则应考虑其与民法典基本原则的协调统一。2017 年，《民法总则》的第 4 条规定："民事主体在民事活动中的法律地位一律平等。"确立了民法典中的平等原则。基于《民法总则》的总括性和民法体系的一致性，有学者认为不必再保留单独的婚姻家庭法基本原则。也有学者认为总则编规定的基本原则须由各分则编规定的基本原则予以具体化，同时由于婚姻家庭法部分着重规范非功利性的亲属人伦关系，有专门规定其具体原则的必要。

对民法典中婚姻家庭法基本原则中涉及女性权利保护的部分，学者们大都建议选择沿用现行《婚姻法》的"男女平等"和"保护妇女、儿童和老人合法权益"的模式。有学者提出应修正为"自由原则""平等和人格独立原则""保护弱者原则"①。也有学者在讨论中提出既然《民法总则》里有平等原则，那么在亲属编里就不必再有男女平等原则了。

从境外法律来看，基于不同的立法背景和婚姻家庭传统，各个国家对于婚姻家庭法基本原则的规定具有很大的差异性。如《法国民法典》、《德国民法典》等民法典中并没有婚姻家庭法部分的基本原则。德国联邦宪法法院通过解释基本法第 6 条发展出了家庭法的一系列基本原则，其中男女平等原则具体表现为"夫妻在抚养、供养和财产划分等方面的平等原则"。②《日本民法典》"解释的基准"部分表现为"个人尊严""两性平等"原则。在《澳门民法典》中，婚姻家庭法部分的男女平等原则表现为"夫妻双方具有平等之权利与义务""家庭事务之管理权属夫妻双方所有"

① 郭明瑞：《身份法之立法原则》，《北方法学》2013 年第 1 期。

② 邓丽：《论民法总则与婚姻法的协调立法——宏观涵摄与微观留白》，《北方法学》2015 年第 4 期。

等具体权利义务的平等。[①] 挪威、丹麦等国家男女平等方面的立法更是给我们提供性别中立与形式平等回归的启发。基于立法的现代性与前瞻性，笔者建议对婚姻家庭法部分男女平等原则的理解应和《民法总则》的平等原则保持一致，应理解为法律地位平等和人格平等。

作为中华人民共和国成立后的第一部法律，1950 年《婚姻法》中的男女权利平等原则事实上替代了一部分《宪法》男女平等原则的功能。现在我国《婚姻法》的历史背景已经发生了变化，男女平等原则被写入《宪法》，同时《民法总则》中也有平等原则。未来婚姻家庭法属于民法体系的一部分，在婚姻家庭法的基本原则中再沿用男女平等原则，除了起到进一步宣誓和引导作用，并没有太多更深的意义，反而会因不断重复立法显得冗长和沉闷。

（三）保护妇女、儿童和老人合法权益原则的局限性

女性、儿童、老人通常被列入家庭中弱势群体保护的范畴，学术界对弱势群体概念尚没有统一的观点，有生活贫困论、资源分配论、地位不利论、风险承受论、能力不足论、优势缺乏论、权利制约论、综合论等不同认定标准。[②] 在社会学的研究中，学者认为弱者与特殊群体应区别对待，特殊群体基于特殊的原因而具有成为弱者的可能性，但并非这个群体中的所有人都是弱者。如亚里士多德所说，“当若干事物虽然有一个共通的名称，但与这个名称相应的定义却各不相同时，则这些事物乃是同名而异义的东西”。从已有的研究和社会发展的实践来看，中国女性群体的分化已成为一种社会现实，并在女性内部出现强势群体和弱势群体的分化。

由于社会分化的加剧，女性权利的保护也必须面对新的复杂局面。并不能简单地把女性列入弱势群体，她们只是容易成为弱者的特殊群体。把女性一刀切地列入弱势群体范畴，就等于直接宣告“女性是弱者”，而并没有深刻揭示女性成为弱者的原因。女性并非天生就是弱者，不同女性成为

---

① 参见《澳门民法典》第 1532 条：1. 婚姻以夫妻双方具有平等之权利及义务为基础；2. 家庭事务之管理权属夫妻双方所有，夫妻双方应以家庭幸福及彼此利益为前提，就如何共同生活达成协议。

② 温辉：《从平等权视角看女性的法律地位》，《国家检察官学院学报》2014 年第 6 期。

弱者的原因并不完全相同，最主要的原因是基于社会的无形“剥夺”，如传统社会性别角色的构建、发展机会的剥夺、对女性的生育和家庭劳动等价值的剥夺等，从而使女性处于相对劣势的地位。在这种背景下，女性生育功能是形成男女差异的主要原因，女性生育子女越多，就会有越多的社会利益被剥夺，和男性经济地位形成差异的可能性就越大，从而成为弱者。如果法律对女性被剥夺的价值给予应有的肯定与补偿，那么许多女性就可以从弱者的群体中获得解放，获得自己应得的独立与尊严，并不需要特别的保护。简单地把女性和儿童、老人列入弱势群体的范畴，一方面忽视了女性群体与儿童、老人成为弱者原因的差异，另一方面忽视了女性群体内部的个体差异，并没有赋予女性应有的价值和公平，反而强化了整个女性群体的弱者地位，使女性处于仰人鼻息、受人恩惠的地位。因此，弱势群体保护应考虑个体性，先界定是哪些人基于什么原因居于弱者地位，再由法律予以特殊或倾斜性的保护。

个体性是人类诸多普遍特性中最具普遍性和决定意义的特性，是对个体差异性和价值的强烈关注。在婚姻家庭领域，每个家庭成员都是一个独特的个体，拥有“成为自我”和“拥有自我”的强烈经验和现代人格需求。基于以上原因，对差异原则进一步探讨具有必要性和研究价值。

四　差异原则的内涵

个体的独特性是人的尊严理论中最为重要的正当化论据，当今世界各国的法律制度，普遍以“人的尊严”为伦理目标。在家庭领域也不例外，除了共同维护家庭利益的总体目标之外，家庭里个体独特人格的培养与发展，也是一项重要任务。差异原则就是在承认与尊重个体差异的基础上提出的，包含以下两方面内涵。

（一）平等性差异

传统观点认为存在差异就是存在不平等，把平等和差异看成二元对立的关系。从哲学的角度分析，差异的对立面是同质，平等的对立面是不平等。因此，差异的存在并非一定代表着不平等，平等并不是把差异消灭干净，而差异也不排斥平等。在婚姻家庭领域平等与差异不仅可以并存，而且具有相互依赖性。平等性差异承认家庭成员的个体差异与人格平等并存，这种差异并无优劣和强弱之分，只是天生不同。承认男性与女性在家庭中的不同价值，并给予制度上的保护与肯定。同时，平等性差异也建立在性别中立的基础上，承认女性的个体差异，也承认男性的个体差异，不仅仅是为女性权利而战。平等性差异的核心在于承认这世上的每一个人具有唯一性和不可重复性，都是一种独特的存在，将这种差异排除在外，平等就可能成为一种许多人并不需要的奢侈品。

现实中很多不平等并非源于差异化的客观存在，而是基于传统观念对差异的“优劣”之分。例如，基于公私领域的区分，传统的价值观把工作视作一种优先于家庭的价值，因此职场中的男性被认为比家庭中的女性创造了更多的价值，职场女性也被认为较家庭主妇更为优秀。由于生育和养育行为等家庭劳动的必要性与无偿性，很多女性在家庭中付出很多时间和精力，价值却得不到应有的肯定与保护，反而在就业等方面受到社会歧视，成为弱势群体。不从根本上改变这种家庭劳动价值的剥夺，而只是以保护弱者的姿态对此进行弥补，这样的法律是不完善的，它不过是在人们心理上造成一种平等的幻象。这种模式与实现平等性差异还相去甚远，平等性差异要求“事实上的差异”与法律上的对待之间应平等，如果男女两性性别的差异导致在社会中女性环境与机遇的不平等，那么，无论如何它都应被看作不公正的。只有确立平等性差异原则，才可以保证女性既不受家庭的压迫，也不受男性的同化，才能造就出一个个拥有个性、自主独立、有尊严的权利主体，形成符合男女特质的家庭规则体系与组织模式。否则即使对女性加以再多额外保护也只能使她们获得一些暂时的利益，却并没有应有的权利和真正的尊严。

（二）保护性差异

保护性差异是指对弱势群体的特别保护，是实现分配正义的重要途径。我国现行《婚姻法》中的保护妇女合法权益的原则就是保护性差异的体现。《民法总则》在平等原则基础上增加了第128条，“法律对未成年人、老年人、残疾人、妇女、消费者等的民事权利保护有特别规定的，依照其规定”，也为婚姻家庭法的保护性差异原则预留了空间。保护性差异一定要建立在平等性差异的基础上，否则就不能正确判断哪些是真正需要特别保护的对象。不加区分单纯照顾女性的立法，究其本质，是另一种不平等的立法，是一种“反向歧视”。因此，它只能是暂时性的。

罗尔斯提出的“正义论”的两个基本原则中，第一个原则“平等原则”被普遍认同，第二个原则“差异原则”则受到了各种学说的质疑，曾受到自由至上主义、社群主义、激进平等主义、西方马克思主义等思潮的猛烈批判。其中，女性主义者认为罗尔斯将分配正义的目标只是限定在具体的物质对象上，对两性事实上的不平等进行了掩盖。笔者认为罗尔斯的差异原则之所以被女性主义者所批判，就是因为它强调的是对弱势群体在某种层面上的补偿，属于保护性差异的范畴，但没有建立在平等性差异的基础上，因此只能浅层次地达到分配的平等，却没有挖掘不平等的深层次原因。为避免这种情况的出现，应承认平等差异，考虑到女性等群体拥有的特殊权利的实现，减少实际的和潜在的压迫。

保护性差异一定要建立在平等性差异的基础上，否则还可能导致忽视女性间的个体差别，出现一部分女性可能真正需要某种保护，而对于另一部分女性来说并不需要的情形，对有一些女性来说接受这样的保护甚至可能成为负担。没有平等性差异作为基础，法律和社会中过度的“特殊保护”也同样会削减妇女进行社会竞争的积极性，弱化其自主选择的权利。为解决这一问题，不能简单在法律上将女性看成一个需要特别保护的类别，而应在承认平等性差异的基础上确定法律上的特殊弱者，为少数人提供特殊的法律保护，以此体现保护性差异。基于以上原因，在法律文本上建议把“保护妇女、儿童、老人合法权益的原则”修改为“保护家庭中的弱者”。

五　差异原则的实现

（一）尊重多元化的个体价值

在婚姻家庭法的基本原则部分提出差异原则，具体可以表述为“尊重家庭成员的个体尊严与个体价值”，对社会价值观起到应有的指引作用，为司法实践提供援引依据，同时在具体法律规范中进行相关制度设计。以家事劳动价值为例，是否在法律的层面予以承认，关系到女性在社会及婚姻家庭中的尊严和地位。现代理论认为家事劳动不仅是私人劳动，还为公共利益提供间接性服务，是其他社会劳动的必备基础。对家庭劳动价值的保护不足，导致很多的夫妻双方对家庭的付出不足，家庭生活质量不高，对子女关爱教育不足，对老人疏于照顾，家庭情感淡漠，引发诸多社会问题。承认家庭劳动价值在一定程度上起到维护婚姻生活和谐的作用，同时也关系到社会的安宁稳定及人类的生存发展。

从劳动的角度探讨性别不平等是女性主义的一个重要理论取向，家庭分工中分配给女性的劳动不仅仅是身体劳动，更多的是情感劳动，即为完成情感角色而付出的劳动。我国 2001 年《婚姻法》从制度上肯定了家务劳动价值，但这一制度在司法实践中适用范围非常窄，未能实现预期效果。在普遍承认家务劳动价值的基础上，应该结合我国国情，构建完整的家事劳动补偿制度。法律条文中应将“家务劳动是夫妻双方均需承担的责任”这一旨意体现出来，倡导男性和女性共同分担家务。要把家务劳动补偿放宽到共同财产制亦适用的情形，在婚姻关系存续期间也应该予以保护，而不仅仅是作为离婚时财产分配的一部分。对家事劳动价值的补偿应考虑当时当地平均工资水平和家庭收入、婚姻关系存续时间的长短、家务劳动方付出的劳动多少、家务劳动方丧失职业发展机会的利益损失等因素。

（二） 尊重选择自由

个人对生活方式的不同选择不应当成为社会歧视和不平等看待的理由。要尊重当事人自治，在家庭范围内适当引入契约精神，适应家庭关系复杂多变和多元化趋势，为传统婚姻家庭制度的发展提供新的思路。

1. 选择家庭模式的自由

当代社会的多元化家庭模式，如同性恋者组成的家庭、非婚同居者组成的家庭等，对传统家庭模式提出了新的挑战。现代家庭从早期的以身份依附关系为基础，到后来的以婚姻、血缘等为纽带，再到以共同生活的合意为前提，这要求对家庭的立法和研究应当突破原有以婚姻、血缘和拟制为基点，扩展到基于其他要素所组成的家庭。社会变化对我们的很多制度、观念的影响都是颠覆性的，在未来，家庭未必一定会消失，但必将不同于过去和当代的家庭形态。

在尊重现代家庭模式的同时，也应重视我国传统家庭道德伦理文化的积极作用。例如，传统伦理观念认为婚姻产生符合自然本性的要求，是人类社会中自然和谐的一种表现。在此基础上形成琴瑟和谐、同甘共苦、相敬如宾、白头偕老等婚姻文化，起到与现代法律相补充的作用。应鼓励现代家庭与传统家庭模式并存，应基于人性关怀、生命保障和社会稳定的基本目标，充分尊重正当选择权，设计和倡导宽松多元的家庭模式和家庭法体系。

2. 订立家庭契约的自由

随着市场经济的发展，契约观念进入家庭，家庭成员之间也由以血亲和姻亲为基础的人身依附关系转为平等、互爱、互助、互利的身份契约关系。虽然在我国婚姻家庭法领域并没有形成完整的家庭契约理论及制度体系，但是越来越多的契约在家庭生活实践中出现，家庭契约制度的完善在民法典的私法体系背景下显得尤为迫切和重要。例如，“婚姻中的当事人可以补充或者改变现有的规则（如财产归属的约定），甚至能够在法律的默示下对彼此的权利义务进行重新协商（如‘空床费’协议），只要这些行为不违反公共政策和法律的强制规定。当事人在意思自治的基础上，对于身份关系、财产处分、子女抚养（收养）以及扶养义务达成合意，既实现了情感需求，也不排斥功利动机，这与契约崇尚自由的内核不谋而合”，也与现代人格理论中把个体从其社会角色和传统体制权威中解放出来的趋势一致。

3. 选择家庭角色的自由

尊重选择权也意味着摒弃价值判断的两性文化，确保家庭角色的选择体现个人意愿，这样才能创造实现真正自由平等的理想价值观。尊重男女在家庭里的分工是尊重个体选择自由的基础，传统的性别观念忽略了女性个体的自由选择，在缺乏合理的制度保障下，女性只能自己负担双重角色所带来的风险，其自由选择的权利和个人追求很难得到尊重。在价值平等的基础之上，应体现对家庭内部个体选择自由的尊重，而不是以统一的标准对女性进行保护，排除女性的自由选择。

（三）公共家庭政策的参与

现代家庭是整个社会系统之中一个子系统，国家的福利政策、税收政策、教育政策和就业政策等都对分配正义的实现至关重要。在我国，基于传统公私领域的区分，家庭通常被视作独立于公共领域的私人空间，因此缺少基于家庭的公共政策和家庭福利。例如，家庭劳动因具有更多的社会意义，不应仅在家庭关系中被认可，同时需要公共政策的支持。生育和抚养孩子不仅是家庭劳动中最繁重耗时的工作，也是关乎民族素质最为核心的工作，其关乎人类生命的延续并为人类的生产生活提供不间断的劳动力。但儿童照顾在我国法律中尚未被视为一种公共责任，儿童的照顾只能尽量在家庭内完成，如果家庭内部不能完成，就只能以市场化的解决方案来弥补福利政策的不足。只有改变家庭支持政策不足的现状，提高家庭福利水平，提升家庭公共政策支持的系统性，才能使家庭成员获取有效的基本公共服务和社会管理性服务，从而使家庭成员的个人价值与社会价值得到完整的实现。

（四）法律适用的个别化

家事纠纷案件复杂多变，具有个案性、特例性，缺乏统一的模式，婚姻家庭的伦理性、封闭性、隐蔽性导致此类案件很难举证。在家事审判改革背景下，应鼓励法官把法律看成解决问题的指导性框架。在这个框架中，法官们应运用自己的权力，具体分析各规范的实际内涵以及冲突事实的本质，并参照法律规则的要求，在规范与冲突事实之间找出最佳的对应点，以其自身的个性和活力补充与充实法律的内容。法律适用的个别化对法律起着细化、补充乃至发展的作用，在具体的个人与抽象的规则之间进行有机的连接。[①] 如果放弃了对“个体情境”的探求，也就从根本上背离了司法的职责。

结　论

在制定民法典的大背景下，婚姻家庭法的基本原则研究承担着家庭关系的价值引领和价值评判功能，应集中体现以婚姻家庭法为主导内容的婚

① 胡玉鸿：《个人独特性与法律普遍性之调适》，《法学研究》2010 年第 6 期。

姻家庭制度的本质和特点。我国女性解放运动的经验和教训表明，以追赶男性为目标的平权运动实际上用男性标准绑架了妇女的自我追求，忽略了女性群体的自我选择权利。反思男女平等原则在婚姻家庭法领域的发展历程，需要重新思考男女平等原则和妇女特别保护原则在婚姻家庭领域的理解和适用。在婚姻家庭法的基本原则部分提出差异原则，作为对《民法总则》平等原则的例外和补充，在法律文本中可以具体表述为："尊重家庭成员的个体尊严与个体价值，保护家庭中的弱者。"

我国法定夫妻财产制人本价值的偏离与回归*

曹贤信　吴倩倩**

【内容提要】夫妻个人所有的绝对化趋势和夫妻共同所有的相对化趋势体现了法定夫妻财产制的物本化逻辑理路。由于法定夫妻财产制受到财产中心主义观念的影响，“人”与“物”之间的关系出现了错位，偏离了法定夫妻财产制的人本价值。法定夫妻财产制的立法设计应当以家庭保障功能的回归为立法目的，以家庭伦理价值的维护为价值取向，以人为中心、为目的、为前提，坚持树立人本立法理念，加强对人的关心与重视。婚后劳动所得共同制的设立是对法定夫妻财产制异化的扬弃，是使之回归人本化的必由之路。

【关 键 词】法定夫妻财产制　人本主义　婚后劳动所得共同制

在社会发展的历史进程中，异化现象普遍存在，其对人与人之间的关

* 2016 年国家社科基金项目“中国夫妻财产法律制度安排的伦理维度”（16XFX019）的阶段性成果。

** 曹贤信，法学博士、法学博士后，赣南师范大学法学研究所副教授、硕士生导师；吴倩倩，法学硕士，赣南师范大学法学研究所研究人员。

系存在明显的消极影响。法律层面的异化能使法律成为压迫人的工具。我国的法定夫妻财产制在司法实践中的效果并不理想，大量的民法财产法规则渗入法定夫妻财产制之中，使其有忽视人与压迫人的趋向。本文拟解决的是法定夫妻财产制的异化问题。有学者从“基本法的虚置化、立法的司法化、规则的物本化”[①] 三个方面阐述了夫妻财产关系立法陷入异化之围的具体表现，并揭示了法律异化的弊端以及走出异化之围的必由之路，但其提出的夫妻财产关系法律异化的原因（经济学价值观的冲击）与回归的路径（立法理念要人本化）比较抽象，未能进一步提出夫妻财产关系法律回归人本化的具体要求与制度设计。本文旨在透过表面上设计合理的关于夫妻财产关系的立法规定，探寻其中隐藏的诱发法定夫妻财产制异化的陷阱，从而促使法定夫妻财产制回归到其应有的形态。

一　现行法定夫妻财产制的物本异化

我国现行《婚姻法》以婚后所得共同制为法定夫妻财产制，并以两个条文分别界定了法定夫妻共同财产与法定夫妻个人财产的范围。随着《最高人民法院关于适用〈中华人民共和国婚姻法〉若干问题的解释（三）》（以下简称《婚姻法解释（三）》）的颁布，现行《婚姻法》与《物权法》等民法财产法规则之间的冲突也逐渐凸显。当前诸如《婚姻法解释（三）》之类的司法解释主要调整的是离婚时的夫妻财产关系，所采取的解释理路客观上遵循的是物本逻辑。物本逻辑体现为法定夫妻财产制的异化。而法定夫妻财产制的异化，是指法定夫妻财产制在物本法律观和市场经济的冲击下，使夫妻共同财产与夫妻个人财产发生了根本性的调整与转变，使其偏离原有法定夫妻财产制发展原则的一种现象和趋势。应当看到，自 1980 年以来，法定夫妻共同财产的范围不断缩小，与此相对应的是法定夫妻个人财产的范围在进一步地扩大。例如，夫妻财产范围的立法与司法演变呈现这样的趋势：“无偿取得且可归为共同财产的范围在缩减……夫妻共同财产物权利益的债权效应在扩散……夫妻共同财产期待利益的实现概率在降

① 丁慧：《夫妻财产关系法律异化和回归之反思》，《浙江工商大学学报》2013 年第 4 期。

低……夫妻共同财产妨害行为的制裁提前至婚内。”[①] 这四种趋势可总结为两点，就是夫妻个人所有的绝对化与夫妻共同所有的相对化。

（一） 夫妻个人所有的绝对化趋势

所谓夫妻个人所有的绝对化，即强调对夫妻个人所有财产的绝对保护。也就是说，原本的法定夫妻个人财产的范围得到了充分的保障，不会受其他因素的影响而变为夫妻的共同财产。随着社会物质生活条件的不断改善和经济发展的多样化，夫妻财产的来源也越来越显现出多元化的状态，且个人的财产权利保护意识也在不断增强，使法定夫妻财产制愈加显示出其保障夫妻个人财产权利的一面。虽然我国《宪法》规定了“公民合法的私有财产不受侵犯”，且民事立法逐渐重视个人权利保护，民法物权绝对原则也日益活跃（所有权人对自己所有的物享有无限制、排他的权利），但这种权利意识也会走向极端。它会进一步强化夫妻对个人财产的所有权意识，以至于夫妻个人财产的保护达到绝对化的程度。

其一，夫妻的婚前个人财产不因婚姻关系的缔结与存续而转化为夫妻共同财产，这违背了巩固家庭稳定的现实要求。我国过去的司法实践曾经认可：“一方婚前个人所有的财产，婚后由双方共同使用、经营、管理的，房屋和其他价值较大的生产资料经过 8 年，贵重的生活资料经过 4 年，可视为夫妻共同财产。”[②] 也就是说，夫妻双方经过一段时间共同占有与使用的婚前个人财产，可以转化为夫妻的共同财产。这种财产的转化方式具有取得时效制度的特点。而取得时效却是物权法的内容，一般规定在民法物权编，是取得所有权与他物权的制度。[③] 取得时效作为物权法律制度，我国《物权法》却未有规定。因此，有学者认为，“夫妻个人财产因婚姻存续满一定期间而转化为共同财产的规定，缺乏物权法或者时效制度的理论依据”。[④] 从民法体系化视角来看，夫妻个人财产转化规则需要与民法其他法

---

① 曹贤信、赖建平：《亲属立法的人性基础》，《重庆大学学报》（社会科学版）2018 年第 1 期。

② 《关于人民法院审理离婚案件处理财产分割问题的若干具体意见》第 6 条。

③ 杨立新主编《民法总则重大疑难问题研究》，中国法制出版社，2011，第 572 页。

④ 杨晋玲：《夫妻财产转化的合理性思考——以房产“加名”热为背景》，《云南大学学报》（法学版）2013 年第 5 期。

律规定相协调，但现实是该规则“不符合民法关于财产所有权转移的基本原理，即使这次写进婚姻法，将来也会因与物权法的有关规定发生冲突而被取消”。[①] 正是出于《婚姻法》要与《物权法》相一致甚至是《婚姻法》需要以《物权法》有关规定为前提的考虑，《最高人民法院关于适用〈中华人民共和国婚姻法〉若干问题的解释（一）》（以下简称《婚姻法解释（一）》）直接否定了曾经的夫妻个人财产转化为夫妻共同财产的规则。[②] 应当看到，夫妻财产转化规则与取得时效制度具有本质性的区别，前者以夫妻人身关系为依据，以维护婚姻家庭利益为出发点与落脚点；后者追求物尽其用，以维护个人财产利益与交易安全为目的。然而，夫妻财产转化规则因与维护交易安全的目的相背离以及缺乏时效制度的依据而未能上升为法律，使夫妻财产转化规则防止夫妻个人所有绝对化的功能不能得到正常发挥。

其二，婚后夫妻一方个人财产产生的孳息和自然增值认定为夫妻个人所有，这偏离了与夫妻共同体理念的一致性。我国现行《婚姻法》第18条规定夫妻一方的婚前财产为夫妻一方的财产。该规定仅对婚前个人财产在婚后的归属进行了认定，而没有明确认定该婚前财产在婚后所产生的收益的归属，也没有明确“收益”范围，又由于“收益”本身是一个模糊的概念，因此该规定确实造成了司法实践的困惑。该问题直到《最高人民法院关于适用〈中华人民共和国婚姻法〉若干问题的解释（二）》（以下简称《婚姻法解释（二）》）第11条才解决，即“一方以个人财产投资取得的收益为其他应当归共同所有的财产”。我国理论界通常认为，夫妻个人财产婚后取得的收益包括了孳息、增值和收入三种形式。孳息、增值和收入三者之间内容存在重叠交叉的部分。我国现行《婚姻法》第17条和第18条分别设立了兜底条款。那么，孳息、增值和收入应归为夫妻共同财产抑或夫妻个人财产？从法教义学角度解释，孳息与投资收益的归属应当是一致的，孳息中也可能包含劳动所得，不可能全是夫妻个人财产，因此，个人财产

① 贺剑：《论夫妻个人财产的转化规则》，《法学》2015年第2期。

② 《婚姻法解释（一）》第19条规定：“婚姻法第十八条规定为夫妻一方所有的财产，不因婚姻关系的延续而转化为夫妻共同财产。”

的婚后孳息应当是共同财产。[①] 另外，以房屋为例，从我国现行《婚姻法》第39条第1款[②]与《婚姻法解释（三）》第10条第2款[③]来看，房屋相对应的增值部分应该是夫妻共同财产的一部分。但是《婚姻法解释（三）》第5条明确规定孳息和自然增值为夫妻一方的个人财产。依据《物权法》第116条[④]的规定，采孳息从原物理论。以新法优于旧法的理论，“按照物权法的规定精神，夫妻一方的财产在婚后产生的孳息仍然属于一方的个人财产”。[⑤] 由此，孳息和自然增值成为夫妻一方的个人财产。夫妻是人类自然团契的最初纽带。[⑥] 夫妻双方从各自的父母身边脱离出来成为一个“共同体”，这个共同体不仅是命运共同体，也是利益共同体。如果离开了共同体的生活习惯，婚姻关系也将面临危机。孳息与自然增值的归属不以夫妻共同体理念为指引，反而以物的归属原则为依据，这样一来，不仅破坏了财产归属与夫妻共同体之间的一致性，也使夫妻之间的关系变为物与物之间的关系。

（二）夫妻共同所有的相对化趋势

相对化是指事物内部包含自我否定的一面，会因受到条件因素的影响与制约而转化为其他的事物。所谓夫妻共同所有的相对化，是指夫妻共同财产的自我否定，并在一定条件下转变成夫妻个人财产。尽管，我国现行《婚姻法》规定婚后所得共同制为法定夫妻财产制，但该制度在司法实践中被“相对化”。具体来说，就是夫妻共同财产的范围会向不断缩小的方向

① 贺剑：《“理论”在司法实践中的影响——以关于夫妻个人财产婚后孳息的司法实践为中心》，《法制与社会发展》2014年第3期。

② 我国现行《婚姻法》第39条第1款规定：“离婚时，夫妻的共同财产由双方协议处理；协议不成时，由人民法院根据财产的具体情况，照顾子女和女方权益的原则判决。”

③ 《婚姻法解释（三）》第10条第2款规定：“双方婚后共同还贷支付的款项及其相对应财产增值部分，离婚时应根据婚姻法第三十九条第一款规定的原则，由产权登记一方对另一方进行补偿。”

④ 《物权法》第116条规定：“天然孳息，由所有权人取得；既有所有权人又有用益物权人的，由用益物权人取得。当事人另有约定的，按照约定。法定孳息，当事人有约定的，按照约定取得；没有约定或者约定不明确的，按照交易习惯取得。”

⑤ 最高人民法院民事审判第一庭编著《最高人民法院婚姻法司法解释（三）理解与适用》，人民法院出版社，2015，第26页。

⑥ 孙帅：《奥古斯丁论婚姻圣事——兼谈基督教对罗马婚姻家庭传统的改变》，《原道》2013年第2期。

发展。

首先，将夫妻一方婚前以按揭贷款方式购买的登记于其名下但婚后夫妻共同还贷的房屋归属为夫妻个人财产，这与夫妻共同生活的本质要求相矛盾。现代社会，未婚夫妻以按揭贷款方式购买房屋的现象十分普遍。随着我国房地产市场的发展，国内的房价不断上涨，房屋的价值日益受到重视。我国现行《婚姻法》规定夫妻可以就夫妻间的财产归属进行约定，但是，在没有约定或约定不明确的情况下，该房屋是属于夫妻个人财产还是夫妻共同财产？尽管一方婚前办理了按揭贷款买房，但按揭方只享有买卖合同的债权，并不享有物权，因为房屋的所有权是婚后取得的。[①] 也有观点认为，房屋是以夫妻共同财产偿还贷款的，是夫妻双方共同投资的成果。依据我国现行《婚姻法》第17条规定，按揭房应属于"其他应当归共同所有的财产"。然而，依据合同的相对性原理，房屋买卖合同与银行贷款合同都只约束与银行签订合同的按揭方，而基于《物权法》不动产登记的公示效力，房屋的所有权必将归属于登记一方。因此，《婚姻法解释（三）》第10条[②]采物权公示原则，将该房屋认定为夫妻一方的个人财产。这种做法显然是本末倒置的。"婚姻家庭共同生活需要作为立法和司法理念，应是判断不动产的权利归属的重要依据。"[③] 《婚姻法解释（三）》第10条把夫妻婚后共同还贷的婚前按揭房屋作类型化处理（不管该房屋是用于夫妻共同居住还是用于投资），都认可了房屋所有权归产权登记一方，并将婚姻破裂后的夫妻关于该房屋的物权请求权转变为债权请求权。由于受到裁判客观化要求的影响，《婚姻法》司法解释热衷于以民法财产法规则来推导法定夫妻财产制的适用规则，而忽视了制度的内在价值标准，导致法定夫妻财产制的适用效果与夫妻共同生活的本质要求背道而驰。

---

① 周应江：《论一方婚前按揭贷款、婚后取得所有权的房屋的归属》，《中华女子学院学报》2011年第2期。

② 《婚姻法解释（三）》第10条规定："夫妻一方婚前签订不动产买卖合同，以个人财产支付首付款并在银行贷款，婚后用夫妻共同财产还贷，不动产登记于首付款方名下的，离婚时该不动产由双方协议处理。依前款规定不能达成协议的，人民法院可以判决该不动产归产权登记一方，尚未归还的贷款为产权登记一方的个人债务。双方婚后共同还贷支付的款项及其相对应财产增值部分，离婚时应根据婚姻法第三十九条第一款规定的原则，由产权登记一方对另一方进行补偿。"

③ 彭黎：《夫妻共同生活之用意之于不动产物权》，《中华女子学院学报》2011年第1期。

其次，婚后一方父母出资购买并登记于出资人子女名下的房屋为夫妻个人财产，这与父母出资是希望子女能幸福生活之目的相悖。一般而言，不论是在城市还是农村，夫妻结婚时由男方准备房屋，女方准备家具等动产。如果将父母为儿女准备的房屋、家具等视作赠与，那么该赠与是对夫妻一方的赠与还是对双方的赠与？从我国现行《婚姻法》第 17 条和第 18 条的规定来看，除非赠与合同中明确约定是对夫妻一方的赠与，否则即为对夫妻双方的赠与。也就是说，在赠与合同未约定或约定不明的情况下，夫妻一方受赠的财产应当是夫妻共同财产。《婚姻法解释（二）》第 22 条第 2 款[①]也承认了婚后由一方父母出资购买的房屋是夫妻共同财产。然而，随着时间的推移，《婚姻法解释（三）》第 7 条[②]事实上废止了该条款的规定。实际上，《婚姻法解释（三）》第 7 条是根据《物权法》第 9 条第 1 款[③]的规定来推定的，即将不动产登记与父母赠与的意思推知相挂钩，将父母对子女的房屋赠与视作对夫妻一方的赠与，该房屋被认定为赠与方子女的个人财产。按照这样的逻辑，女方父母为女方准备的家具等嫁妆类的动产也能推定是其对其子女一方的赠与。但是，该条解释显然是采忽视态度的，因为这类动产随着时间的推移会归为无价值的“废物”。应当看到，无论哪一方的父母出资，其目的都是希望子女能获得幸福安稳的生活。房屋的归属认定也要充分考虑夫妻生活的幸福追求，而不能简单地将产权登记的效力嫁接到父母赠与意思的推定上，忽视夫妻感情的维系。

最后，除上述两种情形以外，《婚姻法解释（三）》第 7 条还创设了夫妻共同所有与夫妻个人所有之外的第三种模式——按份共有。[④] 父母双方为子女购置房屋大多是出于子女能更好地共同生活的美好愿望，而非共同投

① 《婚姻法解释（二）》第 22 条第 2 款规定：“当事人结婚后，父母为双方购置房屋出资的，该出资应当认定为对夫妻双方的赠与，但父母明确表示赠与一方的除外。”

② 《婚姻法解释（三）》第 7 条第 1 款规定：“婚后由一方父母出资为子女购买的不动产，产权登记在出资人子女名下的，可按照婚姻法第十八条第（三）项的规定，视为只对自己子女一方的赠与，该不动产应认定为夫妻一方的个人财产。”

③ 《物权法》第 9 条第 1 款规定：“不动产物权的设立、变更、转让和消灭，经依法登记，发生效力；未经登记，不发生效力，但法律另有规定的除外。”

④ 《婚姻法解释（三）》第 7 条第 2 款规定：“由双方父母出资购买的不动产，产权登记在一方子女名下的，该不动产可认定为双方按照各自父母的出资额按份共有，但当事人另有约定的除外。”

资行为，以父母双方的出资份额来认定房屋的所有权状态，有违婚后所得共同制的基本精神，或将导致夫妻共同财产制名存实亡。

我们可以看到，在上述情形下，夫妻共同所有的财产在一定条件下转变为夫妻个人财产或者是其他形式的共有财产，这就是夫妻共同所有的相对化。基于以上论述，法定夫妻财产制的发展方向彻底遵循的是《物权法》《合同法》等民法财产法规则的基本逻辑，忽视了婚姻家庭中夫妻财产关系与一般民事主体间财产关系的差异性，这也正体现了财产中心主义的思路。财产中心主义意味着，“将财产法置于民法的首要地位，将财产法作为民法的主干内容，且习惯于将某些专属于财产法领域的理念、原则和规则运用于非财产法领域”。[①] “在财产中心主义观念下，原本为目的的人被遗忘，‘物’则成为目的本身并凌驾于‘人’之上，支配和决定着人。”[②] 时效取得制度、孳息归属原则、不动产登记制度等民法财产法规则在法定夫妻财产制中的适用，使得夫妻的人身属性受到物的压抑，也就导致了法定夫妻财产制的物本化现象。

二 法定夫妻财产制的人本价值论之回归

如果缺失了对人的尊重与关怀，法定夫妻财产制就很难说是一项闪耀着民法人本主义光辉的制度。在马克思看来，人的发展经历了三大阶段，以物的依赖性为基础的人的独立性是第二大形式，从第二阶段向第三阶段的自由个性发展必须以个人的全面发展为基础，并且第二阶段为第三阶段创造条件。[③] 因此，法定夫妻财产制经历了物本化后，必然从对物的依赖性中抽离出来，回归到关注人本身上来，从而利于其自身的发展。

（一）法定夫妻财产制的人本价值论

法律人本化是落实人本法律观的基本要求，其核心理念是以人为本，在人与物的关系上体现人的优先性与目的性。法定夫妻财产制的人本化并

① 周珺：《财产中心主义之反思与民法体系之构想》，中国政法大学出版社，2013，第7页。

② 薛军：《人的保护：中国民法典编撰的价值基础》，《中国社会科学》2006年第4期。

③ 《马克思恩格斯全集》第30卷，人民出版社，1995，第107～108页。

非空穴来风，而是通过总结理论与实践经验得来的。民法是人法，婚姻法回归民法已基本达成共识，法定夫妻财产制作为民法的制度之一，理应将以人为本作为核心理念。法定夫妻财产制的人本化首先意味着对人的主体地位的尊重，而除此之外，还意味着对人性的升华与人权的张扬。

1. 逻辑起点：尊重人格

人格是近代大陆法系民法体系的逻辑原点，民法中所有的概念、原则和制度的构建均以人格为起点。① 所谓人格，在心理学意义上是一个人的品性，在法律上被解释为享有权利、承担义务的主体资格。法定夫妻财产制是规定夫妻财产关系的制度，这不能简单地理解为其调整的对象是夫妻与财产之间的关系，而应该是以财产为媒介的夫与妻两个主体的关系，即是人与人之间的关系。由于受法定夫妻财产制的物本化以及市场经济发展的弊端等因素影响，司法解释出现了以物为中心、见物不见人的现象，片面追求“定分止争”和裁判的客观化。这样的司法解释一方面忽略了对法律的尊重，另一方面忽视了夫妻的主体地位。如果夫妻在法定夫妻财产制下丧失了人格，那么，人与财产又有什么差别？我们需要尊重人而不是尊重财产的法定夫妻财产制，实现其人本化，承认人作为权利享受主体与义务承担主体的资格与地位。

我国现行《婚姻法》实行男女平等的婚姻制度，确立了夫妻平等独立的人格地位，这与民法上一般民事主体的人格地位相一致。法定夫妻财产制的规范体系也应当保障夫妻间平等独立的人格关系。但是，“由于身份与人格密不可分，由于人格权财产化、财产人格化和夫妻共同财产制的相互渗透，人格、财产和身份在夫妻之间形成了剪不断理还乱的关系”。② 身份差异导致人格关系的差异，夫妻间的人格关系毕竟与一般的民事主体的人格关系有很大的不同。虽然说夫妻具有平等独立的人格地位，但独立的人格意味着“意志独立”“行为独立”“财产独立”“责任独立”。③ 夫妻的人格在某种程度上因其身份关系的特殊性而不可能完全独立。在夫妻共同生活中，夫可以代表妻作出一定行为，反之亦可，并将行为的效果归于夫妻

① 张翔：《自然人格的法律构造》，法律出版社，2008，第2页。

② 陈本寒、艾围利：《夫妻间人格权关系研究》，《时代法学》2011年第4期。

③ 杨立新：《人身权法论》，人民法院出版社，2006，第70页。

或家庭整体。如现行法定夫妻财产制规定，夫或妻对外销售登记在其名下的夫妻共同所有的房屋，第三人可以善意取得房屋的所有权。显而易见的是，夫妻一方处理房屋的行为，最后将由夫妻双方共同承担该行为的后果，即房屋将属于第三人所有。这也正说明了夫妻之间的人格关系并不能完全具有独立性。在某种程度上，夫妻共同体获得了一定的主体地位，夫妻间的人格关系具有一体性的特点。因此，法定夫妻财产制应尊重夫妻人格的一体性意义。

2. 终极关怀：升华人性

人性是人生而固有的本能与后天习得的习性的总和。“任何法律都是针对人制定的，以人为起点又以人为归宿，以人性作为基础和前提。”① 人性的界分一直是哲学家们争论的热点问题，各种观点纷繁复杂。有性善与性恶、理性与感性、社会性与自然性、利己与利他等观点。人性的界分问题之所以难以达成共识，其最主要的原因就在于人本身是一个极其复杂的生物。因此，法定夫妻财产制的人本化首先就是要承认人的复杂性，关注人性的多元化特点。尽管人性复杂，但无可否认的一点是人性始终存在积极的一面与消极的一面。“法律的目的在于防止相害。”② 在人性预设上往往以性恶论为基础，以防止欲望的“魔鬼”施虐。“在制度设计上，民法不但要弘扬人的天使的一面，对公民赋予必要的权利，同时又要抑制人的禽兽的一面，以一系列义务和责任道德设计来防止人的欲望的膨胀。”③ 所谓“性善”或“性恶”、“天使”或“禽兽”的差别都是以道德因素为判断人性好坏的标准的，那么，道德评价又是如何作出的呢？评价的对象又是什么？

道德评价的对象是人的行为及基于该行为的心理，纳入道德评价对象的是那些以利害为中介的人与人之间、人与社会之间的行为以及为此类行为的心理。④ 夫妻个人财产与夫妻共同财产之间的范围平衡关系到夫妻各自的财产利益，源于维护自身利益的心理所做出的行为也必然受到道德因素

① 曹贤信、赖建平：《亲属立法的人性基础》，《重庆大学学报》（社会科学版）2018 年第 1 期。

② 〔英〕坎南：《亚当·斯密关于法律、警察、岁入及军备的演讲》，陈福生、陈振骅译，商务印书馆，1982，第 31 页。

③ 李龙：《人本法律观研究》，中国社会科学出版社，2006，第 247 页。

④ 曹贤信：《亲属法的伦理性及其限度研究》，群众出版社，2012，第 37 页。

的评价。人性与道德之间的关系要求法定夫妻财产制的人本化必须以此为理论基础。另外，人既是自然进化和基因遗传的生物，也是具有独立思维意识的社会的产物。因此，“人既有低级生物方面的本能需要，也具有不同于生物的更高层次的精神需要”。[①] 法律具有指引作用，这种作用表现在心理与行为两个方面。雨果曾说，“人是生来善良、纯洁、公正和诚实的，如果他的心变得冰冷，那是因为有人熄灭了他的火焰”。[②] 非人性的法律制度将熄灭人们心中的火焰，使人性沉沦。法定夫妻财产制的物本化将夫妻间的关系推向物化的陷阱中，使婚姻中夫妻的心理负担加重，彼此基于爱意而产生的种种优良品性也因非人性化的制度而迷失。子曰：“我欲仁，斯仁至矣。”在具体行为模式的指引之下，每个主体经过自身的努力都可以达到仁的境界。因此，法定夫妻财产制的人本化将人导向善的一面，是实现人性升华的终极关怀的需要。

3. 主要内容：张扬人权

我国《宪法》第33条第3款和2012年修正的《刑事诉讼法》第2条就明确规定了对人权的尊重和保障。民法作为典型的私法，也担负着保障人权的至高使命。民法是权利法，其制度设计都是以权利为基础的，尊重和保障人权应当是其主要的内容。我国《民法总则》于2017年通过并实施，在社会上得到了广泛的赞誉，它反映了广大人民群众的意志，符合广大人民群众的期待。可以说，“民法总则是当代中国新的人权保障书，是我国人权保障制度建设十分重要的新进展和新成就”。[③]《民法总则》的实施引起学者们广泛的关注，不论是对人格权单独设编的讨论还是对民法典其他法律制度的讨论，都体现了民法对保障人权的重视。众所周知，私法自治是民法的最重要的原则之一。同时，随着人本主义精神的回归，民法也更应该关注人本身。“民法典应将保护人权提到前所未有的高度……民法应当优先保护人文关怀的价值，应该优先的尊重人的尊严，保护人的尊严，私

① 杨韶刚：《人性的彰显：人本主义心理学》，山东教育出版社，2009，第28页。

② 王福和：《比较文学基础》，中国文史出版社，2005，第260页。

③ 李步云：《当代中国新的人权保障书》，《人民日报》2017年6月19日，第7版。

法自治应当退于其后。”[①] 我国现行《婚姻法》作为未来民法典的一部分，应当体现权利本位的特征，尊重和保护人权。

婚姻家庭领域的法律制度设计与人权具有密不可分的关系。“人权是婚姻法律制度发展、完善的强大思想动力和精神源泉，婚姻法律制度又有力地促进了人权的享有和实现。”[②] 现行法定夫妻财产制中夫妻主体地位的平等不能消除他们现实上存在的个体差异，人权还是会受到侵害。法定夫妻财产制面临人权新的挑战，婚姻家庭领域的人权保护具有其特殊性，尤其是在市场规则入侵婚姻家庭领域的形势下，“私权神圣”所代表的自由仅仅是一种自由市场经济所贯彻的价值观念，并不意味着这是一种绝对的自由，尤其是在婚姻家庭中应当具有谦抑性的品格。法律的正当性在于实现公平正义，而公平正义的实现途径就是要张扬人权。法定夫妻财产制张扬人权是基于维护夫妻主体资格的需要，也是人权保护原则在婚姻家庭领域的贯彻，更是确定法律正当性的要求。

（二）法定夫妻财产制的人本价值论之回归基线

真正的法治是良法之治，要符合人本法律观的基本要求，即“以人为本”。法律要以尊重人格为逻辑起点，以升华人性为终极关怀，以张扬人权为主要内容。在人本价值观指导下，法定夫妻财产制的立法设计要“重视法律中的公平、正义和理性，强调个人的平等、自由和权利，以及法律中的人性”。[③] 具体而言，法定夫妻财产制的立法设计应当以家庭保障功能的回归为立法目的，以家庭伦理价值的维护为价值取向，以人为中心、为目的、为前提，坚持树立人本立法理念，加强对人的关心与重视。

1. 家庭保障功能的回归

家庭是个人满足生存需要与发展需要的基本单位，承载着保障个人最基本的生存和生活的职能，是保障个体人权的最基础的组织单位。有学者

---

① 王利明：《民法典应将保护人权提到前所未有的高度》，http://www.360doc.com/content/15/0806/01/11269421_489790891.shtml，最后访问时间：2017年3月28日。

② 李志萍：《我国婚姻法领域人权保障的特点探讨》，《中共福建省委党校学报》2008年第11期。

③ 何勤华：《西方法学史》，中国政法大学出版社，1996，第109页。

认为，改革开放和市场经济的发展，使“家庭由封闭走向开放，家庭观念淡化……现代社会个人物质需要和精神需要的满足由家庭走向社会，家庭中心让位于个人中心”。[①] 针对当代社会生活中出现的婚姻家庭信仰危机，世界上各国纷纷采取措施巩固家庭，走回归家庭的道路。“家庭是社会的自然单位和基础，它应当受到国家的保护，国家应当关心它的物质上和精神上的健康。”[②] 更重要的是，我国还处于社会主义初级阶段的发展时期，虽然近年来随着经济发展水平的快速提高，社会保障制度体系不断建立，但在满足人的需要方面仍存在一些不足之处，尚待完善。现有社会保障体系不仅覆盖面较窄，且城乡之间还存在一定的差异，对全体人民生活的保障水平仍有待提高。因此，对老、弱、病、残等家庭成员的生活保障职能依旧主要依靠家庭来承担。家是一个强调父母子女、夫妻之间相互依存关系的组织形式，一方面它给予老年人的晚年生活以保障，另一方面通过生育纽带保证血缘的延续与人类社会的持续发展，它更加侧重于家庭成员之间的情感慰藉与联动合作。家庭本身有其他社会组织所不具有的功能，法定夫妻财产制要促进家庭在现代社会的回归。

婚姻法的目的是保障婚姻秩序，维护婚姻家庭关系的稳定与和谐。[③] 我国现行《婚姻法》第 20 条、第 21 条规定，夫妻之间、父母子女之间具有相互扶持的义务。家庭的根本愿望和核心价值是为了实现家庭成员们的幸福和快乐。“中西方对构成幸福的要素的看法大致相同，都从个体角度谈论幸福，认为幸福有两部分组成：物质欲望的满足和精神生活的快乐。”[④] 家庭保障包括经济保障、精神慰藉等内容，不论是家庭成员的“物质欲望的满足”抑或“精神生活的快乐”都离不开家庭的保障。夫妻财产是家庭财产的主要组成部分，家庭生产和生活的基本物质基础，也是满足家庭成员幸福愿望的必不可缺的条件。这表征着家庭的稳定和谐有赖于夫妻财产关系的和谐。基于维护家庭和谐之目的，法定夫妻财产制作为调整夫妻财产

① 李佳梅：《中国传统家庭伦理的现代转向及其启示》，《哲学研究》2011 年第 4 期。

② 《非洲人权和民族权宪章》第 18 条，转引自赵万一《民法的伦理分析》（第 2 版），法律出版社，2012，第 355 页。

③ 裴桦：《夫妻财产制与财产法规则的冲突与协调》，《法学研究》2017 年第 4 期。

④ 张红艳：《马克思恩格斯家庭伦理思想及其当代价值》，广西师范大学出版社，2015，第 34 页。

关系的法律制度理应遵循《婚姻法》的目的，维护家庭的稳定和谐。另外，与市场经济以物为中心，以保护交易安全为目的所不同的是，众所周知，家庭是由人组成的，“家庭即来源于人的生产，并始终以人的生产为目的……以‘物’的生产为基础”。[①] 从目的论的角度来看，人类活动的合目的性与合规律性要求法定夫妻财产制的人本化要以家庭中的人为目的，以家庭成员的幸福快乐为追求。“只有在共同体中，个人才能获得全面发展其才能的手段，也就是说，只有在共同体中才可能有个人自由”[②]，回归家庭是以人为本的必然要求。

2. 家庭伦理价值的回归

法定夫妻财产制人本化的终极关怀是使人性能得以升华。然而“亲属立法并不直接以人性为基础，从人性界分到亲属立法，中间需要有婚姻家庭伦理的介入”。[③] 在古代中国，伦理是被分开使用的，“伦”，即“人伦”，是指不同群体之间的等级地位与性别差异等及其相互间的关系。人伦是一种人与人之间的关系，费孝通先生认为，“伦”就是以个人自身为中心，形成的像水波纹一样的具有亲疏之别的社会关系。“理”本义是玉石的纹理，引申为道理。由此可见，“伦理”的意思就是规范人与人之间关系的准则。汉代董仲舒“罢黜百家，独尊儒术”后，儒学经典的伦理不仅是政治社会所应遵循的伦理要求，也是古代中国较为完整意义上的家庭伦理的要求。在中国传统的社会结构中，人与人之间展现了互相联系、交流、合作的基本倾向，这些以传统伦理原则为导向的行动倾向及限制从整体上建构了传统中国家庭伦理的基本面貌。可以说，伦理是中国古代社会的轴心，不论是在政治、经济还是文化各个领域都渗透着伦理的精神。婚姻家庭领域，“亲亲尊尊”“三纲五常”“三从四德”“父母在，不别籍异财”等传统的儒学家庭伦理是由当时的社会生产力水平决定的，其主要目的是维护传统的等级差异和以服从关系为主的家庭关系，这与近现代以来建设社会主义和谐家庭所倡导的独立平等的家庭关系具有很大的冲突。但“由于其出发点

① 丁文：《家庭学》，山东人民出版社，2003，第54～55页。

② 《马克思恩格斯选集》第1卷，人民出版社，2012，第199页。

③ 曹贤信、赖建平：《亲属立法的人性基础》，《重庆大学学报》（社会科学版）2018年第1期。

和落脚点都紧紧围绕人性展开，建立在家庭成员之间天然情感和心理需求的基础上，包含着人类普遍性的道德意识，反映着家庭成员之间隔不断的亲情关系和人类普遍具有的心理共性”。[①] 现代家庭伦理结构的建设不能全盘否定我国传统的家庭伦理秩序，应当借鉴吸收并保留传统伦理中体现家庭成员之间脉脉温情的伦理要求。“其原因在于，在传统的家庭伦理当中，父子、兄弟姐妹、夫妻之间的关系并不仅仅是一个单纯的人的感情问题，而是源于人的深沉本性和伦理良知。这种脉脉亲缘温情并不当然构成阻碍新伦理产生的障碍，而且一定意义上说，甚至有可能成为未来社会中全面发展自由人格的组成部分和有力支撑。”[②]

家庭以婚姻为基础，婚姻不是纯粹的性冲动，“婚姻关系实质上是一种伦理关系，因婚姻而产生的夫妻财产关系也必然要体现婚姻的这一伦理特征”。[③] 法定夫妻财产制的物本化，使市场伦理的价值取向凌驾于家庭伦理之上。人性中消极的一面冲破家庭伦理的藩篱，使家庭成员对家庭的信仰受到冲击。人性与伦理是辩证统一的，一方面人性需要通过伦理来进行规制，另一方面伦理的要求也要符合一般的人性设定，符合人性设定的伦理才能够最大限度地使人性的光辉得以展示与升华。古代传统家庭伦理在男女关系上有片面性，在财产分配上存在明显的不公平，剥夺了女子部分生而就有的自由本性，所以古代的家庭财产制度不能真正实现人本化。财产有必要按照一定的标准分配，给善良的人实现善的机会。[④] 家庭伦理是中国传统伦理思想的主要内容，“是一切德性的始发点，也是一切社会规范的渊源”。[⑤] 法定夫妻财产制的人本化回归需要回应人性发展的需要，在价值取向上实现从经济效益至上的价值向家庭伦理价值的转向，并重构能引导人性往积极方面发展的家庭伦理。

3. 人本立法理念的回归

人本立法理念是人本法律观的主旨，也是法定夫妻财产制人本化的总

---

① 吕红平：《先秦儒家家庭伦理及其当代价值》，博士学位论文，河北大学，2010，第134页。

② 赵万一：《民法的伦理分析》（第2版），法律出版社，2012，第356~357页。

③ 杨晋玲：《夫妻财产制比较研究》，民族出版社，2004，第36页。

④ Richard Dien Winfield, *With What Must Ethics Begin Reflections on Benson's Account of Property and Contract*, Cardozo L. Rev, 1990, p. 539.

⑤ 曹贤信：《亲属法的伦理价值取向及其立法对策》，《河南师范大学学报》（哲学社会科学版）2012年第4期。

的指导思想。“‘人本主义’立法理念就是要求在立法中将人的全面发展作为立法的根本价值追求，将人的身心健康作为立法的灵魂，将人的精神需要、生态需要摆到与物质需要同等甚至更高的地位，使法能够指引人们摆脱无止境的物欲追求的蛊惑，回归幸福生活本身。”① 人本立法理念就是要尊重人的主体地位，体现人的意志，保障人的权利，最终实现真正的公平正义。法的理念不外乎正义，虽然正义有一张“普罗透斯似的脸”，但“正义的本质就是平等”。② 柏拉图深信，“人生来是不平等的”③，要实现人的平等需要以人本立法理念更新旧的物本立法理念。

立法理念的偏差将会给家庭的稳定与社会风气带来危害。立法本应该是保障人权、维护个体权利的最有效的武器。我国《立法法》第5条规定：“立法应当体现人民的意志。”显然，法定夫妻财产制的制定也应体现人民的意志，保障人权。而现行法定夫妻财产制过于强调法的工具性作用，如在处理婚后夫妻一方父母出资购买房屋的归属问题时，“将‘产权登记主体’与‘明确表示赠与一方’进行链接，可以使父母出资购房真实意图的判断依据客观化，便于司法认定及统一裁量尺度，也有利于均衡保护结婚的双方及其父母的权益，相对来说也比较公平”。④ 但由于现实生活的复杂多变，以及我国现行《婚姻法》与《物权法》的法理逻辑上的差异甚至冲突，法官在裁判时也难以达到“客观化、公平”的实际效果。从手段出发来推导目的是难以取得实际效果的。一味强调司法审判的客观化以及裁量依据与结果的一致性，难免偏重于将物本立法理念运用于法定夫妻财产制的设立中，在很大程度上忽视对夫妻双方人权的平等保护，使其在处理夫妻财产关系上陷入“治标不治本”的尴尬境地。

① 李爱年、肖爱：《法治保障生态化：从单一到多维》，湖南师范大学出版社，2015，第66页。

② 林秀雄：《夫妻财产制之研究》，中国政法大学出版社，2001，第4页。

③ 〔美〕E. 博登海默：《法理学：法律哲学与法律方法》，邓正来译，中国政法大学出版社，2004，第8页。

④ 张先明：《总结审判实践经验凝聚社会各界智慧　正确合法及时审理婚姻家庭纠纷案件——最高人民法院民一庭负责人答记者问》，《人民法院报》2011年8月13日，第3版。

三　我国法定夫妻财产制人本价值的法律应对

家庭是社会的细胞。为了实现社会的和谐发展，必须坚持以人本主义思想为核心的法律制度建设，积极推动法定夫妻财产制的人本化进程，促进家庭的稳定和谐发展。

（一）法定夫妻财产制的立法模式之抉择

法定夫妻财产制有多种立法模式。夫妻分别财产制与夫妻共同财产制是现代主要的两种法定夫妻财产制的立法模式。在民法典制定过程中，学界对于我国应采用夫妻分别财产制还是夫妻共同财产制的讨论较为火热。这两种夫妻财产制究竟该如何取舍，特别需要站在人本主义的立场进行考察。

1. 人本价值与夫妻分别财产制的抉择

分别财产制起源于英国，是市民社会发展的产物，是指夫妻双方对于各自的财产不论是婚前所得或婚后所得都具有独立的所有权。基于私权神圣的原则要求，分别财产制被认为是充分保障男女双方财产利益、保证夫妻独立人格的典型夫妻财产制，“其道德基础系夫妻别体主义，即男女婚后各自保有独立的人格，各自拥有财产和人身的独立权利，表现为男女在法律地位上的平等”。① 但是，分别财产制所体现的男女独立是否充分尊重夫妻间的人格关系特点？是否实现男女实质意义上的平等？能否充分保障夫妻双方，尤其是妇女的权益？

“为了取得所有权即达到人格的定在”②，揭示了人格与财产所有权之间的内在联系，简单来说就是“财产即人格”。分别财产制下，财产独立意味着夫妻人格的独立。相对于封建家长制下妻子人格的丧失而言，分别财产制充分尊重了妻子的人格。但是需要注意的是，夫妻间的人格关系与一般民事主体的人格关系大不相同。夫妻共同体在人格上具有一体性的特征，

① 万海龙：《分别财产制还是共同财产制——兼与林秀雄先生商榷》，《经济与社会发展》2006 年第 4 期。

② 〔德〕黑格尔：《法哲学原理》，范扬、张企泰译，商务印书馆，1961，第 1 页。

分别财产制抹杀了夫妻人格关系的这种特殊性。此外，从法定夫妻财产制回归家庭保障功能的要求来看，财产的独立并不十分有利于家庭保障的维系，甚至可能诱发家庭的信仰危机。

关于男女平等的内涵与外延的理解，有学者认为，“一方面，男女平等是价值观的体现，指男女两性作为人在社会和家庭中应该受到同样的尊重和对待，而不应该存在基于性别的偏见和歧视。另一方面，男女平等是指男女两性作为人在社会和家庭生活的各个领域中应该享有平等的权利和机会”。[①] 妻子财产所有权的取得说明分别财产制在很大程度上提升了妇女的地位。但是，从历史的考察来看，我国古代母系社会中女性的地位高于男性，“母权制的被推翻，乃是女性的具有世界历史意义的失败”。[②] 随着封建制度对妇女的不断奴役，妇女被“三从四德”所“绑架”。《易经》有言，“天尊地卑，乾坤定矣；卑高以陈，贵贱位矣……乾道成男，坤道成女”。[③] 在封建父权社会，男子的地位远高于女子。《列子·天瑞》直接言明，“男女之别，男尊女卑”。虽然近现代以来的思想解放运动使得女性的地位有所提高，但男尊女卑的思想烙印仍然存在，特别是在广大农村地区男尊女卑的思想影响根深蒂固。现代社会对于“全职太太”还是存在轻视，但从实际来看，大部分家务劳动由女性来操持。在分别财产制之下，家务劳动的价值如未被正视，女性也就不可能和男性在家庭生活中享有平等的权利和地位，其人权不能得到有效的保障。夫妻之间扶养义务的履行会“大打折扣”，削弱家庭保障的功能，男女也无法达到实质意义上的平等。

综上所述，在我国现阶段的发展中，分别财产制虽然能在法律意义上达到保障夫妻人格独立与平等，但它打破了同居共财的家庭伦理，不利于家庭的回归。也就是说，在人本主义视域下，分别财产制不能真正符合人本化的法定夫妻财产制的基本理念和要求。

2. 人本价值与夫妻共同财产制的抉择

夫妻共同财产制起源于中世纪的日耳曼法，一般被认为是基于夫妻一

---

① 谭琳：《男女平等的理论内涵与社会推动：基于中国现实的讨论》，《妇女研究论丛》2002年第6期。

② 《马克思恩格斯文集》第4卷，人民出版社，2009，第68页。

③ 南怀瑾：《易经系传别讲》（第3版），复旦大学出版社，2016，第2页。

体主义而产生的，在该制度下夫妻双方没有独立的人格地位可言。当然，该理论的妥当性尚待商榷。夫妻一体主义，是指“夫妻结婚后即合为一体，不承认双方各有独立的人格。妻的人格为夫所吸收，妻不能行使法律行为和财产权利等，一切都受夫的支配”。[①] 现代社会，不管是部分共同制抑或全部共同制，夫妻双方对于共同所有的财产部分都具有平等的处理权，并不存在妻子的人格被丈夫所吸收的情形。由此，我们可以大胆地推断夫妻共同财产制并非基于传统意义上的夫妻一体主义而产生，事实上也可以说夫妻共同财产制同样是基于夫妻别体主义而产生的。在以夫妻共同财产制为法定夫妻财产制的国家，妻子的人格依旧独立存在，她可以获得财产的所有权，且与丈夫享有同等的处理共同财产的权利。夫妻对共同财产的处理权体现了夫妻在人格关系上区别于一般民事主体的一体性特征，夫妻共同体也因此带有独立的人格意义。

对夫妻共同财产制的另一个质疑就在于其突出强调婚姻或社会本位，不符合婚姻法追求个人本位的发展趋势和人本主义法律观以人为本的要求。个人本位虽是人本主义的一个面向，但在婚姻家庭领域过分强调和宣扬个人本位有欠妥当。尤其是在法定夫妻财产制物本化的情况下，经济效益至上的价值取向发挥作用，宣扬个人本位可能加重夫妻对各自权利的追逐而忽略对家庭的贡献。原因在于“个人本位已成为一些人抛弃伦常、追求私欲的借口，个人本位也成为一些人不负责、追求私利的辩护工具，个人本位更成为一些人追逐以个人占有欲为主要目的的低级的行为”。[②] 夫妻共同财产制所强调的社会本位，是否就能否定其以人为本的核心？或许应该从“社会”与“人”的关系上来探讨。马克思说：“人永远是这一切社会组织的本质。”[③] “人的本质不是单个人所固有的抽象物，在其现实性上，它是一切社会关系的总和。”[④] 我们可以发现，“马克思所指的社会应该是‘自由人联合体’的社会，是‘人本’的社会”。[⑤] 夫妻本身就是基于爱情等原因而

① 徐开墅主编《民商法辞典》（增订版），上海人民出版社，2004，第37页。

② 金焱：《社会本位与个人本位价值取向的伦理辨析》，《中国伦理学会、韩国伦理学会、宁夏大学、宁夏伦理学会·第21次中韩伦理学国际学术研讨会2013年论文集》，第4页。

③ 《马克思恩格斯全集》第1卷，人民出版社，1956，第293页。

④ 《马克思恩格斯选集》第1卷，人民出版社，2012，第139页。

⑤ 刘连泰、孙雯波：《“人本”法律观的证立与展开》，《浙江社会科学》2006年第2期。

存在的“人的联合”的形式之一，以社会为本位的夫妻共同财产制是人本化法定夫妻财产制的初级形式。

共同财产制的立法目的，在于谋求夫妻经济生活与身份生活的一致。它符合婚姻共同生活的本质，能保障夫妻中无经济能力的一方，尤其是从事家务劳动而无社会收入或收入较低的配偶一方的利益，有助于实现夫妻双方事实上的平等。“建构夫妻共同财产制，以婚姻共同体为基础，在夫妻人身伦理关系联为一体的同时，将其财产关系也联为一体，比较符合家庭的伦理性质，有助于夫妻同甘苦、共命运、互相协助，有助于保障那些由于从事家务劳动而无收入或收入低的妇女的合法权益，也有助于家庭的民主、和睦。”①

基于以上论述，本文认为，夫妻共同财产制有利于维系婚姻家庭成员间的情感，合乎人性的需要，也符合人本主义法律观的基本要求。“家庭财产应当提倡更多采共同财产制，而不应过多提倡采通过合同约定的形式确立夫妻分别财产制。”② 值得进一步思考的是，究竟哪种夫妻共同财产制最有利于达到实现家庭保障功能和不伤害夫妻个人权利的兼顾，并且能闪现人性的光辉，维护家庭的稳定和谐。

（二）婚后劳动所得共同制作为法定夫妻财产制的正当性

依据共同财产的范围不同，夫妻共同财产制分为以下四个类型：一般共同制、婚后所得共同制、动产及所得共同制和婚后劳动所得共同制。我国现阶段以婚后所得共同制为法定夫妻财产制。依前述分析，婚后所得共同制在具体实施过程中出现异化，与人本身的幸福相背离，成为压迫人的力量，不利于人的全面发展。也就是说，婚后所得共同制不能体现人本化的要求，此不再赘述。结合法定夫妻财产制人本化的理论基础，本文认为，婚后劳动所得共同制符合尊重人格、升华人性与张扬人权的要求，能最大限度地防止法定夫妻财产制进一步走向异化。在夫妻共同财产制的类型选择上，有学者认为，婚后劳动所得共同制的范围过于狭小，不利于弱者利

---

① 曹贤信：《亲属法的伦理性及其限度研究》，博士学位论文，西南政法大学，2011，第105页。

② 王利明：《民法典体系研究》（第2版），中国人民大学出版社，2012，第495页。

益的保护。在现行法上，基于婚姻命运共同体理念，我国婚后所得共同制应理解为“婚后劳动和运气所得共同制”。[①] 在司法实践过程中，随着三个司法解释的颁布实施，实际上婚后运气所得几乎都被认定为夫妻的个人财产，婚后所得共同制有被架空的嫌疑。与其如此，以婚后劳动所得共同制代替现有的婚后所得共同制更为合理，其理由如下。

1. 劳动是人的本质

简单来说，婚姻是两个没有血缘等自然意义上关系的人的联合。人是婚姻的主体，是婚姻的目的，而非手段。夫妻共同财产制的选择也应体现人的主体地位。数千年来，“人是什么”的问题一直是思想家们所探索的终极奥秘。苏格拉底的名言“认识你自己”是篆刻在德尔菲的阿波罗神庙上的三句箴言之一。笛卡尔认为“我思故我在”，强调了理性的自我思考是人存在的本源，唤醒了人的主体意识。在笛卡尔这里，人是一个抽象的存在，而非具体的存在，但人绝非一个抽象的概念。“劳动人”理论是马克思主义政治经济学的基石。在黑格尔那里，劳动仅仅是指人的精神世界的劳动。马克思批判吸收了黑格尔“劳动是人的本质”的理论，提出人应该是作为现实前提存在的人，“不是处在某种虚幻的离群索居和固定不变状态中的人，而是处在现实的、可以通过经验观察到的、在一定条件下进行的发展过程中的人”[②]，“可以根据意识、宗教或随便别的什么来区别人和动物。一当人开始生产自己的生活资料……人本身就开始把自己和动物区别开来”。[③] 马克思跨越了唯心主义思想的局限性，揭示了人的本质是现实的劳动与精神的劳动的结合体，劳动是人的宿命，人在劳动的过程中实现自我、发展自我，从本质上讲人就是从事劳动的人。因此，从婚姻的主体角度来看，人与人的联合实际上是两个“劳动人”的联合，他们之间的财产关系也是以劳动为基础的。马克思的唯物史观强调经济基础决定上层建筑，在生产关系领域夫妻以劳动相联系的特点对法定夫妻财产制的建筑起基础性作用。在婚姻家庭中，以夫妻双方的劳动所得为夫妻的共同财产，符合夫妻作为

① 贺剑：《夫妻个人财产的婚后增值归属——兼论我国婚后所得共同制的精神》，《法学家》2015 年第 4 期。

② 《马克思恩格斯文集》第 1 卷，人民出版社，2009，第 525 页。

③ 《马克思恩格斯文集》第 1 卷，人民出版社，2009，第 519 页。

“人”联合在一起共同生活的本质，尊重了人在夫妻财产制中的主体地位以及各自的人格。

2. 承认人性的双重性

人自身深含着对人性的呼唤和对自由、幸福的渴望。歌德在其巨作《浮士德》中探讨了人性善恶之间的博弈：恶魔与上帝打赌，他能将人类的人性推入丑恶的深渊，但是到最后他不得不承认人类总是在他的打击之下越发坚强地成长并表现出善良无私的一面。不可否认，以道德因素加以评价，人性确实存在丑恶的一面。古希腊哲学家亚里士多德也曾指出，“人的恶性是指人具有侵犯他人利益和社会公共利益的可能性”。[①] 人的动物性的本能驱使人渴望满足自己的欲望。如果这种欲望不能受到合理的伦理规制，人便可能通过损害他人的利益来满足自身的欲望。可以说，这是一种“如狼似虎”的动物本性。恩格斯认为，“人来源于动物界这一事实已经决定人永远不能完全摆脱兽性，所以问题永远只能在于摆脱得多些或少些，在于兽性或人性的程度上的差异”。[②] 法律在日常生活中应该具有惩恶扬善的功能，一方面要满足人基于兽性所产生的合理欲望；另一方面，要弘扬人基于人性而产生的向善的追求。婚后劳动所得共同制将婚后个人劳动所得划归为夫妻共同财产，满足了夫妻共同生活的特殊要求，同时也符合人性的双重性特点，体现出个人对家庭的贡献。与婚后劳动所得共同制相比，一般共同制、动产及所得共同制这两种财产制的夫妻共同财产的范围过大，甚至夫妻婚前的财产也被认定为夫妻共同财产。显然，这两种财产制对人性的无私有过度的要求。而婚后劳动所得共同制下夫妻共同财产的范围相对缩小，且夫妻个人财产的范围相应扩大。但是与现行法定夫妻财产制物本化表现所不同的是，婚后劳动所得共同制下夫妻个人财产范围的扩张是基于人性中自身合理欲望满足的动物性需要，而非《物权法》等民法财产法的规则在婚姻家庭领域内滥用而造成的。基于以上论述，本文认为，婚后劳动所得共同制能充分考虑人性的双重性特征，能满足夫妻“利己”与“利他”的愿望要求，能有效兼顾家庭利益与个人利益。

---

① 刘国利、吴谪飞：《人文主义法学引论》，《中国法学》2004 年第 6 期。

② 《马克思恩格斯选集》第 3 卷，人民出版社，2012，第 478 页。

3. 限制不劳而获

依据我国现行《婚姻法》第 17 条与第 18 条的规定，夫妻一方在婚后无偿取得对方财产的所有权，仅在对方有相反表示的情况下才存在例外情形。“任何财产都不应被‘强制’提供‘无息贷款’或类似的经济支持，以投资于其他财产，无论是夫妻共同财产还是夫妻的个人财产。”① 一般共同制与动产及所得共有制的夫妻共同财产范围很大，若夫妻间的财产价值悬殊，则经济实力较弱的一方可能利用制度的漏洞谋取经济利益。夫妻一方不付出任何代价而获得财产收益的行为会滋生不劳而获的不良风气。劳动是中华民族优秀的传统美德，古语有言：“无功而食，雀鼠是已；肆害而食，虎狼是已。”意思是说，不通过劳动或是通过伤害他人来获取食物的行为都与雀鼠虎狼无异。不劳而获的人给这个社会带来负面能量，只会受到人们的鄙视，是为人所不齿的，应当被人们所摒弃。法定夫妻财产制的物本化催生了以婚姻谋取不正当利益的现象，使部分人通过婚姻“不劳而获”的幻想得以成真。唯有通过改变制度，才能让那些有通过婚姻“不劳而获”想法的人醒悟：人生的幸福必须经过自己的劳动来创造，劳动本身就是能给人带来幸福感觉的实践活动。从古至今，不劳而获的人有很多，一个家庭如果不以劳动为创造财富的途径，那么就难以保证家庭成员物质生活需要和精神生活需要的满足，家庭必然走向解体。“齐家治国平天下”，家庭的幸福关涉国家的稳定与和谐。婚后劳动所得共同制以劳动所得为夫妻共同生活的物质前提，能保证夫妻的劳动积极性，有利于他们创造美好的幸福生活。

（三）婚后劳动所得制的应然立法对策

如前所述，婚后劳动所得共同制是法定夫妻财产制人本化的应然选择。在具体的制度构建中，值得注意的是，劳动所得的范围界定不能照搬其他法律上的劳动所得与非劳动所得的范围区分，而应该考虑其概念的模糊性，将其理解为劳动者的所得。除此之外，立法上应对家务劳动的价值进行肯

---

① Brett R. Partners, “The Marital Home and the Concept of Separate Property,” *20 Journal of the American Academy of Matrimonial Lawyers*, 2006, 10 (8), p. 90.

定，以保障妇女的人权，实现实质意义上的男女平等；还应对夫妻财产权利的内容进行明确与约束。

1. 劳动所得的范围界定

我国《宪法》规定实行以按劳分配为主体、多种分配方式并存的分配制度。劳动所得与非劳动所得也往往是在《个人所得税法》[①] 当中体现。《个人所得税法》是从调整个人收入水平、促进共同富裕着手，以经济学的价值观为导向的制度安排。相对于经济学上明确的劳动所得的概念，在婚姻法领域劳动所得的概念具有模糊性。婚后劳动所得制固然不能直接适用与《个人所得税法》完全相同的概念来规范劳动所得的范围，但该法的劳动所得的概念仍具有借鉴意义。在马克思那里，"劳动所得"首先被理解为劳动的产品，也就是劳动创造出来的财富。婚后劳动所得共同制不能依据税法上对劳动所得的区分方式来界定其劳动所得的范围。按照传统的劳动分类理论，劳动可以分为脑力劳动和体力劳动两大类。不论是脑力劳动还是体力劳动所创造的财富，在婚后劳动所得共同制中都可以被理解为劳动者的所得，即劳动者通过付出劳动所得到的财富。如此一来，婚后所得共同制中夫妻共同财产的部分，可以归入婚后劳动所得的是：工资、奖金；生产、经营的收益；知识产权的收益。工资、奖金是基本的劳动所得。生产、经营是一种围绕企业产品所做出的投入、产出、销售活动，是劳动的一种形式。生产劳动概念是马克思劳动价值论的前提，因此生产、经营所得应为劳动所得范畴。知识产权是权利人对其智力劳动所创造的成果享有的权利。知识产权所得的收益为其智力劳动收益，应归为劳动所得之中。这样一来，现行法定夫妻财产制中的"继承或赠与所得"就被排斥在劳动所得之外，继承与赠与所得属于非劳动所得，它不能体现夫妻的劳力的付出，也难以体现夫妻协力的结果，应归属于夫妻个人财产的范畴。

2. 家务劳动价值的评价

社会分工促使男女在劳动分工上出现差异。通常情况下，家庭妇女在

---

① 《个人所得税法》第 2 条规定："下列各项个人所得，应纳缴纳个人所得税：（一）工资、薪金所得；（二）劳务报酬所得；（三）稿酬所得；（四）特许权使用所得；（五）经营所得；（六）利息、股息、红利所得；（七）财产租赁所得；（八）财产转让所得；（九）偶然所得。"

家从事家务劳动，男子外出从事社会公共劳动。我国古代传统社会一直延续着“男主外、女主内”的传统，且对当今社会也有深刻的影响，有很大一部分女性婚后就辞去工作，在家操持家务、教养子女、赡养老人等。在妇女解放运动中，妇女的家务劳动受到社会关注。恩格斯主张让妇女进入社会公共劳动，他提出：“只有在废除了资本对男女双方的剥削并把私人的家务劳动变成一种公共的行业以后，男女的真正平等才能实现。”[①] 妇女运动的代表之一 Barbara Bergmann 倡导以家务劳动工资化的形式来体现妇女家务劳动的价值。这种观点虽然得到了很大一部分妇女同志的拥护，但她提出妇女家务劳动的工资由政府发放，在计量上与全日制的工资相一致。因其对政府资金的来源难以说明，故而缺乏实际的可操作性。在立法上，《瑞士民法典》亲属编第 164 条规定：从事家务劳动的配偶一方，有权请求他方支付一定的财产，供其自由处分。[②] 英国法则提出，婚姻为夫妻平等运作的合伙，妻通过家事之照料、子女之养育而对共同事业的贡献，与夫之持家计、扶养家庭具有同等价值。[③] 日本最高裁判所在其判决中认为，“以女性 25 岁结婚离职为理由，而不承认 25 岁以后所创造的逸失利益的原审判决为不当，而应以妻之家务劳动亦生财产上之利益为由，承认逸失利益之损害赔偿”。[④] 从上述国外立法例的发展我们可以看出，妇女家事劳动的价值越来越得到认可。虽然我国现行《婚姻法》第 40 条规定了家务劳动补偿制度，以求在离婚的情景下达到夫妻双方利益的平衡，但是这种承认家务劳动价值的前提是离婚和分别财产制。夫妻婚姻关系存续期间的家务劳动价值在分别财产制中未能体现，在劳动所得共同制中却能体现真正的男女平等以及对妻子财产权利的保障。家务劳动是基于妇女与家庭成员之间的亲密关系而产生的，被认为是异化劳动，是对妇女自身主体性以及权利的压迫。现代社会女性思想解放，渴望与男子一样参与社会劳动，但同时又受到社会性别分工的影响而承担着大部分的家务劳动，实际上担负着社会劳动与家务劳动的双重职责。相反，社会性别分工下的男子就没有来自家务

① 《马克思恩格斯选集》第 4 卷，人民出版社，2012，第 577 页。

② 《瑞士民法典》，于海涌、赵希璇译，法律出版社，2016，第 64 页。

③ 李洪祥：《我国民法典立法之亲属法体系研究》，中国法制出版社，2014，第 187 页。

④ 夏吟兰：《对中国夫妻共同财产范围的社会性别分析》，《法学杂志》2005 年第 2 期。

劳动的负担。因此，我国有学者从社会性别角度分析，提出“通过消除男性的支配地位，以家务劳动货币化的方式，把本该属于女性应得的财产，用法律规范加以保证，从而达到性别平等”。[①] 婚后劳动所得共同制，不论是在婚姻关系存续期间还是在婚姻关系解体时，都应对妇女的家务劳动的价值给予肯定，这样才能使家庭角色的分工向真正的男女平等的方向发展。

3. 明确夫妻财产权利的界限

不论是以婚后所得共同制还是婚后劳动所得共同制为法定夫妻财产制，夫妻的财产都可区分为夫妻共同财产和夫妻个人财产。我国现行《婚姻法》对夫妻的这两种财产内容的规定尚有不足。法定夫妻财产制要回归人本化，真正保障夫妻的人权，就必须明晰夫妻财产权的内容与界限。传统民法上将所有权的权能划分为占有、使用、收益、处分四类，但是面对日新月异的社会生活，传统的所有权权能体系恐难适应当下商品经济的发展变化。“所有权权能理论和内在结构也应当随之发生变化，以适应新型的社会生活。管理权能应运而生。”[②] 夫妻对于其共同所有或各自单独所有的财产应当充分享有占有、使用、收益、处分与管理的权利。但我国现行《婚姻法》仅规定了夫妻双方都对夫妻共同所有的财产享有平等的处理权。因此，婚后劳动所得制下，夫妻应当对夫妻共同所有的财产享有平等的占有权、使用权、收益权、处分权和管理权，但这并不意味着夫妻必须共同行使以上权利。因为夫妻人格关系的一体性特征，夫妻一方行使所有权的行为可以将行为的效果归于夫妻共同体，但也必须限定在合理范围内，否则构成权利的滥用。《婚姻法解释（三）》将房屋未登记方离婚时的权利定性为债权请求权，但在婚后劳动所得共同制下，这种夫妻一方婚前购买登记于一方名下且婚后以夫妻共同财产来还贷的房屋，凝聚了夫妻双方的劳动成果，是夫妻共同所有的财产，夫妻双方均享有所有权。因此，在婚后劳动所得共同制下，房屋未登记方对该房屋享有的应是物权请求权。夫妻对其个人财产也应享有前述五项权能。从法律上来讲，夫妻对自己所有的财产应当具有完整的所有权权能，行使所有权时不受配偶一方的约束。特殊的是基

① 曹贤信：《亲属法的伦理性及其限度研究》，博士学位论文，西南政法大学，2011，第156页。

② 李仁玉、董彪：《所有权权能体系的反思与重构——以管理权能为中心》，《法学杂志》2011年第7期。

于夫妻共同生活的本质要求，夫妻一方对自己财产的所有权的行使不得不受到一些限制。比如，夫妻一方对个人财产在婚后所增加的部分行使收益权就要受到配偶一方的约束。因为在婚后劳动所得共同制的基石上，夫妻个人财产的收益需要考虑配偶一方是否为该收益的产生付出了劳动。另外，基于夫妻共同生活的原因，一般的生活必需品往往是由夫妻双方共同占有使用的，不可能完全将对方的占有使用权排除在外。

四　结论

法定夫妻财产制回归人本化的制度进路就是设立婚后劳动所得共同制。劳动是人的本质，这样可以使法定夫妻财产制回归到人本主义的核心立场，同时也可将非劳动所得排除在夫妻共同财产范围之外。如此，继承和赠与这两种涉及夫妻之外的第三人的财产关系就可以适用财产法规则，减少了法定夫妻财产制与民法财产法规则之间的冲突。总的来说，婚后劳动所得共同制的设立是对法定夫妻财产制异化的扬弃，是使之回归人本化的必由之路。

论我国非常法定夫妻财产制的立法建构*

陈 法**

【内容提要】非常法定夫妻财产制为法定夫妻财产制的形态之一，其立法目的在于保护夫妻各方的财产权益和保障家庭扶养职能的履行，同时维护交易安全与第三人利益。值此我国“民法典婚姻家庭编”编纂之际，基于非常法定夫妻财产制的立法功能与立法价值，为满足我国部分夫妻在婚姻期间因特殊情况对实行非常法定夫妻财产制的需要，建议借鉴域外立法经验，从我国实际出发，在“民法典婚姻家庭编”中建立非常法定夫妻财产制。

【关 键 词】非常法定夫妻财产制　请求权人　法定事由　法律效力

在社会现实生活中，家庭不仅是一个消费单位，而且是一个生产单位。夫妻既是家庭扶养义务的承担主体，又是市场经济民事交易活动的主体，夫妻财产关系既涉及夫妻双方的财产权益和家庭扶养职能之实现，也涉及第三人利益和交易安全。而在当下的我国社会，在婚姻家庭中，有的人不履行婚姻家庭扶养义务；在生产经营中，有的人管理不善或经营不当，面

* 该文系2014年度中国法学会部级研究课题“我国妇女儿童权益法律保障情况实证调查研究”［CLS（2014）D045］的阶段性成果，该文原发表于《现代法学》2018年第1期。

** 陈法，重庆大学法学院博士研究生，重庆市潼南区人民法院法官。

临资不抵债的困境。面对这些新情况新问题，我国最高人民法院先后出台适用《婚姻法》的相关司法解释，将夫妻互为日常家事活动的代理人[①]、夫妻实行约定财产制对第三人承担告知义务[②]、夫妻共同债务认定标准之一的时间推定规则[③]予以明确规定，并于2017年2月发布补充规定[④]对前述时间推定规则的适用条件予以补充。以上司法解释的先后出台，都旨在平等地保护夫妻双方的财产权益，维护第三人利益和交易安全，以期达到既保障夫妻之家庭扶养职能的实现，又促进实现社会经济平稳发展的立法目的。然而，在我国现行的法定夫妻财产制中，仅设有通常法定夫妻财产制[⑤]（婚后所得共同制），尚未设立非常法定夫妻财产制[⑥]。这不能满足夫妻一方在特殊情况下采用非常法定制（即撤销原共同财产制改为分别财产制）的需要，既不利于保护婚姻当事人之财产权益，也影响家庭扶养职能之实现，还可能有损第三人利益与交易安全。值此我国“民法典婚姻家庭编”编纂之际，笔者拟就我国非常法定制的构建进行研讨，期望能够抛砖引玉。

一　我国法定夫妻财产制的立法现状

（一）设有以婚后所得共同制为内容的通常法定制，但欠缺非常法定制

夫妻财产制是关于夫妻婚前财产和婚后所得财产的归属、管理、使用、收益、处分，以及债务的清偿、婚姻解除时财产清算的根据等方面的法律制度，其可分为约定夫妻财产制与法定夫妻财产制。作为与约定夫妻财产制对称的法定夫妻财产制，又称法定财产制，是指在夫妻婚前或婚后均未就夫妻财产关系作出约定，或所作约定无效时，依法律规定而直接适用的调整夫妻

---

① 参见2001年12月《最高人民法院关于适用〈中华人民共和国婚姻法〉若干问题的解释（一）》（以下简称《婚姻法解释（一）》）第17条。

② 参见我国现行《婚姻法》第19条第3款和《婚姻法解释（一）》第18条。

③ 参见2004年4月《最高人民法院关于适用〈中华人民共和国婚姻法〉若干问题的解释（二）》（以下简称《婚姻法解释（二）》）第24条。

④ 参见2017年2月《最高人民法院关于适用〈中华人民共和国婚姻法〉若干问题的解释（二）的补充规定》。

⑤ 通常法定夫妻财产制，又称通常法定财产制，以下简称为“通常法定制”。

⑥ 非常法定夫妻财产制，又称非常法定财产制，以下简称为“非常法定制”。

财产关系的法律制度总称。法定夫妻财产制按其适用的情况不同，分为通常法定制与非常法定制。通常法定制，是指在通常一般的情况下，夫妻双方无约定时，依法律的规定而直接适用的调整夫妻财产关系的法律制度。非常法定制，是指在特殊情况下，当出现法定事由时，依据法律之规定或经夫妻一方的申请由法院宣告，撤销原依法定或约定设立的共同财产制，改设为分别财产制的法律制度。本文所论之非常法定制，又可界分为当然的非常法定制与宣告的非常法定制，前者是指在法律规定的特定事由出现时，夫妻财产制不待请求或宣告，当然成为分别财产制；后者是指夫妻一方于婚姻期间在法定事由发生后，请求法院宣告撤销原共同财产制，代之以夫妻分别财产制。也就是说，通常法定制被适用于调整正常情形下之夫妻财产关系；非常法定制则被适用于调整非常态的特殊情形下之夫妻财产关系；两者互为补充，从法律制度设计层面为适应社会经济的发展和家庭生活特殊情况的需要作出应对。

当前，我国夫妻财产制之立法主要被规定于 2001 年修正后的《婚姻法》及最高人民法院先后颁布的适用《婚姻法》的相关司法解释中。根据我国现行《婚姻法》第 17 条的规定，我国的通常法定制是婚后所得共同制（也称法定共同财产制）。该法第 17 条规定了法定夫妻共有财产之范围①，第 18 条规定了法定夫妻个人财产之范围②。同时，对于约定财产制，该法第 19 条规定了约定财产制的内容、公示方式、适用效力等（其司法解释补充规定了夫妻对第三人的告知义务）。③ 可见，目前我国夫妻财产制之制度

① 我国《婚姻法》第 17 条规定："夫妻在婚姻关系存续期间所得的下列财产，归夫妻共同所有：（一）工资、奖金；（二）生产、经营的收益；（三）知识产权的收益；（四）继承或赠与所得的财产，但本法第十八条第三项规定的除外；（五）其他应当归共同所有的财产。夫妻对共同所有的财产，有平等的处理权。"

② 我国《婚姻法》第 18 条规定："有下列情形之一的，为夫妻一方的财产：（一）一方的婚前财产；（二）一方因身体受到伤害获得的医疗费、残疾人生活补助费等费用；（三）遗嘱或赠与合同中确定只归夫或妻一方的财产；（四）一方专用的生活用品；（五）其他应当归一方的财产。"

③ 我国《婚姻法》第 19 条规定："夫妻可以约定婚姻关系存续期间所得的财产以及婚前财产归各自所有、共同所有或部分各自所有、部分共同所有。约定应当采用书面形式。没有约定或约定不明确的，适用本法第十七条、第十八条的规定。夫妻对婚姻关系存续期间所得的财产以及婚前财产的约定，对双方具有约束力。夫妻对婚姻关系存续期间所得的财产约定归各自所有的，夫或妻一方对外所负的债务，第三人知道该约定的，以夫或妻一方所有的财产清偿。"2001 年 12 月施行的《婚姻法解释（一）》第 18 条规定："婚姻法第十九条所称'第三人知道该约定的'，夫妻一方对此负有举证责任。"

建构呈现二维体系，即以法定财产制（婚后所得共同财产制）与约定财产制为核心，且后者的适用优先于前者。

值得注意的是2011年《最高人民法院关于适用〈中华人民共和国婚姻法〉若干问题的解释（三）》（以下简称《婚姻法解释（三）》）第4条之规定①，该条司法解释虽已赋予夫妻一方在婚姻期间可分割共同财产之请求权，然而由于其并没有规定分割共同财产后即开始实行夫妻分别财产制，因此它并不属于非常法定制之内容，而仅属于婚姻期间夫妻一方基于法定特殊事由，请求人民法院分割夫妻共同财产之规定。也就是说，目前在我国法定夫妻财产制下，仅设有通常法定制即婚后所得共同制，但欠缺非常法定制。

就制度功能进行考察，依非常法定制所设之分别财产制，有别于通常情况下依夫妻双方约定所设之分别财产制。前者是婚姻期间遇有特殊情况，直接依法律规定或夫妻一方基于法定事由，请求法院宣告撤销共同财产制而设立的分别财产制；后者仅在夫妻双方间自行约定，而无须经由法院宣告。因此，在社会生活繁杂多变背景下，非常法定制“属于强行性规定”，其反映了婚姻期间夫妻财产关系面对特殊情况，需要进行相应改变，且在一定程度上还需要国家公权力介入的制度需求。从境外立法看，大陆法系的一些国家和地区如法国、德国、瑞士及我国台湾地区等均设立有非常法定制②，以满足婚姻期间夫妻基于特殊情况实行分别财产制之需要。有学者指出，市场经济的发展将与夫妻财产制发生日益密切的联系，结合我国当下之国情考察，一方面市场经济的发展唤醒了夫妻的财产权利意识；另一方面，在婚姻关系存续期间，因夫妻的个人财产或共同财产资不抵债，或

---

① 2011年8月施行的《最高人民法院关于适用〈中华人民共和国婚姻法〉若干问题的解释（三）》第4条规定：“婚姻关系存续期间，夫妻一方请求分割共同财产的，人民法院不予支持，但有下列重大理由且不损害债权人利益的除外：（一）一方有隐藏、转移、变卖、毁损、挥霍夫妻共同财产或者伪造夫妻共同债务等严重损害夫妻共同财产利益行为的；（二）一方负有法定扶养义务的人患重大疾病需要医治，另一方不同意支付相关医疗费用的。”

② 参见《法国民法典》第1441~1449条，《德国民法典》第1447~1449、1469~1470条，《瑞士民法典》第185、188~189、191~193条，我国台湾地区“民法”原第1009条（2015年修正删除）、第1010条。其中，法国、德国称“非常法定制”为“共同财产制的解除或撤销制度”。

夫妻一方无正当理由而拒绝他方对共同财产的处分、不履行家庭扶养义务、滥用共同财产管理权，或实施家庭暴力致侵权赔偿责任，或夫妻分居、夫妻一方受无民事行为能力之宣告等多种缘故，为保护自身合法财产权益，夫妻他方需要撤销原共同财产制而改行分别财产制。在此情形下，当夫妻双方于财产制之改变未能协商一致时，就迫切需要请求人民法院依法宣告实行分别财产制。可见，非常法定制的主要功能在于，保护婚姻当事人双方的合法财产权益，保障家庭扶养职能的实现，并维护第三人的利益和交易安全。然而，我国现行《婚姻法》尚未设立非常法定制，已不能满足新形势下调整夫妻财产关系新情况的现实需要。

（二）以区分夫妻个人财产和共同财产之归属为主要内容，并明确规定了夫妻共同财产的处理权、分割方法和夫妻共同债务的清偿责任

夫妻财产，虽有婚前财产与婚后财产之分，然就财产权之核心即所有权考察，其最终只有个人财产和共同财产之别。因此，根据我国现行《婚姻法》第 17、18、19 条的规定，在我国夫妻财产制的制度建构中，不论是法定财产制（婚后所得共同财产制）或约定财产制，其落脚点依然是以区分夫妻个人财产和共同财产为内容，夫妻依法或依约定对婚姻期间夫妻一方或双方所得财产之所有权归属进行划定。并且，我国现行《婚姻法》第 17 条规定，在通常法定制（婚后所得共同财产制）下，夫妻于共同财产享有平等处理权。[①] 此外，为指导司法实践，最高人民法院颁布的相关司法解释，对婚姻期间夫妻于财产关系的平等处理权进行了补充规定，即夫妻各方对于日常家事所涉及的财产处理互有代理权。[②] 然而，夫妻财产关系的内容，不仅涉及财产所有权和财产处理权，还应当包括夫妻共同财产的分割与夫妻共同债务的清偿。故一方面，我国现行《婚姻法》在第四章离婚制

---

① 我国《婚姻法》第 17 条明确规定："夫妻对共同所有的财产，有平等的处理权。"

② 《婚姻法解释（一）》第 17 条规定："婚姻法第十七条关于'夫或妻对夫妻共同所有的财产，有平等的处理权'的规定，应当理解为：（一）夫或妻在处理夫妻共同财产上的权利是平等的。因日常生活需要而处理夫妻共同财产的，任何一方均有权决定。（二）夫或妻非因日常生活需要对夫妻共同财产做重要处理决定，夫妻双方应当平等协商，取得一致意见。他人有理由相信其为夫妻双方共同意思表示的，另一方不得以不同意或不知道为由对抗善意第三人。"

度的第39条和第41条对此分别有原则性的规定[①]，即夫妻共同财产的分割，由双方协议处理；夫妻共同债务，由双方共同偿还。[②] 另一方面，根据我国《婚姻法》相关司法解释之规定，夫妻对于婚姻期间所负的共同债务，以及一方婚前所负个人债务但用于婚后家庭共同生活的，都应当承担连带清偿责任。[③] 综上可见，在我国通常法定制中，关于夫妻共同财产的分割方法，原则上由夫妻双方协议处理；关于夫妻共同债务清偿责任之承担，原则上由夫妻共同偿还，并且双方承担连带清偿责任。必须注意的是，我国夫妻对于共同债务的清偿，由于并不仅限于以婚后所得共同财产为责任财产，故属于无限连带清偿责任。

二 我国现行通常法定制的适用困境

当前，我国社会经济平稳较快发展，男女两性的地位更趋平等，夫妻双方在婚姻关系中也更加追求自身的人格独立与财产自由。与此同时，夫妻财产关系也变得日益复杂，夫妻一方恶意侵犯配偶的财产权益、有能力却拒不承担家庭扶养义务等现象也时有发生。由于我国现行夫妻财产制的制度建构，主要是立足于常态夫妻财产关系进行规范，对于一些非常态的

① 必须说明，由于并非只有离婚夫妻才需要处理夫妻的共同财产分割与共同债务的清偿问题，因此我国现行《婚姻法》仅仅在离婚章规定夫妻的共同财产分割与共同债务的清偿问题，此立法模式是不够科学严谨的，亟待改进完善。

② 我国《婚姻法》第39条规定：“离婚时，夫妻的共同财产由双方协议处理；协议不成时，由人民法院根据财产的具体情况，照顾子女和女方权益的原则判决。夫或妻在家庭土地承包经营中享有的权益等，应当依法予以保护。”第41条规定：“离婚时，原为夫妻共同生活所负的债务，应当共同偿还。共同财产不足清偿的，或财产归各自所有的，由双方协议清偿；协议不成时，由人民法院判决。”

③《婚姻法解释（二）》第23条规定：“债权人就一方婚前所负个人债务向债务人的配偶主张权利的，人民法院不予支持。但债权人能够证明所负债务用于婚后家庭共同生活的除外。”第24条规定：“债权人就婚姻关系存续期间夫妻一方以个人名义所负债务主张权利的，应当按夫妻共同债务处理。但夫妻一方能够证明债权人与债务人明确约定为个人债务，或者能够证明属于婚姻法第十九条第三款规定情形的除外。……”第25条规定：“当事人的离婚协议或者人民法院的判决书、裁定书、调解书已经对夫妻财产分割问题作出处理的，债权人仍有权就夫妻共同债务向男女双方主张权利。一方就共同债务承担连带清偿责任后，基于离婚协议或者人民法院的法律文书向另一方主张追偿的，人民法院应当支持。”第26条规定：“夫或妻一方死亡的，生存一方应当对婚姻关系存续期间的共同债务承担连带清偿责任。”

夫妻财产关系问题的处理已经显得力不从心，以至于财产权益受损害的夫妻一方其正当权利无法得到救济，进而最终导致夫妻婚姻关系破裂。

从我国夫妻共同债务清偿规则考察，夫妻对婚姻期间共同债务承担无限连带责任，从其功能看，虽有利于保护第三人利益和交易安全，却对婚姻当事人财产权益保障不足，这可能会影响部分当事人维持婚姻家庭关系的信心。现实生活中，有部分婚姻当事人制造虚假债务侵害夫妻他方的财产权益，夫妻他方在努力维持婚姻状况的同时，需要请求改共同财产制为分别财产制，却无非常法定制予以适用，这不利于实现法律的平等保护价值和公平价值，不利于家庭与社会的和谐构建。

从我国涉及非常法定制的相关规定考察，《婚姻法解释（三）》第 4 条所规定夫妻在婚姻期间可请求分割共同财产的两种情形，给现实生活中希望挽救婚姻，但基于特殊情况需要分割共同财产的婚姻当事人提供了法律依据，同时也有利于在一定程度上减少婚内侵权行为；但其仍存在相当的局限性，无法充分满足夫妻一方在婚姻期间基于特殊情形要求宣告撤销原共同财产制而实行分别财产制的现实需要。

为了解我国夫妻一方在婚姻期间基于特殊情形要求分割共同财产的司法实践情况，笔者在中国裁判文书网以"《婚姻法解释（三）》第四条"为关键词进行查询，仅寻得 30 个相关案件①；较之中国裁判文书网上 191 万余件的离婚纠纷案件量②，虽然此数据不能准确体现该条司法解释在司法适用中的案件量，但仍可初步判断"《婚姻法解释（三）》第四条"作为法定财产制之补充的立法目的，尚未在司法裁判中得以实现。究其原因，笔者认为主要有如下四点。

其一，适用的范围较为狭窄。《婚姻法解释（三）》第 4 条所规定的两种婚内分割夫妻共同财产情形，虽在一定程度上可以避免夫妻婚姻期间轻易提出分割共同财产，进而缓和了夫妻内部矛盾，但面对诸如夫妻分居、夫妻一方处分夫妻共同财产权利受限等需要请求婚内分割财产以对婚姻当事人施以救济之其他情形则无规定。因此，就其狭窄的适用范围而言，往

① 中国裁判文书网，http://wenshu.court.gov.cn。

② 笔者在中国裁判文书网以"离婚纠纷"为关键词进行查询，共寻得 1918292 个相关案件。中国裁判文书网，http://wenshu.court.gov.cn。

往不能更好地体现法律之公平价值。

其二，适用条件较为苛刻。《婚姻法解释（三）》第 4 条第 2 款之规定，其适用条件主要从以下四个方面进行限制：（1）分割夫妻共同财产的请求权主体必须是夫妻一方，即作为第三人的债权人或被扶养人不在其列；（2）财产分割的用途被限定为医疗，即当被扶养人虽未患有重大疾病但有其他需要救助之情形出现时，婚姻当事人仍无权请求分割共同财产；（3）接受医治的对象被限定为夫妻一方负有法定扶养义务的人，夫妻一方本人却不在其列；（4）支付的具体项目仅被限定为相关医疗费（即直接费用），而与医疗相关的陪护费、残疾用具费等涉医其他费用（即间接费用）却不在其列，即当夫妻另一方所拒绝支付的是上述其他费用，而非相关医疗费用时，需要对负有法定扶养义务的人施以救助的夫妻一方仍然无法请求分割共同财产。

其三，配套规定尚未完善。非常法定制是通常法定制在法定情形下变通的特殊形态，而《婚姻法解释（三）》第 4 条仅从分割共同财产的角度予以规定，但欠缺撤销原共同财产制而另立分别财产制的内容，关于非常法定制的终止和效力、夫妻外第三人可否单独提出分割夫妻共同财产等问题的配套规定尚未完善。

其四，规范的效力层级较低。司法解释在规范效力层级上低于《婚姻法》，故其作为司法指导文件往往被局限于司法系统内部被适用，而不能适应婚姻当事人及其他第三人知法、守法的需要，这显然不利于维护夫妻双方的合法权益，也不利于保护第三人利益和交易安全。此外，由于我国现行《婚姻法》尚未就夫妻共同财产的婚内分割问题作出相应规定，故以司法解释之规范效力层级予以规定，还可能有越权立法之嫌。

综上，为适应我国社会生活中婚姻期间夫妻一方基于特殊情形要求分割共同财产并实行分别财产制的现实需求，保障家庭扶养职能的实现，有效降低夫妻一方恶意侵害夫妻共同财产的可能性，充分维护第三人利益和交易安全，应当在《婚姻法解释（三）》第 4 条规定的基础上，进一步设立非常法定制，以期通过完善的制度设计，提高规范适用的可操作性，进而有效保护婚姻当事人的财产权益和保障家庭扶养职能的履行，并维护第三人利益和交易安全。

三　境外大陆法系部分国家和地区非常法定制的立法现状与评述

因我国是成文法国家，故从比较法研究的角度主要考察大陆法系的国家和地区。依据非常法定制是否需要当事人请求或法院宣告而实施，受考察之诸境外立法例分为当然的非常法定制与宣告的非常法定制两种模式。以上两种立法模式，皆可为我国非常法定制的制度构建提供一定的借鉴。需要说明的是，由于夫妻财产关系既涉及夫妻双方的财产权益和家庭扶养职能之实现，也涉及第三人利益和交易安全，故境外有关非常法定制的立法非常详细而具体，其所涉条文较多，尤以法国和德国之缜密的立法例为代表，因此笔者在此仅分别予以简要归纳，以明确其立法要点。

（一）境外大陆法系部分国家和地区之非常法定制的立法现状

有关实行非常法定制的法定情形与法定程序，大陆法系的一些国家和地区的规定如下。

1. 法国立法例

在《法国民法典》中，非常法定制的主要内容有如下七个方面。一是类型、程序与法定事由，其采用双轨制类型，同时采用当然的非常法定制与宣告的非常法定制，前者是基于法定事由而当然实行分别财产制[①]；后者须经法院的裁判程序宣告实行分别财产制。两者的法定事由不同，前者以夫妻一方被宣告失踪、分居为由，后者主要包括理事混乱、共同财产管理不善或行为不正，可能危害夫妻一方的或双方的利益等。二是请求权主体，仅限于夫妻一方。[②] 三是公示方式与生效时间，采用公告加登记的方式，其生效时间溯及开始诉讼之日。[③] 四是法律效力，规定为撤销共同财产制，改

① 参见《法国民法典》第1441条之规定。

② 参见《法国民法典》第1443条之规定。

③ 参见《法国民法典》第1445条之规定。

行分别财产制。[①] 五是夫妻的债权人享有异议权。[②] 六是家庭生活费，由夫妻分担给付该费用的责任。[③] 七是共同财产的结算与分割，以及共同债务的清偿责任。值得注意的是，在共同财产分割后，对于共同债务的清偿，夫妻一方对以自己名义的举债承担全部清偿责任，而对以他方名义之举债仅承担半数清偿责任。[④]

2. 德国立法例

在《德国民法典》中，非常法定制的主要内容有如下六个方面。一是类型、程序与法定事由，其采用单轨制类型，仅采用宣告的非常法定制，须经法院的裁判程序宣告实行分别财产制。其法定事由，按请求权的不同主体区分为不管理共同财产的配偶一方、管理共同财产的配偶一方、配偶任何一方共三种类型，各自对应的法定事由规定不一，主要包括共同财产的管理、家庭的扶养义务履行、夫妻一方负债过度，以及担任照管人的管理职责等情形。二是请求权主体，仅限于夫妻一方。[⑤] 三是公示方式与生效时间，应当采用公告或告知第三人的方式，其生效时间始于法院的裁决生效之时。四是法律效力，规定为撤销共同财产制，改行分别财产制。[⑥] 五是扶养义务，如果夫妻一方是照管人而对夫妻他方是被照管人的，前者对后者仍然依法应当承担照管义务。[⑦] 六是共同财产分割后，对共同债务的清偿，无债务清偿责任的夫妻一方，也应当以共同财产中分配给其标的之财产，对债权人承担连带清偿责任，但夫妻各方仅以取得的共同财产为限对共同债务的半数承担清偿责任。[⑧]

3. 瑞士立法例

在《瑞士民法典》中，非常法定制的主要内容有如下七个方面。一是类型、程序与法定事由，其采用双轨制类型，同时采用当然的非常法定制

① 参见《法国民法典》第 1449 条之规定。
② 参见《法国民法典》第 1446 条之规定。
③ 参见《法国民法典》第 1448 条之规定。
④ 参见《法国民法典》第 1467 ~ 1483 条之规定。
⑤ 参见《德国民法典》第 1447 条、第 1448 条、第 1469 条之规定。
⑥ 参见《德国民法典》第 1449 条、1470 条、第 1412 条、第 1479 条之规定。
⑦ 参见《德国民法典》第 1901 条之规定。
⑧ 参见《德国民法典》第 1480 条、第 1481 条之规定。

与宣告的非常法定制。两者的法定事由不同，前者为被宣告破产；[①] 后者主要包括夫妻一方负债过度或其共同财产已被查封、危害夫妻一方的或双方的利益、对于共同财产的处分无正当理由而不予配合、隐瞒个人财产或共同财产状况、长期丧失判断能力、分居等情形。[②] 二是请求权主体，包括夫妻一方、涉强制执行的债务执行监管机构（监督官厅），以及长期无判断能力的夫妻一方的法定代理人。[③] 三是公示方式与生效时间，前者未予规定；生效时间仅规定了宣告破产之日与因分居诉请采取非常法定制的申请之日。[④] 四是法律效力，其规定为撤销共同财产制，改行分别财产制。五是共同债务的清偿责任，夫妻一方或双方的债权人对某财产可以提出清偿请求的，该财产不受夫妻财产制被变更的影响；[⑤] 如该财产已经转移给夫妻一方的，该方须偿还债务，但以其接收到的财产范围为限承担有限连带清偿责任。[⑥] 六是分别财产制的终止效力，法官据夫妻一方请求命令恢复共同财产制或夫妻双方约定设立所得分享制。[⑦] 七是扶养义务，夫妻双方负有以适当方式扶养家庭的义务。[⑧]

4. 我国台湾地区立法例

在我国台湾地区“民法”（2015 年修正）中，非常法定制的主要内容有如下六个方面。一是类型、程序与法定事由，其类型由双轨制变为单轨制，仅采用宣告的非常法定制。受破产宣告为法定事由之当然的非常法定制被修正删除。[⑨] 法定事由主要包括不履行家庭扶养义务、夫妻一方负债过度、对于财产的处分无正当理由而拒绝同意、管理共同财产不当且不改正的、有危害夫妻一方财产权益之虞的、其他重大事由，以及夫妻之总财产

---

① 参见《瑞士民法典》第 188 条之规定。

② 参见《瑞士民法典》第 185 条第 1 款、第 2 款之规定；《瑞士民法典》关于分居期间的夫妻财产安排，见第 176 条第 1 款第 3 项之规定。

③ 参见《瑞士民法典》第 189 条、第 185 条第 3 款之规定。

④ 参见《瑞士民法典》第 236 条之规定。

⑤ 参见《瑞士民法典》第 192 条之规定。

⑥ 参见《瑞士民法典》第 193 条之规定。

⑦ 参见《瑞士民法典》第 187 条第 2 款、第 191 条之规定。

⑧ 参见《瑞士民法典》第 163 条之规定。

⑨ 我国台湾地区“民法”原第 1009 条（2015 年修正删除）规定：“夫妻之一方受破产宣告时，其夫妻财产制，当然成为分别财产制。”

资不抵债或难以维持共同生活、分居已六个月以上的。① 二是请求权主体，限于夫妻一方，原特定债权人可作为请求权主体的条款被删除。② 三是公示方式与生效时间，前者未予规定，生效时间仅于修法前对受破产宣告之当然的非常法定制规定为破产宣告之时。四是法律效力，其规定为撤销共同财产制，改行分别财产制。五是对共同债务，以共同财产清偿。③ 六是家庭生活费用，由夫妻分担，对其所生之债承担连带清偿责任。④

（二）境外大陆法系部分国家和地区之非常法定制的立法现状评析

通过对上述大陆法系部分国家和地区的立法例进行考察，可以发现上述立法例在类型与程序、法定事由、请求权主体、公示方式与生效时间以及法律效力等方面，既有共性也各有其特点。

1. 类型与程序之评析

在前述四个境外立法例中，从类型与程序看，德国和我国台湾地区采用单轨制类型，即仅采用宣告的非常法定制，法国和瑞士采用双轨制类型，即同时采用当然的非常法定制与宣告的非常法定制。笔者认为，当然的非常法定制与宣告的非常法定制，二者功能与价值取向的侧重点不同，前者在发生法定事由后直接生效，而无须经过诉讼程序，这体现了国家公权力介入的强制性，彰显了法律的效率与公平价值取向；后者在发生法定事由后，须请求权主体诉至法院，法院经审理查明具备法定事由的，依法宣告后才能生效，这体现了国家公权力介入的谦抑性及对当事人意思自治的尊重与限制，彰显了法律的自由、公平与秩序价值取向。它们都能够达到平等地保护婚姻当事人的财产利益、保障家庭扶养职能的履行、维护第三人的财产权益和交易安全之目的，有利于实现法律的平等保护价值和秩序价值。有学者认为，目前我国内地自然人没有破产能力，故只能规定宣告的非常法定制。笔者认为，如果我国今后为适应市场经济发展的需要，设立

① 参见我国台湾地区“民法”第1010条之规定。

② 参见我国台湾地区“民法”原第1011条（2015年修正删除）规定：“债权人对于夫妻一方之财产已为扣押，而未得受清偿时，法院因债权人之声请，得宣告改用分别财产制。”

③ 参见我国台湾地区“民法”第1034条之规定。

④ 参见我国台湾地区“民法”第1003－1条、第1038条、第1046条、第1023条之规定。

了自然人破产制度，与之相适应，也应当设立当然的非常法定制。

2. 法定事由之评析

关于当然的非常法定制之法定事由，其发生后无须经过诉讼程序而直接发生将共同财产制当然变更为分别财产制的效力，法国与瑞士对其适用的特定事由进行了严格的限制，法国限于被宣告失踪的、分居的两种情形，瑞士则仅限于夫妻一方被宣告破产之情形，两国立法例的这种限制意在避免讼累，以实现法律的效率价值。而关于宣告的非常法定制之法定事由，前述国家和地区的规定不一，但可以归纳为婚姻期间夫妻一方有侵害夫妻共同财产权或个人财产权的，或对共同财产管理不善而又拒绝改进的，或不履行家庭扶养义务的，或所负的共同债务或个人债务过多、资不抵债而有侵害夫妻共同财产或夫妻他方个人财产权利之虞的，或长期丧失判断能力的，或分居已达 6 个月的，或有其他重大事由的等。笔者认为，基于这些法定事由，而改为实行分别财产制，有利于保护婚姻双方当事人的财产利益，保障夫妻履行家庭扶养义务，维护第三人的财产权益和交易安全，有利于实现法律的公平价值。

3. 请求权主体之评析

关于请求权主体，前述立法例原则上都规定为夫妻之一方，但瑞士还包括债务执行监管机构（监督官厅）和长期无判断能力的夫妻一方的法定代理人，我国台湾地区于“修法”前还包括特定情形下的债权人。笔者认为，瑞士允许特定情形下夫妻一方之法定代理人作为请求权主体，有其合理性。因为，如果夫妻一方丧失民事行为能力，在具备法定事由的情形下，允许其法定代理人代为申请实行非常法定制，这有利于保护该夫妻弱势一方的财产权益。然而，瑞士将债务执行监管机构（监督官厅）作为请求权人，我国台湾地区曾将夫妻的债权人作为请求权人，两者都有干预婚姻当事人之家庭自治之虞。盖因夫妻双方对于夫妻共同债务依法应当承担连带责任，这已经足以保护债权人的利益，故不宜再将监督官厅、债权人作为请求宣告实行非常法定制的主体。因此，将债权人作为请求权人之立法缺陷，在我国台湾地区“民法”2015 年修正后已被克服。

4. 公示方式与生效时间、异议权之评析

关于公示方式与生效时间，瑞士和我国台湾地区的立法例对公示方式及异议权未予规定，而生效时间仅对破产宣告、分居等个别情形分别规定为破产宣告之日与因分居诉请实行非常法定制的申请之日。法国和德国则对非常法定制的公示方式与生效时间设有较为完善之规定，两国均采用的是双轨制，但两者的内容有以下不同：法国采用公告加登记的方式，其生效时间溯及开始诉讼之日，并且规定了夫妻的债权人有异议权；德国采用公告或告知第三人的方式，其生效时间始于法院的裁决生效之时。笔者认为，由于夫妻财产关系的变动既涉及夫妻双方的财产权益，也涉及第三人的利益和交易安全，因此，必须采取一定的公示方式，以期能够平等地保护婚姻当事人的利益、第三人的利益和交易安全。第一，德国采用的公告或告知第三人的方式，对我国更具有一定的借鉴意义。而如果采用法国的公告加登记的方式，既会增加我国民众的负担，也会增加相应的行政成本，故不具有可行性。根据我国现行《婚姻法》第19条及《婚姻法解释（一）》第18条规定的精神，我国约定夫妻财产制的公示方式采取书面形式和由夫妻告知第三人的方式，这是符合我国实际的。因为，我国地域辽阔，人口众多，对于夫妻财产制的订立与变更，采取以书面形式订立并由夫妻告知第三人的公示方式，可操作性强，简便易行，体现了法律的效率价值。第二，对于生效时间，德国采用始于法院的裁决生效之时，这符合民事诉讼法的基本原理，有利于定分止争，符合法律的秩序价值，值得我国借鉴。而法国将生效时间溯及开始诉讼之日，瑞士将生效时间设为因分居诉请实行非常法定制的申请之日，在此两种情形下，如果争讼的财产没有被保全，有可能会出现新的纠纷，徒增讼累，不符合法律的秩序价值。第三，法国规定夫妻的债权人有异议权，这有利于保护夫妻的债权人之利益，体现了法律的安全价值，值得我国借鉴。

5. 法律效力及共同债务清偿责任之评析

关于法律效力，被考察之诸立法例均规定为撤销原共同财产制，改行分别财产制。如前所述，除德国没有设立当然的非常法定制外，对于当然的非常法定制，法国、瑞士立法例及我国台湾地区“修法”前之立法例均规定为，实行共同财产制的夫妻，基于法定事由的发生而当然地变更为实行分别财产制。对于宣告的非常法定制，前述法国、德国、瑞士及我国台湾地区的立法例均规定，实行共同财产制的夫妻，在法定事由发生后由请求权主体提出申请，须经诉讼程序由法院宣告撤销共同财产制，改行分别财产制。笔者认为，对于当然的非常法定制，前述法国、瑞士之立法例直接规定基于法定事由的发生而改为实行分别财产制；对于宣告的非常法定制，须经诉讼程序由法院宣告废止财产共同制，而采用分别财产制。这些都体现了法律的效率价值和秩序价值。

关于共同财产制撤销后的共同债务清偿责任，法国、德国、瑞士和我国台湾地区的立法例均以夫妻有条件地承担有限连带责任为原则，仅法国设有夫妻举债一方承担无限连带责任为例外。笔者认为，由于夫妻财产关系，不仅涉及婚姻双方当事人及其扶养的家庭成员的利益，还涉及第三人的利益和交易安全，因此，共同财产制撤销后的共同债务清偿责任，必须予以明确规定，方可达到既保护夫妻双方的财产权益和受夫妻扶养的家庭成员的利益，也维护第三人利益和交易安全之目的。前述法国、德国、瑞士和我国台湾地区的立法例之共同点是，夫妻应当以共同财产承担清偿共同债务的责任。它们的不同点是，除我国台湾地区没有就家庭生活费用以外债务专门作出连带责任的规定外，法国由作为借债的名义人的夫妻一方承担全部清偿责任，而夫妻另一方对于以夫妻他方名义之举债只承担半数清偿责任；德国夫妻一方以共同财产中分配给其的标的财产，对债权人承担连带清偿责任，且夫妻各方仅以取得的共同财产为限对共同债务的半数承担清偿责任；瑞士夫妻各方仅以从共同财产中取得的有负担的标的财产为限承担有限连带清偿责任。笔者认为，上述法国、德国、瑞士三国的立法体现了以下两个方面的立法精神。一方面，贯彻现代民法之“自己责任原则”，即夫妻一方对以自己的名义而产生的共同债务，由其承担清偿债务的主要责任。如法国由作为借债的名义人的夫妻一方承担全部清偿责任，而夫妻另一方对于以夫妻他方名义之举债只承担半数清偿责任；德国夫妻一方仅以共同财产中分配给其的标的财产，对债权人承担连带清偿责任；瑞士夫妻各方仅以从共同财产中取得的有负担的标的财产为限承担有限连带清偿责任。另一方面，为保障第三人的利益和交易安全的实现，第三人本人在民事交易中应当承担合理的“注意义务”，在借债之前其应当注意查明债务人是否具有偿还债务的能力，并可依法设立担保、质押等方式，保障其债权的实现。如瑞士夫妻各方仅以从共同财产中取得的有负担的标的财产为限承担有限连带清偿责任。这些立法例，有利于保护夫妻双方的财产权益，保障实现家庭的扶养职能，并维护第三人的利益和交易安全，彰显了法律的平等保护价值和公平价值，值得我国借鉴。

6. 分别财产制终止的效力之评析

关于分别财产制终止的效力，瑞士立法例规定实行分别财产制的理由消失时，法官可在夫妻一方申请后，命令恢复原财产制；债权人获得清偿的情形下，法官也可应夫妻一方申请命令恢复共同财产制或夫妻双方通过婚姻协议设立所得分享制。此立法给实行非常法定制的夫妻，基于法定事由的消失而需要终止分别财产制，提供了法律依据，并且尊重婚姻当事人的意愿，由其选择是恢复原共同财产制或另行缔结其他财产制，体现了法律的自由价值，值得我国借鉴。

7. 家庭生活费或扶养义务负担方式之评析

关于实行非常法定制后，对于家庭生活费或扶养义务负担方式，法国规定家庭生活费，由夫妻双方分担给付该费用的责任；德国规定如果夫妻一方是照管人而对夫妻他方是被照管人的，前者对后者仍然依法应当承担照管义务。但值得注意的是，对于这些义务，瑞士和我国台湾地区均不在非常法定制中予以规定，而是在“婚姻的一般效力”或“婚姻的普通效力”中作出规定。瑞士在“婚姻的一般效力”中规定，夫妻双方均有以适当的方式承担扶养家庭的义务；我国台湾地区在“婚姻的普通效力”中规定家庭生活费用由夫妻分担，对其所生之债承担连带清偿责任。笔者认为，无论夫妻实行何种财产制，基于婚姻的一般效力，双方均应当承担对家庭的法定扶养义务，夫妻一方对于丧失判断能力的夫妻他方应当依法承担扶养义务和监护（照管）义务。因此，瑞士和我国台湾地区的立法技术更为科学，符合法律的效率价值和秩序价值，可以避免重复立法，值得我国借鉴。

四　对我国“民法典草案”学者建议稿中非常法定制的评析

当前，我国《民法总则》已经颁布，民法典分则的各编也正在加紧编纂之中。在我国民法典的起草过程中，较为重要的“民法典草案”学者建议稿主要有以下三部：梁慧星教授主编的《中国民法典草案建议稿》（以下简称“梁稿”)、王利明教授负责起草的民法典草案（以下简称“王稿”)以及徐国栋教授主编的《绿色民法典草案》（以下简称“徐稿”)。其中，“王稿”因未规定非常法定制，故在此不予论述，对其他两份“民法典草案”学者建议稿中有关非常法定制部分，笔者简要评析如下。

（一）“梁稿”中非常法定制的立法评析

“梁稿”中有关非常法定制的内容，见于第1689～1692条之规定，其特点概括如下：第一，在立法类型上，采用“双轨制”，即同时设立当然的非常法定制与宣告的非常法定制；第二，在法定事由上，明确规定“双轨制”各自适用的法定事由；第三，在请求权主体上，在宣告的非常法定制中，夫妻一方和债权人在不同的法定条件下均可成为申请人，经法院裁判宣告撤销原共同财产制并分割夫妻共同财产，以保护债权人权益；第四，在法律效力上，规定了非常法定制的效力，即夫妻共同财产制在被当然撤销或被宣告撤销后，变更为分别财产制；第五，在公示方式上，以婚姻登记机关进行登记为宣告的非常法定制发生及终止的公示方式；第六，在终止的原因及效力上，规定了非常法定制的终止原因及原夫妻财产制恢复的条款。

笔者认为，“梁稿”中非常法定制的制度设计较为完整和全面，且具有较强的实践操作性，但其仍存以下问题需要解决。第一，在适用范围上，囿于法定夫妻财产制，未将约定夫妻财产制中夫妻选择共同所有或部分各自所有、部分共同所有的夫妻财产制之情形纳入立法规范，然此情形仍有适用非常法定制之必要。第二，在申请主体上，如在“夫妻一方永久性的丧失判断能力”的法定事由中，将申请人规定为夫妻一方，其合理性值得商榷。盖因丧失判断能力的夫妻一方已然不具备完全民事行为能力，却要求作为其监护人与法定代理人的夫妻另一方主动提出申请，以适用非常法定制，这难免对申请人的道德要求过高；但若其不主动提出申请，则有可能不利于保护夫妻弱势一方的财产权益。[①] 故在此情形下，应当允许永久性

① 此种情形，在笔者查阅的（2014）郴北民一初字第337号民事裁定书中，即有所体现，且该情形于全国在一定范围内也实际存在。

丧失判断能力的夫妻一方的其他近亲属作为申请适用非常法定制的适格主体。第三，在对夫妻财产制的公权力介入的谦抑性规定上，当非常法定制被申请宣告终止时，由法院宣告恢复原共同财产制的做法可能有干涉夫妻意思自治之嫌，有违公权力的谦抑性发挥。夫妻间究竟行何种财产制乃是其私权领域，为实现法律的自由价值，故在非常法定制被申请宣告终止时，法院仅需宣告不再强制实行分别财产制即可；唯在夫妻双方未达成财产制约定的书面协议时，则当然适用通常法定制。

（二）“徐稿”中非常法定制的立法评析

“徐稿”中有关非常法定制的内容，见于第 70 条至第 71 条之规定。较之“梁稿”，“徐稿”中有关非常法定制的设计相对简练。第一，在类型上，采取单轨制，只有宣告的非常法定制。第二，在法定事由上，设计有 9 项，且将法定事由中的分居时间由 1 年减少为 6 个月。第三，在请求权主体上，仅限于夫妻一方。第四，在公示方式上，采取登记制。第五，在法律效力上，撤销原共同财产制，改为分别财产制。第六，在终止上，明确规定了实行的分别财产制之终止原因、请求权人、程序及效力。笔者认为，“徐稿”有关非常法定制的设计，在结构上与“梁稿”大体一致，而其不足主要是在非常法定制的申请主体上，未赋予特定情形下处于弱势的夫妻一方近亲属监护人申请主体资格，这不利于该方合法权益之维护。

五　类型、功能与价值取向视角下的立法构想

综上所述，非常法定制作为夫妻法定财产制的一种特殊类型，为婚姻当事人基于特殊情形请求撤销原共同财产制而实行分别财产制提供了法律救济的途径，其具有保护夫妻双方的财产权益，保障家庭扶养职能的实现，维护第三人的利益和交易安全的现实功能。为彰显法律追求的效率价值、公平价值、自由价值、平等保护价值和秩序价值，加强保护夫妻双方的财产权益，满足夫妻履行扶养家庭的职能需要，加强维护第三人的利益和交易安全，促进我国社会经济的发展，在我国“民法典婚姻家庭编”编纂之际，笔者建议应当从中国实际出发，坚持立法为民、司法为民，以我国现

行《婚姻法》的基本原则为指导，总结我国现有的相关立法和司法解释的经验，借鉴境外有益的立法经验，并在吸收“梁稿”与“徐稿”中非常法定制的学者建议的基础上，建构我国未来的非常法定制如下。

（一）设立非常法定制的内涵界定条款

为明确非常法定制适用范围不限于夫妻共同财产制，同样可适用于具有共同财产关系的约定夫妻财产制，且纳入当然的非常法定制和宣告的非常法定制两种立法模式，以更加全面地保护夫妻双方财产权益，维护第三人的利益和交易安全，实现法律的效率价值、公平价值、自由价值、平等保护价值和秩序价值，建议制定非常法定制的内涵界定条款：凡实行法定共同财产制的夫妻或约定为全部共有或部分共有财产制的夫妻，在法定事由出现时，可依法律的规定或经婚姻当事人一方申请由人民法院宣告，撤销共同财产制，改为实行分别财产制。

（二）设立当然的非常法定制

为与未来可能设立的自然人破产制度进行制度衔接，保护婚姻当事人的财产权益，维护债权人的利益和交易安全，基于法律的效率价值和公平价值，建议设立当然的非常法定制条款：夫妻一方受破产宣告的，依法律规定，夫妻财产关系自人民法院作出破产裁判宣告之时起适用分别财产制。

（三）设立宣告的非常法定制

为适应我国当下社会经济之发展，保护婚姻当事人的财产权益，保障实现家庭的扶养职能，维护第三人利益和交易安全，基于法律的公平价值、自由价值和平等保护价值，建议借鉴境外宣告的非常法定制之法定事由，并将申请人范围由夫妻一方扩展至法定情形下夫妻一方之近亲属，设立宣告的非常法定制条款。

有下列情形之一的，经夫妻一方申请，人民法院可以宣告撤销原夫妻共同财产制，适用分别财产制：（1）夫妻因感情不和连续分居一年以上的；（2）故意隐瞒个人的经济收入和财产状况的；（3）未征得对方同意擅自处分价值较大的夫妻共同财产的；（4）对共同财产的管理，无正当理由不予以配合的，或因故意或重大过失导致重大财产损失的；（5）夫妻一方的个人财产不足清偿其个人债务的；（6）不承担家庭日常费用支出、不支付抚养费和赡养费等，不履行家庭扶养义务的；（7）其他将使夫妻一方利益受到严重损害的事由。

有下列情形之一，因夫妻一方之不当行为造成或可能造成夫妻他方合法权益受损害的，经后一方具有法定监护人资格的近亲属申请，人民法院可以宣告撤销夫妻共同财产制，适用分别财产制：（1）夫妻一方被宣告失踪、被宣告为无民事行为能力人或限制民事行为能力人的；（2）夫妻一方永久性地丧失判断能力的。

（四）非常法定制的法律效力与公示方式

为保护婚姻当事人的财产权益，维护第三人的利益和交易安全，基于法律的公平价值和平等保护价值，根据我国现行《婚姻法》第19条规定之立法精神，同时为降低政府行政成本，借鉴德国有关变动夫妻财产制必须进行登记或告诉第三人的立法例，并考虑到夫妻财产关系状况因其隐私性暂不宜采取登记方式进行公示，建议设立非常法定制的效力与公示方式的条款。

基于法定事由的发生当然适用或经法院宣告适用分别财产制的，其效力即撤销原共同财产制而改为分别财产制，对夫妻双方均具有法律约束力。

对于上述夫妻财产制的变动，夫妻负有以书面形式告知与其交易之第三人的义务。否则，该夫妻财产制的变动，对于善意第三人不发生法律效力。

（五）非常法定制之异议权

因夫妻财产制之选择属婚姻当事人家庭自治之范畴，故前述立法构想未将第三人纳入非常法定制的请求权主体，但为保护受夫妻财产制变动影响的第三人之利益，并为其提供救济途径，基于法律的平等保护价值和公平价值，建议设立非常法定制之异议权条款。

债权人或其他利害关系人认为夫妻财产制的变更与恢复申请侵害其利益的，在诉讼时效期间内可以向接受申请宣告的人民法院提出异议。

（六）共同财产制撤销后的共同债务清偿责任

为维护第三人的利益和交易安全，兼顾保护夫妻各方的财产权益和保障家庭扶养职能的实现，基于现代民法之“自己责任原则”和法律的平等保护价值和公平价值，借鉴法国、德国立法例，建议设立共同财产制撤销后的夫妻共同债务清偿责任条款。

共同财产制被撤销后，夫妻应当以共同财产优先清偿共同债务。如果已经分割共同财产，而没有清偿共同债务的，夫妻一方对以自己名义的举债承担全部清偿责任，而对以他方名义的举债，仅以分割取得的共同财产为限承担半数清偿责任；夫妻对以双方共同名义的举债，向债权人承担连带清偿责任。

（七）非常法定制的终止

非常法定制作为夫妻财产制的特殊形态，在法定事由消失后，理应得到终止，基于法律的公平价值和秩序价值，建议对当然的和宣告的非常法定制之终止作出规定，设立如下条款。

改用分别财产制的法定事由消除后，经夫妻一方申请，法院可宣告恢复原法定夫妻共同财产制或夫妻协商确定的其他类型的夫妻财产制。

因受破产宣告适用分别财产制的，经夫妻一方申请且债权人无异议的，法院可宣告恢复原法定夫妻共同财产制或夫妻协商确定的其他类型的夫妻财产制。

夫妻共同债务认定规则中的伪命题

陈凌云*

【内容摘要】2018 年 1 月 18 日关于夫妻共同债务认定标准的新解释生效，明确提出了三个认定标准：共同生活、共同生产经营和举债合意。该解释虽然否定了《婚姻法解释（二）》第 24 条的适用，然而三个标准之间的关系值得思考。以此前生效裁判文书观之，法院以家庭受益代替“共同生活”，并且推定、扩大解释家庭受益的内涵，导致夫妻共同债务范围的扩大——不区分生活举债和生产经营举债。夫妻一方或双方所举大额债务性质的认定，应以举债合意为唯一标准，其可涵盖共同生产经营的内容，以家庭受益或共同生活为举债意思表示的推定规则，由此平衡婚姻家庭关系中个体缔约自由、交易秩序与家庭责任。

【关 键 词】共同生活　生产经营之债　夫妻共同债务　举债合意

2018 年 1 月一案一释再次激起了社会对夫妻共同债务认定规则的关注。因小马奔腾创始人李明离世，其遗孀金燕需要承担“对赌协议”下李明所

* 陈凌云，法学博士，西北政法大学民商法学院副教授。

欠债务2亿元。[①] 与此同时2018年1月18日生效的《最高人民法院关于审理涉及夫妻债务纠纷案件适用法律有关问题的解释》（以下简称《夫妻债务纠纷解释》）颁行，并强调了夫妻共同债务认定的三个标准：共同生活、共同生产经营及举债合意。该解释使夫妻共债认定标准明晰化，但在具体适用过程中存在冲突，同一案件适用不同标准会得出截然相反的结论，尤其是大量存在的一方以个人名义所负经营之债性质的认定。因此，笔者以地方高院的观点和生效裁判文书为背景，分析新标准之间的关系，并最终确定举债合意为夫妻共同债务的唯一认定标准，使夫妻共同债务问题回归至合理范围。

一　共同生产经营之债的表现形式

因共同生产经营行为而被认定为夫妻共同债务的判例很多，但夫妻共同生产经营行为的表现方式多种多样。《夫妻债务纠纷解释》生效前后，关于共同生产经营行为之债被定性为夫妻共同债务的情况屡见不鲜（参见表1）。

二　经营之债进入夫妻共同债务的论证途径

在《夫妻债务纠纷解释》颁行前，学者们将批判的焦点放在《最高人民法院关于适用〈中华人民共和国婚姻法〉若干问题的解释（二）》（以下

① 2014年1月2日，北京小马奔腾文化传媒股份有限公司创始人李明突然离世。因李明等三人与建银文化产业投资基金（天津）有限公司（下称建银投资公司）为丙方（投资方）签订“对赌协议”失败，2016年10月建银投资公司将其遗孀金燕诉至法院，要求其偿还对赌协议所约定之款项。北京市第一中级人民法院认为夫妻共同生活并不限定于夫妻日常家庭生活，还包括了家庭的生产经营活动。“李明个人在小马奔腾公司增资后成为小马奔腾公司的股东，其负担股权收购义务的前提，显然是期望小马奔腾公司上市带来的经济等多方面的利益，毫无疑问，该利益亦将及于金燕，故案涉债务的产生指向家庭经营活动，属于夫妻共同生活的一部分。”“李明并非以其个人财产运营小马奔腾公司及其系列关联公司，故金燕本人是否参与或了解小马奔腾公司的经营情况，不影响对本案中夫妻共同债务的判断。”基于《最高人民法院关于适用〈中华人民共和国婚姻法〉若干问题的解释（二）》第24条之规定，金燕因夫妻共同债务要在2亿元范围内承担连带清偿责任。参见任文岱《“对赌”失败“小马奔腾”创始人遗孀被判承担巨额债务》，《民主与法制时报》2017年12月30日，第2版。

表 1　共同生产经营标准的适用逻辑

1	“缪晓播与金永祥、李树刚民间借贷纠纷”（2012）浙商提字第 110 号民事判决书	2007～2008 年，缪晓播、李树刚二人作为嘉禾担保公司股东，共同经营嘉禾担保公司，从事资金拆借活动，有些款项亦直接打入缪晓播的账户；最后，缪晓播自认在 2007 年至 2008 年期间多次向金永祥支付利息。因此，缪晓播应该知晓李树刚在 2007 年至 2008 年期间与金永祥之间的借款往来，且本案所涉款项又系用于李树刚、缪晓播共同经营嘉禾担保公司的资金拆借业务所需，故缪晓播应对本案所涉借款 570 万元承担共同清偿责任。	借款直接打入缪晓播账户（夫妻也为股东），由此认定为个人举债债务	夫妻共同债务	夫妻双方为同一公司股东
2	“王辉与陈安祥、赵慧等民间借贷纠纷”（2016）鲁民终 1171 号民事判决书	陈安翔为威海澳华公司的经营向王辉举债，因威海澳华与山东澳华均为同一法人出资设立，并由同一自然人陈安祥担任二公司的法定代表人，赵慧虽未在威海澳华任职，但其在山东澳华任总经理一职，因威海澳华与山东澳华之间有关联关系，结合陈安祥与赵慧的职务身份，即便涉案借款全部用于威海澳华的公司经营，也应认定其夫妻二人将借款用于公司经营，并分享带来的收益。加之利用赵慧个人账户接收并偿还借款，因此二审法院认定为夫妻共同债务。	赵慧个人账户接还借款，并且赵慧为另一关联公司的总经理，两公司均从中受益	夫妻共同债务	夫妻双方分别为两关联公司的法定代表人和总经理
3	王小华与邬蓉华、方其良等人民间借贷纠纷（2015）浙民申字第 1987 号民事判决书	王小平主张债务人方其良的配偶邬蓉华为汇丰公司实际经营者之一的理由是，汇丰公司曾为邬蓉华的债务作保证，在该债务发生纠纷后邬蓉华以汇丰公司委托代理人的身份参加诉讼，因此推定邬蓉华也为汇丰公司的经营者之一。另外本案 340 万元中的 200 万元借款由王小平直接汇入邬蓉华个人账号交付，说明邬蓉华经手过方其良向王小平的借款，其辩称对本案借款不知情，缺乏依据。二审法院认定本案债务为方其良、邬蓉华双方因共同经营产生的夫妻共同债务。再审法院亦同意二审法院意见。	邬蓉华个人账户接收借款 + 邬蓉华实际经营者身份的认定	夫妻共同债务	配偶非股东但为实际经营者

续表

4	杨新年与陈艳、武智勇民间借贷纠纷案（2015）苏民终字第 00509 号民事判决书	本案借款发生于武智勇、陈艳夫妻关系存续期间，应当按夫妻共同债务处理。至于陈艳称德固公司的法定代表人现在是武智勇，借款用于德固公司经营，即便属实，陈艳在借款发生时也系德固公司的股东、法定代表人，夫妻一方或双方出于共同生活的目的、从事经营活动所负的债务应认定为夫妻共同债务。	陈艳为公司的股东	夫妻共同债务	夫妻均为公司股东，其中一方为公司的法定代表人
5	刘浩、刁岚民间借贷纠纷案（2018）鄂民终 2 号民事判决书	刘浩的此笔借款发生于刁岚时任凯原公司股东、监事之时，也是刘浩与刁岚夫妻关系存续期间。虽刘浩所借债务系用于经营活动，但凯原公司对刘浩借债的事实明知且提供担保，刁岚作为凯原公司的仅有的两名股东之一以及公司监事，对凯原公司为刘浩借款提供担保应当知情。换言之，刁岚对刘浩涉案借款的事实是明知且无异议的。因此，一审法院确认刘浩的涉案借款为刘浩、刁岚的夫妻共同债务，具有事实和法律依据。	刘浩经营举债行为 + 刁岚为凯原公司的股东和监事 + 凯原公司担保	夫妻共同债务	夫妻一方为经营举债，配偶为股东和监事的公司提供担保

简称《婚姻法解释（二）》）第24条，因其既不遵循债之相对性，也无须证明用于共同生活的事实，而少有讨论“共同生活”的功过是非。在各地方高院的会谈纪要中，已经将生产经营之债纳入夫妻共同债务的范围，但是修饰的定语——“家庭生产经营”截然不同，而未表述为共同生产经营。然而无论是一方举债，还是共同举债，无论是家庭还是夫妻共同经营，最终都会得出夫妻共债的结论，除法院错误分配举证责任的原因外，关键在于法官对共同生活标准的多维解释：以可操作性更强的“家庭受益”替代抽象的“共同生活”[①]标准，并对家庭受益进行推定和扩大解释。因此在共同生活标准的推动下，夫妻共同债务性质的结论就是无可撼动的。

（一）论证第一步：公司直接受益，家庭间接受益

如上文所述，共同生产经营行为所生之债因公司等组织形式而被定性为公司债务，但法官的论证并未止于此。虽然为股东为公司经营举债，但是股东会从公司经营中间接受益，因此股东的配偶也属于受益的范围。以王琅与李文龙等企业借贷纠纷为例，法院认为，谢凯是欢娱公司大股东和法定代表人，在没有相反证据证明的情况下，应推定公司盈利用于夫妻共同生活，即公司经营状况直接影响大股东个人获利状况，也会与谢凯与王琅婚姻存续期间个人财产有直接关系。[②]在邢桂琴、鹤岗市联通典当有限责任公司民间借贷纠纷再审中，最高院认为周忠义除了担任远大公司法定代表人，同时还持有远大公司的股份。涉案借款投入远大公司经营将影响股东的利润分配，周忠义在远大公司享有的权益属于夫妻共同所有的范围，因此其债务亦属于夫妻共同债务。[③]徐跃全尽管是担保人身份，但同时也是债务人旭跃公司的法定代表人和控股股东，公司的经营状况直接影响股东个

① 各地方高院在相关的会议纪要中强调家庭是否分享了债务所带来的利益是夫妻共同债务成立的标准之一。《北京市高级人民法院民一庭关于审理婚姻纠纷案件若干疑难问题的参考意见》第六部分中表述：“夫妻双方主观上不具有举债的合意且客观上不分享该债务所带来的利益。”《上海市高级人民法院关于审理民间借贷合同纠纷案件若干意见》（沪高法民一〔2007〕第18号）第3条表述：“夫妻双方没有共同举债的合意和该债务没有用于夫妻共同生活。”广东省高院关于审理婚姻纠纷案件若干问题的指导意见（《粤高法发〔2006〕39号》）第7条表述：“夫妻双方不存在举债的合意，且未共同分享该债务所带来的利益。”

② （2015）最高法民申字752号。

③ （2017）最高法民申字3652号。

人的全部收益，和徐跃全与张秀萍的夫妻共同财产也有关系。①

因此，即便配偶证明自己有稳定的工作和收入来源，并且自举债至诉讼期间，家庭没有重大的财产支出，或者证明二人举债时处于分居或离婚诉讼状态②，只要家庭曾经为股利或分红的受益者③，以家庭财产投资经营，就无法逃脱夫妻共同债务的宿命。

（二）论证第二步：家庭实际受益扩大至推定家庭受益

有些案件中能够看到家庭实际受益的结果，例如股东以夫妻共有财产为公司债务作担保，又向第三人举债清偿主债务，继而免除了夫妻的担保责任。④ 然而在大多数的案件中“家庭受益”是推定结果。因债务人与其配偶并没有夫妻财产分别所有制的书面约定，因此法院推定双方为法定夫妻财产制——婚后所得共有制，债务人以夫妻共同财产投资公司，公司受益即股东受益，后推断家庭应当受益。⑤

---

① （2017）最高法民申44号。

② 黄振与董婷、徐达越民间借贷纠纷一审民事判决书（2014）盐民初字第0104号。

③ 黄国明与张志强、余冬连合伙协议纠纷二审民事判决书（2013）韶中法民一终字第1268号。

④ 在姚汝林与温州兆丰百货有限公司、陈达锋等民间借贷纠纷（2010）浙商外终字第68号民事判决书中，法院认为：因涉案借款系用于钟松和夫妇共同生产经营的兆丰公司偿还所欠银行贷款，本案借款用途系为偿还兆丰公司向银行所贷900万元，该笔贷款的抵押物是登记在钟松和名下的房产，钟松和应明知涉案借款事宜，加之该到期贷款因陈达锋向姚汝林借款而得以按时偿还，这实际上也使钟松和的抵押房产得以摆脱被优先受偿的困境。钟松和因涉案借款而与陈达锋共同获益，理应在不能履行到期还款义务时负担共同债务，就涉案借款向姚汝林承担共同清偿责任。

⑤ 在刘利民、郑落萍与李四海、王贵生民间借贷纠纷案（2014）民申字第657号判决书中，法院认为：刘利民在民生公司有投资，亦有收益，夫妻双方并未对婚姻存续期间财产约定归各自所有。涉案600万元借款，发生在婚姻关系存续期间，郑落萍不能证明刘利民经营民生公司所获收益未用于家庭共同生活，主张涉案债务为刘利民个人债务的理由不成立。在高海燕与徐克珊、张慧敏民间借贷纠纷（2014）鲁民一终字第15号判决书中，法院认为：徐克珊将所借高海燕的款项转借山东鼎融集团公司用于资金周转，并取得相应收益，该收益应为徐克珊与张慧敏夫妻家庭共同收入，属于夫妻共同财产。在杨红伟与阮祥桥、阮玉兰民间借贷纠纷（2016）最高法民申字3689号判决书中，法院认为：阮祥桥提交的梁桃荣向阮玉兰还款的银行流水，并不能直接证明阮玉兰将涉案款项转借他人赚取利差未用于夫妻共同生活，也不能证明阮玉兰收回的本息不属于夫妻共同财产，无证据证明两人是分别财产制，因此转借所获利息应为夫妻共同财产。在陈勤妹与王晓莉、殷爱军等民间借贷纠纷（2016）鲁民终1063号判决书中，法院认为：“……王晓莉收到陈勤妹借款后，将该笔款项用于向其他经营者放贷，虽然可证明该笔款项未直接用于夫妻共同生活的支出，但不能否认其经营行为所获利益为双方夫妻共同财产，故王晓莉所借陈勤妹款项应认定为其与殷爱军的夫妻共同债务。”

部分案件审查了举债资金的具体流向，但不区分家庭受益的比例，要求股东及其配偶对此一并承担连带责任。在应祖根与童国强、徐甜、李涛、郧安琪民间借贷纠纷中[①]，法院认为应祖根的借款其中280万元用于童国强、徐甜婚姻存续期间共同经营的公司还贷，200万元用于童国强、徐甜共同在杭州购房支付购房款，最终判定夫妻双方对全部借款承担连带责任。[②]

三 生产经营之债性质认定中的逻辑错误

在生效的裁判文书中，并非所有涉及为经营而举债的性质认定都是错误的，但在论证的过程中缺少某些论证环节而致结论备受质疑。

（一）疏于审查股东与公司承担连带责任的情形

在公司债务中，股东承担连带责任的情形不在少数，包括法人人格否认、出资不足、一人公司、抽逃资金、利用关联关系损害公司利益、公司解散时股东未足额缴纳出资等。在认定夫妻共债的场合下，最为常见的是法人人格否认、一人公司、关联交易情形。最为常见股东对外为公司经营而举债，以个人账户或其配偶账户完成款项的出入，很多判例中法官并未审查款项的后期流动和利用状况，即没有审查，或者要求股东证明，其个人财产和公司财产混同，以及可能出现的经营混同、业务混同和人员混同等状况。[③] 若能审查并认定上述内容，则能抛开牵强的家庭间接受益的途径，以“公司形式受益，而股东为实质受益”的途径证成债务的性质，逻

① （2015）赣民一终字第186号二审民事判决书。

② 在笔者检索裁判文书中，也有法院确定了债务中为共同生活的债务比例，仅确定此部分为夫妻共有债务。在许峰与陈艳、陆光华等民间借贷纠纷案中，法院认为：本案中，虽然1000万元借款发生在陈艳、陆光华夫妻关系存续期间，但陈艳收到1000万元后，即将其中的490万元转入华俊公司账户，该款符合许峰与被告陈艳之间借款合同约定，用于华俊公司资金周转而非用于陈艳与陆光华家庭生产经营及生活所需，故陆光华对该490万元借款不承担连带偿还义务。余款510万元是陈艳个人支配，用于购房，该510万元借款发生于陈艳与陆光华婚姻关系存续期间，陆光华没有充分证据证实该510万元明确约定为陈艳个人债务，因此，陆光华作为配偶对510万元借款应承担连带偿还责任。参见许峰与陈艳、陆光华等民间借贷纠纷案民事判决书（2014）苏民终字第004号判决书。

③ 参见《一人公司股权转让不免除原股东对公司债务的责任——广东东莞中院判决龙华公司诉杰美讯公司等买卖合同纠纷案》，《人民法院报》2014年4月10日，第06版。

辑上更为严谨科学。①

（二）配偶账户接收款的行为认定为经营行为

实践中以夫妻共同账户或者配偶账户接收借款②，或者以前述账户内的资金还款③，或者配偶虽然没有签字④，但对借款合同的订立以及履行过程均了解，且未表示反对⑤，此时法院认为，配偶以“推定形式”做出举债的意思表示。因夫妻之间即容易获得并掌握对方的敏感信息，其中就包括银

① 在某些案件中，法院认为“当事人个人财产与公司财产是否存在《中华人民共和国公司法》规定的高度混同情形，并不影响本案实体处理结果”。参见乔钰峰、裴晟捷等与乔钰峰、裴晟捷等民间借贷纠纷（2015）民申字第1892号民事裁定书。

② （2017）最高法民申字3507号。黄栋梁虽然以个人名义向王宗红借款以偿还联邦印染公司的债务，但从资金流向上看，王宗红将款项汇入黄栋梁账户后，其随即将款项转给黄美霞，经由黄美霞账户转给联邦印染公司，黄美霞对该笔借款应为明知并参与。在王小平与邬蓉华、方其良等民间借贷纠纷再审复查与审判监督民事裁定书（2015）浙民申字第1987号判决书中，法院认为：涉案340万元中的200万元借款由王小平直接汇入邬蓉华个人账号交付，说明邬蓉华经手过方其良向王小平的借款，其辩称对本案借款不知情，缺乏依据。此外，王小平在二审中提交的海盐县人民法院（2014）嘉盐商初字第1138号民事调解书反映了邬蓉华曾以汇丰公司为保证人对外巨额举债，发生纠纷后，又以汇丰公司委托代理人的身份参加诉讼的相关情况，进一步印证了邬蓉华参与了汇丰公司的经营。二审认定本案债务为方其良、邬蓉华双方因共同经营产生的夫妻共同债务，有相应的事实依据。在缪晓播与金永祥、李树刚民间借贷纠纷再审民事判决书（2012）浙商提字第110号中，法院认为：……2007年至2008年期间，缪晓播、李树刚共同经营嘉禾担保公司，从事资金拆借活动，有些款项亦直接打入缪晓播的账户；最后，缪晓播自认在2007年至2008年期间多次向金永祥支付利息。综上，缪晓播应该知晓李树刚在2007年至2008年期间与金永祥之间的借款往来，且本案所涉款项又系用于李树刚、缪晓播共同经营嘉禾担保公司的资金拆借业务所需，故缪晓播应对本案所涉借款570万元承担共同清偿责任。

③ 李银花、尚同江、衡水市冠宇商贸有限公司、武邑鑫洋矿业有限公司与甄大锋民间借贷纠纷申请再审民事裁定书（2015）民申字第3663号。郑华平、盛和娟、郑迪海与王德水合伙协议纠纷二审判决书辽宁省大连市中级人民法院民事判决书（2016）辽02民终4180号。据王辉与陈安祥、赵慧等民间借贷纠纷二审民事判决书（2016）鲁民终1171号，陈安祥向原告借款后先后通过其个人账户及威海澳华账户向赵慧账户汇入6209000元，后又多次通过赵慧账户对外付款并向原告偿还涉案部分借款，赵慧称对借款不知情，一审不予采信。……威海澳华与山东澳华均为同一法人出资设立，并由同一自然人陈安祥担任二公司的法定代表人，故二公司存在关联关系。赵慧虽未在威海澳华任职，但其提交的山东澳华管理部人员薪资明细载明借款时赵慧在山东澳华任总经理一职，因威海澳华与山东澳华之间有关联关系，结合陈安祥与赵慧的职务身份，即便涉案借款全部用于威海澳华的公司经营，也应认定其夫妻二人将借款用于公司经营，并分享带来的收益。综上，涉案债务应属夫妻共同债务，应由陈安祥与赵慧共同承担偿还责任。

④ 陈伟伟与吴维鲜、高玉梅等民间借贷纠纷二审民事判决书（2016）最高法民终278号。

⑤ 高向荣、郭爱新等民间借贷纠纷申请再审民事裁定书（2015）民申字第2883号。

行账号、身份证号码、户籍信息、密码等，甚至管理对方或共同账户的银行卡等，符合夫妻共同生活的常理。[①] 除配偶明确授权债务人可以利用个人信息外，这种行为的性质有多种解释。

首先，这种行为可解释为委托收款或付款，但基于大多数夫妻选择婚后所得共有制的夫妻财产模式，双方对于共有财产拥有平等的利用、管理和处分权限，以委托关系解释并不具有普适性，除非能够证明该账户为独立于夫妻共有财产的其他账户，为个人账户，但此时就需要进一步证明该账户内的款项用于夫妻共同生活，这使得性质认定更为复杂。

其次，这种行为可解释为表见代理。开设银行账户或申领信用卡、借记卡等，需要提交有效的身份证件，而夫妻之间更易获得彼此的身份证件，换言之，一方并不知道配偶以自己的证件开设账户，甚至是贷款，同时以实际使用人的联系方式作为业务通知方式，此时配偶既不知晓开户的事实，也不了解款项出入的情况，此时无法履行注意义务或者审查义务。实践中夫一方开设公司为了融资便利，以妻一方的名义申请多张信用卡，以备不时之需的情形非常普遍。[②]

最后，有些案件的借款打入夫或妻的账户后，旋即转入公司账户[③]或第三方账户，法院以款项第一接收人判定债务性质，过于绝对。

---

① 叶金强：《表见代理合理信赖性的判断模式》，《比较法研究》2014年第1期。郁华与朱为群民间借贷纠纷申诉、申请民事裁定书（2015）粤高法民二申字第328号。2005年1月23日，申请人与被申请人（2012年离婚）以改善住房为由向郁家福借款15万元，郁家福基于亲戚关系同意借款并通过银行转款15万元至郁华的交通银行账户，郁华出具借条。2005年10月17日郁华将交通银行15万元转入朱为群交通银行账户，同日又将该15万元转入朱为群建设银行的账户，以刷卡形式交购房首期款给开发商广州珠江骏骅房地产有限公司，首期款中包含15万元借款。2006年2月14日，广州珠江骏骅房地产有限公司出具购房发票给朱为群，发票名朱为群。

② 浙江省高院曾经谈及以表见代理解决夫妻共同债务的认定问题。

③ 柏锋、山东金信价格事务所有限公司与新泰市阳光小额贷款有限公司民间借贷纠纷申请再审民事裁定书（2015）民申字第3442号。案涉借款虽然并非用于家庭共同生活，但亦是为转借他人谋取高额利息，此行为应视为张云的投资行为，该投资行为所获利益为家庭共同利益，而柏锋对张云长期从事上述投资行为是明知的。柏锋虽提交其与张云的内部协议，但并未提供证据证明作为债权人的小贷公司知道该协议内容，故原判决认定柏锋对案涉债务承担共同偿还责任，并无不当。张慧敏、高海燕与徐克珊等民间借贷纠纷申请再审民事裁定书（2015）民申字第71号。即使高海燕向徐克珊出借款项时明知徐克珊系用于经营或者用于出借给第三方周转，仍然应当认定为夫妻共同债务。

（三）混淆了举债的目的和举债的结果

在判断为经营而举债的性质时，法官以家庭受益为共同生活的替换词，但在具体适用中，法官采用了实际受益和推定受益双重标准，配偶证明自举债之日起，家庭无重大财产性支出，例如购置房屋、车辆、投资、子女教育或家中老人患病等情形，但这些并不为法官所接受，因配偶的举证虽然可以证明家庭生活没有从举债行为中实际收益，但是由于法定夫妻财产制的存在，或者家庭曾经受益的事实，可推定家庭受益。简言之，当配偶以举债的结果证明非夫妻共同债务，法院则选择举债的目的，因此配偶承担夫妻共同债务的概率极高。另外，以夫妻共有财产投资获得的股权，虽然登记在一方名下，但并不妨碍股权共有的事实，例如离婚时可以分割共有股权。① 既然配偶享有股权的受益，也就应当承担股权的风险。②

由此看来，导致夫妻共同债务的成立比例极高的“元凶”并非仅有《婚姻法司法解释（二）》第 24 条。而所谓的生产经营之债并非因共同生产经营行为而是借共同生活的途径而被称为夫妻共同债务。

四　共同生产经营标准的证伪

在《夫妻债务纠纷解释》颁布之后，大多数涉及夫妻共同债务的纠纷以个人债务结案，但结案的依据是“债权人无法证明举债用于共同生活、共同生产经营或者存在举债合意”，因债权人仅能提供接收款项账户的信息，

---

① 虽然《最高人民法院关于〈中华人民共和国婚姻法〉若干问题的解释（二）》第 16 条仅规定了达成协议情形下离婚时股权的分割，但是实践中大多数法院在离婚诉讼中亦强制分割股权。

② 在林映雪与王英、徐学飞等民间借贷纠纷（2017）民申字第 1540 号判决书中，法院认为：王英与徐学飞系夫妻关系，王英享有徐学飞投资的收益，同时亦应承担徐学飞投资的损失。在纠纷中，尽管配偶对于债务人的个人行为一无所知，且无法证明该借款并未用于夫妻共同生活，既然婚姻关系存续期间的经营收益均为夫妻共有，那么所负债务应为夫妻共同债务。在潘正立与沈晓萍、韦科等民间借贷纠纷（2015）浙民申字第 2094 号判决书中，法院认为：夫妻家庭系当今社会人身和经济利益联系最为紧密的共同体，以一方名义举债用于家庭经营或个人名义经营，而经营所得又用于家庭日常生活的，一方所举之债也应认定为夫妻共同债务。

并无法举证款项的实际使用者，使得债权人因举证不能而承担败诉的结果。在《夫妻债务纠纷解释》颁行前，部分地方高院在会议纪要等文件中明确规定经营之债可成为夫妻共同债务。① 然而所规定的经营行为为家庭经营行为，而非共同生产经营行为，则有扩大经营之债范围之嫌。但经营行为的实施者为家庭而非夫妻，笔者认为，“共同生产经营”并非独立判断共债的标准。

（一）“共同生产经营标准”的多种排列组合

目前我国尚无关于“经营行为”的统一定义，唯有《反不正当竞争法》第2条第3款规定经营者是指从事商品经营或者营利性服务（以下所称商品包括服务）的法人、其他经济组织和个人。因此经营行为需要同时满足两个要素：一是行为的内容是提供商品或者服务，二是行为的目的是营利。经营者应当具有高于民事主体的审查义务，更清楚举债的目的和法律意义，对举债结果具有高度的预测性。依“共同生产经营”的表述，则要求夫妻双方必须实际参与到经营决策或实际生产过程中，了解举债的目的和法律效果以及举债的交易惯例等内容。

按照语义分析理解“共同生产经营”的内涵，共同生产经营的形式包括“生产 + 生产”“经营 + 经营”“生产 + 经营”。同时结合夫妻参与生产经营的程度，还可以分为全职生产经营和兼职生产经营。

第一，在“生产 + 生产”的模式下，生产行为不要求行为人具有行为能力，仅仅是执行经营内容，若夫妻均以劳动关系或雇佣关系成为生产者，只有在夫妻双方在执行职务的过程中，故意或重大过失给雇主造成损失时，才承担赔偿责任。此时无非数个雇员共同生产行为造成雇主损害所承担的

① 《北京市高级人民法院民一庭关于审理婚姻纠纷案件若干疑难问题的参考意见》第六部分第39条中规定：夫妻一方侵权行为致人损害产生的债务，一般认定为一方个人债务。但该侵权行为系因家庭劳动、经营等家事活动产生或其收益归家庭使用的，应认定为夫妻共同债务。《浙江省高级人民法院关于审理民间借贷纠纷案件若干问题的指导意见》（浙高法〔2009〕297号）第19条规定：“……出借人能够证明负债所得的财产用于家庭共同生活、经营所需的……”《福建省高级人民法院审委会关于婚姻关系存续期间夫妻一方以个人名义对外借款责任承担问题的会议纪要》（闽高法〔2015〕426号）规定：“……但夫妻一方有证据证明或者根据人民法院已查明的事实可以认定借款非用于日常生活开支、履行抚养和赡养义务等家庭共同生活或者家庭生产经营的，应认定为夫妻借款一方的个人债务。”

侵权责任，因雇员之间具有夫妻身份，而形成连带责任。此种情况无须特殊说明，可依据《侵权责任法》中雇主责任相关规定处理。

第二，在“经营＋经营”的模式下，股东、合伙人、个体工商户的业主，农村承包经营户的承包人，这些人无疑属于经营者的范围。然而经营行为是否必须以积极作为的方式表现出来？例如，夫妻双方均为公司的股东，一方虽然持股，但从不参与公司的经营和管理，或者夫妻设立实质性一人公司，一方虽为股东，但持股比例甚低，无法参与到实际经营管理行为中。[①] 根据前文所述判例，此时若成立夫妻共同债务，需要首先证明股东与公司对债务承担无限连带责任，之后证明家庭是否从股东的行为中受益，如此才能形成夫妻共债。另外，出资是否为经营行为，夫妻一方以夫妻共同财产投资经营，因配偶为财产共有人之一，配偶可以在离婚时请求分割股权。

同理，合伙人对合伙债务承担无限连带责任，适用于所有的合伙人，与夫妻身份无关，此时夫妻任何一方均承担无限连带责任，因夫妻关系使责任财产表现为夫妻共有财产。

第三，在“生产＋经营”的模式下，除个体工商户和农村承包经营户外，无法形成夫妻共同债务的结果。例如夫与第三人合伙经营超市，妻并非合伙人，但每日营业结束时来店取走当天的全部营业收入；又或者夫一方为股东或合伙人，妻为企业的普通财务或其他工作人员。虽然满足生产经营的形式要件，但并不当然形成个人债务，例如劳动者对企业债务不承担责任，股东承担有限责任。

因此，在公司或合伙组织形式下，夫妻共同生产经营行为表现为商事组织的意思表示，所生之债是组织之债，特殊情形下成员为连带责任人，这与夫妻身份无关。另外，共同生产经营行为不是机械的组合，双方对于组织之债的形成具有共同的过错，双方均具有完全民事行为能力。因一方

① 本案二审尚格公司提交的工商登记材料表明，洪女士作为旭飞公司的监事，监督公司的经营管理，可以认定旭飞公司是朱先生、洪女士夫妻共同生产经营的公司。且洪女士也未能证明其与朱先生在婚姻关系存续期间的财产与旭飞公司财产不存在混同，故对尚格公司主张洪女士应承担连带清偿责任的请求，予以支持。参见《“丈夫公司”欠债“监事妻子”也担责》，《上海法治报》2018 年 6 月 15 日，第 A07 版。

行为能力欠缺，无法继续担任股东合伙人，也就不满足共同生产经营的前提条件。此时若认定为夫妻共债，判断标准为“共同生活”而非“共同生产经营”。

（二）两户形式下“共同生产经营”和“共同生活”标准的互补

然而“共同生产经营”标准对于“两户”颇具意义。根据《中华人民共和国民法总则》（以下简称《民法总则》）第56条规定：“个体工商户的债务，个人经营的，以个人财产承担；家庭经营的，以家庭财产承担；无法区分的，以家庭财产承担。农村承包经营户的债务，以从事农村土地承包经营的农户财产承担；事实上由农户部分成员经营的，以该部分成员的财产承担。”《民法总则》与《民法通则》规定相同，均以经营行为为判断标准。[①] 但《〈中华人民共和国民法通则〉若干问题的意见（试行）》（以下简称《民通若干意见》）以投资者和受益者为责任主体[②]，这并非以某次举债为标准，而是以受益惯例加以判断，这似乎是以法定夫妻财产制推定家庭受益的依据。

笔者认为，《民法总则》与《民法通则》《民通若干意见》相比较，对于两户责任的确定进行了缩限解释。《民法总则》强调实际经营人的责任，因对外法律关系中，以业主和承包人个人名义为法律行为，其他实际参加经营的成员并非当事人，仅仅是责任承担者。尤其在农村承包经营户中，家庭成员虽然在其他地点居住或务工，但户籍依然落在承包户内，这就形成了“在籍不在岗”的状态。因此《民法总则》强调经营行为的客观存在，而非经营行为的推定。另外《民法总则》强调的是清偿责任，而非清偿义务，一人对外行为具有代表户内生产经营成员的效力，这依然是个人之债下成员的法定责任，而非共同之债下成员的约定责任。因此共同生产经营标准不是债之成立标准，而是债之清偿责任的标准。

---

① 《民法通则》第29条规定：“个体工商户、农村承包经营户的债务，个人经营的，以个人财产承担；家庭经营的，以家庭财产承担。”

② 《民通若干意见》第42条、第43条规定：“以公民个人名义申请登记的个体工商户和个人承包的农村承包经营户，用家庭共有财产投资，或者收益的主要部分供家庭成员享用的，其债务应以家庭共有财产清偿。”第43条规定：“在夫妻关系存续期间，一方从事个体经营或者承包经营的，其收入为夫妻共有财产，债务亦应以夫妻共有财产清偿。”

然而有些问题依然没有得到回应。如夫或妻一方以个体工商户的形式经营鞋店、小超市、影楼、五金店等，以家庭住所为经营场所，另一方有稳定的工作和收入来源，仅在节假日期间来店内帮忙。又或者经营行为与非经营行为交错往复，或者户内某成员为行为能力欠缺者，无法参加生产经营，此时如何确定责任人？此时仅能以“共同生活”标准加以判断。

综上所述，《夫妻债务纠纷解释》中设立共同生产经营标准，拟解决实践中大量存在的“一方以经营为目的举债”问题。然而无论从语义分析还是实证分析的角度，共同生产经营之债均为伪命题：在公司法、合伙企业法和民法的理论和立法中，对股东或合伙人对公司、合伙债务承担无限连带责任均有明确的规定，共同生产经营标准仅仅是股东、合伙人具有特别的身份，并不因此而改变承担责任的类型和性质，无特别立法的意义；在两户形式下，从债的相对性理论角度，旨在通过责任的承担者，而不是债务人。共同生产经营标准是从商事交易角度而言，所谓数人因其一人或全体商行为而负担债务者，盖商法上为维持债权之强固，恐两个以上债务人互相推诿，设定此规定。[①] 从理论到实践，没有区分夫妻共同债务，还是夫妻连带责任。[②] 机械适用“共同生产经营”标准，忽视了现代家庭功能社会化的特征，也否定了商事组织的风险隔断机制。

五　夫妻共同债务认定规则的厘清

因《婚姻法司法解释（二）》第24条所造成的消极法律效果和社会效果，《夫妻债务纠纷解释》遂列举了三个判断标准，但各标准的角度不同：举债合意是从约定之债成立的角度，而共同生活是从夫妻作为法定连带责任主体的角度。举债合意是约定之债的成立条件，共同生活是法定连带责任的基础原因。从请求权基础理论而言，对共债案件判断时，两个标准适用先后有别：举债合意在先，共同生活在后，而共同生产经营标准夹在二者之间倍感尴尬。原各省高院的家庭生产经营，实则在扩大解释共同生活

① 〔日〕志田钾太郎口述，熊元楷编《商法总则》，何桂馨点校，上海人民出版社，2013，第77页。

② 缪宇：《走出夫妻共同债务的误区》，《中外法学》2018年第2期。

的内涵，而并非将生产经营独立出来。之所以出现上述状况，究其本质是混淆了债务人和责任人的关系，掩盖了夫妻共债下夫妻双方承担责任的类型。

（一）混淆了债务人和责任人的关系

共同债务和连带责任并非同一概念：共同债务是给付关系的概念，而连带责任是给付不能的概念。当债务人无法履行债务时才产生责任问题。从“夫妻共同债务”的概念观之，其指债之给付关系成立时，夫妻双方均为给付义务人。“夫妻共同债务”的表述实则延续法定夫妻共同财产制的表达方式，但从语义的表达上，夫妻共同债务应当是夫妻双方均为债务人且以整体形式与外部第三人达成的举债合意。以王泽鉴教授对连带责任正当性的判断，“构成债务人之责任客体的财产，变化不定，景气无常，财产之散逸非正常人所能预见或控制”。[①] 因此，连带责任可以便捷、迅速地实现债权人的权利。连带责任包括约定之债所生连带责任，以及法定连带责任。其中约定之债中，债务人必须以明示方式为举债意思表示，他人不得推定成立连带责任。[②] 因此夫妻共同债务的概念仅能推出夫妻对债务承担连带责任，而非连带债务。

在约定之债中要求他人承担连带责任，存在如下可能：明确的举债合意的当事人；担保债权实现的担保人。因《婚姻法司法解释（二）》第24条的规定，以个人名义举债，配偶承担连带责任，缺乏法理依据。首先，债务人的配偶没有举债的意思表示，同时债务人配偶没有与债权人签订担保协议，也不构成担保人。因此《夫妻债务纠纷解释》中前调举债合意就是为了纠正第24条所产生的学理错误，而事实上举债合意是任何共同债务成立的前提，不因夫妻身份而特殊化，并无必要刻意说明。

（二）连带责任的非正当性

《婚姻法》第41条表述的意思是，夫妻共同债务需要以共同财产清偿，

① 王泽鉴：《民法学说与判例研究》第4册，中国政法大学出版社，1997，第125页。

② 《民法总则》第140条第2款规定：“沉默只有在法律规定、当事人约定或者符合当事人之间的交易习惯时，才可以视为意思表示。”因此，约定连带债务不推测主义，目的在于连带债务在当事人之间可以形成担保关系。

不足部分由个人财产清偿，这说明对于共同债务的承担，个人承担的是补充责任，即对共同财产无法清偿的部分承担责任。依照生效判决，并无法看出责任的先后顺序，而将其置于连带责任保证、代理场合下的连带责任地位来处理。因债务人配偶没有与债权人形成连带责任保证关系，在我国的法律语境下不能将婚姻关系推定为合伙关系，因此也就无法适用合伙关系中的连带责任。夫妻之间的日常家事代理关系为法定性代理关系，但又不适用于大额举债，夫妻之间缺少委托关系，没有形成代理权授予的结果，不满足代理关系中的连带责任。更为重要的是，夫妻共债认定规则为“共同生活”，这是因夫妻身份受益而产生的责任，这与其他连带责任中违反法定或约定义务而担责截然不同。因违反义务承担不利的法律后果是正当的，但因受益而承担连带责任则缺乏正当性。因此，不能以名称上存在“共同”二字而当然认定连带责任存在。

夫妻共债场合下的连带责任应当区分债务人与其配偶的责任类型，为共同生活举债理所应当以共同财产偿还，然而若让债务人配偶以过去和将来取得之个人财产偿还，则有失公允。因此举债人责任财产应为个人财产与共同财产，而配偶的责任财产仅限于共同财产。①

（三）“直接因果关系”下认定“共同生活”

《婚姻法》第41条以及《夫妻债务纠纷解释》仅在于强调夫妻共债以“共同生活”为标准，并没有改变夫妻共债下的连带责任问题。传统中国家庭以作坊的形式实现生产功能，经营场所与居住场所合一，经营分工即为家庭分工，经营收入即家庭收入，家庭生活与经营生活无法截然分开。因此为了经营举债等同于为家庭举债，家庭财产自然就是责任财产。

然而现代商事交易中，两户并非主要的经营形式，人们已经设计出回报稳定、风险低的营利性组织模式，例如合伙企业、公司，这些组织形式

---

① 江苏省高院在2016年第2期《江苏省高院民事审判指导》中表达有限连带责任的观点。其中第10条关于“夫妻债务的问题”第3点中规定：“关于责任财产范围问题，婚姻关系存续期间夫妻一方以个人名义所负债务，未举债的配偶一方对该债务承担有限连带责任，其责任范围限于夫妻共同财产。其个人的婚前财产以及离婚后取得的财产等与夫妻共同生活无关的财产应排除在外，而对于举债一方的责任范围，应以个人全部财产及夫妻共同财产中其享有的部分对债务承担清偿责任。”

本身具备风险隔离机制，其功能在于阻断经营损失的无限扩大而导致的投资市场萎靡不振的事实。加之公司等企业设立程序愈发规范化、便捷化，若因合伙人或股东具有了夫妻身份而突破了商事主体的责任规则，则否定了公司、合伙企业的存在价值。实践中，人们更倾向于选择阻断风险责任的经营模式。

结　论

以“共同生活”认定夫妻共同债务时，不应突破商事规则，以间接受益判断债务性质。以股东为公司提供担保为例，从股东为公司担保而使公司受益，例如盘活资产或成功融资，到股东因公司实现盈利而受益，再到家庭因股东分红而受益，经历了多重法律关系，突破了债的相对性，若认定为夫妻共同债务则因果关系过于遥远，并且股东所获分红并非完全来源于此次举债，因此应限制举债用途的扩张解释，仅从举债的直接目的考察即可。换言之，举债的第一受益人或直接受益人是判断依据，若金钱之债被分割，部分用于夫妻共同生活，部分用于商事组织经营，则应当明确认定夫妻共同债务所占举债数额中的比例。①

① 应祖根与童国强、徐甜、李涛、邬安琪民间借贷纠纷中，法院认为，应祖根的借款中 280 万元用于童国强、徐甜婚姻存续期间共同经营的公司还贷，200 万元用于童国强、徐甜共同在杭州购房支付购房款，但最终判定夫妻双方对全部借款承担连带责任。参见应祖根与童国强、徐甜、李涛、邬安琪民间借贷纠纷（2015）赣民一终字第 186 号二审民事判决书。

国外法专论

法国成年人保护制度现代化述评

朱　凡*

【内容提要】法国现代成年人保护制度确立于1968年，开启了欧美国家成年人保护制度现代化的进程。2007年的法律改革创造了在必要、辅助以及保护措施相称三原则下的多层次成年人保护制度，2015年及2016年法律重申了家庭对成年人保护的责任并使成年人保护制度更具弹性。法国成年人保护制度的现代化发展可资借鉴。我国可在监护制度基础上建立成年人保护制度，扩大受保护人范围，增加辅助、协助等保护措施，以更灵活、更多样的保护制度适应我国社会人口结构高龄化现状以及民众人权观念的变化。

【关 键 词】成年人监护　成年人保护　法国　自主决定权

始于20世纪60年代的《法国民法典》的现代化修订，确立了法国现代成年人保护制度，废除了《拿破仑法典》的禁治产宣告，增加了司法保护等成年人保护措施。

---

* 朱凡，法学博士，西南政法大学民商法学院副教授、硕士生导师。

一 废除“禁治产”，确立法国现代成年人保护制度

1804年的《拿破仑法典》通过禁治产宣告和任命裁判上的辅助人来保护监督需要保护的成年人。被保护的成年人有两类：一是经常处于痴愚、心神丧失或疯癫状态（哪怕此种状态是间歇性的）的成年人，法院根据申请宣告其为禁治产人，禁治产人不得处理自己的财产，在无监护人协助下的一切行为均为无效；二是浪费人[①]，法院根据申请为其任命辅助人，如无辅助人协助，其不得为诉讼、和解、借款、受领动产原本并交付受领凭证、让与和就其财产订立抵押权的行为。[②] 法国近代成年人监护制度来源于罗马法，而罗马法上的成年人保佐制度则可以溯源至《十二表法》。未达适婚年龄的人和女性需要监护，而精神病人和浪费人需要保佐，[③] 监护人和保佐人的职责是管理被监护人和被保佐人的财产。《十二表法》时期罗马法的保佐和监护“是一种试图将财产保留在宗亲家庭内的制度”，[④] 而在后世法律中，监护、保佐制度则意在保护无能力人免受其自身疾病、无经验或浪费的后果。罗马法并没有因为设置保佐而取消精神病人的行为能力，其行为是否有效取决于行为是在清醒还是精神错乱时所为；而浪费人也根据其识别能力享有相应的行为能力。[⑤]《拿破仑法典》中没有“行为能力”的概念，但禁治产人未在监护人协助下所为行为均无效（第502条），禁治产人亦无缔

---

① “浪费人”指由于挥霍浪费、纨绔不羁、游手好闲，有可能自陷贫困或影响履行家庭义务的成年人，参见罗结珍译《法国民法典》，法律出版社，2005，第403页。

② 1804年《拿破仑法典》第489条、第502条、第509条及第513条。本文所引1804年《拿破仑法典》条文及内容，除特别说明外均来自李浩培等译《拿破仑法典》，商务印书馆，1979。

③ 按照彼德罗·彭梵得的观点，罗马法早期监护和保佐是有差别的，“监护针对的是人，保佐针对的是物”，但法律的演进逐渐混同了监护和保佐，在优士丁尼法中对精神病人和浪费人的保佐实质上具有与监护相同的作用。参见〔意〕彼德罗·彭梵得《罗马法教科书》，黄风译，中国政法大学出版社，1992，第169～170、181页。

④ 〔英〕H. F. 乔洛维茨、巴里·尼古拉斯：《罗马法研究历史导论》，商务印书馆，2013，第156～158页。

⑤ 根据周枏的观点，由于罗马法早期法定、烦琐的法律行为形式要求，行为人的精神是否错乱是极易辨认的，所以没有取消精神病人的行为能力。参见周枏《罗马法原论》上册，商务印书馆，1994，第260～263页。

约能力（第1124条），故禁治产人可视为无行为能力人。而浪费人则并非无行为能力，仅在法律明确规定的范围内的行为需要得到协助（第513条），可视为限制行为能力人。

20世纪六七十年代《法国民法典》经历了多次修订，[①] 法典近1/3的内容被新的法律条款取代，而人和家庭领域的法律几乎是整体性修改了。[②] 作为《法国民法典》现代化进程的一部分，1968年1月3日第68－5号法律《无行为能力成年人法改革》[③] 取消了民法典1804年以来的禁治产宣告制度，将对禁治产人的监护和浪费人的辅助制度修改为对成年人的法律保护制度，包含司法保护、监护和财产管理。值得一提的是，法国1968年的改革也掀开了多国及地区对现代成年人监护制度进行改革的序幕。[④]

1968年法对成年人保护制度的改革主要表现为五个方面。其一，扩大了需要保护的成年人的范围。有权获得法律保护的是“由于身体官能损坏致其不能自行保障其利益的成年人”以及浪费人，而不仅仅是处于痴愚、心神丧失或疯癫状态的成年人，因高龄以及因事故而身体功能失常妨碍表

① 未成年人监护和解除监护（1964年12月14日）、夫妻财产制（1965年7月13日）、收养（1966年7月11日和1976年12月22日）、成年人保护（1968年1月3日）、亲权（1970年6月4日）、亲子关系（1972年1月3日）、继承的返还和赠与的扣减（1971年7月3日）、成年年龄（1974年7月5日）、离婚（1975年7月15日）等。参见〔法〕雅克·盖斯旦、吉勒·古博《法国民法总论》，陈鹏等译，法律出版社，2004，第117页。

② Bernard Audit, "Recent Revisions of the French Civil Code," *Louisiana Law Review*, Vol. 38, Issue Number 3, 1977－1978, p. 747.

③ Loi n°68－5 du 3 janvier 1968 "portant réforme du droit des incapables majeurs," https://www.legifrance.gouv.fr，最后访问时间：2018年4月15日。根据该法修改后的中文法典，参见《法国民法典》，马育民译，北京大学出版社，1981。

④ 继法国1968年的改革，奥地利于1969年、瑞士于1972年也完成对成年人监护法的修订。美国统一州法委员会自1969年开始制定《持续性代理权授予法》以适应成年人监护的需求，英美法系其他国家如澳大利亚于1976年、新西兰于1978年、加拿大于1990年也陆续完成成年人监护法改革。德国自1992年1月1日废除了禁治产，以法律上的照管代替原来的成年人监护和保佐制度。日本全面修改后的成年后见制度于2000年4月1日实施。我国台湾地区2008年5月23日通过对“民法总则编”的禁治产部分和“亲属编”的监护部分及其“施行法”等相关条文的修改案，废止禁治产，实施成年人监护制度。瑞士2008年修改、2013年生效的民法典的修正案，用现代成年人保护法替代成年人监护法。韩国于2011年3月7日修正了《韩国民法典》，在“监护”一章增加了32个条文重构了该国的成年监护制度。参见李霞《成年监护制度研究——以人权的视角》，中国政法大学出版社，2012，第64页；以及孟强《〈民法总则〉中的成年监护制度》，《中国人民大学学报》2017年第4期。

达意志的成年人也可以成为法律保护的对象。其二，行为能力丧失或受限与受保护之间不再有必然联系。1804 年《拿破仑法典》是宣告某成年人为“禁治产人”，因其丧失行为能力故需为其指定监护人协助之；1968 年法废除了禁治产宣告，顺序是先根据成年人的需求确定适当的保护措施，之后再根据保护措施的类型决定其是否丧失行为能力或在多大程度上受限。其三，民事行为是否无效以及是否应承担侵权民事责任与行为人是否受保护没有必然联系。1968 年民法第 489 条指出有效的民事行为需行为人精神正常，判断标准是行为发生时当事人的精神状态，而不是行为人当时是否受保护；而且法律也明确行为能力与责任能力的区别，即使行为人精神错乱，对他人的损害也应负赔偿之责（第 489 -2 条）。其四，1968 年法提供了三种保护措施：司法保护、监护和财产管理。司法保护是新增的，受司法保护的人不会丧失其行为能力，也不需要设置辅助人，受司法保护的成年人订立的契约或其承担的义务因显失公平受到损害时，法律赋予其撤销权或减轻义务的权利（第 491 -2 条）。受监护的成年人基本上没有行为能力，但财产受管理的成年人为限制行为能力人，但是与受监护成年人的一切行为均由监护人代理不同，财产受管理的成年人只是在法律规定的事项中必须得到财产管理人协助，财产管理人以受管理人名义单独作出的行为是无效的，而且财产受管理人可以独立完成的行为受到与受司法保护成年人的行为相同的保护（第 510 -3 条）。其五，肯定了受司法保护成年人预先委托授权的效力。民法典第 491 -3 条规定受到司法保护的人就受保护期间为受理其财产曾指定代理人的，此项委托应予实行；且非经监护法官批准，不得以委托书撤销该项代理权。

1968 年法国成年人保护法改革与其他国家的成年人保护法改革相比，开风气之先，[①] 废除禁治产制度，设立三级保护措施，将老年人和因身体功能丧失而难以自我保护的成年人纳入保护范围，根据保护措施确定成年人行为能力，肯定受保护人的预先授权等，即使今天来看也是很先进的立法。

---

① 可以对比的是其他国家和地区废止禁治产制度的时间，奥地利是 1984 年，瑞典是 1988 年，德国是 1992 年，日本是 2000 年，我国台湾地区是 2009 年。奥地利和瑞典的资料参见李霞《成年监护制度研究——以人权的视角》，中国政法大学出版社，2012，第 46 ~47 页。

二　2007～2016 年法国成年人保护制度之发展

法国 1968 年改革成年人保护法时，65 岁以上老人占总人口的 12.6%，这个本已不低的数字仍逐年增长，1975 年为 13.4%，1990 年为 14.7%。[①]到 2018 年 65 岁以上老龄人口占社会总人口的 19.8%。[②] 过去针对病理性失能的特殊措施，未来可能成为针对需要保护的老年人的正常化措施。法院颁布保护命令的案件越来越多，2004 年有超过 63 万人处于保护之下，该数据预计在 2010 年超过 112.6 万人，[③] 社会的变迁需要一个更多选择、更灵活、更多社会支持的成年人保护制度。2007 年 3 月 5 日第 2007－308 号法律《成年人法律保护改革法》[④] 回应了这种社会需求。之后，法国行政和立法当局通过 2015 年 10 月 15 日关于家庭法简化和现代化的第 2015－1288 号法令[⑤]，以及 2016 年 11 月 18 日关于 21 世纪司法现代化的第 2016－1547 号法律[⑥]，进一步修订完善了成年人保护制度。现就法国现代成年人保护制度的发展介绍评述如下。

2007 年成年人保护制度的法律改革有两个主要目标：一是将个人置于其保护的中心，因此法律提供了更多的自主权，最重要的是尊重个人的权利和保护个人的尊严；二是力求使保护制度更具弹性，同时加强被保护

① 数据来源〔法〕保罗·帕伊亚《老龄化与老年人》，杨爱芬译，商务印书馆，1999，第 8 页。

② 数据来自 2018 年 1 月 1 日法国本土的年龄结构表，参见法国国家统计局官网，https://www.insee.fr，最后访问时间：2018 年 5 月 5 日。

③ Hugues Fulchiron, "A New Law for the Protection of Adults," in Bill Atkin, ed., *The International Survey of Family Law*, 2008 Edition, Bristol: Jordan Publishing Limited, 2008, p. 105.

④ Loi n° 2007－308 du 5 mars 2007 portant réforme de la protection juridique des majeurs. 根据《成年人法律保护改革法》第 45 条第 1 款，该法于 2009 年 1 月 1 日生效，同日法国批准加入的 2000 年 1 月 13 日《成年人国际保护公约》生效。David Hill, "The Hague Convention on the International Protection of Adults," *International and Comparative Law Quarterly*, Vol. 58, Issue 2 (April 2009), p. 469.

⑤ 参见该法令第三章"与成年人法律保护有关的规定"，该法令被第 2016－1547 号法律批准。https://www.legifrance.gouv.fr/eli/ordonnance/2015/10/15/JUSC1518093R/jo/texte，最后访问时间：2018 年 5 月 10 日。

⑥ LOI n°2016－1547 du 18 novembre 2016 de modernisation de la justice du XXIe siècle，来源 https://www.legifrance.gouv.fr/。

人的安全。[①] 为实现上述目标，2007 年的改革措施如下。

（一）设立成年人保护的三项原则

2007 年法新增了设立成年人保护应遵循的三项原则——“必要原则”、“辅助原则”及“保护措施相称原则”，[②] 上述原则主要体现在《法国民法典》第 415 条第 1 款及第 428 条等条款中。“必要原则”意为只有在有必要给予保护的情形下才设立保护，能够适用代理或者夫妻财产制规则等解决问题的就没有设立保护措施的必要。“辅助原则”是指设立保护的目的是保护受保护人的利益，但保护的方法不是将受保护人排除在社会生活之外完全由保护人包办代管，而是应尽可能有利于受保护人的自理；保护人处于辅助的地位，“应尊重受保护人的自由、基本权利和尊严”，尊重受保护人的自主决定权，协助受保护人参与社会生活。“保护措施相称原则”指应根据受保护人的个人能力受损坏的程度采取与其个人状况相适应的个别化保护措施，并且应优先采取限制较少的保护措施或者当事人自己订立的将来保护。例如相对法院保护，财产管理对被保护人的限制更多，监护又比财产管理限制更多，在设立保护时只有限制较少的措施不足以充分保护受保护人利益时才能采取限制较多的保护措施。[③]

2007 年法对待“浪费人”的态度能够很好地说明上述三原则。1968 年法的成年人保护对象依然保留了自 1804 年以来一直受到保护的浪费人，但 2007 年法将法律保护的对象限于因精神或身体官能损坏而不能表达自己的意思，无法保障自己利益的成年人，从而排除了浪费人。起源于罗马法的对浪费人的辅助保护，是为了保障家庭财产，[④] 这些被浪费的财富并不仅仅属于浪费人个人，所以需要设置辅助避免浪费人散尽家财影响到自己和家人的生活。但到了现代社会，怎么花费自己的财产是个人自由，为挥霍浪费之人设置法律保护不符合“必要原则”，故 2007 年法将浪费人排除在法

① Hugues Fulchiron, "A New Law for the Protection of Adults," in Bill Atkin, ed., *The International Survey of Family Law*, 2008 Edition, Bristol: Jordan Publishing Limited, 2008, pp. 105 – 106.

② Centre for Family Law, "A Chronicle of French Family Law," in Bill Atkin, ed., *The International Survey of Family Law*, 2015 Edition, Bristol: Jordan Publishing Limited, 2015, p. 97.

③ 《法国民法典》第 440 条。

④ 〔英〕巴里·尼古拉斯：《罗马法概论》，黄风译，法律出版社，2004，第 102 页。

律保护之外。但是社会生活中那些挥霍浪费或游手好闲之人并不因为法律改革就消失了，他们如果因自己的行为而陷于贫困或疾病，国家是否施以援手呢？答案是肯定的，但是手段是有限的。国家会给予需要帮助的人社会性补助费用，但如果该成年人不能妥善管理这些补助金而使其健康或安全受到影响，则可对其实施2007年法新设的司法辅助保护措施（第495条）。经检察官要求，监护法官可宣告实行司法辅助保护措施，指定一名司法委托代理人代为受领和管理补助金，同时教育当事人以恢复当事人管理其补助金收入方面的自主能力（第495-2条、第495-7条）。这是“辅助原则”的体现。司法辅助保护是限制最少的成年人保护措施，任何已实行法律保护措施的成年人都不需要司法辅助保护措施，被宣告实行司法辅助保护措施之人行为能力也完全不受影响（第495-1条、第495-3条），这体现了“保护措施相称原则”。

（二）加强成年人保护中的家庭责任与公共行政部门责任

新法加大了国家干预力度，明确表示对成年人的保护既是家庭的责任，也是公共行政部门的责任（第415条第4款），除了继续保留监护法官和共和国检察官探视受保护人的权力外，还要求二者对自己辖区内的保护措施进行监督，担任保护任务的人应服从监护法官和共和国检察官的传召，并向其提供信息（第416条）。在加强成年人保护的家庭责任方面，值得一提的是2015年10月15日第2015-1288号法律创设的家庭保护成年人之新工具——“家庭授权”（De l'habilitation familiale）。2015年之前《法国民法典》有配偶的司法授权制度（其非为专门法律保护措施，乃因婚姻而产生的法律效力之一），如配偶一方无法表达自己的意思时，另一方可请求法官授权自己一般地或就特定个别行为代理该方行使依婚姻财产制而产生的权利（第219条）。2015年10月15日后，家庭授权成为一项专门的法律保护措施，授权对象扩展到家庭成员，包括所有模式的同居者，[①] 以及受保护成

① 根据法国1999年11月15日第99-944号法律，法国非婚姻的其他共同生活关系分为两种：一种是基于紧密关系民事协议建立起来的紧密关系民事协议关系（Pacte Civil de Solidarité，PACS），另一种则是由《法国民法典》第515-8条所规定的“非婚同居”关系（Concubinage）。

年人的直系亲属和兄弟姐妹。学者认为，家庭授权是“将来保护”委托和监护的混合——从“将来保护”委托中借用其责任制度及确立保留受保护人行为能力的原则，家庭授权范围内的其余部分则更像监护。[①] 家庭成员与受保护的成年人关系紧密，依法无偿履行监护法官授权事项既体现了家庭对成年人保护的责任，又能在必要原则下更好保障成年人的自主决定权。

（三）增设保护措施，从“三分”到“细分”

与1968年法三分法[②]的法律保护制度不同，2007年的法律将成年人保护制度分为两个大类：法律保护（Des mesures de protection juridique des majeurs）和司法辅助保护（De la mesure d’accompagnement judiciaire）。前者构成法国成年人保护的基本内容，由五种保护措施构成，保护对象是经具有法定资格医师的医疗认定，因精神或者身体官能损坏，不能表达自己的意思或者无法自行保障其利益的成年人。[③] 后者则可视为成年人保护的附加内容，仅适用于不能对其获得的社会性补助费进行妥善管理，并且其健康或安全因此受到影响的成年人，司法辅助保护的目的是恢复当事人在管理社会性补偿金的收入方面的自主能力。法国学者认为，司法辅助保护是向社会援助形式提供法律支持和资助的一种方式，目的是解决法国部分人口的贫困和过度负债的问题。[④]

2007年的法律保护措施分为法院保护（De la sauvegarde de justice）[⑤]、

---

① Centre for Family Law at Jean Moulin University Lyon, “A Chronicle of French Family Law,” in Bill Atkin, ed., *The International Survey of Family Law*, 2016 Edition, Bristol: Jordan Publishing, 2016, pp. 201 - 202.

② 张民安教授将1968年法的司法保护、监护和财产管理称为“三分法”，不过其认为2007年法再次认可了三分法的观点，笔者难以认同。参见张民安《法国民法》，清华大学出版社，2015，第171页。

③ 《法国民法典》第425条。

④ Hugues Fulchiron, “A New Law for the Protection of Adults,” in Bill Atkin, ed., *The International Survey of Family Law*, 2008 Edition, Bristol: Jordan Publishing Limited, 2008, p. 106.

⑤ 法院保护是指需要受到暂时法律保护或者需要有人代理完成某些确定的行为的人，法官可以决定对其实行法院保护。由法院保护的成年人保留行使其权利，但依法已为其指定专门代理人的行为除外。在法院保护期间受保护人订立的契约或承担的义务得因“显失公平、受到损害”而取消或减轻义务。法院保护措施的时间不超过1年，可以依法延展一次。

财产管理（De la curatelle）[①]、监护（de la tutelle）[②]、“将来保护”委托（Du mandat de protection future）[③]。其中的“将来保护”委托，不同于1968年承认预先委托授权效力的立法，其扩大了适用范围，明确了保护措施的起始和终止时间、受托人的职权和责任等，系独立的意定法律保护措施。

2015年法律创设的“家庭授权”（De l'habilitation familiale）[④]成为第五种法律保护措施。自然人因民法典第425条规定的情形之一而处于不能表意的状况，根据该人的直系亲属、兄弟姐妹、共同生活的伴侣（配偶、紧密关系民事协议关系伴侣和非婚同居伴侣）或检察官的申请，为确保该人的利益，法官经调查后可以授权上述亲属和共同生活的伴侣中的一人或数人，依法代理该人行为或批准某行为。监护法官决定被授权的人以及授权的范围，应确保家庭授权是必要的，只能在婚姻制度中的代理[⑤]以及“将来保护”委托都不能确保被保护人利益时方可授权。被授权的人在法官授权范围内履行监护的职责，但受保护的成年人在授权范围以外的活动中并不丧失行为能力，因此该项保护措施相当灵活，法官依必要原则，根据医师意见划定授权范围并依情况变更之。法官家庭授权的期限一般不超过10年，符合条件可以相同期限延期，法官依法有权延长但不能超过20年。

---

① 有权获得法律保护，但又并非完全不能自行实施行为，在民事生活的重大活动中需要持续得到他人指导和监督的成年人，在实行法院保护不能确保给予充分保护时，可以实行财产管理。实行财产管理的时间由法官确定，不超过5年，法官可以延长财产管理相同的时间，但不能超过20年。

② 有权获得法律保护，在民事生活行为中需要持续由他人代理的成年人，实行法院保护和财产管理不能确保给予充分保护时，才能实行监护。根据2015年法，实行监护的时间由法官确定，一般不超过10年，但法官可以根据医师意见延长期限，但不超过20年。

③ 任何没有受到监护和家庭授权的成年人均可用委托一人或数人在其不再能维护自身利益时为其代理人。父母亦可通过公证书的形式指定一人或数人在其死亡或因民法典第425条所指原因之一不再能维护自己利益时作为其子女的代理人。委托事项一般是与财产保护有关的，如委托事项扩张至对人身保护时，受托人的权限受《法国民法典》第457-1条至第459-2条限制。负责管理受保护人财产的委托代理人，在开始实施管理时应对财产进行盘点，之后每年均应指定其管理账目，并按委托书规定的方式进行审核，法官在任何阶段均有权派人审核。有过错的“将来保护”的受托人，按《法国民法典》第1992条对其履行委托任务承担责任。

④ 2015年10月15日第2015-1288号法律在《法国民法典》第一卷“人”的第十一编“成年与受法律保护的成年人”之第二章“对成年人的法律保护措施”中新增第六节“家庭授权”，第494-1条至第494-12条，共12个条文。

⑤ 婚姻制度中的代理主要是指《法国民法典》第217、219、1426、1429条规定的内容。

近十年来法国的成年人法律保护改革是对法国人口老龄化和社会变迁的回应，强调了家庭和社会对成年人保护的共同责任，确立了必要、辅助以及保护措施相称三原则下的多层次成年人保护制度。虽然成年人法律保护措施的分类多元并不是唯一的选择（德国就采用了只有成年人照管的一元模式），却是多数国家采用的模式（如瑞士、日本、韩国等），具有相当的合理性。法国把已有的三类保护措施增加到了适用不同范围的六种措施，更好地贯彻了成年人保护的必要原则以及保护措施相称原则。

三 法国成年人保护制度现代化对我国立法的启示

虽然曾经在我国法学界有少数机械照搬、移植外国法律的研究，以较武断的结论、不接地气的建议让人对外国法的比较研究产生误会，但正如德国学者格罗斯菲尔德所言，“比较法打开了我们的眼界（就像逃离监所而获得自由），刺激我们的思想，向我们提供新的论据，激发想象，告诉我们新的发展，冲破‘地方法学’的领域，使法律科学再次成为世界的”。[①] 有学者认为“以移植西方制度为目的的研究”已经“走向衰落”，[②] 这个结论没有错，不过对外国法律的研究也是不断发展的。有学者通过对近 30 年来我国法学研究方法的回顾，也认为我国法学研究的方法和方向“从学科内规范研究逐步扩展到跨学科和实证量化研究，从法律移植逐步转移到注重运用西方法律方法研究本国问题”。[③]

如上文所述，笔者认为：法国成年人保护制度的现代化是一个回应社会需求的过程，不论是以保护措施的必要性和辅助性实现对受保护成年人自主权的尊重，还是以多层次弹性保护措施适应不同身体状况成年人的不同需求，其制度的现代化发展总是力图赶上法国社会变迁对法律制度的新要求。我国成年人保护制度的立法也应与时俱进，根据我国当代社会现实情况，更新观念并创新制度。笔者建议以现行成年人监护制度为基础，构

① 沈宗灵：《比较法研究》，北京大学出版社，1998，第 39～40 页。

② 陈瑞华：《法学研究方法的若干反思》，《中外法学》2015 年第 1 期。

③ 熊谋林：《三十年中国法学研究方法回顾——基于中外顶级法学期刊引证文献的统计比较（2001—2011）》，《政法论坛》2014 年第 3 期。

建成年人保护制度，一方面可扩大受保护的成年人的范围以保护更多需要帮助的高龄人士，另一方面也可增加成年人保护措施类型以满足不同的保护需求。

（一）建立成年人保护制度，扩大受保护成年人的范围

我国已进入人口高龄化社会。根据2010年的人口普查的数据，65岁以上老人在全部人口中的占比是8.9%。[①] 伴随预期寿命的延长，因高龄而失能或半失能老人也增多。2016年的“第四次中国城乡老年人生活状况抽样调查”[②] 结论显示：我国失能、半失能老年人口数量较多，全国失能、半失能老年人大致为4063万人，占老年人口的18.3%。而根据中国残疾人联合会的数据，2010年末我国残疾人总人数为8502万人，其中重度残疾的为2518万人。[③] 对因高龄和残疾失能人的保护，我国《老年人权益保障法》和《民法总则》作出了积极回应，[④]但也仍有缺憾，受法律保护的成年人范围依然较狭窄。与《民法通则》相比，《民法总则》取消了被监护人是精神病人的限制，将各种原因导致的不能辨认或者不能完全辨认自己行为的成年人纳入监护范畴。但由于监护与民事行为能力制度相关联，现行法对具备行为能力的成年人不予保护，高龄失能者或者残障失能者面临不公正的交易行为、护理照料人的侵权行为等难以获得民事上的辅助和保护。因此，

① 数据来源于中华人民共和国国家统计局编《中国统计年鉴（2011）》，中国统计出版社，2011。

② “中国城乡老年人生活状况抽样调查”是由全国老龄工作委员会领导、全国老龄工作委员会办公室主办、国家统计局批准、每五年开展一次的老年人生活状况抽样调查。第四次中国城乡老年人生活状况抽样调查时间点为2015年8月1日0时，调查对象为居住在中华人民共和国内（港澳台地区除外）的60周岁及以上中国公民，调查样本规模为22.368万人，抽样比约为1.0‰。资料来源：《三部门发布第四次中国城乡老年人生活状况抽样调查成果》，全国老龄工作委员会办公室官网，http://www.cncaprc.gov.cn/contents/2/177118.html，最后访问时间：2018年6月10日。

③ 中国残疾人联合会官网，http://www.cdpf.org.cn，最后访问时间：2018年5月24日。

④ 《老年人权益保障法》和《民法总则》的改革包括：其一，确立了以被监护人为本的原则，指定监护人以及监护人履行监护职责应遵循最有利于被监护成年人的原则；其二，确立了尊重被监护人自主决定权的原则，监护人应最大程度尊重成年人的真实意思，对于被监护成年人有能力独立处理的事务监护人不得干涉；其三，设立了成年人意定监护制度，具有完全行为能力的成年人可以自主预先选择愿意担任其监护人的个人和组织，在成年人丧失行为能力时由其意定监护人履行监护职责。

有必要设立成年人保护制度。成年人保护与被保护人的行为能力没有必然关联，不仅要保护无行为能力人和限制行为能力人，也要保护因疾病、残疾、高龄等而无法自我保护的人。

（二） 增加成年人保护措施类型

监护是保障不具备完全民事行为能力人权益的基本保护措施，但适用范围有限。在设立成年人保护制度的基础上，笔者建议对无民事行为能力成年人设置监护，对限制行为能力成年人设置辅助，对其他因高龄、疾病或残疾无法保障自己利益的成年人设置协助，监护、辅助和协助这三种措施统称为成年人保护。监护人、辅助人和协助人的职责均为保障受保护人的人身和财产权益，履行职责时均应遵循最有利于被保护成年人的原则，但是在履行其职能时的权利义务有所不同。对无民事行为能力成年人的监护与传统监护制度保持一致，监护人是被监护人的代理人；对限制行为能力人的辅助类似部分监护，[①] 辅助人在特定事项范围内代理被辅助人，辅助人应充分尊重被辅助人的自决权，例如精神障碍患者是否住院治疗的问题等，被辅助人能自行完成的行为辅助人不得干预；对其他无法独自保障自身利益的成年人的协助一般由本人委托授权他人协助，与其共同生活的家庭成员当然有权协助，除非本人明确拒绝；无人接受委托的，本人可以向社区、居委会、村委会申请指定协助，协助人不得限制或干涉被协助人的行为，但被协助人所为法律行为明显对其不利，或者在被协助人权利受到侵害时，协助人应代理被协助人行使撤销权、变更权，或停止侵害及损害赔偿请求权。欠缺行为能力的人恢复行为能力后，如果尚不能独自保障其利益，其监护人或辅助人可担任其协助人；而被协助人精神或身体状况恶化，不能辨认或不能完全辨认自己的行为，则其协助人可转为监护人或辅助人，协助人不能胜任监护或辅助职责的，应及时请求法院指定监护人或辅助人。例如对高龄老人听力下降、视力下降、慢性病损害他们的睡眠和决断力，生活难以自理，更难以自我保护。如果老人与家人同住，家庭其

① 部分监护指只在被监护人实际需要的范围内设立的监护措施。具体内容可参见李霞《成年监护制度的现代转向》，《中国法学》2015 年第 2 期。

他成员可担任协助人，如果是独居老人，其他亲属朋友，或者公益社会组织、社区、居委会、村委会等也可以指定专人担任协助人，独居老人的协助人应经常探望被协助人。[①] 高龄失能是持续发展的状态，被协助的老人在病情发展到不能辨认或不能完全辨认自己的行为时，协助就应转为监护与辅助。而老人在受协助期间，如果信赖协助人，可通过订立将来监护或辅助的委托合同，在丧失行为能力后由原协助人担任监护人或辅助人。

限于论文目的和篇幅，笔者不展开论述我国成年人保护制度的构建。用舒国滢先生[②]贴切的比喻来结束全文，比较研究的方法提供了“观照的镜鉴”，对法国成年人保护制度现代化的研究，是观察他国相关立法的历史和经验之镜，洞察正在发生的法律变革，从而更深入、更广泛地认识成年人保护制度，为立法和法律解释提供资料和辅助。

① 老年人居住安排的调查数据显示，独居老人的比例近年来逐渐提高，城镇老人居住安排中独居老人的比例在 2000 年是 7.4%，2006 年是 8.3%，2010 年是 8.6%；农村老人居住安排中独居老人的比例在 2000 年是 8.3%，2006 年是 9.3%，2010 年是 10.6%。参见《中国城乡老年人生活状况（2000—2010）抽样调查数据（二）》，《老龄科学研究》2014 年第 9 期。

② 舒国滢：《并非有一种值得期待的宣言——我们时代的法学为什么需要重视方法》，《现代法学》2006 年第 5 期。

近现代意大利家庭法的发展阶段与借鉴*

——从与中国比较的角度

罗冠男**

【内容提要】中世纪之后的意大利家庭法，经历了从家庭到个人再到社会的三个阶段。在这三个阶段中，意大利通过标志性的立法使法律适应了社会发展的潮流，体现了法律与社会之间的互动。欧洲的主要国家的家庭法，如德国和法国，也都经历过这样的三个阶段。第三个阶段也是世界家庭法发展的必然趋势。虽然有很多背景和细节上的不同，我国的婚姻家庭法也面临着相似的趋势和挑战。相较之下，我国的婚姻家庭法尚处在第二阶段，通过观察其他大陆法系国家家庭法的发展历程，可以预测我国婚姻家庭法的走向，更好地思考如何借着民法典编纂的契机，使我国的婚姻家庭法的修订能够适应社会发展的潮流，更好地发挥其维护家庭和社会稳定、保护未成年人利益的作用。

【关 键 词】意大利　家庭法　发展阶段　发展趋势

---

* 该文原载于《政法论坛》2018年第6期。

** 罗冠男，意大利第二大学法学博士，中国政法大学法律史学研究院副教授。

意大利是欧洲大陆上重要的大陆法系国家，其家庭法自中世纪结束以来，一直随着社会的发展不断进行调整。在宗教因素的影响下，意大利家庭法的发展相对西方其他国家更加保守，因而于我国更具有参考性。本文试图通过对意大利家庭法的发展阶段进行梳理和总结，找到家庭法每个发展阶段的特点和指导原则，希望对我国婚姻家庭法的发展有所裨益。

一　意大利家庭法的发展三阶段

（一）中世纪意大利的家庭法：教会控制下的家庭

东罗马帝国的衰落，意味着罗马法在欧洲大陆上的统治告一段落，欧洲大陆进入了中世纪。伴随着基督教成为罗马国教，欧洲大陆的一切都要在宗教的语境下进行，婚姻家庭法领域更是转而完全由教会法来支配和控制。

在罗马法中，婚姻只需要双方的合意就可以缔结，不需要任何特殊的形式。但是存在身份不同的人之间的婚姻障碍：近亲之间不得结婚，平民与贵族之间不得结婚，自由人和奴隶之间不得结婚，元老阶层与低下阶层不得结婚，等等。① 夫妻之间的财产制度主要是罗马法中的嫁资制度。② 离婚在罗马法中司空见惯。此外，在婚姻之外还存在“姘居”这种男女结合的形式。③

而基督教会法中婚姻家庭法的内容和罗马法存在很大的差别。教会法上的婚姻成为男女之间唯一合法的结合形式，不仅仅是人与人之间的关系，更被提升到“圣礼”的高度。如果配偶双方同意成为夫妻并且在此基础上有性关系，他们之间就构成了婚姻关系，不可离婚。依据教会法，公共婚礼、证婚人以及神父的祝福都是婚姻程序中必不可少的组成部分。

教会法对近亲（包括血亲和姻亲）通婚严格禁止，一度不准七亲等之

① 汪琴：《基督教与罗马私法——以人法为视角》，法律出版社，2011，第163～164页。

② 〔意〕彼德罗·彭梵得：《罗马法教科书》，中国政法大学出版社，2005，第120页。

③ 罗冠男：《从罗马法的姘居制度看欧洲“事实家庭”的规制——从与中国比较的视角》，《政法论坛》2015年第5期。

内的人们联姻，后来放宽到五亲等之内，还波及教父教母及其家庭成员，他们在这一问题上也被视同教子教女的血亲和姻亲。[①] 而罗马法中地位不同导致的婚姻障碍因为基督教教义中宣扬的平等而被废除。[②] 婚姻双方彼此间不得私自拥有财产，只有婚姻中出生的孩子才拥有合法的身份。[③]

"基督徒婚姻不仅仅是为了生育子女和在欢乐幸福中相互扶持、相互陪伴的男女的集合，而且也是基督与教会的神圣结合。这种婚姻的神圣性萌生了婚姻不可解除的基督教婚姻伦理观。婚姻是与教会的结合，是与上帝弥撒亚的结合，是与困境、和睦的结合。离婚违背了基督教的教义。"[④] 所以，婚姻一旦缔结不可解除，离婚在教会法中是不被允许的。如果出现夫妻之间确实无法共同生活的情况，分居就成为离婚的替代手段。而婚姻之外的任何男女结合都被视为非法，无法产生合法的继承人。

（二）第一阶段：从教会法中解放出来的家庭

1. 1865 年《意大利王国民法典》：《法国民法典》的追随者

1865 年《意大利王国民法典》是意大利统一之后的第一部民法典。这部民法典在很大程度上受到 1804 年《法国民法典》的影响。《法国民法典》跟着拿破仑军队，曾经在除西西里岛和撒丁岛外的意大利所有国家得以实施。[⑤] 当然这也与拿破仑民法典中固有的罗马法传统分不开。

在《法国民法典》的影响下，意大利也希望制定一部统一的民法典。1861 年，意大利王国建立，意大利的统一运动归于结束。在统一前各王国的立法运动的准备之下，统一后的意大利立即将制定民法典提上了日程，并且在很短的时间内快速完成。意大利学者认为民法典能够快速完成的原因是"四部统一前的民法典在渊源上是统一的法国民法典，其内容实质上

---

① 彭小瑜：《教会法研究》，商务印书馆，2011，第 44 页。

② 汪琴：《基督教与罗马私法——以人法为视角》，法律出版社，2011，第 164 页。

③ 〔英〕奥斯瓦尔德·J. 莱舍尔：《教会法原理》，李秀清、赵博阳译，法律出版社，2014，第 108 页。

④ 汪琴：《基督教与罗马私法——以人法为视角》，法律出版社，2011，第 172 页。

⑤ 何勤华、李秀清主编《意大利法律发达史》，法律出版社，2006，第 154 页。

是统一的，因此，已经产生了一种‘普通法’”。[①]

而《法国民法典》本身则体现了当时社会原有的家庭秩序，“1804 年法国民法典恰好在合适的时间出现，保存了以往秩序的图景，尤其是在家庭方面”。[②] 这时的家庭开始从教会法的控制下解放出来。1865 年《意大利王国民法典》在《法国民法典》的直接影响下，采取了三编的体例，分别为人（11 章），财产、所有权及其变化（5 章），取得和转移所有权以及物权的方式（28 章），共 2147 条。其中婚姻和家庭法的内容主要包含在第一编内，但是嫁资和继承的内容被放在了第三编中。

民法典引进了民法上的婚姻。之前意大利的婚姻完全在教会法的管辖之下，只存在宗教婚姻。在《法国民法典》的影响下，1865 年民法典第一编第 5 章详细规定了婚约、民事婚姻的条件、程序和效果。规定民事婚姻应当在一方住所地的民政官面前缔结（第 93 条）。男性 25 岁之前、女性 21 岁之前缔结婚姻需要父母的同意（第 63 条）。妻子在上一段婚姻结束或者无效的 10 个月内不能再次缔结婚姻（第 57 条）。

从夫妻之间的人身关系上看，夫妻在家庭中地位不平等。和《法国民法典》一样，仍然承认夫权的存在。民法典第 131 条规定：丈夫是家庭的领袖，妻子跟随丈夫的民事地位，必须冠夫姓，并且由丈夫决定家庭的居住地。

从夫妻之间的财产关系上看，民法典第 132 条规定：丈夫有保护妻子的义务，并且要支持家庭生活，妻子仅在丈夫无法提供必要的家庭生活费用的情况下，才承担家庭生活的财产责任。在夫权之下，妻子没有丈夫的许可，不可以捐赠、转让不动产，没有丈夫的许可也不能签订合同，参与诉讼（第 134 条）。妻子的行为能力是受到限制的，妻子无法单独拥有和使用财产。所以整体来说，这一法典在财产问题上对女性的地位采取了消极的态度，但这在当时的文化背景下也是可以理解的。[③] 夫妻双方可以采用婚前公证的方式达成婚姻协议，对他们之间的财产进行约定（第 1378 条、第

---

① 〔意〕阿尔多·贝特鲁奇：《意大利统一前诸小国的民法典制定与 1865 年意大利民法典》，徐国栋译，《罗马法与现代民法》第 1 卷，中国法制出版社，2000，第 158 页。

② Mary Ann Glendon, *The New Family and the New Property*, Butterworths, p. 15.

③ Loredana Garlati, *La Famiglia tra Passato e Presente*, Giuffrè Editore, 2011, p. 43.

1382 条）。另外，存在罗马法上的嫁资制度，嫁资是妻子带到夫家维持婚姻生活的财产（第 1388 条）。丈夫只在婚姻存续期间对嫁资有管理的责任（第 1399 条）。一旦婚姻结束，丈夫或者丈夫的继承人要返还嫁资（第 1409 条）。夫妻之间除非一方死亡，婚姻不得结束，但是可以分居（第 148 条）。

在家庭关系中，民法典第一编第 8 章为“父权”，明确规定家庭中存在“父权”，没有家父的同意，家子不得离开家父的住所或者指定的住所（第 221 条）。家父代理家子参加所有的民事诉讼、管理其财产（第 224 条）。家子结婚或者达到 18 岁，才可以从父权之下解放出来（第 310 条）。

在亲子关系中，区分婚生子女和非婚生子女，非婚生子女只有被认领或者准正，才享有婚生子女的权利（第 179 条、第 194 条），否则不能用家庭的姓，也不享受婚生子女享受的接受父母供养、教育等权利（第 185 条、186 条）。

2. 1929 年的“协定婚姻”（Matrimonio Concordatario）①

在 1865 年的民法典中，已经对民法上婚姻的公告、异议、条件、程序等都有比较详细的规定。但是现实情况是，人们还是习惯于在教堂举行婚礼，而这样的婚姻并不受民法调整。

直至 1929 年 2 月 11 日，教会和政府在罗马签订《拉兰特协定》（Concordato Lateranense），教会法上的婚姻只要履行简单的登记手续，就可以获得民法上的效果。

中世纪以来，婚姻法始终是教会法的最重要内容之一，即使是在中世纪之后，由于民法的其他方面和几乎全部的刑法都归入世俗法，婚姻法在天主教教会法中的分量更加突出。所以，1929 年教会与政府的协定是一个重要的转折点，从此，即使是在教堂举行婚礼，人们一般也会履行登记手续，这标志着教会法领域的婚姻开始转入现代民法的调整范围。

3. 1942 年民法典：家庭视角的定型

1942 年民法典是意大利沿用至今的民法典，其第一编“人与家庭”已经在 1939 年颁布。这一编虽然也沿用了 1865 年民法典中的一些理念和制

---

① 既在教堂举行婚礼，又在民法上登记的婚姻在意大利被称为“Matrimonio Concordatario”（协定婚姻），Concordato 特指教会与政府间的协定。

度，包括男女不平等、夫权的存在、不允许离婚等，但是在家庭关系和夫妻关系中，已经开始了明显的转变。

关于夫权的规定从法典中消失了，至少从条文上承认夫妻的平等地位（第143条）。

在父母子女关系中，存在父母对子女的亲权，子女在成年以前处于父母的亲权之下，在发生可能给子女造成严重损害的危险时，父亲可以立即采取紧急措施（第316条）。

夫妻财产制度已经开始具有现代的形态，丈夫不再代替妻子来处理家庭财产问题。但是仍然存在嫁资制度，这一制度直到1975年的家庭法改革才被废除。

仍然存在关于非婚生子女的认领和准正制度，只有经过认领和准正的非婚生子女，才能享有婚生子女的地位和权利。

1942年民法典存在成年人收养制度，这是罗马法中为了解决家庭继承人问题而存在并延续至今的制度。

而自前婚姻关系解除、被撤销或终止民法效力之日起300天后，女方方可再婚（第89条）。这是在医学尚不发达的情形下，为了排除妊娠而作出的规定。

1942年民法典在“体现了意大利家庭法的文化：在现代化和父权的传统之间进行了调停”。①这部民法典沿用至今，也经历过一系列的修订，中世纪残留下来的嫁资制度、亲权制度等内容都已经被删除和修改，这部法典直到今天还在不断修订。

从1865年民法典到1942年民法典，中间经过1929年的“协定婚姻”，婚姻从教会法中解放了出来。这一阶段意大利家庭法的典型特点为：以建立在婚姻之上的传统家庭为出发点和落脚点；家庭当中和夫妻关系当中都存在地位不平等，家庭之中存在父权，夫妻关系中存在夫权；婚姻一旦缔结不允许离婚；严格区分婚生子女和非婚生子女，非婚生子女处于非常不利的地位。虽然婚姻从教会法中解放了出来，民法上的婚姻慢慢成为主流，但是仍然强调婚姻作为组成家庭唯一方式的特殊重要性和不可解除性，父

① Marco Cavina, *Il Diritto di Famiglia*, Treccani Editore, 2012, p. 85.

母之间是否存在合法婚姻会直接影响到子女的地位高低。这一阶段是典型的家庭本位，而此时的家庭特指建立在婚姻基础上的传统家庭。

（三）第二阶段：从婚姻中解放出来的个人

1942 年的意大利民法典的颁布标志着意大利家庭法的定型。但是随着社会的发展，其中很多内容开始无法满足社会的发展，尤其是随着个人意识的兴起和发展，个人希望通过婚姻和家庭实现自己的价值，民法典中很多内容被修改，同时改革也发生在民法典之外。

1. 1970 年离婚法：从婚姻中解放出来的个人

正如日本学者所说："只有在离婚问题上才能将家庭关系以及家庭法的变化集中地表现出来。"① 意大利民法典中保留了中世纪教会法中不允许离婚的传统。但是随着社会的发展，离婚逐渐成为各国法律的内容。直到 1970 年，意大利通过第 898 号法律《关于婚姻结束的规范》，这是首次通过法律允许离婚，直到今天，离婚制度也未进入意大利民法典。

1970 年第 898 号法律明确规定："法官可以在确定配偶精神上和物质上都不能共同继续生活的情况下判决根据民法典缔结的婚姻解除。"（第 1 条）即使是双方协议离婚，也需要经过法官的裁判。法律还规定了离婚的效果、对子女的抚养和对配偶的扶养等。

分居是离婚的前置程序，1970 年第 898 号法律最初规定分居的时间必须达到五年才能离婚，离婚必须经过法官的裁判。1987 年第 74 号法律在离婚要求的分居时间上作出了重大调整，将五年的分居时间要求缩短为三年；2014 年第 132 号和第 162 号法律对离婚的民事程序进行了进一步的改革，在一定程度上简化了离婚的程序；2015 年 3 月 18 日通过的第 55 号法律议案则进一步将离婚前裁判分居的时间标准缩短为一年，合意分居的时间要求缩短为六个月，使离婚的过程得以大大缩短。

离婚单行法的出台，标志着婚姻不得解除制度的结束，也标志了个人自由在婚姻当中的实现，个人开始从婚姻当中解放出来。而分居时间的一

① 〔日〕利谷信义、江守五夫、稻本洋之助：《离婚法社会学》，陈明侠、许继华译，北京大学出版社，1991，第 2 页。

步步缩短，意味着离婚的时间成本降低，离婚更加自由和简便，这也是个人自由在婚姻中的实现。

2. 1975 年家庭法的改革：个人意识的全面体现

1942 年的民法典中虽然有了比较系统的婚姻家庭法的内容，但是随着 20 世纪后半叶社会的发展，一些内容已经不能适应社会的需要。意大利颁布一系列单行法，并且对民法典中内容进行修订，这就是 1975 年意大利家庭法革命。

在婚姻当中，婚姻的自主权回到了夫妻手中，对家庭生活的安排，包括住所的选定以及对子女亲权的行使等都由双方平等决定。

在夫妻财产关系上，嫁资制度被废除，引入了夫妻共同财产制，并且增加了家庭企业的制度，主要目的就在于承认女性在家庭生活以及家庭经营生活中的劳动价值。

1942 年民法典中只有关于成年人收养的制度，这是罗马法中保存下来的为了保证家庭有继承人的制度。单行法对未成年人收养制度的引入，体现了观念上的变革：家庭是关于平等主体之间的集合以及对子女的责任，而并非只关注法律上生育的资格，也为未成年人利益的保护留下了空间。①

婚生子女和非婚生子女得到平等保护，他们获得了平等的继承权。废除了禁止认领通奸所生子女的规定。在生父否认之诉和生父宣告之诉中，随着生物科技的发展，废除了法律上推定的制度，使得法律上的地位和生物上的事实相符合。

在这场变革之中，可以看到意大利家庭法对家庭视角的摒弃和对个人利益的关注。②

此后，关于家庭法的修订和变革也在持续中，比如 2001 年第 154 号法律在民法典第一编中加入了第九章“针对家庭暴力的保护命令”，规定法官可以根据家庭暴力受害者的请求发布保护命令，体现了通过公权力的介入对家庭中个人利益的保护。

在这一阶段，随着个人意识的日益觉醒和对个人自由的追求，离婚被

① Gilda Ferrando, *Diritto di Famiglia*, Zanichelli, 2015, p. 301.

② Michele Sesta, *Diritto di Famiglia*, CEDAM, 2003, p. 11.

允许，并且越来越自由。随着家庭法的变革，人们越发强调家庭中的平等关系，虽然还存在亲权，但开始要求婚生子女和非婚生子女地位的平等。个人的自由和价值成为家庭法变革的价值取向。

（四）第三阶段：家庭社会功能的回归

1. 单行法对民法典的修订：不可解除的父母子女关系

2010 年之后，意大利的家庭法又迎来了几次修订，这些修订则主要围绕着父母子女关系进行。

2013 年 12 月 28 日的第 154 号法律对意大利民法典第一编“人与家庭”有关亲子关系的第七章和第九章进行了修订，发生了较大的变化。其中第七章标题由“亲子关系”改为“子女的地位”。其中各节也进行了调整：第一节由“婚生亲子关系”改为“生父推定”，原来的第一节第二分节“婚生亲子关系的证明”改为第二节“亲子关系的证明”，原来的第一节第三分节的“否认之诉、确认之诉和准正之诉”改为第三节“否认之诉、确认之诉和子女地位的宣告之诉”，原来第二节“非婚生亲子关系与认领”的标题被删除，第二节第一分节“非婚生亲子关系”被改为第四节“婚外出生的子女的认领”，原来第二节第一分节中的一个标题“由判决宣告非婚生父子、母子关系”改为第五节“由判决宣告父子、母子关系”，原来第二节第二分节“准正”被删除。而第九章的标题由“亲权”改为“父母的责任和子女的权利和义务”，原来的内容作为第一节“子女的权利和义务”，对原本父母对子女享有的权利的内容进行了修改，更强调父母对子女的责任，并且增加了第二节“父母在分居、婚姻解除、婚姻无效或被撤销的情形下以及针对婚外所生子女的程序中责任的履行”，强调在父母的关系不稳定的情况下，如何实现未成年子女的权利。

第七章和第九章的大幅度修改体现了意大利家庭法“未成年人利益最大化的原则”。除了涉及对非婚生子女的认领等问题，第七章内容、结构和用语上的变化已经足够体现意大利不再区分婚生子女和非婚生子女的决心，其目的也是更好地保护未成年子女的利益。而第九章对父母权利的取消和对父母责任的强调，改变了立法的视角，从关注父母的权利转为强调父母的责任，更是体现了“未成年人利益最大化的原则”。

虽然婚生子女和非婚生子女权利平等早已在1975年家庭法改革之后被提出，但是在实践中还需要进一步推进。2012年12月10日第219号法律和2013年12月28日第154号法律对民法典中的语言进行了进一步修改，在第74条血亲的定义中，添加了“无论子女是婚生子女、非婚生子女还是收养子女”这样的描述。在很多地方删去了对婚生和非婚生子女的区分，比如第433条承担给付抚养费、赡养费义务人的顺序是配偶、子女，包括养子女（没有的情况下最近的卑亲属），删去了“婚生子女、准正子女、私生子女、养子女”；第565条，遗产由“配偶、卑亲属、直系尊亲属、旁系亲属、其他亲属”继承，删去了卑亲属之前婚生和私生的区分；第536条里，对特留份继承人也删除了婚生、私生和准正的子女，不再加以区分。[①]

在夫妻财产制度上，夫妻共同制的应用变少，鼓励夫妻双方根据自己的自由意志对财产制度进行规制。离婚法中的衡平，保护经济处于弱势的一方。经济上优势的一方承担对家庭的义务。废除了分居中的归责责任。

同时，意大利通过国内法承认和转化了一系列旨在保护未成年人的国际条约。[②] 对离婚后子女监护作出了重要的改革，就是共同监护的产生，子女可以在父母分居、离婚或者婚姻无效后和父母双方都保持同样的关系并且接受他们的照顾、教育和经济支持。而在父母缺席不能履行义务的时候，国家的公权力也开始介入，通过寄养、收养等手段，来保护未成年人的权利。

可见，2010年后民法典的修订主要集中在婚生、非婚生子女的平权和父母对子女义务的强调上，体现了未成年人最大利益原则。随着离婚更加自由，配偶间的关系愈加松散，多元家庭组成方式开始出现，使传统家庭的地位被削弱。相比而言，婚姻不再具有以往的特殊重要性，重要的是不

---

① 此外民法典用语上的修改还包括：第236条中“民事身份登记中的出生证书，系证明婚生亲子关系的依据。没有上述文件的，以持续占有婚生子身份的事实证明亲子关系”中的“婚生”二字都被删除；第253条“在任何情况下都不允许对具有婚生子女身份或者经准正而获得婚生子女身份的子女进行与现有身份相反的认领”被改为“在任何情况下都不允许对子女进行与现有身份相反的认领”，删去“婚生子女”的字样；第277条“宣告非婚生亲子关系的判决，产生认领的效力”被改为“宣告亲子关系的判决产生认领的效力”，“非婚生”的字样被删去。

② 包括1989年的联合国《儿童权利公约》，1996年的欧洲公约，1993年《海牙跨国收养公约》等。

可解除的父母子女关系和未成年子女的最大利益。同时婚姻关系中的个人化和自由化倾向，也使未成年子女的利益更需要特别的保护。

2. 民事结合：多元化的家庭组成方式

意大利因为受到天主教的影响很大，所以当欧洲国家的法律纷纷向非婚同居和同性婚姻敞开怀抱的时候，意大利却一直采取抵制的态度，在同性结合的问题上一直采取保守的态度。从 1986 年开始，就有关于同性结合的法律提案被提出，但直到 2016 年 5 月 20 日的第 76 号《关于同性民事结合和同居的法律规范》[①]，才从法律上承认同性之间的结合，同时也对异性之间稳定的同居进行了规范。

两个成年同性伴侣可以通过前往民政部门登记形成民事结合。登记后的民事结合，双方当事人之间的权利和义务，尤其是财产制度，比照婚姻当事人之间的权利和义务，在特殊情况下可以进行收养，以及解除民事结合。同性民事结合中的当事人也相互具有法定的继承权，适用民法典中关于继承的一些规定。

两个成年人也可以选择不结婚或者不结成同性民事结合，而采取稳定同居的生活方式。稳定的同居关系需要在户口上进行登记。意大利的同居伴侣比照婚姻中的配偶，在共同生活、相互扶养等问题上取得了相互的权利和义务。但是他们之间的财产关系主要依靠同居协议来规范，所以是建立在契约基础上的个人关系。同居伴侣并没有取得法定财产制度、法定继承等完全等同于婚姻当事人的权利。

在这一阶段，随着配偶之间关系的松散，父母子女关系替代配偶关系成为家庭关系的主体，未成年人利益最大化成为家庭法的重要原则。这一阶段，家庭法由追求个人自由转为重视家庭在未成年人养育方面的社会功能，而家庭不再仅仅指建立在婚姻关系上的传统家庭，也包括同性结合等多元化家庭组成方式。为了实现家庭的社会功能，国家公权力也会在收养以及父母缺席时介入家庭生活。

---

① 这一法律也被称为 Cirinnà 法。由民主党的女议员 Monica Cirinnà 提出并且第一个签署这个法案。

二 我国婚姻家庭法发展的两个阶段

（一）中国古代的婚姻家庭法：家族的视角

在我国古代的宗法社会中，家族始终作为婚姻家庭法的出发点，男女之间的婚姻的结合具有非常强的目的性。中国古代的婚姻对家族、国家和社会有特殊重要性：家国同构的宗族社会有赖于婚姻提供合法的继承人，以保证家族和国家延续不绝。“婚姻者，合二姓之好”，“上以事宗庙，下以继后世”，担负着祭祀、继嗣、内助的重要使命。① 结婚不自由，需要“父母之命，媒妁之言”，在程序上必须严格遵循“六礼”程序。家中存在家长，“一家之事，对内对外，皆取决于家长”。② 婚姻中存在夫权，男尊女卑，夫为妻纲，婚姻的解除权握于丈夫之手。因为中国古代实行一夫一妻多妾制度，所以对子女严格区分嫡庶。而不论中国古代的道德还是法律，都对婚姻之外的两性关系持反对态度，以保证家族内部的伦理秩序和继承血统的纯正，这在历代的法典中都有所体现。婚外关系下生育的子女，被称为“奸生子”，常常无法被法律或者家族所承认，后来即使获得了财产上的一定的权利，但没有身份继承的可能性，地位也无法与婚生子相比较。如《大明令》规定：“凡嫡庶子男，除有官荫袭，先尽嫡长子孙，其分析家财田产，不问妻、妾、婢生，止依子数均分。奸生之子，依子数量与半分。如别无子，立应继之人为嗣，与奸生子均分。无应继之人，方许承绍全分。”

（二）第一阶段：从家族中解放出来的婚姻

《大清民律草案》可以说是我国近代婚姻法的开端。在清末的内忧外患之下，乘着西方个人主义思潮，我国的婚姻家庭法也开始进行变革。1911年《大清民律草案》设亲属编，共143条。“中国婚姻家庭法由此开始启动从传统向现代化过渡的漫漫历程。”③

---

① 陈鹏：《中国婚姻史稿》，中华书局，2005，第5页。

② 史尚宽：《亲属法论》，中国政法大学出版社，2000，第796页。

③ 蒋月：《20世纪婚姻家庭法：从传统到现代化》，中国社会科学出版社，2015，第192页。

《大清民律草案》一方面接受了西方的思潮，在中国立法史上，第一次承认婚姻是当事人本人的终身大事，需得当事人合意（第1341条），赋予当事人本人一定的婚姻自主自决权。[①] 但是这种自主自决权也是有限的，草案第1338条规定“结婚须由父母允许”。另一方面，仍然保留宗法制，区分嫡子和庶子，保留了封建的婚姻家庭秩序。

但是草案至少从条文上基本确立了一夫一妻制度，开始向男女平等转变。

家中保留家长制，亲等关系仍沿用前朝服制，“以一家中之最尊长者”为家长（第1324条），“家政统于家长”（第1327条）。

妻子是限制行为能力人（第10条），因此立法赋予丈夫限制妻子人身自由的权利。家中的很多事务都由丈夫决定，“关于同居之事由夫决定”（第1351条），“不属于日常家事之行为，须经夫允许”（第27条）。但是第一次承认了妻子有限的财产权，“妻于成婚时所有之财产，及成婚后所得财产为其特有财产。但就其财产，夫有管理使用权及收益之权，夫管理妻之财产显有足生损害之虞者，审判厅因妻之请求得命其自行管理”（第1358条）。

过错导致的离婚，立法要求轻于夫而重于妻。规定“妻与人通奸者”，即行离婚；但于夫，则须因“奸非罪，而被处刑者，妻才可以请求离婚”（第1362条）。

亲子关系上，草案第四章将子女区分为嫡子、庶子、嗣子、私生子，各设专节规定。草案规定，“妻所生之子为嫡子”（第1380条）；“非妻所生之子为庶子”（第1387条）。按法律馆解释，“吾国社会习惯于正妻外置妾者尚多，故亲属中不得不有嫡庶子之别，不仅行亲权之父母，于必要之范围内可亲自惩戒其子，或呈请审判衙门送入惩戒所惩戒之”（第1374条）。宗祧继承仍受到草案承认和保护。

根据草案的规定，父母离婚时，只有在子女不满5岁或审判官认为有利于孩子监护时，离婚母亲才能获得对子女的监护权；否则，除非夫同意，妻不能获得对子女的监护权。

这一草案虽然没有正式颁行，但在我国的民法史上意义重大。在婚姻家庭领域，至少从条文上承认婚姻是当事人的终身大事，规定了一夫一妻

① 蒋月：《20世纪婚姻家庭法：从传统到现代化》，中国社会科学出版社，2015，第211页。

制度，意图实现夫妻的部分平等。草案还保留有很多古代宗法制的因素，比如存在父权，婚姻不能完全自主，夫妻在婚姻当中不平等，严格区分婚生子女和非婚生子女。在刚从古代传统社会走来的中国，男女平等、婚姻自由还没有被普遍认同，这样的规定也是意料之中。除了我国自古就有离婚的传统之外，这一阶段我国婚姻家庭法显示出来的特征与意大利家庭法发展的第一阶段的特点不谋而合。

之后的1926年民国《民律草案》和1930年《民法亲属编》也都进一步承认了婚姻自主、男女平等的原则，废除纳妾制度，改革亲子关系。

（三）第二阶段：从家庭中解放出来的个人

1. 1950年《婚姻法》

1950年《婚姻法》是新中国成立之后颁布的第一部法律，它被毛泽东评价为“它是有关一切男女利害，普遍性仅次于宪法的国家根本大法”。从这部《婚姻法》开始，我国的《婚姻法》开始走上个人自由和解放的道路。“相比较与其他社会制度而言，我国婚姻家庭制度的变化无疑是巨大的，甚至可以说是翻天覆地的……对其未来的婚姻家庭关系产生了重要且又正面的影响。”①

1950年《婚姻法》确立了婚姻自由的原则，包括结婚自由和离婚自由，结婚摆脱了父母之命，“结婚须男女双方本人完全自愿，不许任何一方对他方加以强迫或任何第三者加以干涉”（第3条）。立法者认为，在婚姻自由的情况下，男女离婚自由也应受到国家法律保护，已经显示出“个人意思自治”“自己责任”“自己决定权”私法自治理念。离婚包括登记离婚和判决离婚两种形式，另外，夫妻双方还获得了平等的离婚自由权。②

① 夏吟兰主编《中华人民共和国婚姻法评注总则》，厦门大学出版社，2016，第87页。

② 1950年《婚姻法》第17条规定：男女双方自愿离婚的，准予离婚。男女一方坚决要求离婚的，经区人民政府和司法机关调解无效时，亦准予离婚。男女双方自愿离婚的，双方应向区人民政府登记，领取离婚证；区人民政府查明确系双方自愿并对子女和财产问题确有适当处理时，应即发给离婚证。男女一方坚决要求离婚的，得由区人民政府进行调解；如调解无效时，应即转报县或市人民法院处理；区人民政府并不得阻止或妨碍男女任何一方向县或市人民法院申诉。县或市人民法院对离婚案件，也应首先进行调解；如调解无效时，即行判决。离婚后，如男女双方自愿恢复夫妻关系，应向区人民政府进行恢复结婚的登记；区人民政府应予以登记，并发给恢复结婚证。

这时开始规定所有子女地位平等，非婚生子女享受与婚生子女同等的权利。[①] 非婚生子女即包括：一是无夫妻关系的男女所生的子女，曾被称为“私生子女”；二是一夫一妻多妾的旧式婚姻下，妾所生的子女，曾被称为庶出的子女。[②] 立法者认为，所有子女都是社会成员，应“加以同等的保护”；危害或歧视非婚生子女的行为，都是错误的。父亲和母亲对子女有平等的权利义务。

新中国第一部《婚姻法》确定了婚姻自主、一夫一妻、男女平等的原则，平等保护婚生子和非婚生子女，赋予妇女离婚自由权，否定丈夫单方面的离婚传统，反对包办婚姻，实行结婚登记和离婚登记。

2. 1980 年《婚姻法》

虽然 1950 年的《婚姻法》确定了婚姻自由、一夫一妻、男女平等、非婚生子女与婚生子女平等的原则，但是在实际生活中，包办婚姻仍然盛行，婚姻自由权的行使受到很大限制。

1980 年《婚姻法》坚持了 1950 年《婚姻法》已经确定的原则，同时面对我国严峻的人口问题，将计划生育列为《婚姻法》的基本原则，并将结婚年龄提高。增加调解为离婚前置程序，第一次从条文上确立夫妻感情破裂为裁判离婚的原因。在父母子女关系上，第 17 条规定：父母有管教和保护未成年子女的权利和义务。在未成年子女对国家、集体或他人造成损害时，父母有赔偿经济损失的义务。法定婚后所得由夫妻共有，增加夫妻约定财产制。

1980 年《婚姻法》延续了 1950 年《婚姻法》确定的基本原则，又根据社会的新情况作出了新的修订，标志着我国当代婚姻法的定型，也标志着我国婚姻家庭立法的重心开始“从改革婚姻家庭制度转移到稳定婚姻家庭关系、保障和发展婚姻家庭建设上来”。[③]

---

① 1950 年《婚姻法》第 15 条规定：非婚生子女享受与婚生子女同等的权利，任何人不得加以危害或歧视。非婚生子女经生母或其他人证物证证明其生父者，其生父应负担子女必需的生活费和教育费全部或一部；直至子女十八岁为止。如经生母同意，生父可将子女领回抚养。生母与他人结婚，原生子女的抚养，适用第二十二条的规定。

② 陈绍禹：《关于中华人民共和国婚姻法起草经过和起草理由的报告》，1950 年 4 月 14 日，中国人民大学法律系民法教研室、资料室编《中华人民共和国婚姻法资料选编》，未刊稿，1982，第 43 页，转引自蒋月《20 世纪婚姻家庭法：从传统到现代化》，中国社会科学出版社，2015，第 299 页。

③ 杨大文：《关于完善婚姻家庭立法的建设和设想》，巫昌祯、杨大文主编《走向 21 世纪的中国婚姻家庭》，吉林人民出版社，1995，第 10 页。

3. 2001 年《婚姻法》修正案及司法解释

随着新型家庭关系和家庭观念的形成，自主意识、权利意识、平等意识和契约观念深入人心，2001 年《婚姻法》修正案对婚姻家庭领域出现的新问题作出了新的反应。2001 年《婚姻法》修正案禁止家庭暴力，增设了婚姻无效和可撤销制度，完善夫妻财产制度，使法定离婚事由具体化，离婚更加自由，放松对军人配偶离婚权的限制，完善离婚损害赔偿制度，完善夫妻财产制度，增设双方的特有财产，以及离婚时经济补偿请求权。

另外，最高人民法院通过司法解释的形式，对婚姻法施行过程中出现的问题进行解释。其中《最高人民法院关于适用〈中华人民共和国婚姻法〉若干问题的解释（三)》中对夫妻房产的规定，进一步明确了在房产问题上个人财产和共同财产的界限，强化了分别财产的因素。而 2018 年 1 月最高人民法院公布了《关于审理涉及夫妻债务纠纷案件适用法律有关问题的解释》，在夫妻债务承担问题上，改变以往推定为夫妻共同债务、例外为个人债务的裁判原则，转变为推定为个人债务、例外为夫妻共同债务的原则，使婚姻中债务承担上夫妻双方在财产上的关联性更弱。

我国从 1911 年《大清民律草案》开始，婚姻从家族中解放出来，但是仍然存在父权和夫权，丈夫与妻子在婚姻中地位不平等，严格区分婚生子女和非婚生子女。从 1950 年《婚姻法》开始，随着个人意识的觉醒和自由主义的传播，人们开始追求婚姻家庭中的平等和个人价值，个人开始从家庭中解放出来，突出表现为婚姻中丈夫与妻子的地位平等、离婚越来越自由、存在父母对子女的亲权、婚生子女和非婚生子女权利平等。而随着社会的发展，婚姻之外稳定同居的生活方式也开始出现。

可以看到，对应意大利家庭法发展的三个阶段，我国尚处于婚姻家庭法发展的第二阶段，离婚自由和配偶之间关系的松散已经不可避免，保护未成年人的利益应当成为当前婚姻家庭法改革的出发点和落脚点。有学者呼吁为同性伴侣和同居伴侣立法，[①] 我国的婚姻家庭法正不可避免地向第三个阶段发展。

---

① 例如，社会学家李银河多次提出过同性婚姻的立法提案。参见王薇《非婚同居法律制度比较研究》，人民出版社，2009；但淑华《我国非婚同居的二元法律规制研究》，法律出版社，2012。

三　结论：我国婚姻家庭法不可避免的发展方向

可以看到，中世纪之后的意大利家庭法发展经历了三个阶段。以1865年民法典为开端的第一个阶段，重视以婚姻为基础的传统家庭，婚姻之外的家庭组成方式不被法律认可。主要标志为：丈夫妻子在婚姻中地位不平等，存在夫权；婚姻不可解除；存在父权；严格区分婚生子女和非婚生子女。以1970年关于离婚的单行法为开端的第二阶段，重视个人在婚姻中价值的实现，婚姻之外的家庭组成方式出现。主要标志为：婚姻中丈夫与妻子的地位平等；婚姻可以解除，离婚越来越自由；存在父母对子女的亲权；婚生子女和非婚生子女权利平等。而2010年后以民法典的修订为标志的第三阶段，夫妻之间横向的关系趋向于松散和多元化，而纵向的未成年子女与父母的关系成为家庭关系的核心。为了保护未成年子女的利益，夫妻在婚姻中的自由可能会受限制，不再区分婚生子女和非婚生子女，主要标志为：多元化的家庭组成方式被法律认可（同性婚姻、民事结合等）；离婚程序进一步简化；强调父母对子女的责任而不是权利；不再区分婚生和非婚生子女；公权力在离婚、收养、监护和防治家庭暴力方面全面介入。欧洲国家都已经或早或晚地经历了这个过程，法国和德国也在相似的时间经历了相似的阶段（见图1）。

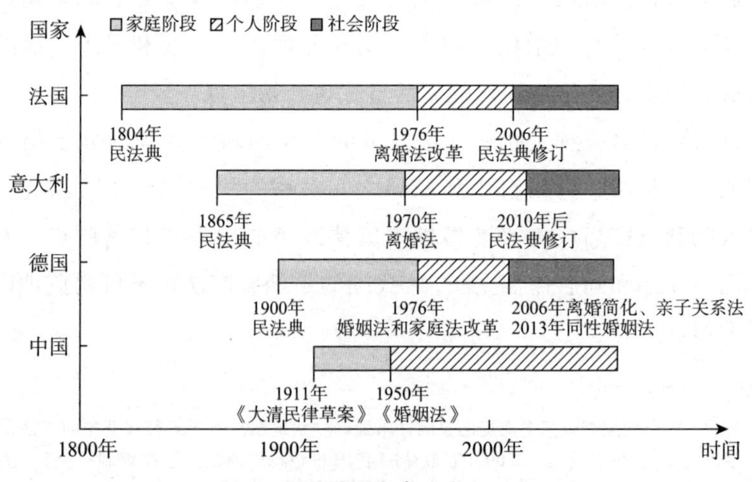

图1　各国婚姻家庭法发展阶段

虽然东西方文化传统不同，但婚姻家庭法是保存一国传统影响较多的领域，除了我国自古就允许离婚之外，我国的婚姻家庭法发展在阶段上与欧洲几国的婚姻家庭法发展几乎完全吻合。正如蒋月教授所言：当代世界各国的婚姻家庭法，就整体而言，对婚姻家庭关系的规定，相同和相似多于相异。① 虽然各国的现代化进程不同，但是发展的路径有共同的规律。而不同的发展阶段应当有不同的指导理念，“婚姻家庭制度的嬗变是婚姻家庭立法理念变革的反映。婚姻家庭法的立法理念从强调管制发展为尊重私权，注重保护公民的自由和自治权利，注重保障弱势一方和未成年子女的利益，强化法律救济和社会救助，从追求形式平等发展到追求实质平等。婚姻法的发展史就是自由与限制、自治与管制的分野和博弈的历史”。②

在当代社会，父母子女关系取代夫妻关系成为不可解除的家庭关系。这时家庭的含义不仅包括第一阶段建立在婚姻基础上的传统家庭，还应当包括多元化的家庭组成方式，而法律更应该关注的是家庭社会养育功能的实现和未成年人的利益。虽然国家在更大程度上代替家庭承担扶养功能，但是尚未发展到完全取代家庭实现养育功能的阶段。“和前一个世纪一样，国家通过法律参与寻求维持家庭关系，但它参与的焦点已经转移。国家曾经通过禁止离婚或者严格限制离婚而在维持婚姻的不可解除上发挥了作用，然而现在它在很大程度上不再扮演此角色。相反，国家在家庭生活调控中的新兴角色是维持生物学意义上亲子关系的永续性。”③

在民法典编纂的大背景下，学者们对婚姻家庭法的地位和内容都提出了自己的设想。④ 通过观察意大利和其他大陆法系国家婚姻家庭法的发展历程，我国的婚姻家庭法接下来的指导理念应当是：以未成年人的利益以及未成年子女与父母之间的关系为核心，以父母对未成年子女的义务为出发

---

① 蒋月：《20世纪婚姻家庭法：从传统到现代化》，中国社会科学出版社，2015，第176页。

② 巫昌祯、夏吟兰：《改革开放三十年中国婚姻立法之嬗变》，陈苇主编《改革开放三十年（1978—2008）中国婚姻家庭继承法研究制回顾与展望》，中国政法大学出版社，2010，第7页。

③ 〔澳〕帕特里克·帕金森：《永远的父母：家庭法中亲子关系的持续性》，冉启玉主译，法律出版社，2015，第16页。

④ 如夏吟兰《民法典体系下婚姻家庭法之基本构架与逻辑体系》，《政法论坛》2014年第5期；李洪祥《我国民法典立法之亲属法体系研究》，中国法制出版社，2014；王利明《中国民法典草案立法建议》，法律出版社，2016；等等。

点，强调公权力的适当介入，以现实家庭的社会价值。

“人从降生到老死的时候，脱离不了家庭生活，尤其脱离不了家庭的相互依赖。”[①] “不管社会发展到什么阶段，‘去家庭化’的这种设想无疑是一种空想，……家庭的功能到任何时候都不是能够终结的……在这样的背景之下，个人本位的过度张扬显然是不适宜的。”[②] “不应只着重个人的权利、平等、自由以及个人的长进。”[③] 在新阶段的婚姻家庭法中，承认配偶之间横向的关系日渐松散和多元化是不可避免的，父母子女关系将成为家庭关系的核心，应以未成年人的最大利益为导向来设计家庭制度，而公权力在家庭关系中的适度介入，如在存在家暴行为时的介入，以及父母缺席时的介入，具有非常积极的意义。为了未成年人的最大利益，有时可以对家庭中父母的自由进行适当的限制，以实现家庭的社会功能。所以在这一阶段，重点不再是个人的自由，而是回归家庭本身，实现家庭的社会功能。家庭不仅是家庭的，也是社会的，需要社会力量的协助，来实现其社会功能。第三阶段婚姻家庭法的特点如图 2 所示。

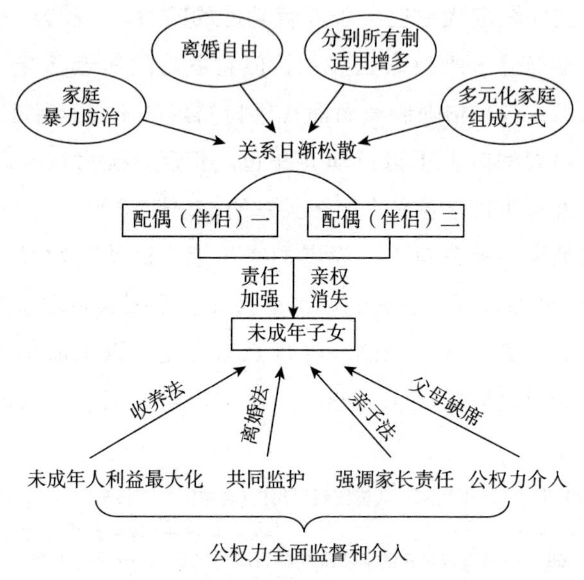

图 2　第三阶段婚姻家庭法的特点

① 梁漱溟：《中国文化要义》，学林出版社，1987，第 12 页。

② 陈苇主编《21 世纪家庭法与家事司法：实践与改革》，群众出版社，2016，第 57 页。

③ 曹贤信：《亲属法的伦理性及其限度研究》，群众出版社，2012，第 7 页。

脆弱性与无法避免的不平等[*]

玛萨·艾伯森·法曼（Martha Albertson Fineman）著[**]

刘征峰　胡　梅 译[***]

【内容提要】 抽象法律主体概念未能反映出作为人类境况基本现实的脆弱性，虽然脆弱性具有普遍性和持续性的特点，却因人而异，并经常导致个体地位和境况的显著差异。然而，政治理论却忽视这些差异，将平等作为法律和政策的基础，并给予其优先于自治、自立和自足的地位。批判法学理论将人类脆弱性的概念引入了评估个体和国家责任中，并重新定义社会正义的前沿。本文回顾了这一理论的起源和发展。它产生于解决被笔者称作“不可避免的不平等”情形下平等的有限性问题的过程中。有些成对的社会关系，如父母与子女或雇主与雇员，包含了内在的乃至意愿的不平等。有鉴于此，法律设定了不同层次的责任并承认了不同层次的权威（authority）、特权（privilege）和权力（power）。这些法律和它们所反映的准则和规范必须在谨慎界定这些关

---

* 原文载于《奥斯陆法律评论》（*Oslo Law Review*）2017 年第 3 期。

** 玛萨·艾伯森·法曼，埃默里大学罗伯特·W. 伍德拉夫（Robert W. Woodruff）法学讲席教授，利兹大学法律与社会正义学教授，电子邮箱 mlfinem@ emory. edu。

*** 刘征峰，中南财经政法大学法学院副教授，中南司法案例研究中心研究人员，主要研究民法、家庭法和人权法；胡梅，中南财经政法大学法学院民商法学硕士研究生，主要研究民法和家庭法。

系外延的同时，更加关注这些关系所赖以存在和运作的社会机构（即家庭和市场）是如何被组织起来的，又是如何发挥作用的。

【关 键 词】社会正义　平等　脆弱性　韧性　国家责任

一　引言

过去数十年间，笔者一直致力于解决平等的局限性问题。这一努力促成了将脆弱性和依赖性、社会机构和关系带入国家责任分析的法学范式发展中。这种分析路径超越了对形式平等和禁止歧视的关注。

下文阐述了基于人类脆弱本性的理论的发展。在这一理论中，国家被理论化为合法的治理实体，负有建立和监督有助于获得个人和社会韧性的社会机构的责任。将人类境况描述为普遍化和持续化的脆弱构成这一理论的基础。英美自由主义的法律理念往往掩盖或忽视了这一现实。① 在主张国家政策和法律应当回应人类的脆弱性时，这一理论的潜在规范意旨凸显。然而，建立一个回应型国家的主张本身并没有指向回应的具体形式，而只是反映了人类脆弱性的现实。因此，法律和政策上的方法需要考虑解决方案与不同法律机构和政治文化之间的适应性问题。

脆弱性理论发挥了这样的作用——它在被用来重新集中批评的注意力，提出新的问题，挑战关于个人和国家责任以及法律功能之既定假设的同时，为我们处理具有注定不平等的社会关系创造了可能。在这方面，脆弱性理论超越了形式和实质层面平等的规范性诉求，引导我们审视那些构成不平等措辞和实践的貌似公正合理的制度。

在考虑人的脆弱性时，很重要的一点是，作为肉体凡胎的个体会发现自己的一生不仅依赖于社会关系和机构，而且被内嵌于其中。尽管个体所

① 然而，笔者认为脆弱性理论有可能超越英美自由主义的界限。新自由主义作为一种重商主义的社会关系进程，以及一种能够延伸到所有存在领域的合理形式，在欧洲和拉丁美洲也具有相关性。See Wolfgang Streeck, Buying Time, *The Delayed Crisis of Democratic Capitalism*, Verso Books, 2014; Wendy Brown, *Undoing the Demos*, *Neoliberalism's Stealth Revolution*, Zone Books, 2015.

依赖的机构和关系会随着具体情况和社会背景的变化而演变，但不变的是我们对社会关系和制度结构的需求。脆弱性分析方法认为，国家在最初建立监督这些关系和制度的机制时，必须应对人类的脆弱性现实及其必然结果、社会依赖性以及反映内在的或无法避免的不平等的情况。

在理解人类脆弱性时会发现，平等往往被用来衡量个人或群体的待遇，然而它在实现社会正义方面却难以施展拳脚。对平等的衡量通常是通过比较被视为平等的个人之间的状况来实现的。① 这种方法在欠缺往昔歧视或者当下成见的情况下，不可避免地会让人产生对不平等或差别对待的怀疑，尤其是在国家实施了这些行为的情况下。② 即使是在实质性层面上，对平等的评估也侧重于具体的个人并且只会考量和比较特定时间点上的状况和损害。③

平等模型或者反歧视指令在许多情形中当然可以恰当地适用：一人一票、同工同酬都是平等适宜被应用的典型领域。然而，当平等适用于那些能合理区分不同层次权威和权力并且无法避免不平等的场域时，如在界定父母、子女或者雇主、雇员之间的法律关系时，它不仅很难发挥作用，甚至会成为一种不公正的标准。这类关系在历史上一直被归入“私人”的生

① 这包括那些在社会或经济上不平等但在法律上被视为平等的人。

② 而且，平等意味着一种比较。这种比较产生了这样一个难题：和谁比是平等的？对于女性来说，将男性作为比较的基准是否合适呢？这种同化主义的平等路径假定男性和女性所承担的社会和文化上的角色、义务和负担在性质上是相似或者相同的。若非如此，平等待遇往往会进一步强化现有的不平等权利关系，进一步巩固女权主义者所反对的严重性别化系统。另外，“选择的理念”对于某些人而言可能意味着——现有的不平等并非平等本身所致，而仅仅是自治的男性和女性自由选择不同生活方式的结果。如果女性“选择”在家庭和社会关系上投入更多的时间，而非将精力投入劳动力市场，那么由此产生性别差异不过是平等处于自治和自由状态中的成年人不同选择的中性产物。

③ 实质平等是充满争议的主题。作为这种观点分歧的典型例子，Lebel 和 Abella 两位法官在 *Quebec* (*Attorney General*) *v. A* [2013 SCC 5, (2013) 1 SCR 61] 案中对加拿大《权利与自由宪章》第 15 [1] 节的解释出现了明显的冲突。两位大法官一致认为，这一节的规定旨在保护人的尊严，确保的是实质层面的平等而非仅仅形式上的平等。但 Lebel 法官坚持认为，除非一部法律包含了基于列举或者类似方式确立了歧视和偏见或者对现有偏见和成见进行了固化，否则即使它致使原告处于不利状态，也不能认定其具有歧视性（第 185 段注 7）。持多数人意见的法官 Abella 否认了偏见或成见是歧视要素的论点，主张“采用一种灵活的背景调查来确定区分对待是否会产生固化原告所遭受歧视的后果”（见第 325 段注释 7）。两位法官的分歧反映了司法实践在解释实质平等时所面临的确定性与灵活性冲突。这种冲突导致了解释的模糊和不一致。See Generally Colleen Sheppard, *Inclusive Equality*: *The Relational Dimension of Systemic Discrimination in Canada*, McGill-Queen's University Press, 2010.

活领域，并远离国家监管。在进行具体适用时，法律和政策对于无法避免的不平等的通常处理方式要么在个体之间强加一种虚构的对等，要么宣称因为要比较的个体地位悬殊所以平等指令不予适用。通过强加虚构的平等来回应无法避免的不平等的做法在双方明显处于不平等交易地位的情形中尤为明显，例如在雇佣关系中双方所签订的合同。[①] 通过比较成人来确定儿童的法律地位差异同样反映了不平等法律地位中的差异解决方案。在这两种情形中，国家确保平等对待不同地位的个体的责任在最重要的平等框架内被极度限缩。

（一）家庭语境下的性别平等

最初引发笔者对平等批判的一系列法律事件包括无过错离婚“革命”、随后的家庭法改革和民权运动。这些社会运动所形成的社会压力促成了为在工作场所和其他公共生活领域实现性别平等目标而强制要求性别中立（至少在形式上如此）的反歧视性立法的颁布。在这两种情况下，性别被假定平等并且具有法律强制性。[②]

笔者早期的研究集中在当时正处于重大改革努力之中的20世纪晚期美国家庭。[③] 有关夫妻财产和共同监护的讨论反映了这样一种观念——婚姻应

---

① 定式合同或者说由公司和个人所签订的合同中包含了双方在信息、缔约能力和法律资源等方面的一种可以预见的不平等。

② 笔者在这里使用“非歧视”（non-discrimination）一词，而不是“反歧视”（anti-discrimination）。前缀“non”用于否定某事物（否定或不赞成），而“anti”则表示反对某事物（积极反对），See *The Random House Dictionary of the English Language*, Stuart Berg Flexner & Leonore Crary Hauck eds., 2d ed., 1987, p. 1306. 美国平等法并不反对所有的歧视，虽然它经常被贴上“反歧视”的标签。相反，美国法律只积极反对明确针对具体个体或群体的某些形式的歧视，因此这里使用被动术语更为恰当。

③ Martha Albertson Fineman, *The Illusion of Equality: The Rhetoric and Reality of Divorce Reform*, The University of Chicago Press, 1991; Martha L. Fineman, “The Politics of Custody and the Transformation of American Custody Decision Making,” (1989) 22 *U. C. Davis Law Review* 829; Martha L. Fineman, “Dominant Discourse, Professional Language, and Legal Change in Child Custody Decision making,” (1988) 101 *Harvard Law Review* 727; Martha L. Fineman, “Introduction to the Papers: The Origins and Purpose of the Feminism and Legal Theory Conference,” (1987) 3 *Wisconsin Women's Law Journal* 1; Martha L. Fineman, “A Reply to David Chambers,” (1987) *Wisconsin Law Review* 165; Martha L. Fineman, “Illusive Equality: On Weitzman's Divorce Revolution,” (1986) *American Bar Foundation Research Journal* 781; Martha L. Fineman, “Implementing Equality: Ideology, Contradiction and Social Change,” (1983) *Wisconsin Law Review* 789.

当被视为平等的合伙而非等级化、性别化的团体。[①] 在家庭法中贯彻平等范式面临这样的问题——如同绝大多数性别化的制度，功能型家庭中充斥着不平等。在就业领域，女性当然处于不平等地位，并且他们妻子和母亲的角色使这种不平等状况被进一步强化。[②] 这不仅形成了女性在经济上的不利地位，也会使其在诸如决定家庭住所或者谁承担家务的争论中处于不利地位。低收入和较少的就业机会削弱了母亲在如谁应该承担与照顾孩子相关的责任这样的家庭决策方面的话语权。经济现实驱使挣钱养家的那一方为整个家庭的利益进一步提升其职业技能。毋庸置疑，无论女性是否就业，最主要都是由她们承担家务。[③]

家庭所涉及的另外一项不平等与离婚相关。正如在婚姻关系存续期间一样，在离婚后通常也主要是由女性承担抚育子女的责任。[④] 女性在就业市场和家庭中所面临的不平等在离婚时被叠加。在婚姻中承担照顾家庭的责任降低了她们提升收入的可能并影响了她们的就业前景，离婚大幅削减了这些单亲家庭的收入。未成年子女抚养需求，无论是精神还是物质上的，都不会因为离婚而减少。相反，离婚会提升这些需求并使它们更加复杂。在离婚时，负责挣钱养家的那一方不仅会带走其绝大部分收入，也基本不

① Fineman, *The Illusion of Equality* (n 7) 46. 婚姻的合伙形象产生了包含两性平等且承认两性差异的贡献理念。(狭义的) 对婚姻财产的定义并不考虑谁是负责挣钱的那一方或者谁拥有财产，而是它假定夫妻双方平等共享共同财产，而不管丈夫作为挣钱养家的人以及妻子作为承担家务的人在取得这些财产上的物质贡献差异。

② 在笔者早期的作品中，笔者主张应当认识到"性别化生活"的差异和内涵。在这种性别化生活中，差异是社会建构的产物，而非人所固有的。Martha L. Fineman, "Challenging Law, Establishing Differences: The Future of Feminist Legal Scholarship," (1990) 42 *Florida Law Review* 25; Martha Albertson Fineman, "Feminist Theory in Law: The Difference It Makes," (1992) 2 *Columbia Journal of Gender and Law* 1, p. 2.

③ 那个时代，围绕这一家庭模式的学术成果大量涌现，其中也包括笔者自己的作品。例如，发表了"Law Firms and Lawyers with Children: An Empirical Analysis of Family/Work Conflict," (1982) 34 *Stanford Law Review* 1263. See also Mary Jo Bane and others, "Child Care Arrangements of Working Parents," (1979) *Monthly Labor Review* 50, pp. 52 – 53. 根据一项研究估计，如果母亲在其子女 14 岁之前选择放弃外出工作，平均下来她将损失 100000 美元。Elizabeth Waldman and others, "Working Mothers in the 1970's: A Look at the Statistics," (1979) *Monthly Labor Review* 39, p. 42.

④ 不管是哪种形态的监护裁定，哪怕是在共同监护中，往往也是由母亲一方来承担对子女的日常照顾。Fineman (n 7) *The Illusion of Equality* 37.

会像家庭存续时那样为照顾子女提供一些协助。[①] 离婚也不会改变那些歧视承担未成年子女照顾责任母亲的职场文化。

具有讽刺意味的是，针对家庭和工作场所性别不平等状况的救济被视为平等待遇法律制度的实施。所谓的平等待遇法律制度忽视了两性在社会和经济地位上的巨大差异。[②] 立法改革者试图将前妻从离婚扶养费的“污名”中“解放”出来，因为离婚扶养费被认为反映了女性依赖男性的父权体制。保守派在解决单身母亲贫穷问题时只关注社会福利、单亲母亲就业或者再婚。在性别平等制度下，女性不仅要对自己的经济前途负责，还要对抚育子女负责。男性在被期望通过支付未成年子女抚养费的方式来承担他们经济责任的同时，也通过共同监护推定和共同扶养模型取得了策略上的法律优势。

与目前普遍以形式平等为前提而不甚关注结果平等的改革努力相比，笔者早先的研究提出了“实质平等”或者说结果导向的体系。在充分考量什么是当代单身母亲在离婚后真正需求的基础上，笔者认为应该给予家庭更多的婚姻财产（特别是住房）并在承认家庭照顾会限制就业和收入的前提下为家庭提供特定形式的支持。[③] 鉴于婚内及婚后两性的不平等地位所产生的差异化需求，笔者主张差异化处理。这种形式的差异化处理将有效承认女性作为母亲所作出的牺牲和主要贡献，并体现其社会价值。[④] 就在不久

---

① 离婚后共同抚养子女的要求产生了更多的不平等。例如，即使直接照顾子女的父母迁徙的目的是找份更好的工作或者跟随其再婚配偶迁徙，其在跨境迁徙时也需要获得许可。基于平等性的离婚法改革所带来的不平等后果超出了本文的讨论范围，但这构成了笔者从20世纪80年代到2004年作品的主要议题。See Fineman, *The Illusion of Equality* (n 7); Martha L. Fineman, “Custody Determination at Divorce: The Limits of Social Science Research and the Fallacy of the Liberal Ideology of Equality,” (1989) 3 *Canadian Journal of Women and the Law* 88, p. 110; Fineman, “Dominant Discourse, Professional Language, and Legal Change in Child Custody Decision Making” (n 7); Fineman, “Illusive Equality: On Weitzman's Divorce Revolution” (n 7).

② 这揭示了“平等的悖论”。Martha Albertson Fineman, “Evolving Images of Gender and Equality: A Feminist Journey,” (2008 - 2009) 43 *New England Law Review* 437.

③ Fineman, *The Illusion of Equality* (n 7), pp. 175 - 180.

④ Martha Albertson Fineman, “Our Sacred Institution: The Ideal of the Family in American Law and Society,” (1993) 2 *Utah Law Review*, pp. 387 - 406（该文主张家庭叙事的无过错重构是将婚姻刻画为平等主体间的合伙关系，也是对核心家庭等级模式的背离）。Fineman, “Dominant Discourse, Professional Language, and Legal Change in Child Custody Decision Making” (n 7); Martha Albertson Fineman, *The Neutered Mother, the Sexual Contract and Other Twentieth Century Tragedies*, Routledge, 1995.

前，主张平权的女权主义者以及父权团体还在共同反对笔者的观点，以违反性别平等的基本原则为由，抵制结果导向型离婚政策。[①]

（二）市场和国家语境下的平等

家庭法改革面临这样一个问题——对于许多人而言，几乎不可能将性别平等的问题从离婚后抚养未成年子女的家庭需求问题中分离开来。离婚法的改革一直处于争论之中，仿佛它是确定男性对女性地位性别战争中的一部分。规则必须是平等的，否则男女就不会平等，法律的象征意义会超过对实际的考虑。面对这种性别平等的困境，我们的视野应该超越家庭中的个人和他们的性别，关注家庭作为一种机构在社会中所扮演的角色。

在那时，法律女权主义者的批评对象是“公共领域”和“私人领域”之间的所谓界限。[②] 家庭是典型的私人制度，国家代表的是公众，而市场依靠其最为自由和灵活的定位，像变色龙一样在私人和公共之间转换。在家庭法改革中，为了消除了这一界限，笔者主张社会或者集体应当对家庭的照顾者以及他们的孩子承担责任。[③] 随着离婚法改革的深入和未婚母亲的增多，传统的婚姻式（私人）家庭模式走向了明显的失败，无法有效满足其成员在经济和抚养上的需求。一种显而易见的方法是通过社会机构分担家庭的负担。这一方法看上去既公正又合理。虽然人们承认家庭在社会再生产中发挥了重要作用，但对于其他社会机构而言，即使它们直接从家庭的作用中受益，也不被认为应当对家庭承担直接责任。因而，当代法律和政策应当更加公平地划分不同社会机构之间的责任，以确保为主要由家庭来承担的实质照顾任务提供更多的资源。

在对共同制度责任的论证中，笔者引入了“不可避免”和“衍生”依

---

① Fineman, *The Illusion of Equality* (n 7), p. 43. 性别平等路径有许多奇怪的内涵。举例来说，除了抚养费之外，儿童并不是夫妻经济均衡的一部分。与把婚姻作为平等的合伙关系（或平等双方之间的合伙关系）相一致，婚姻财产将在婚姻合伙人之间分配。笔者关于将儿童作为这一合伙关系中年幼合伙人的主张被忽视。

② Martha Albertson Fineman, “Cracking the Foundational Myths: Independence, Autonomy, and Self-Sufficiency,” (2000) 8 *American University Journal of Gender, Social Policy & the Law* 13.

③ 笔者反对构建这样一个话语，即贫困儿童及他们的母亲在社会和经济方面资源的匮乏是其异常家庭形态所致。See Martha L. Fineman, “Images of Mothers in Poverty Discourses,” (1991) 2 *Duke Law Journal* 274.

赖的关联性概念。[①] 从观察到人类的依赖性是不可避免的开始，笔者认为颂扬自给自足和自立的主流政治话语既不现实也不合适。[②] 依赖是一个复杂的现象。“不可避免的依赖”描述了人一生在不同生理和发展阶段所涉及的照顾需求。无论是婴儿，还是许多面临年老、疾病或者伤残的人都必须依赖于他人。然而，依赖因其被分配给家庭而在形式上被私人化。在家庭中依赖也是性别化的，完全由担任妻子或者母亲角色的女性承担。[③]

性别平等运动的到来揭示了家庭结构和工作场所之间的矛盾和不相容。就业市场的需求与家庭的需求相冲突，阻碍了性别平等的实现。很显然，为了实现性别平等，其他社会机构不得不经历互补性发展，将新的家庭预期纳入其运行中。[④]

为了影响这一进程，社会应当普遍关注不可避免的依赖以及各种社会机构对它的共同责任。[⑤] 这种责任的承担必须通过为担任照顾角色的人以及受其抚养的人提供接纳和支持加以实现。我们对那些照顾了被抚养者的人都有所亏欠，这种亏欠只能通过集体方式来弥补。这种责任不能简单地通过善待自己的母亲来承担。就像服兵役一样，士兵个人在承担保卫社会责任的同时，也得到了完成这项工作所必需的资源，以及经济上的补偿。[⑥] 承担照顾角色的人也需要资源来完成他们这项具有至关重要社会意义的任务。这些资源不能（而且在许多情形下都无法）由家庭提供。从照顾工作中受

① 依赖性在当时时常被看作一个高度污名化的术语，尤其是在“福利改革”的背景下。依赖和代际依赖圈的概念被用来证明在美国严厉削减本已薄弱的贫困女性及其子女安全保障网是正当的。当然，通过离婚获得的相应法律地位的单身母亲可从前夫而不是国家那里获得资源。然而，女性的性别化角色及其在家庭中被赋予的期待影响了她们独立于各自家庭情况和母亲地位而在社会中获得承认的方式。Martha L. A. Fineman, “Masking Dependency: The Political Role of Family Rhetoric,” (1995) 81 *Virginia Law Review* 2181.

② Martha Albertson Fineman, “Intimacy Outside of the Natural Family: The Limits of Privacy,” (1991) 23 *Connecticut Law Review* 955; see also Fineman, “Images of Mothers in Poverty” (n 18); Fineman, “Our Sacred Institution” (n 15).

③ 笔者认识到，核心家庭在社会意识形态层面上是作为“依赖的港湾”而存在的。Fineman, “Our Sacred Institution” (n15), p. 387. 有趣的是，这一看法既包含结构（社会中的家庭）维度，也包含平等或歧视（女性对男性）维度。当时没有意识到这一点。

④ See Fineman, “Our Sacred Institution” (n 15).

⑤ Fineman, “Cracking the Foundational Myths” (n 17).

⑥ Martha Albertson Fineman, “Cracking the Foundational Myths: Independence, Autonomy, and Self-Sufficiency,” (2000) 8 *American University Journal of Gender, Social Policy & the Law* 13.

益的社会机构应当公平分担社会责任，尤其是职场应该扩大对照顾者的接纳。

国家应该通过颁布法规的形式来承担责任。这些法规旨在确保职场对照顾者的接纳，提供诸如儿童保育这样的服务，并为他们提供补助以减轻不可避免的依赖在照顾者和家庭身上施加的结构性和经济负担。这些观点来源于对作为社会机构的家庭的理解——家庭不是孤立的，与此相反，它与其他社会机构密切相连并相互依赖。这些社会机构所需要的未来劳动者、公民、企业家等角色在再生产社会中是由家庭所孕育的。[①]

可以预见主流学术对笔者不可避免的依赖性主张的回应。在讨论平等和国家责任时，儿童的状况容易被忽视。他们和成年人并不平等。他们不可避免的依赖性使得其区别于家庭中的成年人。每个人都面临这一不利状况直至成年。照顾儿童是家庭的责任，儿童的利益包含在家庭之中。对于病人和老年人而言，他们负有通过保险和养老金计划在年老时养活自己的责任。如果他们没有做这些安排，基于收入评估的社会福利计划将为那些未能尽到自我保护责任的人提供帮助。[②]

关于衍生依赖性的主张很难被改变，但是用经济模型来评估几乎所有社会机构和关系的流行做法容易导致衍生依赖性被否定。照顾者是自由和平等的个体，他们不过是作出了个人选择。用一位评论员的话来说，如果一个人偏爱孩子，而另一个人更喜欢保时捷，社会为什么要差异对待这两种选择呢？[③] 它们仅仅是个人的决定，没有哪一种偏好值得社会去补助。因此，对个人自由和自治的强调往往伴随着对平等和公平的主张。它们都被

---

① Martha Albertson Fineman, *The Autonomy Myth. A Theory of Dependency*, The New Press, 2004.

② 这一论点的经典陈述由 Wendy W. Williams 在其文章中阐述。"The Equality Crisis: Some Reflections on Culture, Courts, and Feminism," (1982) 7 *Women's Rights Law Reporter* 175. See too Peter E. Edelman, "Promoting Family by Promoting Work: The Hole in Martha Fineman's Doughnut," (2000) *American University Journal of Gender, Social Policy & the Law* 85.

③ "保时捷偏好"的论点表明，就像选择购买保时捷一样，不应该特殊处理偏好孩子的选择。社会不应该资助任何一种偏好。这一观点的最新主张，见 Greg Mankiw, "Is community Rating Fair?" http://gregmankiw.blogspot.com/2013/11/is-community-rating-fair.html, accessed 28 August 2017。但是，对于这一推理的更为复杂的论述，见 Mary Ann Case, "How High the Apple Pie—A Few Troubling Questions about Where, Why, and How the Burden of Care for Children Should Be Shifted," (2001) 76 *Chicago-Kent Law Review* 1753。

用来反对以法律和政策手段来处理现存的不平等问题。[①] 集体（社会）的公正理念再一次被个体化而非制度化的责任理念所击败。

虽然这对自由主义、个人选择导向的评论员来说不具有说服力，家庭语境下的衍生性依赖概念的发展是脆弱性理论发展的关键一步。它使笔者的想法越过了个体和个体化的特征，比如性别，而转向社会机构以及社会制度和社会关系的特征。家庭法中形式平等的到来并不意味着社会中的家庭和工作机制发生了变化。这些结构继续处于从属地位，但在形式上不再以性别为基础。作为现实产物的结构性不利并未被触动。在现实之中，要么社会因未能将“照顾”作为一种社会功能赋予其足够多的价值而认为无须容纳它，要么社会或者其特定领域赋予“照顾”过高的价值反而导致其在社会政策量化和金钱化的过程中地位被削弱。

易言之，使承担该角色的照顾者个人处于不利地位的不是其性别，而是社会化任务的性质和重要性。如果男性成为照顾者，他们也会在经济上和职业上遭受不利。市场的定位中并不包含承担社会再生产的责任。只有在家庭遭遇困境时，国家才承认它有为其提供某些被污名化的支持的责任。所有照顾者，无论性别，都将屈从于这种结构以及为其背书的家庭自治、独立和自给自足的意识形态。正是在那个时候，笔者意识到我所分析的性别问题实际上是一个超越性别平等框架的社会问题。我最终明白真正需要的是用以挑战对个人选择的自由主义依赖以及私人家庭构造的社会正义方法。

笔者目前所关注的领域已经远远超出了家庭，包含了所有社会化和制度化的关系，以及它们在当代社会中可能揭示的正义问题。在发展针对社会正义问题的脆弱性路径时，笔者产生了这样的领悟——社会问题需要社会化或者集体化的而非个别化的解决方式。因此，笔者从描述性或者经验性视角理解它对于人类的意义何在。从这个基本前提出发，笔者发展出了一个关于为个人和社会福祉而公平分配责任的规范性或者说论证性视角。这样的责任必须由个人、国家及其机构共同承担。与此同时，解决社会问题必须直面和回应其中隐含的内在的或者无法避免的不平等情况。

① 当女性摆脱了父权制家庭下的妻子和母亲的地位成为性别中立的普通配偶或者父母一方时，她们成为由同意和契约所构成的世界中的一员。在这一世界中，个体行动可以独立于社会、文化和历史。

二 脆弱性理论

（一）将政治主体重构为法律上的脆弱主体

虽然人们常常狭隘地把脆弱性理解为“身体或情感伤害的开放性”，但它应被视为人类的根本状态。作为肉体凡胎，我们在普遍意义和个体意义上都不断受健康状况变化的影响。这些变化可能是积极的，也可能是消极的——我们在遭遇疾病、意外伤害或者衰老的同时也提升了能力，掌握了新技能，发展了新关系。[①]“脆弱”一词被用来表示我们不断受个体身体变化以及所有人类所共同经历的社会变化的影响。它清楚地表明并不存在什么刀枪不入——没有阻止或者避免变化的终极方式。

人类脆弱性在多数情况下被主流法律理论或政治哲学所忽视或排挤。特别是在经济紧缩议题和所谓的移民威胁论逐渐形塑当代政治的背景下，他们坚守有限国家在经济上才是可靠的理念，对个人责任、个人自治、自给自足和自我独立的痴迷程度不断加深。脆弱性的概念通常被不准确地用来描述某些个人或者群体的特性，意指“脆弱的群体”。它也被用来比较一些人相对于另外一些人没有那么脆弱或者更加脆弱，或者具有特别的脆弱性。这种观点忽略了当笔者使用脆弱性概念时其所反映出的普遍性和恒久性，没有关注影响每一个人的结构性安排，而只不过是以另外一种方式发现了偏见、歧视以及社会弱势。易言之，它只不过以另外一种方式主张平等保护。

人类的脆弱性可能会带来社会、身体以及物质上的后果。最为明显的是，作为肉体凡胎，在我们还是黄口小儿，抑或在身存残疾、垂垂老矣之时，天然地依赖于他人的照顾。正是人类的脆弱性驱使其在特定社会场域（如家庭、市场、教育系统等）中建立社会关系。社区、社团甚至政治实体和民族国家的形成无不是对人类脆弱性的回应。[②] 在这些社会机构和关系未

① 笔者首先在该文中提出了脆弱性概念，见“The Vulnerable Subject: Anchoring Equality in the Human Condition,”（2008）20 *Yale Journal of Law & Feminism* 1。

② “The Vulnerable Subject: Anchoring Equality in the Human Condition,”（2008）20 *Yale Journal of Law & Feminism* 1.

能正常运行时，就会出现社会问题。

重要的是，脆弱性路径并没有将法律上的歧视性或者差别对待作为其所要处理的基本问题。与此相反，它开始于我们对法律主体概念的反思，使其更能有效反映人类的实际经验。它要求我们承认通过社会机构和社会关系的运作以及社会身份的创造来赋予权力甚至特权的方式有时候是不公平的。因为法律除了应当承认、回应乃至于尝试改变不合理的不平等现象外，关键的问题是法律所塑造的权力平衡是否有必要。

诸如种族或者性别这样的社会身份显现在社会机构之中，没有明显反映出个体的特征。然而，它们确实反映了权力甚至特权在具有这些身份的人之间的分配。分配的基准是机构的社会功能以及这些人在其中的角色。随着年龄的增长，个人逐渐拥有不同的社会身份，其与不同社会机构和关系之间的互动也日益扩展（从幼儿到青少年再到成年人——从家庭到学校再到工作场所）。普通的理想化社会身份——如父母/孩子、雇主/雇员和股东/消费者——形成了功能性和思想性构造并以此发挥作用，更易于形成个人选择。这些相互联系、相互补充的社会身份同样反映了具有这些身份的人之间的内在不平等。这种不平等通常不仅不正当，也并非必然。

理想化的身份是人所构造的，因而它们不是静态的。然而，作为原型，它们确实反映了社会的历史价值和优先秩序，并且在较长时期内处于相对稳定状态。有计划地改变这些身份或者大范围偏离这些理想化的身份可能会引发社会动荡和反弹。同样，个人地位的变化一方面会引起不安全感、愤怒或沮丧，另一方面也会带来成就感或机会感。

脆弱性理论提供了思考特定政治主体地位的方式。这种政治主体地位承认并体现人与人之间的差异性，关注法律主体之间存在的不可避免的不平等情形。在这方面，脆弱性理论具有这样的优势——它可以应用于不可避免或无法解决的不平等情形。它不追求平等，但追求公平。脆弱性分析在吸纳生命历程视角的同时，也反映了社会机构和社会关系在我们社会身份形成和强化过程中所发挥的作用。此外，它还定义了国家对社会机构和社会关系的强烈责任感。

（二）对差异的考量

对社会结构中来源于个体经验的差异分析过程不是从个体的特殊特征

开始的，而是从社会安排的性质开始的。然而，本研究不会使用人权文献所涉及的那些抽象和充满争议的法律原则，如平等、自由和尊严。本研究也不会使用出于平等保护分析目的而将个体纳入不同但可比较的类别（男性/女性、白色/黑色等）的方法。

脆弱性路径包含两种形式的个体差异：一些差异在我们作为肉体凡胎的存在层面产生；另外一些差异在我们作为镶嵌在社会机构和关系中的社会存在层面产生。对这两种不同形式差异的考量不可避免地会去关注社会机构和社会活动的不同面向。两种类别差异之间的区分也反映了所应使用的法律和政策方法上的差异，表明了国家在履行对其公民的责任时所应扮演的特定角色。①

1. 人自身的差异

在所有人自身所具有的差异中，最为显著的是反歧视法所规定的生理差异。它们是水平化评估差异的典型。这些生理差异具有人口统计特性，可用来评估社会特定时期的数量和特征变化。它们以静态方式被构造，在学说上与不变性（immutable）之类的概念相区分。虽然反歧视法处理了这中间的一部分差异，但诸如年龄及与身心能力相关的其他差异仍然继续为区别对待提供正当化事由。

除了在特定时间不同社会成员所表现出来的身体差异之外，还存在伴随个体发展所发生的差异。这些差异反映了个体在其生命历程中的生理发展阶段。每个人的身体既会生长成熟，也会年老衰退。我们不妨将这些跟随时间在个体中所呈现的差异作为分析的垂直和时间维度。②

这些差异为我们根据发展时间轴进行类比划分——婴儿、儿童或老年人提供了基础。目前颁布的法律基于这些发展阶段上的差异，容许了差别对待或者歧视性待遇的存在。

① 笔者所称的“脆弱性悖论”建立在承认差异的价值并认可脆弱在人类境况中的根本性和普遍性的基础上。See Martha Albertson Fineman, “Vulnerability, Resilience, and LGBT Youth,” (2014) 23 *Temple Political & Civil Rights Law Review* 307.

② Martha Albertson Fineman, “‘Elderly’ as Vulnerable: Rethinking the Nature of Individual and Societal Responsibility,” (2012) 20 *Elder Law Journal* 71. 在该文中，笔者反对将老龄的概念作为人类存在中的单独类别或者称谓，而主张其不过是对脆弱主体生命历程连续体中一端的另外一种表达。

根据资格和能力的分类假设，法律基于发展差异而承认特殊群体的特殊待遇。法律实际上为那些没有完全满足当代法律主体能力要求的人提供了一种修正的主体地位（一种独特的法律身份）。由此，当个体经历不同发展阶段时，他们的法律身份也不断发生变化：从儿童到成年人，也从成年人到老年人，有时甚至是残疾人。如果法律主体地位的变化程度导致了国家对个体福祉所应承担责任的消失或者减少，那么问题便出现了。例如，法律界定家庭关系的方式可能促成父母特权，模糊国家对儿童利益的独立责任。虽然社会机构和社会关系会发生变化，但我们对针对人类脆弱性的国家责任的理解仍需贯穿一生。婴儿期和儿童期应被理解为脆弱主体生命中不可避免的发展阶段，不应为创设弱化的特殊国家责任提供借口。

不足为奇的是，脆弱性分析主要集中在人本身具有的差异的垂直视角。我们随着时间的推移所面临的差异印证了人类对他人、社会及其机构的依赖是不可避免的。它们还阐明了社会关系中不平等的必然性。对他人的身心依赖在婴儿期和儿童期尤为明显，在面临严重疾病、残疾或者高龄时亦然。正如前所述，这种依赖形式是不可避免的。它是我们普遍所经历的，是人类境况中的固有特征。

例如，有一些法律和规范调整了照顾人和不能自立的婴儿之间的不平等关系。法律在界定父母责任的同时赋予父母用以牵制国家监督的平行权利。围绕父母权利的性质和外延以及儿童被赋予权利主体地位所形成的冲突存在大量的现时争论。[①] 每个国家在其法律中平衡父母特权（权利）与儿童受国家保护和支持的权利时，都必须回应这种冲突。国家是通过创设法律来规制诸如婚生家庭、处于监护关系中的父母子女等法律关系来处理这一冲突的。国家在以强行法的形式界定父母责任，处理子女的教育、医疗和训导问题时也回应了这一冲突。家庭隐私的概念试图在家庭和国家责任之间划出一条有利于父母的界限。[②]

---

① 在美国，正是这种冲突导致保守主义的评论员反对设立儿童保育中心（CCRC）。Martha Albertson Fineman and George Shepherd, "Homeschooling: Choosing Parental Rights over Children's Interests," (2016) 46 *University of Baltimore Law Review* 57, p. 106.

② 虽然各国的情况存在一些差异，但是权力分配、对脆弱个体的责任以及依赖性这样的根本问题是普遍的。

2. 制度性差异

考虑到我们每一个人都具有贯穿一生的脆弱性，有必要明确的是人是社会存在。从出生到死亡，我们都无法避免在社会关系和社会机构中行动，与他人交往或者回应他人的行为。然而，我们共同的脆弱性所驱使的社会交往亦会产生个体间的差异。虽然所有的婴儿都依赖于通常情况下由家庭这一制度性安排所提供的照顾，然而每个家庭为履行照顾婴儿任务所提供的资源和能力却是存在差异的。

在我们一生中所必须依赖的教育、就业、金融和其他社会制度所包含的更为广泛的社会关系中，制度差异对个体成就的影响同样明显。可以预见，每个社会都是由身处于经济关系网、社会关系网、文化关系网和社会制度关系网不同位置的个人所组成的。这些关系网深刻地影响了我们的命运，架构了个体的选择范围，创造或者减少了机遇。脆弱性视角下的初始问题是结构性的：国家是否应回应人类的脆弱性而监控特定的社会机构？易言之，差别对待是否可能被正当化？

三　社会机构和韧力

如前所述，作为脆弱的人类，我们无一例外始终依赖于社会机构和社会制度。它们为我们在社会中生息繁衍提供资源。这种制度性聚焦有助于通过将个体置于其社会背景中的方式来强化对他的关注。① 尽管没有什么东西能彻底缓解我们的脆弱性，但韧力为个体提供了从伤害、挫折和影响我们生活的不幸中恢复的手段和能力。

虽然脆弱性分析始于对普遍脆弱性的描述，但它的落脚点是脆弱性展现方式的特殊性以及韧力的性质。韧力为解决我们的脆弱性问题提供了关键但不全面的方式。社会组织和社会机构为我们提供了至少五种类型的资源：物质的、人力的、社会的、生态环境的以及存在的（existen-

① Martha Albertson Fineman, “The Vulnerable Subject and the Responsive State,” (2010) 60 *Emory Law Journal* 251.

tial）。[①] 物质资源决定我们目前的生活质量，包括住房、食品、娱乐和交通方式等。物质资源还以储蓄或者投资的形式为我们的将来利益做准备。人力资源促进我们个体的发展，使我们融入市场，积累物质资源。人力资源通常被称为“人力资本”，主要在提供教育、培训、知识和经验的系统内进行积累。

社会资源赋予我们归属感和集体感。它们主要通过诸如家庭、社交网络、政党、工会这样的社会机构中我们所形成的社会关系来传递。近几十年来，诸如种族和性别这样的身份特征与政治和其他社会机制之间建立起了紧密的联系。相比之下，生态资源与我们所处的物质环境、建筑环境或自然环境有关。在精神层面上，存在资源是由宗教、文化、艺术乃至于政治这样的信仰体系或美学观念提供的。这些信仰体系可以帮助我们理解在世间身处何处，让我们看到自身存在的意义和价值。

这些不同种类的资源和国家责任之间存在联系。许多为我们提供韧力资源的社会机构只能通过国家机制获得合法性。[②] 重要的是，韧力不是与生俱来的，而是身处于社会机构和社会制度中的我们的一生积累所得。不管这些社会机构是公共的还是私人的，也不管它们是家庭、市场还是国家，个体对于这些社会机构即使有控制力，这种控制力也十分微弱。韧力也是累积的。个体的韧力在很大程度上取决于他可支配和处置的资源的数量和质量。如果一个有韧力的个体能够知道即使其冒险也不会带来预期的结果但他有能力从失败中恢复，他也能够有效利用机会。

有时韧力欠缺被认为是个体的失败，但其经常是由于进入特定社会结

① 资源清单是在“脆弱主体理论”下，由 Perdar Kirby 在《脆弱性和暴力》一文中所主张的四种资产的基础上发展而来。这四种资产分别是物质的资产、人力的资产、社会的资产和生态环境的资产。Peadar Kirby, *Vulnerability and Violence. The Impact of Globalization*, Pluto Press, 2006. Kirby 将其对韧力的讨论置于早期的定义之上。早期的定义将韧力理解为“使个人的联合、家庭、社区和国家能够承受的内部和外部的冲击”。

② Robert Dahl 注意到，“如果没有由政府提供的密集法律保护，美国最大的公司可能也无法存活一天”。Gar Alperovitz and Lew Daly, *Unjust Deserts: How the Rich Are Taking Our Common Inheritance*, New Press, 2008, p. 138, quoting Robert Dahl, *Dilemmas of Pluralist Democracy*, 1982, pp. 183 - 185. Dahl 还指出，将经济机构视为“私人”的观点与这些机构的“社会和公共”性质“不符”。Gar Alperovitz and Lew Daly, *Unjust Deserts: How the Rich Are Taking Our Common Inheritance*, New Press, 2008, p. 139.

构的机会不平等或者在这些结构内部分配特权或者权力不平等。[①] 我们常常认为这些人就是失败的，并根据他们这样或者那样的特征——如贫困、疾病、年老——而将他们隔离开来，然后将其归入在面临伤害或者不利条件时更为脆弱的那一类人。然而，给某些个体贴上标签并以不充分的方式将他们归入某个具有特殊脆弱性群体的做法实际上是对他们的侮辱。[②] 无论划定弱势群体的目的是出于保护（就像保护儿童/老年人一样），还是出于惩罚或者控制（就像惩罚或控制高危少年/单身母亲一样），皆是如此。

在脆弱性分析中，应首先从某些个体中识别出某些处于优势状态但同样具有脆弱性的个体。这种识别应围绕是否能够获得足够的资源这一问题。如果获得的资源不充分，则说明他们缺乏处理人类脆弱性所需的韧力。值得注意的是，重点在于对资源的分配以及这些资源所属的社会机构。这表明，要考虑的第一个问题是社会机构（而不是个人）是否发挥了足够的作用。这种探究将重点转移到了国家和社会责任上，因为它认识到资源短缺往往反映的是制度性或者社会性失败，而非个体的失败。[③]

在思考韧力问题时，同样重要的是脆弱性分析应关注生命历程这一概念。赋予个体韧力的机构在社会中的运行既是同步的也是连续的。重要的是后者。一个系统未能连续提供必要的资源——如未能提供适当的教育——会影响个人未来的就业前景、组建家庭、衰老和退休。假定后续的社会机制的形成取决于个体能从早期的机制中成功获得足够的资源，个体通常不可能从匮乏的资源中恢复或者获得补偿。缺乏良好教育的人在职场中往往技能薄弱，其就业选择和就业机会也更少。这将使他们更加难以养家糊口，也可能意味着退休后生活的不稳定以及在发生事故、损伤或者疾病时缺乏足够的缓冲资金。

此外，个体在一个系统所获得的特权有可能抵消其在其他系统中所遭

① 事实上，我们都从社会及其机构中受益，但有些人在他们的关系中处于相对有利的地位而享有特权，而另一些人则处于不利地位。See Fineman, *Responsive State* (n 35).

② See Fineman, *Responsive State* (n 35).

③ Martha Albertson Fineman, "Equality and Difference—The Restrained State," (2015) 66 *Alabama Law Review* 609.

遇的不利。类似于开端计划（Head Start）[①] 这样的优质学前项目可能会弥补儿童的经济贫困短板，为其将来学业成功提供保障。如果这种项目能与社会或者关系系统所提供的诸如家庭支持或者有凝聚力的社会网络之类的优势相结合，儿童在将来学业上更可能取得成功。

社会机构通过为我们提供资源的方式来给予我们韧力。这实际上是社会、政治以及经济机会的制造过程。获得机会则可以获得特权，被机会排除在外则会处于劣势。因此，个人的失败不应仅被视为个人不负责任的结果。它更可能是社会及其机构的失败所致。

四　结论：对回应型国家的需求

承认脆弱的普遍性对于规范论证回应型国家具有重要的理论意义。它既为确立和重新确立社会和法律安排提供批判意见，也为其提供建议。政治主体和法律主体首先被认为是一个普遍性主体、一个理想化的普通存在。这一概念化的法律主体包含社会中的每一个人：人们要么被视为与这一理念相符的完全主体，要么基于其对法律主体预设的偏离，而被赋予一个修正的法律资格。至少在抽象层面，根据民主的基本原则，法律应当平等地适用于所有处于相同境况的人。正因为如此，我们才是法治国，而非人治国，没有人可以凌驾于法律之上。脆弱性路径并不反对这一基本原则，而只是主张法律主体的普遍化特征必须建立在人类脆弱性之上，也必须包含差异的水平和垂直维度。

在平等的民主原则形成时，政治主体是精确限定的：白人，男性，有产者或者纳税人，特定年龄或者特定信仰。在19世纪到20世纪期间，上述某些限定被取消，政治上的法律主体资格在形式上逐渐包含之前被排除在外的群体。然而，这一现代法律主体概念中仍然保留了特定的次要特征。这一特征继续以18世纪男性公民的需求和政治情感为中心。这些需求和政治情感处于父权制家庭这样的社会机制和主仆心态的特权的遮蔽之下。在

① 开端计划（Head Start）是一项联邦计划。它通过提供营养、健康、社会服务、教育、智力发展等方面服务的方式来确保在低收入家庭中生活的儿童能够在五岁前处于适宜入学状态。参见 https://www.acf.hhs.gov/ohs/about/head-start〉, accessed 31 August 2017。

当今的政策和政治争论中所设想的法律主体往往隐含了扭曲且不合理的地位平等假设。它称颂那些具有完全行为能力的成年人以及自由、自足和自治的理念。

这一法律主体的原型忽略了脆弱性和依赖性，是对人类意义的一种极端个人主义误判。必须正视它并质疑它的合理性。笔者相信脆弱性法律主体的概念有能力打破这种建立在自由主义陈词滥调之上的个人选择和个人责任逻辑，并促使反话语体系的建立。这种反话语体系被用以应对新自由主义对个人责任的迷恋，抗击其对有限政府才是负责任的政府这一论调的固执己见。[①]

这是通过阐释一个更具包容性的真实法律主体来实现的。这一主体概念清晰地表明如果国家仍然拒绝回应人类的脆弱性和依赖性，那么损害和不公正就会不可避免地涌现。这一法律主体既是肉体凡胎，也镶嵌于社会之中。他在一生中需要通过社会机构和社会关系获取资源以在面对动荡乃至于伤害时，仍能够生存和发展。平等远不能为这一切提供保证。回应型国家必须承认社会关系和社会地位上存在不可避免的不平等，在其法律制定和实施过程中将普遍存在的脆弱性和依赖性作为实现社会正义的手段。

① Fineman, "Vulnerability, Resilience, and LGBT Youth" (n 31) 307.

建言咨政

中国法学会婚姻家庭法学研究会：“建言咨政”部分的说明

中国法学会婚姻家庭法学研究会（以下简称研究会）作为全国性学术团体，肩负着完善婚姻家庭继承法律制度、推进法治中国建设的重要使命。在万众瞩目的中国民法典编纂之际，研究会珍视这一历史机遇，举全会之力，充分发挥智库作用，及时跟进国家立法进程，形成了婚姻家庭编专家建议稿和五份立法建议，为制定具有科学性、前瞻性、体系化，体现民族精神和时代精神的民法典婚姻家庭编做出了突出贡献。

2015 年，研究会接受中国法学会委托，承担了“婚姻法实施状况评估和对策建议”课题。课题组在实证调研的基础上，向中国法学会提交总报告一篇和分报告十六篇。2016 年，研究会再次接受中国法学会委托，承担了“民法典婚姻家庭编立法”课题①。虽然时间紧、任务重，但课题组怀着高度的使命感和责任感，先后五次召开研讨会，于 2017 年 2 月底如期向中国法学会提交了《民法典·婚姻家庭编（专家建议稿）》。为最大限度地凝聚婚姻家庭法学界的智识，研究会还将民法典婚姻家庭编立法作为 2015 年至 2018 年四届年会的会议主题，并召开了“民法典体系下的监护制度完善”等专题研讨会。

① 中国法学会 2015 年度部级法学研究重点委托课题，课题编号：CLS（2015）ZZWZDWT02。

在扎实调研、深入研讨的基础上，研究会在2016年12月至2018年4月这近一年半的时间里，共形成了五份立法建议报告，包括2016年12月《关于〈民法总则（草案）（二次审议稿）〉的修改建议》、2017年9月《关于民法典婚姻家庭编夫妻财产关系立法的复函》、2017年11月《关于〈中华人民共和国民法婚姻家庭编（草案）（2017年9月26日稿）〉的修改建议》、2018年4月《关于〈民法典婚姻家庭编（草案）（征求意见稿）〉的修改建议》、2018年9月《关于〈民法典婚姻家庭编（草案）〉的修改建议》，提交给全国人大常委会法制工作委员会。

为全面客观地呈现研究会在积极参与民法典编纂工作、推动婚姻家庭法学研究成果转化为国家立法行动过程中的工作成果，并致敬课题组全体同人的高度敬业和辛勤付出，现将前述五份立法建议报告集中登载于本期《家事法研究》中，以期裨益于婚姻家庭法立法、司法和理论研究。

附："民法典婚姻家庭编立法"课题组负责人及分工

总负责人：夏吟兰、龙翼飞、徐涤宇

各章负责人及成员：

总则（含亲属通则）：夏吟兰（负责人）、徐涤宇（负责人）、李洪祥、陈汉

结婚：马忆南（负责人）、杨遂全、卓冬青、但淑华

夫妻人身关系、夫妻财产制度外财产关系：蒋月（负责人）、李秀华、何丽新

夫妻财产制度：龙翼飞（负责人）、张学军（负责人）、孙若军

离婚：王歌雅（负责人）、吴晓芳、丁慧、许莉

亲子关系：曹诗权（负责人）、薛宁兰（负责人）、王洪、王丽萍

收养：李明舜（负责人）、林建军、雷明光、李俊

监护：陈苇（负责人）、张伟、刘淑芬、叶英萍、李霞、高丰美、李艳

课题秘书组：

组长：林建军、雷明光

成员：但淑华、陈汉、刘征峰

关于民法典婚姻家庭编夫妻财产关系立法的复函

中国法学会婚姻家庭法学研究会

执笔人：但淑华*

全国人大常委会法制工作委员会民法室：

中国法学会婚姻家庭法学研究会（以下简称我会）收到贵单位发来《关于就民法典婚姻家庭编夫妻财产关系相关问题进行专题咨询的函》后，我会领导高度重视，安排专人进行研究，并在2017年9月16~17日我会主办、苏州大学王健法学院承办的“中国法学会婚姻家庭法学研究会2017年年会暨民法典婚姻家庭编立法重大问题研讨会”上，组织与会专家学者进行了广泛深入讨论。现将我会关于民法典婚姻家庭编夫妻财产制的立法建议以及提出的问题报告如下。

一　法定的夫妻财产制

（一）法定夫妻财产制模式的选择

现行法定夫妻财产制延续的是1980年《婚姻法》的婚后所得共同制，

* 但淑华，中华女子学院法学院副教授，中国法学会婚姻家庭法学研究会副秘书长。各组组长（夏吟兰、徐涤宇、马忆南、蒋月、龙翼飞、张学军、王歌雅、曹诗权、薛宁兰、李明舜、陈苇）为本建议稿提出了各自负责部分的书面意见。

但增加了法定个人所有的财产和排除了遗嘱继承或赠与合同指定为个人所有的财产。

我会对法定夫妻财产制是否作适当调整主要有以下三种意见。

1. 坚持“婚后所得共同制”

自1980年《婚姻法》以来，我国一直以“婚后所得共同制”为法定的夫妻财产制类型，即夫妻一方或双方在婚姻关系存续期间取得的财产，除法律特别规定或夫妻另有约定外，均为夫妻双方共同所有。婚后所得共同制，是将夫妻视为一个整体，双方婚后所得财产归夫妻共同所有，这既符合夫妻关系“同居共财”的本质，又契合大多数夫妻婚姻生活的实际情况，反映了夫妻共同生活、共同消费的现实。三十多年以来，婚后所得共同制已经为民众普遍认知和接受，具有广泛的群众基础。

反对意见是：第一，随着社会的发展，我国婚姻关系以及家庭财产关系都较之1980年发生了很大变化，继续适用婚后所得共同制是否与目前婚姻关系相匹配值得深入探讨；第二，主张婚后所得共同制大多强调的是“同居共财”的传统，但这一传统是建立在夫权离婚制度和女性没有财产权的基础上的，能否作为现代婚姻传承的依据需要进一步研究；第三，婚后所得共同制的理念是财产共享有利于婚姻关系稳定，有利于减少夫妻矛盾和体现法律的公平正义，但是否有数据支撑有待论证；第四，从理论上讲，夫妻共享财产建立在承认家务劳动的社会价值的基础上，夫妻因“协力”共享财产已成共识，现较少有人认为是基于夫妻身份，如此，婚后所得共同制的理论依据是什么十分含糊，而“不劳而获”也不符合婚姻关系发展的趋势；第五，2011年《最高人民法院关于适用〈中华人民共和国婚姻法〉若干问题的解释（三）》中的一些规定，已经将一些非劳动所得排除在共同财产的范围外，对继承和赠与的规定也有小幅变化，如果立法恢复到2001年规定的婚后所得共同制，势必再次引发社会的强烈反响。

2. 改采“婚后劳动所得共同制”

婚后劳动所得共同制与婚后所得共同制的区别在于：将夫妻在婚姻关系存续期间非通过劳动取得财产排除在共有财产之外，主要是删除现《婚姻法》第17条第4款的规定，改为夫妻双方为继承人或受赠人的财产为共同财产。理由是：第一，继承、赠与都具有人身专属性，应当尊重第三人的意愿，在离婚率较高的社会背景下，推定第三人有给予双方的意思表示十分牵强；第二，在共有财产中排除继承、赠与财产是各国立法的惯例；第三，适当缩小共有财产的范围，加大对离婚的救济，从长远的角度看，更有利于婚姻关系的良性发展。

反对适用婚后所得共同制的意见是，运用社会性别视角审视婚后劳动所得共同制，此种财产制可能对为数众多的农村妇女造成不利影响。因为尽管妇女在法律上享有与男性平等的继承权，但事实上，农村妇女结婚后往往不能继承自己父母的遗产，若其丈夫继承的遗产又为个人特有财产的话，则农村妇女的继承权益将无从实现。

但这里要提及的是，如法定夫妻财产制改为婚后劳动所得共同制，排除在共有财产的范围之外的则不仅限于“继承”和“赠与”，还包括市场原因导致的财产增值，据此，适用婚后劳动所得共同制，在未来有可能会对各种财产的增值是否为“劳动”所得产生歧义，对此，理论界和实务界能否应对也是需要慎重考虑的。

3. 改采“剩余共同制”

剩余所得共同制，是指在婚姻关系存续期间所得的财产归夫妻双方分别所有，婚姻关系终止时若有剩余财产，再作为共同财产在夫妻之间进行分配。剩余共同制融合了共同财产制和分别财产制的优点，既体现了对个人自由独立的尊重，又兼顾了对夫妻中经济地位弱势一方的保护，为许多西方国家所采用；若实行此财产制，既可以简化理论和实务中的争议，也可以彻底解决婚姻期间债务的共担问题。

但在我国实行剩余共同制的难点在于：第一，婚姻关系存续期间财产分别所有不符合我国民众对婚姻的认知和期待，社会接受较为困难；第二，实行剩余所得共同制，我国存在查明初始财产和剩余财产的困难，而且，离婚时的个人财产与增值间的冲抵与计算对法院的要求较高，我国现不具备实行的条件。

综上，我会认为，婚后所得共同制体现了婚姻生活共同体的本质要求，与我国的国情、历史文化传统、民众生活习惯等相契合，应继续作为我国的法定夫妻财产制。

（二）修正夫妻共同财产和个人特有财产的范围

2001 年《婚姻法》对婚后所得共同制做了适当的调整，增加了法定个人所有的财产和夫妻约定财产的规定。现行《婚姻法》第 17 条和第 18 条对夫妻共同财产和个人特有财产分别作了规定，均采用不完全列举形式。

我会认为，此种立法技术容易导致适用上的困难，对于一些没有明确列举的财产，究竟认定为夫妻共同财产还是个人特有财产容易产生争议。因此建议对个人特有财产采完全列举，具体列举一方的婚前财产，一方因人身权受到侵害获得的医疗费、残疾人生活补助费、精神损害赔偿金，遗嘱或赠与合同中确定只归夫或妻一方所有的财产，以及一方专用的价值不大的生活用品或生产工具为个人特有财产，不再设兜底条款。但对夫妻共同财产仍采不完全列举，在明确列举婚姻关系存续期间所得的物权、债权、股权及其他投资收益、知识产权及其收益，以及继承或接受赠与取得的财产为夫妻共同财产之外，还设置一项兜底条款，即“其他应当归共同所有的财产”，以使外延得以周全。同时明确规定，婚前财产与婚后财产无法举证的，推定为共同财产。

（三）增加夫妻共同财产的管理、处分的规定

《婚姻法》关于夫妻财产关系的规定存在重静态归属，轻动态管理处分的问题，仅在第 17 条第 2 款原则性规定“夫妻对共同所有的财产，有平等的处理权”。尽管《最高人民法院关于适用〈中华人民共和国婚姻法〉若干问题的解释（一）》第 17 条从因日常生活需要处理夫妻共同财产和非因日常生活需要处理夫妻共同财产两方面对何为“有平等的处理权”作了进一步阐释，但仍需进一步细化。

我会认为，婚姻家庭编应明确夫妻共同财产的管理、处分规则。首先，明确夫妻双方对于夫妻共同财产有平等的占有、管理、使用、收益、处分的权利。其次，基于意思自治原则，夫妻可以就共同财产的管理或处分作出约定，有约定的，依照约定；没有约定的，由双方共同行使。约定对外不具有法律效力。最后，增加限制一方处分共有财产的规定。出于保护婚姻当事人，尤其是处于弱势一方当事人权益的考虑，对夫妻共同财产的重

大管理、处分行为，法律应要求双方共同做出决定。对夫妻共同财产的重大处分行为包括但不限于：向第三人赠与，以共有资金购买或者出卖不动产的所有权、用益物权或者价值较大的动产，受让或者转让股权，为第三人设定抵押权、质权或者提供保证担保，处分对家庭生活有较大影响的生活用品。

（四）对夫妻共同债务的规范

夫妻债务是目前司法实践中分歧较大、理论上争论较多的问题，也是社会关注较多的问题。究其原因，主要是《婚姻法》未设置具体可操作的夫妻债务认定标准，第41条“为夫妻共同生活”不能涵盖所有的夫妻共同债务，而司法实践中对《最高人民法院关于适用〈中华人民共和国婚姻法〉若干问题的解释（二）》第24条的不同理解和适用又加剧了夫妻债务纠纷裁判结果的不确定性，并造成了一些不公平结果。

我会认为，应抓住编纂婚姻家庭编的有利时机，构建科学合理的夫妻债务规则。

1. 制定切实可行的夫妻债务认定标准

判定夫妻债务的性质，最重要的是制定切实可行的认定标准，即根据夫妻一方或双方在婚姻关系存续期间所负债务的本质特征，认定其为夫妻共同债务或夫妻个人债务。夫妻共同债务的形成可能基于以下情形：一是基于夫妻双方的举债合意所负的债务；二是基于共同生活所负的债务、因共同财产的维护所负的债务；三是基于共同过错所负的债务，即因共同侵权所负的债务、因被监护人侵权所负的债务。夫妻个人债务则包括：夫妻一方婚前所负的债务，夫妻一方在婚姻关系存续期间以自己名义负担的合同之债（法律另有规定的除外）或引起的侵权之债等。

2. 不再适用“时间”标准和“推定”规则

鉴于在夫妻财产制部分已明确规定了夫妻共同债务的范围，因此，债权人应当依据合同法的规定主张债权，凡没有夫妻签字的，可以要求适用表见代理。在适用表见代理时，债权人应当承担有理由相信为夫妻共同债务的证明责任。但家事表见代理与民事、商事表见代理在权利外观和代理的表象上需要根据家庭关系作一定的区分。以生产经营所负债务为例，夫妻一方从事生产经营活动的，另一方明知但不参与、不反对的，视为默示同意，除有过错外，一方举债对内也视为有权代理。为此，我会特别在婚内析产的规定中，增加了不同意一方从事生产经营活动的，可以请求分别财产。

应指出的是，适用表见代理对债权人和举债方配偶都加大了注意义务。一方面，法律明确规定债权人不能依据夫妻身份要求举债方配偶承担债务，而是依据有理由相信举债为夫妻共同债务（在《婚姻法》规定的共同债务的范围内）；另一方面，举债方配偶也应对他方管理共同财产持谨慎的注意义务，放任不管风险很高，代价很大。如此规定对我国逐渐规范民间借贷行为具有积极的意义。

3. 明确夫妻共同债务的清偿规则

夫妻共同债务应以夫妻共同财产予以清偿，共同财产不足清偿的，夫或妻是否还需以其个人财产承担清偿责任？我会认为，应分情况区别对待。（1）若夫妻共同债务是双方所负（有双方合意，或双方共同侵权、因被监护人侵权），则双方对共同财产不足清偿部分，均应以双方个人财产承担无限清偿责任。（2）对适用表见代理承担的为共同生活所负的债务，对外应以夫妻共同财产清偿，不足部分由负债方个人财产清偿，仍不足部分由另一方清偿。对内依据债务是否用于共同生活认定和分担。不属于夫妻共同债务的，一方可以在离婚时要求冲抵和清算。离婚的，可以向举债方追偿。（3）对适用表见代理承担的因生产经营所负的债务，应当与民商事的法律规定相衔接处理，视情况承担有限责任或无限责任。（4）债权人没有理由相信是夫妻共同债务的，应当以举债方个人财产清偿，不足部分由共同财产的一半清偿。举债方配偶不负清偿责任。

二　约定的夫妻财产制

2001 年《婚姻法》确立了约定财产制，从现阶段司法实践看，夫妻进行财产约定的极少，但约定财产制体现了意思自治的要求，可以更好地满足婚姻当事人的多元需求，符合国际立法与我国经济社会发展的趋势，因此，应予保留。

我会对夫妻约定财产的意见主要涉及以下几个方面。

1. 约定夫妻财产模式的选择

在夫妻双方进行财产约定的自由权范围上，世界各国目前存在三种不同的立法模式：一是实行类型强制，对夫妻约定的财产制形式明确规定在法律中，当事人只能从中选择其一；二是不限制夫妻财产约定的自由，只要约定不违反法律和公共政策即为有效；三是介于前两者之间，法律规定常见的财产制类型，夫妻可以选择其一适用，也可以将这些财产制中的部分内容进行重新组合，甚至独创与之完全不同的财产制。

我会倾向于采用第二种立法模式，赋予夫妻双方最大限度的约定空间。尽管第三种模式可以为夫妻提供财产制的规范指导，且并未实质限制当事人的约定自由，但此种模式对民众的知识水平和法律素养具有较高要求，不符合我国的实际情况，恐难发挥实际效用。

2. 夫妻约定财产的效力

从比较法上看，采第一种夫妻约定财产制的国家，夫妻财产按照约定的模式直接发生物权变动的法律效力；采第三种夫妻约定财产制的国家，凡夫妻变更的部分按照合同法的规定处理。我国现行夫妻财产约定分为三种形式：婚前婚后双方的财产为共同所有，个人所有以及部分共同、部分个人所有。鉴于我国对夫妻财产约定没有作类型化处理，也没有做任何限制性的规定，因此，不宜将夫妻签署的协议视为一种财产制，而仅仅是夫妻间的合同，为保障交易安全和弱势群体的利益，建议夫妻财产约定应当根据合同法和物权法的规定处理。一是协议对内有效，对外不对抗善意第三人；二是是否发生物权变动依据物权法的规定处理。

3. 建议增设夫妻约定财产的公示制度

为平衡对婚姻当事人及对第三人的保护，法律应当增设夫妻约定财产制的公示程序，使夫妻约定财产制可以在未通知第三人的情况下即发生对外效力，而第三人可以通过查询了解夫妻约定财产制的具体情形。至于在具体公示程序的设置上，有人建议向婚姻登记机关办理登记备案，也有人建议向公证机关办理公证。鉴于公证并不具有公示效力，且婚姻当事人在公证处选择上的随意性会带来第三人查询上的困难，我会倾向于支持前一观点。

此外，现行《婚姻法》将约定财产制作为法定财产制的补充，规定在法定财产制之后。我会建议，出于尊重意思自治、鼓励约定的考虑和约定优先于法定的法律适用原则，将约定财产制规定于法定财产制之前。

三　家事代理权

家事代理权是指夫妻在处理日常家庭事务中相互享有法定代理权。因家事代理权多为家庭事务的处理权，即夫妻一方得依法律规定而在日常家事范围内为另一方代理人的权利。因此，“夫妻的任何一方，均有权处理适当满足家庭生活需要而效果亦及于夫妻的另一方的事务，夫妻双方均因此种事务而享有权利并且负担义务”① 是各国亲属法的立法惯例，且都规定在婚姻效力（夫妻权利义务）中。我会提交的专家意见稿在夫妻关系中对家事代理权也有明确的规定。

从夫妻共同债务的角度讲，举债方享有家事代理权可以作为债权人主张适用表见代理的依据，法院可以在代理权限内支持债权人的主张。

附：

夫妻财产制度

约定财产制

第　条（夫妻关于财产的约定）

夫妻可以约定婚姻关系存续期间所得的财产以及婚前财产归各自所有，共同所有或者部分各自所有、部分共同所有，也可以约定其他财产制形式。

夫妻财产约定应当采取书面形式，婚前订立财产约定的，在办理结婚登记时，一并登记于婚姻档案中。婚后订立财产约定的，应当到婚姻登记机关办理财产约定登记。

婚前订立的夫妻财产约定，自婚姻关系成立之日起有效；婚后订立的财产约定，自登记之日起有效。

---

① 《德国民法典》第 1357 条。

夫妻财产约定未经登记的，不得对抗善意第三人。

法定财产制

第　条（夫妻共同财产范围）

夫妻在婚姻关系存续期间所得的下列财产归夫妻共同所有：

（一）工资、奖金及其他劳动报酬、福利、经济补偿；

（二）生产、经营的收益；

（三）知识产权的收益；

（四）继承或赠与所得的财产，但遗嘱或赠与合同中确定只归夫妻一方的除外；

（五）一方婚前财产在婚后投资的收益；

（六）其他应当归夫妻共同共有的财产。

第　条（夫妻对共同财产的权利）

夫妻双方对共同所有的财产有平等的占有、使用、收益、处分的权利。双方有约定的，依照约定；没有约定的，由双方共同行使。

夫妻一方对共同财产行使下列权利时，必须征得对方的同意：

（一）向第三人赠与；

（二）以共有资金购买或者出卖不动产的所有权、用益物权或者价值较大的动产；

（三）受让或者转让股权；

（四）为第三人设定抵押权、质权或者提供保证担保；

（五）处分对家庭生活有较大影响的生活用品；

（六）其他应当征得对方同意的情形。

第　条（夫妻日常家事代理权）

夫妻就家庭日常生活事务相互享有代理权。在共同生活期间，夫妻任何一方均可以代表对方处理日常家庭事务。

夫妻一方滥用前项代理权时，他方有权限制，但不得对抗善意第三人。

夫妻一方的个人财产

第　条（夫妻一方的个人财产）

有下列情形之一的，为夫妻一方的个人财产：

（一）一方的婚前财产；

（二）一方因人身权受到侵害获得的医疗费、残疾人生活补助费、精神损害赔偿金；

（三）遗嘱或赠与合同中确定只归夫妻一方的财产；

（四）一方专用的价值不大的生活用品或生产工具。

夫妻对个人特有财产，分别享有所有权。

第　条　推定夫妻财产

对于不能举证证明为夫妻一方个人所有的财产，推定为夫妻共同共有。

婚内析产

第　条（婚内析产）

婚姻关系存续期间，夫妻一方不得请求分割夫妻共同财产，但有下列情形之一的除外：

（一）一方有隐藏、转移、变卖、毁损、挥霍夫妻共同财产或者设定夫妻共同债务等严重损害夫妻共同财产利益行为的；

（二）一方负有法定扶养义务的人患重大疾病需要医治，另一方不同意支付相关医疗费用的；

（三）一方要求用夫妻共同财产从事投资经营活动，另一方不同意的；

（四）一方实施家庭暴力，受害方要求分割的。

请求分割的财产，可以是夫妻共同财产的一部分或者全部。但是，应当保留双方依法履行法定扶养义务的相应费用和承担家庭生活日常开支的费用。

请求分割夫妻共同财产的，应当由双方协议；双方达成的协议不得损害债权人的利益。协议不成时，当事人可以请求人民法院裁决。

夫妻债务

第　条（夫妻共同债务）

夫妻在婚姻关系存续期间所欠的下列债务属于夫妻共同债务：

（一）夫妻双方共同合意所负的债务；

（二）夫妻因共同生活、共同经营所负的债务；

（三）夫妻因共同侵权所负的债务；

（四）夫妻因被监护人侵权所负的债务。

第　条（夫妻个人债务）

下列债务属于夫妻个人债务：

（一）夫妻一方婚前所负的债务；

（二）夫妻一方在婚姻关系存续期间未经对方同意以个人名义所负的债务，但法律另有规定的除外；

（三）其他应当由个人承担的债务。

第　条（夫妻债务的清偿）

夫妻共同债务应以共同财产进行清偿，夫妻共同财产不足以清偿的，由夫妻双方协议清偿，协议不成时，当事人可以请求人民法院裁决。

夫妻对共同债务负有连带责任。共同财产不足以清偿共同债务的，由夫妻中导致该债务产生的一方的个人财产清偿，个人财产不足清偿的，非举债方以夫妻共同财产中的一半份额承担清偿责任。

夫妻一方清偿共同债务超出协议约定或法院判决其应当承担的份额部分，有权向另一方追偿。

夫妻个人债务应以个人财产清偿，夫妻双方另有约定的除外。

中国法学会婚姻家庭法学研究会

2017 年 9 月 22 日

关于《中华人民共和国民法婚姻家庭编（草案）（2017年9月26日稿）》的修改建议

中国法学会婚姻家庭法学研究会

统稿执笔人：陈　汉[*]　但淑华[**]

中国法学会婚姻家庭法学研究会（以下简称我会）接受中国法学会委托，为全国人大常委会法制工作委员会民法室起草的《中华人民共和国民法婚姻家庭编（草案）（2017年9月26日稿）》（以下简称《9月26日稿》）提供修改意见。为充分发挥研究会的法治智库作用，为我国民法典婚姻家庭编立法建言献策，我会于2017年10月28日在北京西藏大厦举办了“中国民法典婚姻家庭编立法研讨会”。我会顾问、中国社会科学院法学所陈明侠研究员，中国法学会民法典编纂项目婚姻家庭编子项目的项目负责人、各章负责人和项目秘书组共计十余人出席本次会议，并对《9月26日稿》逐条进行了热烈、务实的讨论。

---

* 陈汉，中国政法大学副教授，中国法学会婚姻家庭法学研究会副秘书长。

** 但淑华，中华女子学院法学院副教授，中国法学会婚姻家庭法学研究会副秘书长。各组组长（夏吟兰、徐涤宇、马忆南、蒋月、龙翼飞、张学军、王歌雅、曹诗权、薛宁兰、李明舜、陈苇）为本建议稿提出了各自负责部分的书面意见。

与会专家认为，《9 月 26 日稿》在立法价值上体现了保护婚姻家庭关系，维护婚姻家庭价值与稳定，在体例上将收养法纳入婚姻家庭编，在具体制度中增加了近亲属与家庭成员、日常家事代理、亲子关系的确认与否认、婚内析产、离婚审查期等社会上有需求、有呼声，司法实践有判例、有解释的规定，考虑了婚姻家庭领域的实际情况与存在的问题，吸收了各方面的部分意见，在一定程度上完善和充实了现行《婚姻法》。但是，专家们也认为，《9 月 26 日稿》还有很大的可修改空间，应当抓住修改《婚姻法》的契机，在《婚姻法》的科学性、逻辑性、前瞻性、可操作性上再做进一步的努力。

会后，项目秘书组根据会议讨论情况撰写了对《9 月 26 日稿》的修改建议初稿，并在各章负责人反馈的书面意见基础上进行了多次修改，最终形成了我会对《9 月 26 日稿》的修改建议。现将修改建议报告如下。

一　立法指导思想

《9 月 26 日稿》的结构和内容大体延续了现行《婚姻法》的做法，除将《收养法》的部分内容和婚姻法司法解释的个别规定纳入其中之外，制度内容上鲜有变动或创新。其反映出的立法指导思想似是尽量维持现有法律规定的稳定性，仅对现实中亟须解决的突出问题予以回应。在党的十九大报告提出“全面推进依法治国”，“建设中国特色社会主义法治体系、建设社会主义法治国家”要求的背景下，我们认为应当以新的思路和理念来适应人民群众对新时代婚姻家庭制度的期待。

首先，全面依法治国是中国特色社会主义的本质要求和重要保障，全面依法治国必须完善以宪法为核心的中国特色社会主义法律体系，以良法促进发展、保障善治。婚姻家庭是社会的细胞，婚姻家庭法制是社会主义法律体系的重要组成部分，与国家发展、社会进步密切相关。21 世纪以来，无论是国际社会还是中国的婚姻家庭观念和婚姻家庭关系均发生了重大变化，民法典婚姻家庭编的编纂既要回应婚姻家庭领域出现的突出问题，又要体现新时代人民日益增长的对美好生活的新期待、新需求，凝聚法学专家学者对民法典婚姻家庭编的研究成果，这样才符合全面依法治国，科学立法、民主立法、依宪立法的要求。

其次，21世纪初，全国人大常委会明确了婚姻家庭法律制度完善“分两步走”的立法方案：第一步是对1980年《婚姻法》的修正和补充，主要是对社会上反映强烈的若干问题作出必要的回应，缓解社会矛盾，第二步则是在编纂民法典时对婚姻家庭法律制度进行全面、系统的完善，进一步科学地规范婚姻家庭关系当事人的权利义务。① 现行《婚姻法》顺利完成了第一步，但其作为过渡性、阶段性的修法成果，与法律规范的科学性、系统性、全面性、实用性、先进性、前瞻性等要求仍有较大距离。如今，在民法典婚姻家庭编的编纂过程中，不应满足于对现行《婚姻法》小修小补，而应按照既定立法方案，实施第二步，全面完善婚姻家庭法律制度。

再次，要把握婚姻家庭编立法的粗疏与细密之间的关系，摈弃婚姻法多年来宜粗不宜细的立法传统，在完善现行法律规定的基础上，增加具体制度、具体规定、具体措施，实现立法的科学性与可操作性。婚姻家庭编在体例架构上要解决我国传统婚姻家庭立法重婚姻关系、轻家庭关系的状况，要强化亲属制度、家庭关系的内容，建构起体系完整、逻辑严密的婚姻家庭法体系。

二　立法体例

与现行《婚姻法》相比，《9月26日稿》删除了“救助措施与法律责任”和“附则”两章，将《收养法》的部分内容作为“收养”一章置于最后。总体说来，《9月26日稿》的篇章结构和条文顺序与《婚姻法》大体相同，这种对现有立法进行整合的做法，在立法体例上会存在较多问题。

首先，章节安排不协调。《9月26日稿》设有“一般规定”、“结婚”、“家庭关系”、“离婚”和“收养”五章，其中仅“收养”章分节，其余各章，包括条文数量与“收养”章相差不多的“家庭关系”章和“离婚”章均未分节，各章之间存在不协调。而反观《民法总则》和民法典其他各编，

① 参见王胜明、孙礼海主编《〈中华人民共和国婚姻法〉修改立法资料选》，法律出版社，2001，第259页。

大多数章是分节的，《9月26日稿》与之相比较也存在不协调。

其次，条文数量不均衡。在《9月26日稿》的80个条文中，有关收养的规定有30个条文，占条文总数的37.5%，其他规定总共只有50条，甚至少于现行《婚姻法》。究其原因，新中国成立以来的婚姻立法历来坚持“宜粗不宜细”的传统，规定较为笼统；而《收养法》的规定相对较为具体，《9月26日稿》在整合这两部法律内容时，在立法技术上并未基于统一标准加以调整，以致产生畸轻畸重之感。与此同时，《9月26日稿》再次延续了现行《婚姻法》“重婚姻关系，轻家庭关系”的特点，直接涉及亲属、父母子女关系或其他家庭成员关系的条文仅12条，缺乏有关具体规定。

再次，逻辑不严密。《9月26日稿》“家庭关系”章割裂了夫妻人身关系与夫妻财产关系，将有关父母子女关系和其他家庭成员关系的规定置于前两者之间，缺乏逻辑性。

确立体系完整、逻辑严密的立法体例是完善婚姻家庭法律制度的基础。我会建议，将婚姻家庭编的立法体例修改为：第一章“一般规定”；第二章“结婚”；第三章“夫妻关系”，分“夫妻人身关系”和“夫妻财产关系”两节；第四章“离婚”，分“登记离婚”、“诉讼离婚”、“离婚效力”和“离婚救济”四节；第五章“父母子女及其他近亲属关系”，分“亲生父母子女”、“养父母子女与继父母子女”、“父母子女的权利与义务”、“离婚后父母子女的权利义务”和“其他近亲属间的权利义务”五节；第六章“收养”，分“收养的成立”、“收养的效力”和“收养的解除”三节。

对于婚姻家庭编是否应将监护作为独立一章，我会学者提出了可供选择的两种方案。大多数学者认为应将通则性的“监护的一般规定”放在《民法总则》中，具体内容则在婚姻家庭编“收养”章后增加“监护”章加以规定，分为“未成年人监护”和“成年人监护”两节。同时，鉴于父母与非父母在对未成年人监护的发生基础、主体范围、权利义务内容等方面存在的区别，学者们主张将未成年人监护区分为父母对未成年子女的照护和非父母对未成年人的监护，前者由“父母子女及其他近亲属关系”章“父母子女的权利与义务”节加以规定，后者则规定在“监护”章“未成年人监护”节中。也有学者认为，在《民法总则》已经对监护作出比较原则规定的情况下，婚姻家庭编没有必要专设“监护”章，监护制度内容的补充完善可以嵌入婚姻家庭编已有的“父母子女及其他近亲属关系”等章节中，国家监护则不属于民法典的调整范畴，需要通过社会法来规范。

三　对“一般规定”章的修改建议

（一）基本原则

有学者主张，应将《9月26日稿》第2条第2款“保护妇女、儿童和老人的合法权益”修改为“保护儿童、老人、妇女的合法权益”。这不是语序的简单调整，而是立法理念的重大变化。因为儿童是弱者中的弱者，将儿童提前至首位是“儿童最佳利益”的体现。事实上，现行《婚姻法》第39条有关离婚财产分割中，夫妻“协议不成时，由人民法院根据财产的具体情况，照顾子女和女方权益的原则判决”（《9月26日稿》第45条）之规定已经将子女置于女方之前，体现了“儿童最佳利益”原则的要求，但基本原则部分未作相应调整。同样，老人与妇女相比也是相对更为弱势的一方。

《9月26日稿》删除了《婚姻法》第2条第3款“实行计划生育”的规定。我会学者对此也存在不同意见。一些学者建议保留计划生育原则，因为生育既是公民的权利，又是公民对国家的义务，在现行法律下，计划生育仍需通过婚姻实现，《宪法》对此作了明确规定。而且计划生育是指有计划的生育，并不意味着只是少生，在国家生育政策调整时，也可以解读为多生，这与现在全面放开二孩政策并不冲突。因此，删除这一原则，可能会导致老百姓对计划生育内涵的误解。另一些学者则认为，计划生育应由《人口与计划生育法》规定，事实上该法也确已作出规定，婚姻家庭编只需在“夫妻关系”章中对夫妻生育权作出规定，而无须规定计划生育原则。

此外，还有学者提出，应删除《9月26日稿》第3条第3款中“禁止家庭成员间的虐待和遗弃”之规定。一方面，根据《最高人民法院关于适用〈中华人民共和国婚姻法〉若干问题的解释（一）》所谓“持续性、经常性的家庭暴力，构成虐待”的规定，虐待是家庭暴力的一种表现形式；

另一方面，我国2016年实施的《反家庭暴力法》第2条界定家庭暴力时，并未单独列举虐待和遗弃。可见，我国现行法对家庭暴力概念的界定是清晰明确的，其中已包含虐待和遗弃两种严重的暴力行为。鉴于该款已有“禁止家庭暴力”之规定，不必再重复规定“禁止家庭成员间的虐待与遗弃”。

（二）关于第4条的修改建议

有学者建议把本条中“夫妻应当互相忠实”移到“夫妻关系”章“夫妻人身关系”节中，本条修改为“家庭成员应当相互尊重，敬老爱幼，互相帮助，共同建设和维护平等、文明、和睦的婚姻家庭关系”。理由是：首先，婚姻家庭编应当针对全体家庭成员提出共同的行为准则；其次，夫妻忠实是夫妻关系中的一个方面，归入夫妻人身关系中更为妥当。

（三）亲属范围

《9月26日稿》第5条界定了亲属的范围，我会学者对本条的修改意见较多。

首先，有学者建议删除第1款。因为从立法技术上说，在列举配偶、血亲和姻亲时，就应对这几个概念加以解释，而这会增加民众理解和接受的困难。如果想避免复杂，力求简明，莫不如直接列举亲属的范围。

其次，对于第3款，有学者主张删除，因为将共同生活的直系姻亲视为近亲属，可能使有些人为避免承担对直系姻亲的法律义务而不愿意与其共同生活，从而不利于保障老人权益。也有学者主张应明确“共同生活”的含义，强调其满足“同财共居”特征。还有学者认为，近亲属应具有法律上的权利义务，如果要将共同生活的直系姻亲视为近亲属，就应该在婚姻家庭编中对直系姻亲的权利义务作出规定，以相呼应。也有人认为第3款中共同生活的限制会造成事实上的男女不同影响，应去掉。此外，还有学者认为，应明确继父母子女在何种情形下构成近亲属。

最后，我会认为第4款对家庭成员的界定不合理，配偶之间、父母子女之间即使不共同生活，也应属于家庭成员，故建议将其修改为：“配偶、父母、子女和其他共同生活的近亲属为家庭成员。”

（四）本章应增加的内容

我会建议，在本章增加下列两项内容。

（1）在第2条基本原则之前增加一条，即“婚姻、家庭受国家的特别保护”，这是《宪法》第49条规定在婚姻家庭编中的具体化，也应是婚姻家庭编立法指导思想的核心。《民法总则》没有将《民法通则》第104条“婚姻、家庭、老人、母亲和儿童受法律保护”的规定纳入其中，故保护婚姻、家庭的国家责任应当在婚姻家庭立法中明确体现。

（2）在第5条之后增加“法律适用”条款，即“其他法律规定与本编相抵触的，适用本编的规定”。婚姻家庭法具有较强的伦理性，不同于财产法所蕴含的价值目标，有必要在本编明确法律适用规则，以确保婚姻家庭编规定在适用上的优先效力。

四　对“结婚”章的修改建议

（一）法定婚龄

有关是否应当降低法定婚龄的争论由来已久，我会学者一种观点认为，应当降低法定婚龄，并取消男女婚龄差，将《9月26日稿》第7条修改为：“结婚年龄，男女双方均不得早于二十周岁。”理由是：法定婚龄过高违背了人的生长发育规律；在我国广大农村地区和少数民族地区，很多男女青年有早结婚的意愿，降低法定婚龄有利于满足其需求，减少因不能结婚而形成的同居现象；我国控制人口数量的生育政策已经发生改变，1980年《婚姻法》提高法定婚龄的现实基础已经不存在。而且法定婚龄男女差异没有现实的依据和合法性基础，不符合性别平等观。

另一种观点认为，应维持现行法定婚龄，因为民政部2015～2017年婚姻登记数据显示，男女青年结婚的最高峰是25～29岁，占到结婚人数的35%～39%，有多少男青年在20～22周岁即有结婚要求，缺乏数据支撑。同时，人们结婚以后要承担供养家庭的义务与责任，20～22周岁的男青年有无供养能力，值得怀疑。总之，降低法定婚龄没有实际意义，维持现状也不会产生太大影响。

（二） 补办结婚登记

《9 月 26 日稿》第 9 条最后一句为："未办理结婚登记的，应当补办登记。"有学者主张删除这一规定，因其与结婚登记制相冲突。也有学者从 2001 年《婚姻法》修正时增加这一规定的背景出发，认为在法律不承认事实婚姻的情况下，补办结婚登记能扩展对当事人予以婚姻规范保护的时间，有利于其权益保护，建议继续保留。还有学者建议在这一规定之后增加补办结婚登记的效力，即"补办结婚登记的，婚姻关系的效力从双方以夫妻名义共同生活且均符合本编规定的结婚条件时起算"。

（三） 禁婚疾病

《9 月 26 日稿》对禁止结婚疾病的规定采用了《婚姻法》"医学上认为不应当结婚的疾病"这一表述。然而何为"医学上认为不应当结婚的疾病"，实践中一直不够明确；而且"医学"是一个学术概念，不同医学专家对于"不应当结婚的疾病"的认识也不可能完全相同，其范围必然是含混不清的。建议将《9 月 26 日稿》第 8 条第 2 项修改为"患有法律规定不应当结婚的疾病"，并将第 11 条第 3 项修改为"婚前患有法律规定不应当结婚的疾病，婚后尚未治愈的"，这也符合法律才能对公民基本权利作出限制的立法规则。

（四） 无效婚姻与可撤销婚姻

（1）婚姻可撤销的情形。有学者认为，《民法总则》对意思表示不自由或意思表示瑕疵规定了欺诈、胁迫、重大误解、乘人之危等情形，结婚是一种民事法律行为，但《9 月 26 日稿》第 12 条仍只规定了胁迫这一种意思表示不自由，当事人可以申请撤销的情形，这与《民法总则》的规定不一致，故建议增加可撤销婚姻的情形，如"因胁迫等致结婚意思表示不真实的"。还有学者主张，将未达法定婚龄作为可撤销婚姻，而非无效婚姻的情形。但也有学者认为，结婚行为具有特殊性，不同于民事法律行为理论，婚姻可撤销的情形以维持现状为好。

（2）撤销婚姻的程序。《9 月 26 日稿》第 12 条对撤销婚姻程序的规定仍是双轨制，即“可以向婚姻登记机关或者人民法院请求撤销该婚姻”，建议将其修改为“撤销婚姻应当经人民法院依诉讼程序办理”。因为撤销已存在的婚姻并非单纯事关婚姻的效力，往往还涉及共同财产分割、未成年子女抚养等与当事人及其子女基本民事权益有关的诸多事项，作为国家行政机关的婚姻登记机关对此不仅无能为力，而且有越俎代庖、剥夺人民法院审判职能之嫌。况且，国外有关可撤销婚姻的立法也均无行政程序之先例。

（3）宣告婚姻无效的程序与请求权人。《9 月 26 日稿》与现行《婚姻法》一样，未对宣告婚姻无效的程序和请求权人作出规定，这是一项重大缺失。应将《最高人民法院关于适用〈中华人民共和国婚姻法〉若干问题的解释（一）》第 7 ~8 条的内容吸收进来，并加以修改完善。

建议增加条文 请求宣告婚姻无效应当经人民法院依诉讼程序办理。

婚姻当事人和利害关系人可以向人民法院申请宣告婚姻无效。利害关系人包括：

（一）以重婚为由申请的，为当事人的近亲属；

（二）以有禁止结婚的亲属关系为由申请的，为当事人的近亲属；

（三）以未达到法定婚龄为由申请的，为未达到法定婚龄者的近亲属；

（四）以婚前患有医学上认为不应当结婚的疾病，婚后尚未治愈为由申请的，为与患病者共同生活的近亲属。

基层组织及检察机关发现有重婚情形的，可以向人民法院申请宣告婚姻无效。

有学者对前述第 3 项利害关系人的规定表达了不同观点，认为未达到法定婚龄的，其近亲属申请宣告婚姻无效的可能性几乎为零，建议删除此项。

（4）婚姻无效与被撤销的法律后果。《9 月 26 日稿》有关婚姻无效或被撤销后果的规定仍为自始无效。我会认为，无效婚姻是严重违反公益要件，可撤销婚姻则是违反私益要件，法律应体现出对这两类违法婚姻不同程度的否定性评价，进而在婚姻被宣告无效或被撤销的法律后果上加以区别：无效婚姻，自始无效；被撤销的婚姻，自撤销时起无效。

建议修改条文 无效婚姻，自始无效；可撤销婚姻，自撤销之日起无效。当事人不具有夫妻的权利和义务。同居期间所得的财产，由当事人协议处理；协议不成时，由人民法院根据照顾无过错方的原则判决。对重婚导致的婚姻无效的财产处理，不得侵害合法婚姻当事人的财产权益。

有学者提出，双轨制的本意是使意思表示不真实的当事人在婚姻被撤销前的共同生活期间可以获得婚姻的规范保护，然而被胁迫，尤其是被拐卖的当事人是否愿意法律承认被撤销前的婚姻效力，不能不加以考虑，否则就可能违背双轨制的立法初衷。

此外，还有学者建议，对婚姻被宣告无效或被撤销的，导致婚姻无效或被撤销的有过错的一方应承担损害赔偿责任。

（五） 建议删除的规定

《9月26日稿》第10条对男女双方可以约定成为对方家庭成员的规定与第5条第3款有关共同生活的直系姻亲视为近亲属的规定相互矛盾。事实上，本条意图规定的是夫妻对婚姻住所的商定权，不应置于“结婚”章中，而应规定在“夫妻关系”章中。

（六） 其他建议增加的规定

（1）瑕疵结婚登记。实践中，当事人弄虚作假、骗取结婚登记的情况时有发生，而2003年《婚姻登记条例》又删除了原《婚姻登记管理条例》第25条有关申请婚姻登记的当事人弄虚作假、骗取婚姻登记的规定，这使相关纠纷得不到妥善处理，当事人的结婚权益得不到有效保障，故有必要在《9月26日稿》第9条结婚程序之后增加一条关于瑕疵结婚登记的规定。

建议增加条文 一方或者双方弄虚作假、骗取结婚登记的，婚姻登记机关应当撤销其结婚登记并收回结婚证，自始不发生婚姻效力。

由于不少当事人是因为不符合法律规定的结婚条件才弄虚作假，所以瑕疵结婚登记还与无效婚姻之间存在交叉，应理顺二者的关系。

（2）婚约及其解除的后果。鉴于实践中因婚约引发的纠纷大量存在，婚姻家庭编应明确婚约不具有法律效力，规定于《9 月 26 日稿》第 13 条之后。承接婚约的效力，规定婚约解除的法律后果，即返还彩礼或者嫁妆。因婚约没有法律效力，由双方自愿履行，那么任何一方就有随意解除婚约的权利，故返还彩礼不宜强调过错。另外，原司法解释中返还彩礼的两种情形，即“双方办理结婚登记手续，但确未共同生活的”和“婚前给付并导致给付人生活困难的”，并非婚约解除的后果，不宜放在此处规定。

建议增加条文 男女双方可以自愿订立婚约，婚约不具有法律效力。解除婚约的，给付彩礼或者嫁妆的一方有权请求返还。

此外，有学者建议规定不履行婚约的损害赔偿责任，即“不履行婚约的一方，应赔偿对方所受的精神损害或财产信赖利益损失”。

（3）同居关系。现实生活中，男女双方未办理结婚登记而像夫妻一样同居生活的现象大量存在。基于身份关系的事实先在性，婚姻家庭编对此不应回避，应作出回应。但同居关系的情形非常复杂，对同居关系的调整需要在条件成熟时通过单行法来实现，目前在婚姻家庭编中可仅作原则性规定。为鼓励并引导人们缔结婚姻，维护婚姻法律制度的严肃性和权威性，除法律另有规定外，非婚同居当事人一般不具有人身方面的权利义务；而在财产方面，适用按份共有之规定。同时，法律也应尊重当事人对于个人生活事务的自我决定权，允许其通过特别约定对财产关系作出其他安排。

建议增加条文 双方未经结婚登记自愿共同生活的，其财产关系有约定的，依照约定；没有约定的，适用按份共有的规定。

（七）其他建议

（1）在禁婚亲属关系中，应增加“禁止直系姻亲结婚”之规定。

（2）在结婚程序之后应增加一条：“未办理结婚登记的，婚姻不成立。”

（3）《9月26日稿》第11条关于婚姻无效情形的列举，应与本章对结婚条件规定的顺序相一致。

五 对“家庭关系”章的修改建议

（一）父母子女关系的条文整合

《9月26日稿》第17条、第20条第1款与第22条都规定了父母对子女的“抚养、教育和保护的义务”，条文内部有若干重合之处，并且与《民法总则》第26条的规定也有重合。我会认为：建议未来删除《民法总则》第26条的规定；《9月26日稿》中的这三条需要整合成一条。

建议修改条文 父母有共同照护未成年子女的义务和权利。父母照护包括对未成年子女的抚养、教育、保护，以及对其财产的管理和必要的处分。

（二）继承权

《9月26日稿》第25条规定了父母子女之间的继承权，我会建议删除，理由有二：一是继承的事项交给继承编去解决；二是夫妻等其他主体之间的相互继承权并没有在本编规定，单独规定父母子女之间的继承权，略显突兀。

（三）亲子关系的推定与否认

《9月26日稿》第28条规定了亲子关系异议的纠纷解决，但是既没有规定亲子关系的推定，也没有推定亲子关系否认的除斥期间，并且在承认与否认之时，缺乏对未成年子女利益本身的保护作为判断标准。

建议增加条文

第 条【亲子关系的推定】

生育子女的妇女，为所生子女的母亲。

在婚姻关系存续期间受胎或者出生的子女，以其母亲的丈夫为父亲。

非婚同居期间受胎或者出生的子女，以与其母亲同居的男子为父亲。

受胎的时间，推定为子女出生之前的第三百天到第一百八十天之间。

关于亲子关系的推定，法律另有规定的除外。

第　条【亲子关系推定的否认】

有下列情形之一的，父母及成年子女均有权向人民法院提起亲子关系推定的否认之诉：

（一）通过科学方法证明子女不可能是被推定的父亲的亲生子女的；

（二）有其他事实证明子女不可能是被推定的父亲的亲生子女的。

父母提起否认之诉的期限为一年，自知道或者应当知道否认事由之日起计算。

成年子女提起否认之诉的期限为一年，自子女成年后知道或者应当知道否认事由之日起计算。

第　条【自愿认领】

在有利于未成年人利益的前提下，生父可以认领未成年的亲生子女。

认领成年亲生子女的，须经子女本人同意。

认领不得任意撤销。

第　条【强制认领】

未成年子女的生母或者其他法定代理人、成年子女，有权向人民法院提出强制生父认领之诉。

（四）婚姻住所商定权

建议将《9月26日稿》第10条放入本章，作为夫妻关系中的住所商定权，具体条文建议表述如下："婚姻住所由双方平等协商确定。结婚后，双方互为对方家庭的成员。"

（五）知情权

《9月26日稿》未规定夫妻之间的知情权，但是知情权是夫妻关系中的重要内容，建议增加。主要理由如下：知情权事关婚姻或家庭重大利益的信息或决定，关系着夫妻任何一方的重大切身利益。首先，夫妻的知情权是婚内知情权，指在婚姻关系存续期间，夫妻享有的知悉、了解涉及本人的、婚姻利益及家庭利益的各种信息的权利，它是公民知情权在婚姻关系中的具体表现。改革开放以来，来自不同文化背景的男女结为夫妻的情形越来越多，夫妻之间对重大事务负告知责任，确有必要。其次，夫妻知情权是夫妻之间相互忠实、相互尊重的延伸。忠实权是请求权，夫妻双方均应当履行忠实义务同时亦均享有对配偶另一方的忠实请求权，因违反夫妻忠实义务，受害方有权得到救济，忠实请求权即赋予了夫妻一方对另一方涉及夫妻共同生活内容的知情权。督促夫妻相互关心、照顾，防止夫妻一方向另一方隐匿重大事务或事项。最后，配偶知情权的范围。配偶间知情权基于夫妻这一特殊身份关系而产生。大部分的学者认为婚内配偶间知情权是基于夫妻忠实义务而产生。在可能涉及配偶利益的情况下，知情权不得滥用。在所承认的配偶间知情权范围中，知情权亦有所限制，受行使权利的条件是否具备、法律的限制等方面的制约。

建议增加条文　*在婚姻关系存续期间，夫妻均有权知悉涉及婚姻、家庭利益以及共同财产的重要信息。有关部门应当予以配合。*

（六）夫妻财产

《9月26日稿》第31条规定了属于夫妻共同财产的财产，第32条规定了属于夫妻个人财产的财产。夫妻财产制度涉及范围较广，对此，我会认为应做出如下修改。

（1）措辞上，第32条“有下列情形之一的”建议修订为“下列财产”，更符合表述习惯。

（2）第31条、第32条都有一个兜底条款，因此逻辑上存在可能竞合的状态，故部分学者建议在明确夫妻共同财产范围之后设置一个兜底条款，个人财产的范围不再设兜底条款，以达简明扼要；同时也有学者认为两个兜底条款可以同时保留，避免列举不完善之可能性。

（3）第31条中关于知识产权的规定，部分学者认为属于共同财产的不仅包括知识产权中的收益权，也包括婚姻关系中取得的知识产权中的财产权本身。

（4）第32条中关于“一方专用的用品”，建议对于数额较大的一方专用的生活用品，仍规定为夫妻共同财产，但是专用的一方优先取得并向对方进行补偿。

（5）关于婚后所得是否区分有偿取得与无偿取得（继承、受赠与），部分学者认为共同财产限于婚姻有偿取得部分；但也有部分学者认为法定继承所得财产仍应明确规定为夫妻共同财产，以特别保护农村妇女的财产权益。

（七）夫妻财产约定中的措辞

我会认为：《9月26日稿》第34条的主语是“夫妻”，容易误解为财产协定只能是婚姻关系期间才能订立，建议改成“男女双方”，涵盖婚前、婚后进行协定的情形。

（八）夫妻共同债务

《9月26日稿》第34条第3款只适用于约定分别财产制的情形，没有正面规定普遍实行的婚后所得共同制下的夫妻共同债务制度。我会认为需要增加夫妻共同债务的相关规定，平衡配偶、债权人及法定债务的履行等多种利益考虑，具体如下。

（1）夫妻共同债务应当以用于“夫妻共同生活”为基本考量，辅以“夫妻同意”“日常家事代理”等。

（2）部分学者建议应当实施“共债共签”，即只有夫妻共同签署的债务才属于共同债务；也有学者认为“共债共签”过于增加了交易成本。

（3）对于共同债务清偿，学者建议加入有限责任的规则，即对非举债的一方，只以共同财产为限对外承担责任。但是基于抚养、赡养、医疗费等人身性的债务，应当认定为无限责任。

建议增加条文

第　条【夫妻共同债务】

夫妻在婚姻关系存续期间所欠的下列债务属于夫妻共同债务：

（五）夫妻双方共同合意所负的债务；

（六）夫妻因共同生活、共同经营所负的债务；

（七）夫妻因共同侵权所负的债务；

（八）夫妻因被监护人侵权所负的债务。

第　条【夫妻个人债务】

下列债务属于夫妻个人债务：

（四）夫妻一方婚前所负的债务；

（五）夫妻一方在婚姻关系存续期间未经对方同意以个人名义所负的债务，但法律另有规定的除外；

第　条【夫妻债务的清偿】

夫妻共同债务应以共同财产进行清偿，夫妻共同财产不足以清偿的，由夫妻双方协议清偿，协议不成时，当事人可以请求人民法院裁决。

夫妻共同财产不足以清偿债务的，由导致该债务产生的一方的个人财产清偿，另一方仅以夫妻共同财产为限承担清偿责任。夫妻双方对该债务的产生都负有责任的，夫妻共同财产不足清偿时，由夫妻双方的个人财产清偿，但抚养费、赡养费、医疗费等人身性的共同债务除外。

（九）建议增加的规定

1. 夫妻人身方面权利义务条款

建议规定“夫妻应共同生活，相互忠实，相互帮助”。理由：首先，夫妻在一起共同生活的重要性大大高于“扶养”，婚姻共同生活是男女结婚追求的共同目标；其次，强调夫妻应共同生活有利于引导人们履行婚姻责任，防范过度自私自利行为；再次，《9月26日稿》第4条已经对“夫妻应当相互忠实”作出了规定，但移到此处更合理。

2. 家庭财产制

现阶段的中国社会，成年家庭成员一起共同生活、共同经营的情形比较常见，特别是农村土地承包经营制，就是家庭成员约定按份共有的典型形式之一。家庭成员约定财产共有，主要是基于亲属身份关系和感情，与一般民事主体之间的财产合同有一定区别。有学者建议在“家庭关系”章增加一条，明确家庭共有财产的概念和性质，并对家庭共有财产的范围、分割方式和分配比例等作出规定。家庭共有财产的分割首先应依照家庭成员的协议，如无协议则在考虑贡献大小并适当照顾弱势群体的情况下依等分原则处理。

建议增加条文 家庭成员共同生活，其财产关系的处理，有约定的依照约定；没有约定的，推定为共同共有。

六 对“离婚”章的修改建议

（一）登记离婚的瑕疵救济

现行《婚姻法》与《9月26日稿》对登记离婚瑕疵的救济都未规定，为确保离婚登记的真实、合法，维护当事人及利害关系人的合法权益，应增加对离婚登记瑕疵的救济途径。离婚登记行为瑕疵的变更和撤销可以适用《民法总则》中关于法律行为变更和撤销的一般规定。但是当事人一方弄虚作假，骗取离婚登记，侵害另一方权益的情形屡有发生，对于诉至法院的，立法中应当有明确的裁判依据，建议增加登记离婚瑕疵救济的规定。

建议增加条文 当事人一方弄虚作假，骗取离婚登记，侵害另一方权益的，婚姻登记机关查明属实后，应当确认离婚无效，撤销离婚登记。

（二）夫妻感情破裂的法定事由

《9月26日稿》第38条列举了夫妻感情破裂的法定事由，对于是否需要增加“一方患有严重的精神病经治不愈的”，我会存在两种观点。从国外立法例看，一般均认可一方患有严重精神疾病属于婚姻破裂的事由，因此部分学者建议增加。也有部分学者认为涉及夫妻扶养义务以及监护人的设立，建议慎重加入。

（三）关于诉讼离婚的苛刻条款

我会建议加入诉讼离婚的苛刻条款，即在特殊情况下即使符合法定离婚事由，法官也可判决不准离婚。这对维护婚姻家庭中的相关利害关系人的利益有利。在审判实务中，法官事实上也会这样做。增设这一条款可以使法官对个案的处理有依据。

建议增加条文 如判决离婚对未成年子女有明显不利，或者对不同意离婚一方造成严重伤害的，即使婚姻关系确已破裂，人民法院也可以判决不准离婚。

（四）复婚登记

《9月26日稿》第41条规定了复婚登记，为了避免产生“复婚”的效力是否产生溯及既往的效力，建议修订措辞如下：“离婚后，男女双方自愿重新建立夫妻关系的，应当到婚姻登记机关重新申请登记。”

（五）离婚的一般效力

现行《婚姻法》与《9月26日稿》都未规定离婚的一般效力。对于离婚效力的规定，即明确离婚人身关系效力和财产关系效力的规定，有助于离婚双方依据法律规定，处理离婚后的人身关系和财产关系，进而维护当事人的合法权益。

建议增加条文 登记离婚或判决离婚生效后，当事人的配偶身份消灭，基于配偶身份而产生的人身关系和财产关系终止。

（六）离婚财产分割

《9月26日稿》第45条规定了离婚时的财产分割规则，我会认为应当增加“婚姻存续时间长短”“离婚原因”这两个酌情因素。对此，我会建议修订如下。

（1）离婚时，夫妻共同财产由双方协议处理；协议不成时，当事人可以请求人民法院裁决。

（2）分割夫妻共同财产一般应当均等。当事人对均等分割有异议的，由人民法院根据双方婚姻关系存续期间的长短、离婚的原因及财产的具体情况，依照顾子女和女方权益以及照顾无过错方的原则判决。

（3）离婚时，夫妻各自在家庭土地承包经营、宅基地使用等方面享有的权益，应当依法予以保护。

此外，对于是否需要明确“分割夫妻共同财产一般应当均等”，我会存在两种不同意见：一种意见认为这样会限制法官自由裁量保障弱势一方；另一种意见认为“明确均等为原则”并认可部分例外，可以避免离婚中部分当事人预期过高而无法达成和解的局面。

（七）离婚家事补偿救济

《9月26日稿》第47条规定了离婚家事补偿救济，但是限定在“分别财产制下”，适用范围过于狭窄，我会认为这是对一方发展机会丧失利益的补偿，不应限于分别财产制下才予以适用。

建议修改条文 夫妻书面约定婚姻关系存续期间所得财产归各自所有，一方因抚育子女、照顾老人、协助另一方工作等付出较多义务的，离婚时有权向另一方请求补偿，另一方应当予以补偿。

夫妻未书面约定婚姻关系存续期间所得财产归各自所有，一方因抚育子女、照顾老人、协助另一方工作等付出较多义务，离婚时通过分割夫妻共同财产不能得到适当补偿的，有权请求另一方以个人财产给予补偿。

补偿的具体办法由双方协议；协议不成时，当事人可以请求人民法院裁决。

（八）离婚经济帮助

《9月26日稿》第48条规定了离婚经济帮助，但是规定得过于抽象，我会建议应做更为具体详细的规定，并加入“一方生活困难”的具体标准，便于司法中的适用。

建议修改条文　离婚时，如一方确有生活困难的，有负担能力的另一方应当以财物、住房、提供劳务等方式给予适当帮助。

帮助的具体办法由双方协议；协议不成时，当事人可以请求人民法院裁决。

婚姻关系存续期间存在重大过错的一方请求经济帮助的，不予支持。

有下列情形之一的，视为生活困难：

（一）离婚后没有住房的；

（二）丧失劳动能力且无生活来源的；

（三）患有重大疾病的；

（四）生活水平显著下降的；

（五）其他导致生活困难的情形。

（九）离婚损害赔偿

《9月26日稿》第49条对离婚损害赔偿的情形作了封闭式列举，没有留下开放性条款供司法裁判灵活适用。

建议修改条文　有下列情形之一，导致离婚的，无过错方有权请求损害赔偿：

（一）重婚的；

（二）有配偶者与他人同居的；

（三）实施家庭暴力的；

（四）虐待、遗弃家庭成员的；

（五）有其他严重过错行为的。

夫妻双方均有前款规定的过错情形，一方或双方提出损害赔偿请求的，不予支持。

前款所称损害赔偿，包括物质损害赔偿和精神损害赔偿。

赔偿的具体方法由双方协议；协议不成的，当事人可以请求人民法院裁决。

前文已经提及，有学者认为家庭暴力概念中包含了虐待和遗弃两种严重暴力行为，故其也建议删除本条第 2 款第 4 项。

七　对“收养”章的修改建议

（一）收养原则

《9 月 26 日稿》第 51 ~ 52 条规定了收养原则。我会认为，鉴于收养制度与生育制度的关联性，应明确收养不得违背计划生育相关法律法规，建议在该条中增加第 2 款，即“收养不得违背国家有关生育的法律、法规”。也有学者认为，实践中大量失独老人具有收养成年人的需求，收养原则不仅要强调收养的育幼功能，还应体现其养老功能，建议在第 51 条中增加“收养应当符合养老育幼原则”的表述。

（二）收养条件

1. 被收养人

有学者建议，在《9 月 26 日稿》第 53 条有关被收养人条件的规定中增加一款，即“为养老需要，可以收养成年人”，目的是为解决失独家庭的养老问题提供收养路径。但也有学者表示，可能存在被收养的成年人动机不纯，不利于老年人权益保障，如果要允许收养成年人，也应附加一定的条件限制，例如“收养人有子女的，不能收养成年人”。

2. 无配偶者收养

我会认为，对无配偶者的收养应做出更具弹性的规定，从而使对该类收养行为的调整更符合时代特征。一方面，无配偶者只能单方收养，不能与其他人共同收养；另一方面，为防止无配偶者利用收养行为达到不法目的，对其收养异性子女的，均应加以适当限制，而不仅仅是对“无配偶的男性收养女性”予以必要限制，以体现性别平等。但出于鼓励收养的目的，可适度降低《收养法》确定的无配偶收养人与被收养异性子女间的年龄差。综上，建议将《9 月 26 日稿》第 61 条修改为：“无配偶者收养子女只能单方收养。无配偶的收养人收养异性子女的，与被收养人之间应当相差三十周岁以上。”

3. 夫妻共同收养

有配偶者收养子女以夫妻共同收养为原则，但从立法科学性角度考虑，也应例外允许单独收养。建议在《9月26日稿》第62条的基础上增加夫妻共同收养的除外情形。

建议修改条文 有配偶者收养子女，须夫妻共同收养。但有下列情形之一的，可以单方收养：

（一）夫妻一方收养对方子女的；

（二）夫妻一方无民事行为能力的；

（三）夫妻一方被宣告失踪的。

（三）收养程序

1. 补办收养登记的效力起算时间

《9月26日稿》第65条规定：“未办理收养登记的，应当补办登记。”这在坚持收养形式要件的前提下，为民间存在的事实收养行为提供了补正机会，有利于更好地维护收养关系各方当事人的合法权益，值得肯定。但这一规定没有明确补办登记也应符合收养条件，而且未对补办登记的效力起算时间加以规定，建议补充。

建议修改条文 收养行为未依法办理收养登记的，如符合收养条件，应当补办登记。补办登记的，收养关系的效力从符合收养条件时起算。

此外，关于本条的位置，有学者建议不放在“收养的成立”一节，而放在“收养的效力”中。

2. 试收养

收养是确立身份关系的民事法律行为，对当事人的生活影响巨大，尤其是对未成年养子女而言，规定试收养，给予他们情感积淀期，有利于收养人和被收养人从心理上适应彼此的存在，有利于收养关系的稳定。试收养期满，民政部门应指定机构对收养人是否适于收养、被收养人能否得到健康成长的家庭环境、收养人是否适合与被收养人共同生活等进行实质审查并出具报告。建议在收养程序中第 65 条之后增加一条有关试收养的规定。

建议增加条文 民政部门确认符合收养条件的，可以安排收养人试收养六个月。

试收养期间，收养人不得私自更改被收养人姓氏或者将其带离出国（境）。被收养人的父母或者监护人提出撤销收养同意将子女领回的，民政部门须及时书面告知收养人，收养人应自收到书面通知之日起十五日内将未成年人送还其父母或监护人。

试收养期间届满，由民政部门指定机构出具评估报告，收养人不适合与被收养人共同生活的，收养人须在十五日内将被收养人送还民政部门；双方适合共同生活的，民政部门予以登记。登记即成立收养关系。

但是也有学者表示，试收养是“双刃剑”，如果试收养不成，收养人送还未成年子女，可能会对未成年子女的身心造成不利影响。

（四） 收养的效力

1. 解消效力的特殊情况

《9 月 26 日稿》第 73 条第 2 款关于收养解消效力的规定没有考虑到继父母收养继子女的特殊情况。建议在现有规定后补充继父母收养继子女对解消效力的部分阻却效果，以更准确地阐明继父母子女家庭在收养关系成立后的效力状态。

建议修改条文 养子女与生父母及其他近亲属间的权利义务关系，因收养关系的成立而终止。收养人为继父或者继母时，养子女和与其共同生活的生父母一方及其近亲属间的权利义务关系不受影响。

2. 收养无效

《9 月 26 日稿》第 75 条“违反……本编规定的收养行为无效”之表述

太过宽泛，有失准确。因为本编有关收养的规定效力有所不同，并非违反所有规定都会导致收养无效的后果，建议将其修改为“违反……本章规定的收养人、被收养人条件的收养行为无效”。

此外，《9月26日稿》欠缺对收养无效的请求权人和宣告无效程序的规定。建议在第75条第1款之后增加一款，即“收养无效必须由当事人向人民法院提出申请，由人民法院予以宣告。当事人依据本条向人民法院申请宣告收养无效时，收养行为无效的情形已经消失的，人民法院不予支持”。

（五）收养的解除

夫妻共同收养的，应强调夫妻合意解除。有特殊情况的除外。

有配偶者收养子女时要求夫妻共同收养，相应地，夫妻解除其与养子女的收养关系时也须合意解除，但有特殊情况的除外。目前《9月26日稿》中欠缺这一规定，建议在第76条之后增加一条。

建议增加条文 夫妻共同收养子女的，须夫妻双方合意解除收养，但有下列情形之一的，夫妻一方可以单方解除其本人与养子女的收养关系：

（一）夫妻另一方无民事行为能力或者被宣告失踪的；

（二）夫妻另一方在收养后死亡的；

（三）夫妻已经离婚的。

夫妻一方依前项规定单方解除收养关系的，其效力不及于他方。

（六）建议删除的规定

1. 收养协议、公证程序与收养户口登记

我国收养程序实行一元的登记主义，《9月26日稿》第66～68条规定的协议、公证等其他程序可由当事人自愿选择，并非必经程序。而有关收养户口登记等具体的操作性规定，应有待将来《收养登记条例》的配套完善，不宜在婚姻家庭编中具体规定。

2. 涉外收养

《9月26日稿》“结婚”“离婚”章中并无涉外婚姻相关规定，本章也

不应有涉外收养的规定。涉外法律关系应由《涉外民事关系法律适用法》调整。

（七）其他建议增加的规定

1. 被收养人的知情权

收养保密有利于为稳定收养关系，保证收养家庭免受干扰，保护被收养未成年人的身心健康，但被收养人成年后，应有知悉自己出生信息及生父母的知情权。国际社会也经历了从收养信息的“绝对保密”到“限制公开”的发展趋势。建议在《9 月 26 日稿》第 72 条现有规定后增加一款，即“被收养人成年后，对本人被收养的事实有知情权”。

2. 不完全收养

有学者建议允许有条件不完全收养，在被收养人与养父母及其近亲属之间发生拟制效力的同时，其与生父母及其近亲属之间的权利义务并不解消。

八　增加“监护”章的具体建议

如前所述，我会建议监护制度的外部立法体例采“总—分”模式，即在《民法总则》对监护作出一般性规定的同时，在婚姻家庭编中设“监护”章作具体规定。主要理由在于，监护具有主体法和身份法双重属性，作为弥补民事主体行为能力的一项制度，总则中可以对监护作出规定，但鉴于总则的抽象性、概括性特征和“提取公因式”的立法技术要求，总则中的监护规定只能是原则性的，具体内容应在婚姻家庭编中细化展开。监护制度内容庞杂，将其置于婚姻家庭编有利于监护规则的具体适用及与该编其他相关规则形成紧密的联动关系，也符合多数大陆法系国家民法典立法体例。

我会建议“监护”章分两节对未成年人监护与成年人监护分别予以规定。根据监护产生的依据不同，未成年人监护分为意定监护（包括委托监护与遗嘱监护）和法定监护两种类型，成年人监护分为意定监护与法定监护两种类型，具体予以细化规定，从而形成一个较为科学、合理的监护制度的立法体系。

建议增加条文

第一节　未成年人监护

第　条【监护的开始及其原因】

父母是未成年子女的监护人。

未成年人有下列情形之一的，应当为其设立非父母的监护人：

（一）父母双亡的；

（二）父母全部或部分丧失行为能力的；

（三）查找不到父母的；

（四）父母被人民法院宣告撤销监护资格的；

（五）其他不处于父母监护之下情形的。

第　条【委托监护】

未成年人的父母有正当原因不能履行监护职责的，可以通过书面形式，将父母的监护职责全部或部分委托给依法具有监护资格且有监护能力的近亲属或者组织。

第　条【遗嘱监护】

未成年人的父母可以订立遗嘱指定未成年人的监护人。

如果父、母各自的遗嘱指定的监护人不一致的，根据最后死亡的父母一方的遗嘱确定未成年人监护的个人或组织；未成年人年满八周岁的，应当考虑本人的真实意愿。

被未成年人的父母以遗嘱指定的非近亲属监护人，应当自知道被指定之日起一个月内向未成年人住所地的民政部门作出接受或者放弃的意思表示。逾期未作出表示的，视为拒绝指定。

第　条【法定监护】

不处于父母监护下的未成年人，在无委托监护人和遗嘱指定监护人的情形下，应当根据《民法总则》第二十七条的规定，为其确定法定监护人。

第　条【协议监护与指定监护】

同一顺序的数名监护人，可以协议确定监护人。

协议确定监护人应当根据保护未成年人最大利益原则，考虑监护人与被监护人的感情、在生活上的联系及其履行职责的意愿、身体健康状况及生活条件等因素。被监护人年满八周岁的，应当考虑本人的真实意愿。

协议不成或者对担任监护人有争议的，应当根据《民法总则》第三十一条的规定确定监护人。

未成年人的监护人在被确定或指定之前，被监护人的人身权利、财产权利及其他合法权益处于无人保护状态的，应当指定临时监护人。

未成年人的监护人被确定后，不得擅自变更；擅自变更的，不免除该监护人的责任。

第　条【监护人的监护职责】

未成年人的监护人，具有以下监护职责：

（一）为被监护人指定住所；

（二）照顾与教育被监护人；

（三）保护被监护人的人身免受侵害；

（四）编制被监护人的财产清单，妥善管理被监护人的财产，除为被监护人的利益外，不得处分被监护人的财产；

（五）对被监护人的财产管理情况，定期向监护监督人报告，但父母作为监护人的不在此限；

（六）代理或同意与被监护人的人身、财产相关的民事法律行为。

未成年人的监护人应当根据《民法总则》第三十五条的规定，依法履行监护职责。

依法负担未成年被监护人抚养费的父母或其他近亲属，在无抚养义务的监护人履行监护职责期间，应当继续履行给付抚养费的义务。

未成年人的监护人处理监护事务的必要费用，应当从被监护人的财产中支付；其先行垫付监护相关费用的，有权从被监护人财产中扣除。

未成年人的非近亲属监护人履行监护职责的，可以获得适当的报酬。

第　条【监护监督人及其职责】

为未成年人设立非近亲属的监护人时，应当同时设立监护监督人。

（一）下列个人或者组织可以作为监护监督人：

1. 未成年人的非父母监护人以外的其他近亲属；

2. 未成年人父母指定的个人或组织；

3. 未成年人住所地的居民委员会、村民委员会或者民政部门。

（二）监护监督人应当履行以下职责：

1. 根据监护监督的需要，要求监护人报告监护事宜；

2. 监护人缺位时，临时履行监护人的职责；

3. 对监护人处分被监护人的财产行为进行监督；

4. 监护人怠于履行或者严重违反监护职责时，请求人民法院撤销或者变更监护人。

未成年人的监护人、监护监督人发现未成年被监护人的人身或者财产受到他人侵害的，应当及时救助并报告给被监护人住所地的居民委员会、村民委员会、法律规定的有关组织或者民政部门。

未成年人的监护人不履行监护职责、监护监督人不履行监护监督职责，或者侵害被监护人合法权益的，应当承担法律责任。

第二节　成年人监护

第　条【委任监护】

具有完全民事行为能力的成年人，可以根据《民法总则》第三十三条的规定，通过协商后以书面形式委任自己的监护人。该委托监护书中应当写明委托监护的具体事务。具有监护能力的委任监护人在该成年人丧失或者部分丧失民事行为能力时，履行监护职责。

设立委任监护时，可以通过协商以书面形式指定委任监护监督人。

第　条【法定监护】

成年人无民事行为能力或者限制行为能力，且无委任监护人的，应当根据《民法总则》第二十八条的规定，为其确定法定监护人。

第　条【委任监护人的职责、费用和报酬】

成年人的委任监护人，应当尊重被监护人的意愿，在受委任的权限内妥善处理被委任的监护事务，并定期向委任监护监督人报告监护职责的履行情况。

委任监护的费用和报酬可以约定。没有约定的，委任监护监督人可以根据委任事务予以确定。

第　条【法定监护人的职责、费用和报酬】

成年人的法定监护人，具有以下监护职责：

（一）照顾被监护人的生活；

（二）保护被监护人的人身免受侵害；

（三）编制被监护人的财产清单，妥善管理被监护人的财产，除为被监护人的利益外，不得处分被监护人的财产；

（四）对被监护人的财产管理情况，定期向监护监督人报告，但父母、配偶、子女作为监护人的不在此限；

（五）代理或同意与被监护人的人身、财产相关的民事法律行为。监护人处理超出日常管理范围的重要事务，应当经监护监督人同意。

成年人的监护人应当根据《民法总则》第三十五条的规定，依法履行监护职责。

依法负担成年被监护人扶养费的配偶或其他近亲属，在无扶养义务的监护人履行监护职责期间，应当继续履行给付扶养费的义务。

成年人的监护人处理监护事务的必要费用，应当从被监护人的财产中支付；其先行垫付监护相关费用的，应当从被监护人的财产中扣除。

成年人的非近亲属监护人履行监护职责的，可以获得适当的报酬。

第　条【医疗决定权】

被监护人可以在与其精神状态相适应的范围内自主决定本人的医疗事项。

对成年被监护人实施创伤性医疗行为，本人不能作出同意之意思表示的，可以由监护人代为同意并告知监护监督人。

第　条【监护监督人及其职责】

为成年人设立非近亲属担任的监护人时，应当同时设立监护监督人。

下列个人或者组织可以作为监护监督人：

（一）成年人的近亲属，但其监护人除外；

（二）成年人本人指定担任监护监督的个人或组织；

（三）成年被监护人住所地的居民委员会、村民委员会或者民政部门。

成年人的监护监督人的职责，比照适用本编第　条有关未成年人监护监督人的职责之规定。

成年人的监护人、监护监督人的救助、报告义务及法律责任，比照适用本编第　条有关未成年人的监护人、监护监督人的救助、报告义务及法律责任之规定。

此外，我会认为，为保护被监护人的权益，在监护人因体力、智力的相对欠缺或其他客观原因而难以履行监护人职责时，应赋予其拒绝或辞任的权利，并应对监护人的监护资格、监护监督人的监督资格的撤销与恢复，以及监护的终止等作出规定。因未成年人监护和成年人监护均涉及上述事项，故有关条文建议补充在《民法总则》第二章第二节的适当位置。

建议增加条文

第　条【拒绝、辞任权】

监护人具有下列情形之一的，可以向其他具有监护资格的人提出拒绝监护或辞任监护的要求，通过协商确定或变更监护人：

（一）年满六十五周岁的；

（二）因疾病、残疾等原因难以履行监护职责的；

（三）有其他正当理由的。

监护人与其他具有监护资格的人，协议不成时，可以根据《民法总则》第三十一条的规定，向人民法院申请指定或变更监护人。

第　条【监护资格、监护监督资格的撤销与恢复】

未成年人的监护人、成年人的监护人之监护资格的撤销与恢复，分别适用《民法总则》第三十六条、第三十八条的规定。

监护监督人的资格之撤销与恢复，准用以上规定。

第　条【监护终止】

未成年人的监护、成年人的监护之终止，适用《民法总则》第三十九条的规定。

监护关系终止时，监护人应当对被监护人的财产进行清算。有监护监督人的，财产清算应当会同监护监督人进行。

对财产清算的结果有争议的，可以申请人民法院依法裁决。

中国法学会婚姻家庭法学研究会

2017年11月10日

关于《民法典婚姻家庭编（草案）（征求意见稿）》的修改建议

中国法学会婚姻家庭法学研究会

统稿执笔人：但淑华*

中国法学会婚姻家庭法学研究会（以下简称我会）接受中国法学会委托，为《民法典婚姻家庭编（草案）（征求意见稿）》（以下简称《征求意见稿》）提供修改意见。为充分发挥我会的法治智库作用，为我国民法典婚姻家庭编立法建言献策，我会于 2018 年 4 月 20 日在北京湖北大厦举办了“民法典婚姻家庭编立法研讨会”。中国法学会民法典编纂项目婚姻家庭编子项目的项目负责人、各章负责人和项目秘书组共计十余人出席本次会议，对《征求意见稿》逐条进行了热烈、务实的讨论。

与会专家认为，《征求意见稿》考虑了婚姻家庭领域的实际情况与存在的问题，吸收了各方面的部分意见，在立法价值上体现了保护婚姻家庭关系，维护婚姻家庭价值与稳定，在体例上将收养法纳入婚姻家庭编，在具体制度中增加了近亲属与家庭成员、日常家事代理、亲子关系的确认与否认、婚内析产、离婚审查期等社会上有需求、有呼声，司法实践有判例、

* 但淑华，中华女子学院法学院副教授，中国法学会婚姻家庭法学研究会副秘书长。各组组长（夏吟兰、徐涤宇、马忆南、蒋月、龙翼飞、张学军、王歌雅、曹诗权、薛宁兰、李明舜、陈苇）为本建议稿提出了各自负责部分的书面意见。

有解释的规定，扩大了探望权的主体范围，修改了婚姻无效和可撤销的情形，取消了家务补偿制度的适用前提，在一定程度上完善和充实了现行《婚姻法》，较《中华人民共和国民法婚姻家庭编（草案）（2017 年 9 月 26 日稿）》也有不少进步。但专家们也认为，《征求意见稿》还有很大的可修改空间，应当抓住民法典分则编纂的契机，在婚姻家庭编的科学性、逻辑性、前瞻性、可操作性上再做进一步的努力。

会后，各章负责人在会议讨论的基础上又提交了书面修改建议，项目秘书组对这些建议予以汇总，并经反复修改，最终形成了我会关于《征求意见稿》的修改建议。现将我会的修改建议报告如下。

一　立法指导思想

《征求意见稿》的结构和内容大体延续了现行《婚姻法》的做法，除将《收养法》的部分内容和《婚姻法》司法解释的个别规定纳入其中之外，制度内容上鲜有变动或创新。其反映出的立法指导思想似是尽量维持现有法律规定的稳定性，仅对现实中亟须解决的突出问题予以回应。在党的十九大报告提出“全面推进依法治国”，“建设中国特色社会主义法治体系、建设社会主义法治国家”要求的背景下，我们认为应当以新的思路和理念来适应人民群众对新时代婚姻家庭制度的期待。

首先，全面依法治国是中国特色社会主义的本质要求和重要保障，全面依法治国必须完善以宪法为核心的中国特色社会主义法律体系，以良法促进发展、保障善治。习近平总书记明确指出：“家庭是社会的基本细胞，是人生的第一所学校。要使千千万万个家庭成为国家发展，民族进步，社会和谐的重要基点。”婚姻家庭法制是社会主义法律体系的重要组成部分，与国家发展、社会进步密切相关。民法典婚姻家庭编的编纂既要回应婚姻家庭领域出现的突出问题，又要体现新时代人民日益增长的对美好生活的新期待、新需求，凝聚法学专家学者对民法典婚姻家庭编的研究成果，这样才符合全面依法治国，科学立法、民主立法、依宪立法的要求。

其次，要把握好民法典分编编纂的契机，对婚姻家庭法进行全面系统的修改和完善。尽管民法典分编的编纂并不是制定一部全新的法律，而是把现行的民事法律规范进行科学整理，但这并不意味着不能对现行法律进行大的修改和完善，关键是要看现行法律能否适应当下的新情况，能否回应社会关切的问题。21 世纪以来，无论是国际社会还是中国的婚姻家庭观念和婚姻家庭关系均发生了重大变化，而现行《婚姻法》是 2001 年在对 1980 年《婚姻法》进行过渡性、阶段性修正的基础上形成的，其立法理念、体例结构和主要制度内容基本因循 1980 年《婚姻法》，早已远远落后于时代需求。与同为民法典分编立法基础的《侵权责任法》、《物权法》和《合同法》相比，《婚姻法》在法律规范的科学性、系统性、全面性、实用性、先进性、前瞻性等方面存在较多不足，亟待利用此次民法典分编编纂的契机加以全面系统的修改完善，而这也正是 21 世纪初全国人大常委会所确立的婚姻家庭法律制度完善“分两步走”立法方案的第二步。①

再次，要把握婚姻家庭编立法的粗疏与细密之间的关系，摈弃《婚姻法》多年来宜粗不宜细的立法传统，在完善现行法律规定的基础上，增加具体制度、具体规定、具体措施，实现立法的科学性与可操作性。婚姻家庭编在体例架构上要解决我国传统婚姻家庭立法重婚姻关系、轻家庭关系的状况，要强化亲属制度、家庭关系的内容，建构起体系完整、逻辑严密的婚姻家庭法体系。

二 立法体例

与现行《婚姻法》相比，《征求意见稿》删除了“救助措施与法律责任”和“附则”两章，将《收养法》的部分内容作为“收养”一章置于最后。总体说来，《征求意见稿》的篇章结构和条文顺序与《婚姻法》大体相同，这种对现有立法进行整合的做法，在立法体例上会存在较多问题。

首先，章节安排不协调。《征求意见稿》设有“一般规定”、“结婚”、

① 婚姻家庭法律制度完善“分两步走”的立法方案：第一步是对 1980 年《婚姻法》的修正和补充，主要是对社会上反映强烈的若干问题作出必要的回应，缓解社会矛盾，第二步则是在编纂民法典时对婚姻家庭法律制度进行全面、系统的完善，进一步科学地规范婚姻家庭关系当事人的权利义务。参见王胜明、孙礼海主编《〈中华人民共和国婚姻法〉修改立法资料选》，法律出版社，2001，第 259 页。

“家庭关系”、“离婚”和“收养”五章，其中仅“收养”章分节，其余各章，包括条文数量与“收养”章相差不多的“家庭关系”章和“离婚”章均未分节，各章之间存在不协调。而反观《民法总则》和民法典其他各编，大多数章是分节的，《征求意见稿》与之相比较也存在不协调。

其次，与婚姻家庭编的名称不一致。《征求意见稿》延续了现行《婚姻法》“重婚姻关系，轻家庭关系”的特点，直接涉及父母子女关系或其他家庭成员关系的条文数量仅 14 条。如果说这一特点的形成与《婚姻法》的名称定位有关的话，那么当本编名称拟定为“婚姻家庭编”以后，体例结构就不宜再固守《婚姻法》的做法，而应与名称定位相吻合。

再次，逻辑不严密。《征求意见稿》“家庭关系”章割裂了夫妻人身关系与夫妻财产关系，将有关父母子女关系和其他近亲属关系的规定置于前二者之间，缺乏逻辑性。

又次，不利于民法典条文编排的稳定。立法技术是民法典质量的重要保证，体系完整、逻辑严密的立法体例对民法典编纂至关重要。如果没有科学合理的立法体例，日后对条文进行修改、增删时就可能导致大量条文的重新排序，而对原法典的逻辑化、体系化格局造成影响，给相对稳定的正常私法秩序带来干扰。

最后，婚姻家庭编立法体例的修改既展示了新时代立法技术的进步，也在提高婚姻家庭编逻辑性、体系化的同时，与民法典的逻辑体系以及民法典各编的体例结构相一致，且不影响维持婚姻家庭编现有法律规定的稳定性。

综上，我会建议将婚姻家庭编的立法体例修改为：

第一章　一般规定

第二章　结婚

第三章　夫妻关系

　第一节　夫妻人身关系

　第二节　夫妻财产关系

第四章　离婚

　第一节　登记离婚

第二节　诉讼离婚

第三节　离婚的法律后果

第五章　父母子女及其他近亲属关系

第一节　父母子女关系

第二节　其他近亲属关系

第六章　收养

第一节　收养关系的成立

第二节　收养的效力

第三节　收养关系的解除

第七章　监护

第一节　未成年人监护

第二节　成年人监护

三　对“一般规定”章的修改建议

（一）调整对象

本条在表述上不符合法理。引起民事法律关系产生、变动或终止的原因是行为（结婚、离婚、收养等）或事件（自然人的出生、死亡），婚姻家庭既非行为，也非事件，不可能成为民事法律关系的产生原因。事实上，婚姻家庭本身也是基于行为、事件等法律事实而产生。建议将本条修改为“婚姻家庭民事法律关系，适用本编”。

（二）基本原则

我会建议将《征求意见稿》第 2 条第 2 款“保护妇女、儿童和老人的合法权益”修改为“保护未成年人、老人和妇女的合法权益”。首先，在我国，“儿童”与“未成年人”一般是作为同义语使用，但法律对“儿童”概念并无界定，而在《未成年人保护法》中明确规定“未成年人是指未满十八周岁的公民”。从我国法律、法规和政策性文件看，大多采用的是“未成年人”概念。就保持法律体系的一致性和严谨性而言，建议将本款中的

“儿童”替换为“未成年人”。[①] 其次，保护对象顺序的变化不是语序的简单调整，而是立法理念的重大变化。因为未成年人是弱者中的弱者，将其提前至首位是“儿童最佳利益”的体现。事实上，现行《婚姻法》第39条有关离婚财产分割中，“由人民法院根据财产的具体情况，照顾子女和女方权益的原则判决”[②] 之规定已经将子女置于女方之前，体现了“儿童最佳利益”原则的要求，但基本原则部分未作相应调整。同样，老人与妇女相比也是相对更为弱势的一方。

（三） 亲属

首先，《征求意见稿》第5条第1款界定了亲属的范围为配偶、血亲和姻亲，但并未对这几个概念加以解释。我会提出两种修改方案：一是为避免复杂，便于民众理解和接受，可删除本款，直接列举亲属的具体范围；二是在保留本款的基础上，进一步对配偶、血亲和姻亲加以阐释或界定。

其次，对于第5条第3款，有学者认为，近亲属应具有法律上的权利义务，如果要将共同生活的直系姻亲视为近亲属，就应该在婚姻家庭编中对直系姻亲的权利义务作出规定，以相呼应。还有学者主张应明确“共同生活”的含义。

最后，我会建议增加亲等计算方法。亲等计算方法是确定亲属关系亲疏远近的方法，我国立法中长期缺失此项内容，以致民众对《婚姻法》中“三代以内旁系血亲”的范围不甚明了，给法律的适用带来诸多不便，建议此次予以增加。至于在亲等计算方法的选择上，当今世界通用的罗马法亲等计算法较为科学，但考虑到我国长期采用世代计算法的现实，沿用此种方法亦无不可。

（四） 本章应增加的其他内容

（1）在第2条基本原则之前增加一条，即“婚姻、家庭受国家的保护”。这是《宪法》第49条规定在婚姻家庭编中的具体化，也应是婚姻家

① 民法典中其他部分若有“儿童”概念，建议也一并以“未成年人”概念替换之。

② 《征求意见稿》第47条。

庭编立法指导思想的核心。《民法总则》没有将《民法通则》第104条“婚姻、家庭、老人、母亲和儿童受法律保护”的规定纳入其中，故保护婚姻、家庭的国家责任应当在婚姻家庭立法中明确体现。

（2）在第5条之后增加“法律适用”条款，即“其他法律规定与本编相抵触的，适用本编的规定”。婚姻家庭法具有较强的伦理性，不同于财产法所蕴含的价值目标，有必要在本编明确法律适用规则，以确保婚姻家庭编规定在适用上的优先效力。

四　对“结婚”章的修改建议

（一）法定婚龄

我会建议降低法定婚龄，并取消男女婚龄差，将《征求意见稿》第7条修改为：“结婚年龄，男女双方均不得早于二十周岁。”理由是：法定婚龄过高违背了人的生长发育规律；在我国广大农村地区和少数民族地区，很多男女青年有早结婚的意愿，降低法定婚龄有利于满足其需求，减少因不能结婚而形成的同居现象；我国控制人口数量的生育政策已经发生改变，1980年《婚姻法》提高法定婚龄的现实基础已经不存在。而且法定婚龄男女差异没有现实的依据和合法性基础，不符合性别平等观。

（二）无效婚姻与可撤销婚姻

（1）瑕疵结婚登记的效力。《征求意见稿》第11条第4项规定，以伪造、变造、冒用证件等方式骗取婚姻登记的，婚姻无效。这对于解决实践中因瑕疵结婚登记产生的纠纷、保障当事人的结婚权益具有积极意义。但有学者提出，本项为违反结婚程序的情形，可能兼有违反结婚条件的情形，将其与前三项并列，在逻辑上不合理，建议单列为一条。

（2）宣告婚姻无效的程序与请求权人。《征求意见稿》与现行《婚姻法》一样，未对宣告婚姻无效的程序和请求权人作出规定，这是一项重大缺失。应将《最高人民法院关于适用〈中华人民共和国婚姻法〉若干问题的解释（一）》第7条和第8条的内容吸收进来，置于第12条可撤销婚姻之前，并加以必要的修改完善。

（3）撤销婚姻的程序。《征求意见稿》第12条对撤销婚姻程序的规定仍是双轨制，即“可以向婚姻登记机关或者人民法院请求撤销该婚姻”，建议将其修改为“可以向人民法院请求撤销该婚姻”。因为撤销已存在的婚姻并非单纯事关婚姻的效力，往往还涉及共同财产分割、未成年子女抚养等与当事人及其子女基本民事权益有关的诸多事项，作为国家行政机关的婚姻登记机关对此不仅无能为力，也有越俎代庖、剥夺人民法院审判职能之嫌。况且，国外有关可撤销婚姻的立法也均无行政程序之先例。

（4）婚姻无效与被撤销的法律后果。《征求意见稿》第14条有关婚姻无效或被撤销后果的规定中，有关法律后果的一般性规定、重婚导致婚姻无效的后果和对子女的后果应分列为三款。此外，我会建议增加一款内容作为本条第2款，即“导致婚姻无效或被撤销一方的违法行为给另一方造成人身或者财产损害的，受害一方有权要求赔偿”。

（三）建议删除的规定

《征求意见稿》第10条对男女双方可以约定成为对方家庭成员的规定存在很多问题：第一，本条与第5条第3款有关共同生活的直系姻亲视为近亲属的规定相互矛盾；第二，家庭关系具有事实先在性，不宜由当事人加以约定；第三，即使家庭关系可以约定，夫妻一方成为对方的家庭成员会给对方家庭成员的权利义务造成影响，应与对方家庭成员共同协商，而非夫妻双方便可自行约定。事实上，本条意图规定的是夫妻对婚姻住所的商定权，不应置于“结婚”章中，而应规定在“夫妻关系”章中。

（四）其他建议增加的规定

（1）婚约及其解除的后果。实践中因婚约引发的纠纷大量存在，如果处理不当，容易激化矛盾，引发社会恶性案件。婚姻家庭编应在《征求意见稿》第14条之后增加一条，对婚约效力和婚约解除的法律后果加以规定。婚约没有法律效力，由双方自愿履行。解除婚约的，给付彩礼或者嫁妆的一方有权请求返还。另外，原司法解释中返还彩礼的两种情形，即“双方办理结婚登记手续，但确未共同生活的”和“婚前给付并导致给付人生活困难的”，并非婚约解除的后果，不宜放在此处规定。

（2）同居关系。现实生活中，男女双方未办理结婚登记而像夫妻一样同居生活的现象大量存在，因同居引发的纠纷也大量涌进法院。我会认为，基于身份关系的事实先在性，婚姻家庭编对此不应回避，应作出回应。但同居关系的情形非常复杂，对同居关系的调整需要在条件成熟时通过单行法来实现，目前可在婚姻家庭编“结婚”章最后仅作原则性规定。为鼓励并引导人们缔结婚姻，维护婚姻法律制度的严肃性和权威性，除法律另有规定外，非婚同居当事人一般不具有人身方面的权利义务；而在财产方面，适用按份共有之规定。同时，法律也应尊重当事人对于个人生活事务的自我决定权，允许其通过特别约定对财产关系作出其他安排。

建议增加条文 双方未经结婚登记自愿共同生活的，其财产关系有约定的，依照约定；没有约定的，适用按份共有的规定。

五 对“家庭关系”章的修改建议

（一）对夫妻人身关系的修改建议

1. 关于第19条第1款的修改建议

我会建议将本款修改为“夫妻应当互相忠实，共同生活，有互相扶养的义务”。理由：首先，《征求意见稿》第4条中的“夫妻应当互相忠实”是倡导性规定，不能直接作为人民法院的裁判依据，有必要在夫妻人身关系中将其具体化；其次，夫妻在一起共同生活的重要性大大高于“扶养”，婚姻共同生活是男女结婚追求的共同目标。强调夫妻应共同生活有利于促进家庭和睦，也有利于引导人们履行婚姻责任，共同抚养子女，防范过度自私自利的行为。此外，“因感情不和分居满二年”是人民法院准予离婚的一种法定情形，但分居的前提是夫妻双方具有共同生活的法定义务，唯其如此，双方无正当理由不共同生活才构成分居。

2. 建议增加的内容

（1）婚姻住所商定权

建议在《征求意见稿》第19条之后增加一条，对婚姻住所商定权作出规定。首先，婚姻住所是夫妻履行法定义务、行使配偶权利的特定场所，也事关诉讼、继承、遗弃等行为的认定，在农村还事关土地利益的分配，非常重要。为维持家庭生活安定，促进男女平等，有必要明确规定婚姻住所商定权。其次，我国社会保障水平较低，为保护婚姻中弱势方（通常是已婚妇女）的权利，对婚姻住所的处分应作特别限制。最后，民法典物权编中有关居住权的规定没有考虑到婚姻家庭领域的特殊问题，没有规定法定居住权，必须在婚姻家庭编中对家庭居住权加以规定，才能使二者相互衔接。这也符合域外居住权的立法例。

建议增加条文 婚姻住所应由男女双方平等协商确定。

属于夫妻一方个人所有的房屋是夫妻唯一住所的，双方有共同使用的权利，所有权人不得自行处分。

（2）平等生育权

《征求意见稿》删除了《婚姻法》第 2 条第 3 款“实行计划生育”和第 16 条“夫妻双方都有实行计划生育的义务”之规定，对夫妻人身关系中非常重要的生育问题只字未提，这不能不说是婚姻家庭编的重大疏漏。生育是公民的基本权利，计划生育是公民对国家的义务，作为民法典组成部分的婚姻家庭编可以不规定计划生育原则，但不能不规定生育权。即便《人口与计划生育法》等已经规定“公民有生育的权利”，婚姻家庭编仍有必要在“夫妻关系”章“夫妻人身关系”节中对夫妻平等生育权作出规定，即“夫妻双方平等享有生育权”，因为二者侧重点不同，后者主要是强调夫妻对生育权的平等享有，旨在为解决夫妻生育权冲突确立依据。

（3）知情权

《征求意见稿》未规定夫妻之间的知情权，但是知情权是夫妻关系中的重要内容，建议增加条文：“在婚姻关系存续期间，夫妻均有权知悉涉及婚姻、家庭利益以及共同财产的重要信息。有关部门应当予以协助。”主要理由如下：知情权事关婚姻或家庭重大利益的信息或决定，关系着夫妻任何一方的重大切身利益。首先，夫妻的知情权是婚内知情权，指在婚姻关系存续期间，夫妻享有的知悉、了解涉及本人的、婚姻利益及家庭利益的各种信息的权利，它是公民知情权在婚姻关系中的具体表现。改革开放以来，来自不同文化背景的男女结为夫妻的情形越来越多，夫妻之间对重大事务负告知义务，确有必要。其次，夫妻知情权是夫妻之间相互忠实、相互尊重的延伸。忠实权是请求权，夫妻双方均应当履行忠实义务同时亦均享有对配偶另一方的忠实请求权，因违反夫妻忠实义务，受害方有权得到救济，忠实请求权即赋予了夫妻一方对另一方涉及夫妻共同生活内容的知情权。督促夫妻相互关心、照顾，防止夫妻一方向另一方隐匿重大事务或事项。再次，配偶知情权的范围。配偶间知情权基于夫妻这一特殊身份关系而产生。大部分学者认为婚内配偶间知情权是基于夫妻忠实义务而产生。在可能涉及配偶利益的情况下，知情权不得滥用。在所承认的配偶间知情权范围中，知情权亦有所限制，受行使权利的条件是否具备、法律的限制等方面的制约。

（二）对夫妻财产关系的修改建议

1. 法定财产制下夫妻共同财产与个人特有财产的范围

《征求意见稿》第 31 条和第 32 条分别规定了法定财产制下夫妻共同财产和个人特有财产的范围。对于第 32 条，我会建议作如下修改。

首先，删除“（五）其他应当归一方的财产”。第 31 条对夫妻共同财产的列举和第 32 条对个人特有财产的列举都有一个兜底条款，逻辑上存在可能竞合的状态，实际上模糊了财产的界定标准。取消本条第（五）项即确立了财产的“推定”规则，夫妻在婚姻关系存续期间所得的财产凡未明确列举的，都应推定为共同所有，这彰显了我国法定夫妻财产制强调婚姻共享的价值理念。

其次，将第（四）项“一方专用的生活用品”修改为“一方专用的生活用品，但价值较大的除外”。因为“生活用品”的内涵和外延是不确定的，如果价值极大，按个人财产处理有可能会损害到另一方的利益。增加“但书”既有利于法院根据案件的具体情况自由裁量，也可以警示和抑制个人恶意消费共有财产的行为。

2. 夫妻对共同财产的权利

《征求意见稿》第 31 条第 2 款规定：“夫妻对共同财产，有平等的处理权。”这一规定过于落后，建议删除。我会认为，应在第 31 条后增加一条有关夫妻对共同财产的权利之规定。因为《物权编》虽然对共同共有财产的管理、使用、收益和处分作出规定，但只能是原则性的。婚姻家庭编有必要针对婚姻家庭领域普遍存在的问题，就夫妻对共同财产的权利作出细化和明确的规定，这既是对社会的指引，也有利于法院的判案。

建议增加条文　夫妻对共同所有的财产有平等的权利。有约定的，依照约定；没有约定的，由双方共同行使。

夫妻一方对共同财产行使下列权利时，必须征得对方的同意：

（一）向第三人赠与；

（二）以共有资金购买或者出卖不动产的所有权、用益物权或者价值较大的动产；

（三）受让或者转让股权；

（四）为第三人设定抵押权、质权或者提供保证担保；

（五）处分对家庭生活有较大影响的生活用品；

（六）其他应当征得对方同意的情形。

3. 婚内析产

《征求意见稿》第 33 条规定了婚内析产的情形。我会对本条的修改建议如下。

首先，在第 1 款最后增加“但损害债权人利益的除外”。因为婚内析产对债权人影响极大，保护交易安全的法律精神在此条中必须有所体现。

其次，在第 2 款增加两项法定情形：“（三）一方要求用夫妻共同财产从事投资经营活动，另一方不同意的；（四）一方实施家庭暴力，受害方要求分割的。”前者是为适应不同家庭的需要，促进私人经济的发展，也为降低共同债务对弱势群体的损害；后者是为保护家庭暴力的受害者。

再次，为了避免与非常财产制混同，引导法院根据具体案件决定是作婚内析产处理或是采非常财产制，我会建议增加一款作为第 3 款：“请求分割的财产，可以是夫妻共同财产的一部或者全部。”同时，为保护弱势群体利益，还应规定法院在对全部共同财产进行分割时必须保留必要的家庭生活费用。

4. 建议增加有关夫妻共同债务和个人债务范围的规定

《征求意见稿》第 34 条第 3 款只适用于约定分别财产制的情形，没有正面规定普遍实行的婚后所得共同制下的夫妻债务制度。我会认为，目前社会上的夫妻债务纠纷主要原因在于法律对何为“夫妻共同债务”和“个人债务”缺乏明确界定，并因此导致社会认知上的混乱。为维护社会的稳定，定纷止争，我会建议在《征求意见稿》第 33 条之后增加两个条文，分别明确夫妻共同债务和个人债务的范围，平衡配偶、债权人及法定债务的履行等多种利益考虑。

建议增加条文 -1 下列债务属于夫妻共同债务：

（一）夫妻双方合意所负的债务；

（二）夫妻因共同生活所负的债务；

（三）夫妻因共同财产的维护所负的债务；

（四）夫妻因共同侵权所负的债务；

（五）夫妻因被监护人侵权所负的债务。

夫妻一方在婚姻关系存续期间以个人名义为家庭日常生活需要所负的债务，视为夫妻共同债务。

建议增加条文 -2 下列债务属于夫妻一方的债务：

（一）夫妻一方婚前所负的债务；

（二）夫妻一方在婚姻关系存续期间以自己名义负担的合同之债，但法律另有规定的除外；

（三）夫妻一方在婚姻关系存续期间引起的侵权之债；

（四）其他应当由个人承担的债务。

（三）对父母子女关系的修改建议

1. 增加亲子关系确认制度

《征求意见稿》第 28 条规定了亲子关系异议的纠纷解决，但是既没有规定亲子关系的推定，也没有规定亲子关系否认的除斥期间，并且在承认与否认之时，缺乏对未成年子女利益本身的保护作为判断标准。我会建议对亲子关系的确认制度作出规定，具体包括亲子关系的推定、亲子关系的否认和子女的认领三个条文。

建议增加条文-1 采取自然生育方式生育子女的妇女，是所生子女的母亲。

在婚姻关系存续期间受胎或者出生的子女，以其母亲的丈夫为父亲。非婚同居期间受胎或者出生的子女，以与其母亲同居的男子为父亲。

采取人工辅助生殖技术出生的子女，是同意采取该方式生育子女的男女双方的亲生（婚生）子女。

建议增加条文-2 有下列情形之一的，父母和成年子女均有权向人民法院提起诉讼，否认亲子关系存在：

（一）通过科学方法证明子女不可能是被推定的父亲的亲生子女；

（二）有其他事实证明子女不可能是被推定的父亲的亲生子女。

父母提起否认之诉的期限为一年，自知道或者应当知道否认事由之日起计算。

成年子女提起否认之诉的期限为一年，自子女成年后知道或者应当知道否认事由之日起计算。

建议增加条文-3 在有利于未成年人利益的前提下，生父可以认领未成年的亲生子女。

认领成年亲生子女的，须经子女本人同意。生父认领子女后不得任意撤销。

未成年子女的生母或者其他法定代理人、成年子女，有权向人民法院提起诉讼，要求生父认领子女。

2. 整合并充实父母子女之间的权利义务

（1）父母对未成年子女的照护

《征求意见稿》第18条、第22条和《民法总则》第26条都规定了父母子女的“抚养、教育和保护的义务”，条文内部有若干重合之处。照护权是父母对未成年子女养育、照顾、保护义务和权利的统一，规定父母对未成年子女的照护可以有效整合条文。

我国自《民法通则》以来始终采广义监护概念，不区分父母对未成年子女的照护和父母以外的其他个人、组织对未成年人的监护，造成了亲属法概念体系的混乱。父母照护与监护在性质、发生基础、主体范围、权利义务内容等方面存在显著区别，监护无法涵盖父母照护的内容。为强调父母照顾、保护未成年子女的首要职责，提升对未成年人的保护水平，我会强烈建议将父母照护从未成年人监护中分离出来，规定于“父母子女及其他近亲属关系”章“父母子女关系”节中，而在其后的“监护”章“未成年人监护”节中规定以不在父母照护之下的未成年人为对象的“未成年人监护”，作为父母照护的补充与延伸。

具体而言，父母对未成年子女的照护规定应包括父母照护的含义和原则、父母对未成年子女人身的照护、父母对未成年子女财产的照护、父母对子女事务的法定代理以及父母照护权利的剥夺与恢复，建议分别以一个条文加以规定。

建议增加条文－1 父母平等享有和承担共同抚养和照护未成年子女的权利和义务。父母对未成年子女的照护包括教育、保护，以及对其财产的管理和必要的处分。

父母在决定子女重大事项时，应当征求八周岁以上子女的意见；当父母与八周岁以上子女的意见不一致时，当事人可以请求人民法院裁决。

建议增加条文－2 未成年子女享有受父母抚养的权利。父母不履行抚养义务的，未成年子女或者不能独立生活的成年子女，有要求父母给付抚养费的权利。

未成年子女享有接受父母教育的权利。父母应当以文明方式教育子女，不得对子女采取体罚等有损子女身心健康的方式。

未成年子女享有受父母保护的权利。未成年子女对他人造成损害的，父母应当依法承担民事责任。

建议增加条文－3 未成年子女对其合法取得的财产享有所有权。

父母应当妥善管理、保护未成年子女的财产。除为未成年子女利益，父母不得处分其财产。

建议增加条文-4 父母是未成年子女的法定代理人，有权代理子女实施法律行为、诉讼行为及其他法律允许的行为，但不得损害未成年子女的合法权益。

建议增加条文-5 父或母有下列情形之一，并经人民法院宣告的，丧失对未成年子女的照护权：

（一）不履行抚养、照护义务或者滥用此项权利，致使未成年子女的人身、财产遭受重大损害；

（二）对未成年子女实施犯罪行为或者教唆其犯罪；

（三）实施严重侵害未成年子女合法权益的其他行为。

被剥夺照护权利的父母可依法向人民法院申请恢复。人民法院裁决时应当考虑八周岁以上未成年子女意见。

（2）子女对父母的权利义务

《征求意见稿》对子女尊重父母婚姻权利、赡养父母等义务作出了规定。出于弘扬优良家风的目的，我会认为可以增加“子女应当孝敬父母”“承担与其年龄、体力和健康状况相适应的家务劳动”等规定。

3. 子女姓名权

《征求意见稿》第23条对子女姓名权作出了规定。我会对本条有两个修改建议：其一，本条沿用了《全国人大常委会关于〈中华人民共和国民法通则〉第九十九条第一款、〈中华人民共和国婚姻法〉第二十二条的解释》中有关公民可以在父姓和母姓之外选取姓氏的三种情形，但是将该解释第3款“少数民族公民的姓氏可以从本民族的文化传统和风俗习惯”予以删除，这容易引发民众误解，建议增加；其二，建议在本条之后增加一款内容：“子女成年后有权依法更改自己的姓名，父母不得干涉和限制。”

4. 删除第25条

《征求意见稿》第25条规定了夫妻之间、父母子女之间的继承权，我会建议删除，理由一是继承的事项宜由继承编规定；二是兄弟姐妹、祖孙等其他主体之间的相互继承权并没有在本编规定，仅规定夫妻之间和父母子女之间的继承权，略显突兀。

5. 拟制父母子女关系

《征求意见稿》第27条规定了继父母子女之间的权利义务。我会认为，本章是关于父母子女关系的一般性规定，有必要对拟制父母子女的权利义务作出概括规定，不仅包括继父母子女，也应包括对养父母子女的概括性规定。同时，形成事实扶养关系的继父母子女在司法实践中非常难以判断，我会建议增加明确标准，即“共同生活的继父母与继子女互相扶养五年以上的，其权利义务适用本章关于父母子女关系的规定”，但允许继父母或成年继子女以明确的意思表示排除父母子女权利义务的适用。

（四）对其他近亲属关系的修改建议

1. 增加祖孙、兄弟姐妹间的会面交往权

《征求意见稿》第46条规定了祖父母、外祖父母探望孙子女、外孙子女的权利，这对于解决司法实践中祖父母、外祖父母的探望权问题具有积极意义。但是。我会认为：首先，在交往、通信方式多元的现代社会，采“探望”概念比较不合时宜，改为“会面交往”更能满足现实需求；其次，探望权只是长辈对晚辈单方面的权利，是父权制下的概念，会面交往则是主体相互之间的，更符合平等观念；再次，本条的主体范围仍然过窄，应扩展至祖孙之间和兄弟姐妹之间；最后，祖孙之间、兄弟姐妹间的会面交往权不仅仅发生在未成年人父母离婚的情形下，规定在“父母子女及其他近亲属关系”章较规定在“离婚”章更好。

2. 增加祖父母对孙子女的优先抚养权

《征求意见稿》第69条规定：“配偶一方死亡，另一方送养未成年子女的，死亡一方的父母有优先抚养的权利。”死亡一方的父母对孙子女、外孙子女的优先抚养权并非收养制度的内容，而是祖孙关系的一部分，故本条规定置于“收养”章不妥，而应集中规定在“父母子女及其他近亲属关系”章“其他近亲属关系”节。

六 对“离婚”章的修改建议

（一）父母对子女的直接抚养

《征求意见稿》第43条第3款规定：“离婚后，不满两周岁的子女，以

随母亲抚养为原则。”这一规定延续了现行《婚姻法》和相关司法解释的精神，意在保护子女和母亲的权益。但事实上，这一原则性规定是一把“双刃剑”，可能加剧女性离婚后的经济贫困和加大其再就业困难。而且基于“儿童最大利益”原则的要求和父母同等履行抚育责任的考虑，对离婚后子女的直接抚养归属也不宜作此原则性规定。建议将其修改为：“离婚后，子女的抚养应由父母双方协议。协议不成时，由人民法院根据双方的具体情况，按照有利于子女的原则判决。”

（二）离婚财产分割

《征求意见稿》第 47 条规定了离婚时的财产分割规则。其中，对双方当事人协议不成的规定是“由人民法院判决根据财产的具体情况，照顾子女和女方权益的原则判决”。我会认为，应当增加“婚姻关系存续时间长短”“离婚原因”这两个酌定因素。此外，我会认为需要明确“分割夫妻共同财产一般应当均等”的原则，以避免离婚中部分当事人预期过高而无法达成和解的局面。

（三）夫妻共同债务的清偿规则

《征求意见稿》第 49 条关于夫妻共同债务清偿规则的规定，将《婚姻法》第 41 条中“原为夫妻共同生活所负的债务”改为“夫妻共同债务”，但并未对夫妻共同债务作出界定。这再一次说明有必要在“夫妻财产关系”节中增加关于夫妻共同债务范围的规定。

我会认为，对于夫妻以个人名义所负的共同债务，除基于抚养、赡养、医疗费等产生的人身性债务外，其余夫妻共同债务均应引入有限清偿责任规则，即对非举债的一方，只以夫妻共同财产为限对外承担责任，以保障夫妻中非举债方的权益。同时，还应规定夫妻一方清偿共同债务超出协议约定或法院判决其应当承担的份额的，有权向另一方追偿。

（四）离婚经济帮助

《征求意见稿》第 50 条规定了离婚经济帮助。我会建议，将其中“一方生活困难”修改为“一方生活困难或者生活水平显著下降”。因为根据

《最高人民法院关于适用〈中华人民共和国婚姻法〉若干问题的解释(一)》第27条，“生活困难”采绝对困难标准，是指依靠个人财产和离婚时分得的财产无法维持当地基本生活水平，而基本生活水平往往非常低，该适用条件过于苛刻，不利于救济离婚一方的生活困难。此外，对于婚姻关系存续期间存在重大过错的一方请求经济帮助的，我会建议不予支持，以体现法律公平正义的价值目标。

（五）对损害夫妻共同财产利益等行为的惩罚

《征求意见稿》第52条规定了离婚财产分割时对损害夫妻共同财产利益或侵占另一方财产的当事人的惩罚性措施。我会建议将本条开头的“离婚时”删除，因为当事人损害夫妻共同财产利益或侵占另一方财产的行为不一定发生在离婚时，只是在离婚分割共同财产时基于此种行为作出倾斜性对待。此外，本条应与《征求意见稿》第33条有关婚内析产规定的第(一)项情形予以区分。

（六）其他建议增加的规定

1. 诉讼离婚的苛刻条款

我会建议在《征求意见稿》第38条之后增加一条，规定诉讼离婚的苛刻条款，即在特殊情况下，即使符合法定离婚事由，法官也可判决不准离婚。这对维护婚姻家庭中的相关利害关系人的利益有利。在审判实务中，法官事实上也会这样做，增设这一条款可以使法官对个案的处理于法有据。

建议增加条文 如判决离婚对未成年子女有明显不利，或者对不同意离婚一方造成严重伤害的，即使婚姻关系确已破裂，人民法院也可以判决不准离婚。

2. 离婚的一般效力

现行《婚姻法》未规定离婚的一般效力。《征求意见稿》第43条第一款就离婚对父母子女的一般效力作出了规定，但未规定离婚对夫妻的一般效力。建议在第43条之前增加这一规定，即“登记离婚或判决离婚生效后，当事人的配偶身份消灭，基于配偶身份而产生的人身关系和财产关系即行终止”，明确离婚在夫妻双方人身和财产方面的效力，有助于双方当事人依据法律规定，处理离婚后的人身关系和财产关系，进而维护当事人的合法权益。

七　对“收养”章的修改建议

（一）收养原则

《征求意见稿》第53条规定了收养原则。我会认为，鉴于收养制度与生育制度的关联性，应明确收养不得违背计划生育相关法律法规，建议在该条中增加第2款，即“收养不得违背国家有关生育的法律、法规”。

（二）收养条件

1. 无配偶者收养异性子女

出于鼓励收养的目的，可适度降低无配偶收养人与被收养异性子女间的年龄差。我会建议将《征求意见稿》第62条中“相差四十周岁以上”修改为“相差三十周岁以上”。

2. 夫妻共同收养

有配偶者收养子女以夫妻共同收养为原则，但从立法科学性角度考虑，也应例外允许单独收养。建议在《征求意见稿》第63条基础上增加夫妻共同收养的除外情形。

（三）成年被收养人的知情权

收养保密有利于为稳定收养关系，保证收养家庭免受干扰，保护被收养未成年人的身心健康，但被收养人成年后，应有知悉自己出生信息及生父母的知情权。国际社会也经历了从收养信息的“绝对保密”到“限制公开”的发展趋势。建议在《征求意见稿》第71条现有规定后增加一款，即“被收养人成年后，对本人被收养的事实有知情权”。

（四）收养的效力

1. 解消效力的特殊情况

《征求意见稿》第72条第2款关于收养解消效力的规定没有考虑到继父母收养继子女的特殊情况。建议在现有规定后补充继父母收养继子女对解消效力的部分阻却效果，以更准确地阐明继父母子女家庭在收养关系成立后的效力状态。

2. 收养无效

《征求意见稿》第74条第1款中"违反……本编规定的收养行为无效"之表述太过宽泛，有失准确。因为本编有关收养规定的效力有所不同，并非违反所有规定都会导致收养无效的后果，建议将其修改为"违反本章收养人、被收养人条件的"行为无效。同时，建议将"借收养名义买卖未成年人的"增加为收养无效情形。《征求意见稿》第74条第2款规定"无效的收养行为自始没有法律约束力"，但欠缺对送养人、收养人过错导致收养无效的法律责任的规定，建议单列一款规定。

建议修改条文 收养被人民法院宣告无效的，自始没有法律约束力。

送养人、收养人的过错导致收养无效，给另一方造成人身或者财产损害的，受害一方有权要求损害赔偿。

此外，《征求意见稿》也未对收养无效的请求权人、宣告无效程序作出规定，建议增加一条。

建议修改条文 具有前条收养无效情形之一的，当事人可以向人民法院申请宣告收养无效。

当事人依据前条规定向人民法院申请宣告收养无效的，申请时，法定无效情形已经消失的，人民法院不予支持。

（五）夫妻解除与养子女的收养关系

有配偶者收养子女时要求夫妻共同收养，相应地，夫妻解除其与养子女的收养关系时也须合意解除，但有特殊情况的除外。目前《征求意见稿》中欠缺这一规定，建议在第76条之后增加一条。

建议增加条文 夫妻共同收养子女的，须夫妻双方合意解除收养，但有下列情形之一的，夫妻一方可以单方解除其本人与养子女的收养关系：

（一）夫妻另一方无民事行为能力或者被宣告失踪的；

（二）夫妻另一方在收养后死亡的；

（三）夫妻已经离婚的。

夫妻一方依前项规定单方解除收养关系的，其效力不及于他方。

八 增加“监护”章的理由与建议

《民法总则》在“自然人”章专设“监护”一节对监护制度加以规定，较《民法通则》而言，扩大了被监护人范围，强化了政府的监护职能，并就监护人的确定、监护职责的履行、撤销监护等制度作出了规定①，取得了明显进步。尽管如此，我会仍然认为，《民法总则》的监护规定没有体现民法典编纂的整体视角和当今监护立法理念的发展趋势，更未能对监护领域存在的一些现实问题作出回应，因此有必要在《民法总则》关于监护的原则性规定之外，在婚姻家庭编“收养”章后增加“监护”章，分“未成年人监护”和“成年人监护”两节作出更加具体、细化的规定。主要理由在于以下几点。

第一，细化监护制度，加强对被监护人的保护，这是我国养老育幼的现实国情需要。目前，我国现实生活中的未成年人监护与成年人监护都需要加强。既要考虑儿童特别是留守儿童监护缺失的问题，规定委托监护制度，也要考虑老年人特别是留守老人赡养监护问题，细化补充监护制度的具体规范，引导法定扶养人和监护人依法履行扶养和监护职责，保障被监

---

① 李建国：《关于〈中华人民共和国民法总则（草案）〉的说明——2017年3月8日在第十二届全国人民代表大会第五次会议上》，载《民法总则立法背景与观点全集》，法律出版社，2017，第6页。

护人的合法权益。

第二，细化监护制度，是21世纪我国全面推进依法治国，科学地编纂民法典，实现制度创新，完善民事立法的需要。目前，我国《民法总则》对于监护的规定，属于通则性的“监护的一般规定”。由于其主要是原则性的规定，立法的结构有遗漏、立法的内容粗略、某些规定的可操作性不强。首先，从现有立法的结构看，仅有成年人的委托监护，而欠缺父母的委托监护。并且成年人的委托监护对于委托监护人的具体职责、管理费用及报酬，委托监护的监督人等均欠缺规定；欠缺监护人的拒绝与辞任制度；欠缺系统的监护监督制度；欠缺监护终止时的财产清算制度等。这些均为立法结构的遗漏。其次，从现有立法的内容看，监护人的职责仅有原则性规定，欠缺人身监护与财产监护两个方面监护职责内容的具体规定，导致可操作性不强。再次，国家公权力对监护的干预力度不够，欠缺系统的监护监督制度，对于监护监督的主体、产生、职责及法律责任均无系统的具体规定，这不利于实施监护监督行为，不利于保护被监护人的合法权益。21世纪，我国建设中国特色社会主义国家的新时代，基于我国《宪法》有关“国家尊重和保护人权”的规定，基于我国是联合国《儿童权利公约》的缔约国，承担保护儿童最大利益的国家责任，为保护处于弱势的被监护人的利益，尤其应当加强保护儿童和老年人的利益，为实现人民群众对美好家庭生活的向往，必须加强制度创新。为全面推进依法治国，建设社会主义法治国家，为引导人民群众学法、守法、用法，为指导司法人员执法，必须对监护制度的内容予以细化补充，故建议我国立法机关在《民法总则》已经对监护有一般性规定的基础上，在“婚姻家庭编”中新增“监护”作为独立的一章。

第三，监护制度内容庞杂，将其在民法分则婚姻家庭编中细化补充，有利于监护规则的具体化，其与该编其他相关规则形成紧密的联系，这也符合多数大陆法系国家民法典的监护制度之立法体例。

综上所述，我国立法机关可参考2018年1月中国法学会婚姻家庭法学研究会提交的“中国法学会重点项目民法典婚姻家庭编的立法建议稿”中监护章的立法内容，即监护制度的外部立法体例采取“总一分”模式，在《民法总则》已经对监护作出一般性规定的基础上，在民法分则婚姻家庭编中新增“监护”章作出具体的细化的补充规定。因为，监护作为弥补民事主体行为能力的一项制度，《民法总则》中可以对监护作出一般规定，但鉴于总则的抽象性、概括性特征和“提取公因式”的立法技术要求，总则中的监护规定只能是原则性的，具体内容应在婚姻家庭编中细化展开。我们建议“监护”章分两节对未成年人监护与成年人监护分别予以规定。根据监护产生的依据不同，未成年人监护分为意定监护（包括委托监护与遗嘱监护）和法定监护两种类型，成年人监护分为意定监护与法定监护两种类型，具体予以细化规定，从而形成一个较为科学、合理的监护制度的立法体系。

具体建议如下：

第七章　监护

第一节　未成年人监护

建议增加条文-1　父母是未成年子女的监护人。

未成年人有下列情形之一的，应当为其设立非父母的监护人：

（一）父母双亡的；

（二）父母全部或部分丧失行为能力的；

（三）查找不到父母的；

（四）父母被人民法院宣告撤销监护资格的；

（五）其他不处于父母监护之下情形的。

建议增加条文-2　未成年人的父母有正当原因不能履行监护职责的，可以通过书面形式，将父母的监护职责全部或部分委托给依法具有监护资格且有监护能力的近亲属或者组织。

建议增加条文-3　未成年人的父母可以订立遗嘱指定未成年人的监护人。

如果父、母各自的遗嘱指定的监护人不一致的，根据最后死亡的父母一方的遗嘱确定未成年人监护的个人或组织；未成年人年满八周岁的，应当考虑本人的真实意愿。

被未成年人的父母以遗嘱指定的非近亲属监护人，应当自知道被指定之日起一个月内向未成年人住所地的民政部门作出接受或者放弃的意思表示。逾期未作出表示的，视为拒绝指定。

建议增加条文 -4 不处于父母监护下的未成年人，在无委托监护人和遗嘱指定监护人的情形下，应当根据《民法总则》第二十七条的规定，为其确定法定监护人。

建议增加条文 -5 同一顺序的数名监护人，可以协议确定监护人。

协议确定监护人应当根据保护未成年人最大利益原则，考虑监护人与被监护人的感情、在生活上的联系及其履行职责的意愿、身体健康状况及生活条件等因素。被监护人年满八周岁的，应当考虑本人的真实意愿。

协议不成或者对担任监护人有争议的，应当根据《民法总则》第三十一条的规定确定监护人。

未成年人的监护人在被确定或指定之前，被监护人的人身权利、财产权利及其他合法权益处于无人保护状态的，应当指定临时监护人。

未成年人的监护人被确定后，不得擅自变更；擅自变更的，不免除该监护人的责任。

建议增加条文 -6 未成年人的监护人，具有以下监护职责：

（一）为被监护人指定住所；

（二）照顾与教育被监护人；

（三）保护被监护人的人身免受侵害；

（四）编制被监护人的财产清单，妥善管理被监护人的财产，除为被监护人的利益外，不得处分被监护人的财产；

（五）对被监护人的财产管理情况，定期向监护监督人报告，但父母作为监护人的不在此限；

（六）代理或同意与被监护人的人身、财产相关的民事法律行为。

未成年人的监护人应当根据《民法总则》第三十五条的规定，依法履行监护职责。

依法负担未成年被监护人抚养费的父母或其他近亲属，在无抚养义务的监护人履行监护职责期间，应当继续履行给付抚养费的义务。

未成年人的监护人处理监护事务的必要费用，应当从被监护人的财产中支付；其先行垫付监护相关费用的，有权从被监护人财产中扣除。

未成年人的非近亲属监护人履行监护职责的，可以获得适当的报酬。

建议增加条文-7 为未成年人设立非近亲属的监护人时，应当同时设立监护监督人。

（一）下列个人或者组织可以作为监护监督人：

1. 未成年人的非父母监护人以外的其他近亲属；

2. 未成年人父母指定的个人或组织；

3. 未成年人住所地的居民委员会、村民委员会或者民政部门。

（二）监护监督人应当履行以下职责：

1. 根据监护监督的需要，要求监护人报告监护事宜；

2. 监护人缺位时，临时履行监护人的职责；

3. 对监护人处分被监护人的财产行为进行监督；

4. 监护人怠于履行或者严重违反监护职责时，请求人民法院撤销或者变更监护人。

未成年人的监护人、监护监督人发现未成年被监护人的人身或者财产受到他人侵害的，应当及时救助并报告给被监护人住所地的居民委员会、村民委员会、法律规定的有关组织或者民政部门。

未成年人的监护人不履行监护职责、监护监督人不履行监护监督职责，或者侵害被监护人合法权益的，应当承担法律责任。

第二节 成年人监护

建议增加条文-8 具有完全民事行为能力的成年人，可以根据《民法总则》第三十三条的规定，通过协商后以书面形式委任自己的监护人。该委托监护书中应当写明委托监护的具体事务。具有监护能力的委任监护人在该成年人丧失或者部分丧失民事行为能力时，履行监护职责。

设立委任监护时，可以通过协商以书面形式指定委任监护监督人。

建议增加条文-9 成年人无民事行为能力或者限制行为能力，且无委任监护人的，应当根据《民法总则》第二十八条的规定，为其确定法定监护人。

建议增加条文-10 成年人的委任监护人，应当尊重被监护人的意愿，在受委任的权限内妥善处理被委任的监护事务，并定期向委任监护监督人报告监护职责的履行情况。

委任监护的费用和报酬可以约定。没有约定的，委任监护监督人可以根据委任事务予以确定。

建议增加条文 – 11 成年人的法定监护人，具有以下监护职责：

（一）照顾被监护人的生活；

（二）保护被监护人的人身免受侵害；

（三）编制被监护人的财产清单，妥善管理被监护人的财产，除为被监护人的利益外，不得处分被监护人的财产；

（四）对被监护人的财产管理情况，定期向监护监督人报告，但父母、配偶、子女作为监护人的不在此限；

（五）代理或同意与被监护人的人身、财产相关的民事法律行为。监护人处理超出日常管理范围的重要事务，应当经监护监督人同意。

成年人的监护人应当根据《民法总则》第三十五条的规定，依法履行监护职责。

依法负担成年被监护人扶养费的配偶或其他近亲属，在无扶养义务的监护人履行监护职责期间，应当继续履行给付扶养费的义务。

成年人的监护人处理监护事务的必要费用，应当从被监护人的财产中支付；其先行垫付监护相关费用的，应当从被监护人财产中扣除。

成年人的非近亲属监护人履行监护职责的，可以获得适当的报酬。

建议增加条文 – 12 被监护人可以在与其精神状态相适应的范围内自主决定本人的医疗事项。

对成年被监护人实施创伤性医疗行为，本人不能作出同意之意思表示的，可以由监护人代为同意并告知监护监督人。

建议增加条文 – 13 为成年人设立非近亲属担任的监护人时，应当同时设立监护监督人。

下列个人或者组织可以作为监护监督人：

（一）成年人的近亲属，但其监护人除外；

（二）成年人本人指定担任监护监督的个人或组织；

（三）成年被监护人住所地的居民委员会、村民委员会或者民政部门。

成年人的监护监督人的职责，比照适用本编第　条有关未成年人监护监督人的职责之规定。

成年人的监护人、监护监督人的救助、报告义务及法律责任，比照适用本编第　条有关未成年人的监护人、监护监督人的救助、报告义务及法律责任之规定。

此外，我会认为，为保护被监护人的权益，监护人在因体力、智力的相对欠缺或其他客观原因而难以履行监护人职责时，应赋予其拒绝或辞任的权利，并应对监护人的监护资格、监护监督人的监督资格的撤销与恢复，以及监护的终止等作出规定。因未成年人监护和成年人监护均涉及上述事项，故有关条文建议补充在《民法总则》第二章第二节的适当位置。具体建议条文如下：

建议增加条文 -1　监护人具有下列情形之一的，可以向其他具有监护资格的人提出拒绝监护或辞任监护的要求，通过协商确定或变更监护人：

（一）年满六十五周岁的；

（二）因疾病、残疾等原因难以履行监护职责的；

（三）有其他正当理由的。

监护人与其他具有监护资格的人，协议不成时，可以根据《民法总则》第三十一条的规定，向人民法院申请指定或变更监护人。

建议增加条文 -2　未成年人的监护人、成年人的监护人之监护资格的撤销与恢复，分别适用《民法总则》第三十六条、第三十八条的规定。

监护监督人的资格之撤销与恢复，准用以上规定。

建议增加条文 -3　未成年人的监护、成年人的监护之终止，适用《民法总则》第三十九条的规定。

监护关系终止时，监护人应当对被监护人的财产进行清算。有监护监督人的，财产清算应当会同监护监督人进行。

对财产清算的结果有争议的，可以申请人民法院依法裁决。

中国法学会婚姻家庭法学研究会
2018 年 4 月 29 日

关于《民法典婚姻家庭编（草案）》的修改建议

中国法学会婚姻家庭法学研究会

统稿执笔人：但淑华*

2018 年 9 月 5 日，全国人大常委会通过“中国人大网”公布民法典各分编草案，并自当日起向社会公开征求意见。中国法学会婚姻家庭法学研究会（以下简称我会）接受中国法学会委托，组织“民法典婚姻家庭编立法”项目组的专家以通信形式对草案进行了认真讨论，为其中“婚姻家庭”编（以下简称《草案》）提供修改意见。

我会专家们认为，《草案》考虑了婚姻家庭领域的实际情况与存在的问题，在立法价值上体现了保护婚姻家庭关系，维护婚姻家庭价值与稳定；在体例上将《收养法》纳入婚姻家庭编，在具体制度中增加了近亲属与家庭成员、日常家事代理、亲子关系的确认与否认、婚内析产、登记离婚审查期等社会上有需求、有呼声，司法实践中有判例、有解释的规定，扩大了探望权的主体范围，修改了婚姻无效和可撤销的情形，取消了家务补偿制度的适用前提。相较于此前的《民法典婚姻家庭编（草案）（征求意见

---

* 但淑华，中华女子学院法学院副教授，中国法学会婚姻家庭法学研究会副秘书长。各组组长（夏吟兰、徐涤宇、马忆南、蒋月、龙翼飞、张学军、王歌雅、曹诗权、薛宁兰、李明舜、陈苇）为本建议稿提出了各自负责部分的书面意见。

稿)》，《草案》将“家庭关系”章分为两节，并将调整夫妻关系的条文集中放置，结构更趋合理，逻辑更为严密；语言表述上也更加严谨规范。

但专家们也认为，民法典整体偏重财产法，对身份关系没有给予足够重视，存在基本制度的疏漏；《草案》没有充分反映21世纪的时代需要和时代特征，对人工生育子女的法律地位、同居关系等现实突出问题未予回应。《草案》还有很大的可修改空间，应当抓住编纂民法典分编的契机，在婚姻家庭编的科学性、逻辑性、前瞻性、可操作性、时代精神上再做进一步的努力。

现将我会对《草案》的具体修改建议报告如下。

一　对第一章“一般规定”的修改建议

（一）修改关于调整对象的规定

我会认为，第818条在表述上不符合法理。引起民事法律关系产生、变动或终止的原因是行为（结婚、离婚、收养等）或事件（自然人的出生、死亡），婚姻家庭既非行为，也非事件，不可能成为民事法律关系的产生原因。事实上，婚姻家庭本身也是基于行为、事件等法律事实而产生。

建议修改条文　婚姻家庭民事法律关系，适用本编。

（二）对基本原则的修改建议

我会建议将第819条第2款“保护妇女、儿童和老人的合法权益”修改为“保护未成年人、老年人和妇女的合法权益”。

首先，在我国，“儿童”与“未成年人”一般是作为同义语使用，但法律对“儿童”概念并无界定，而在《未成年人保护法》中明确规定“未成年人是指未满十八周岁的公民”。从我国法律、法规和政策性文件看，大多采用的是“未成年人”概念。就保持法律体系的一致性和严谨性而言，建议将本款及本编中的“儿童”替换为“未成年人”。[①] 同样的，基于与《老年人权益保障法》相一致的考虑，建议将本款及本编中的“老人”替换为“老年人”。

其次，保护对象顺序的变化不是语序的简单调整，而是立法理念的重大变化。因为未成年人是弱者中的弱者，将其提前至首位是“儿童最佳利益”的体现。

建议修改条文 实行婚姻自由、一夫一妻、男女平等的婚姻制度。

保护未成年人、老年人和妇女的合法权益。

（三）对亲属规定的修改建议

首先，《草案》第 822 条第 1 款界定了亲属的范围为配偶、血亲和姻亲，但并未对这几个概念加以解释。我会提出两种修改方案：一是在保留本款的基础上，进一步对配偶、血亲和姻亲加以阐释或界定；二是为避免复杂，便于民众理解和接受，可删除本款，直接列举亲属的具体范围。

其次，我会建议增加亲等计算方法。亲等计算方法是确定亲属关系亲疏远近的方法，我国立法中长期缺失此项内容，以致民众对《婚姻法》中“三代以内旁系血亲”的范围不甚明了，给法律的适用带来诸多不便，建议此次予以增加。至于在亲等计算方法的选择上，当今世界通用的罗马法亲等计算法较为科学，但考虑到我国长期采用世代计算法的现实，沿用此种方法亦无不可。

建议修改条文 亲属分为配偶、血亲和姻亲。

配偶、四亲等以内的直系血亲和旁系血亲是近亲属。

四亲等以内的直系血亲包括父母、子女，祖父母、外祖父母、孙子女、外孙子女，曾祖父母、外曾祖父母、曾孙子女、外曾孙子女，高祖父母、外高祖父母、玄孙子女、外玄孙子女。四亲等以内的旁系血亲包括兄弟姊妹，伯、叔、姑、舅、姨，堂兄弟姐妹、表兄弟姐妹，侄子女、甥子女。

---

① 民法典中其他部分若有“儿童”概念，建议也一并以“未成年人”概念替换之。

共同生活的直系姻亲，视为近亲属。

配偶、父母、子女和其他共同生活的近亲属为家庭成员。

建议增加条文 亲等是亲属关系的计算单位。亲系包括直系血亲和旁系血亲。

直系血亲的亲等计算为从自己数至长辈直系血亲或者晚辈直系血亲，自己除外，一世代为一亲等。

旁系血亲的亲等计算为从自己数至同源的长辈直系血亲，再从该长辈直系血亲数至要计算的旁系血亲，自己除外，世代数之和为亲等数。

拟制血亲关系的亲系和亲等适用自然血亲关系亲系和亲等的规定。

姻亲的亲等计算依照自己与血亲的亲等或者依照配偶与其血亲的亲等。

另案：

建议修改条文 配偶、父母、子女、兄弟姐妹、祖父母、外祖父母、孙子女、外孙子女为近亲属。

共同生活的公婆、岳父母、儿媳、女婿，视为近亲属。

配偶、父母、子女和其他共同生活的近亲属为家庭成员。

建议增加条文 直系血亲的代数计算为自己为一代，向上数至父母为二代，至祖父母、外祖父母为三代，至曾祖父母、外曾祖父母为四代等；从己身往下数，己身为一代，至子女为二代，至孙子女、外孙子女为三代，至曾孙子女、外曾孙子女为四代等。

旁系血亲的代数计算，应分别从己身和所要计算的亲属分别上数至同源血亲，代数相同，取同数；代数不同，取大数。

（四）本章应增加的其他内容

1. 增加婚姻家庭受国家保护的规定

我会建议在第 819 条基本原则之前增加一条，即“婚姻、家庭受国家的保护”。这是《宪法》第 49 条规定在婚姻家庭编中的具体化，也应是婚姻家庭编立法指导思想的核心。《民法总则》没有将《民法通则》第 104 条

“婚姻、家庭、老人、母亲和儿童受法律保护”的规定纳入其中，故保护婚姻、家庭的国家责任应当在婚姻家庭立法中明确体现。

建议增加条文 婚姻、家庭受国家的保护。

2. 增加法律适用条款

我会建议在第822条之后增加“法律适用”条款。婚姻家庭法具有较强的伦理性，不同于财产法所蕴含的价值目标，有必要在本编明确法律适用规则，以确保婚姻家庭编规定在适用上的优先效力。

建议增加条文 其他法律规定与本编相抵触的，适用本编的规定。

二 对第二章“结婚”的修改建议

（一）关于法定婚龄的意见

我会对法定婚龄有不同观点。一种观点建议降低法定婚龄，并取消男女婚龄差。理由是：法定婚龄过高违背了人的生长发育规律；在我国广大农村地区和少数民族地区，很多男女青年有早结婚的意愿，降低法定婚龄有利于满足其需求，减少因不能结婚而形成的同居现象；我国控制人口数量的生育政策已经发生改变，1980年《婚姻法》提高法定婚龄的现实基础已经不存在。而且法定婚龄男女差异没有现实依据和合法性基础，不符合性别平等观。但在具体降到多大年龄的问题上，又存在二十周岁和十八周岁两种意见。另一种观点认为：本条维持现有规定即可。

建议修改条文 结婚年龄，男女双方均不得早于二十周岁（或十八周岁）。

（二）对无效婚姻的修改建议

1. 瑕疵结婚登记的效力

有专家提出，《草案》第828条第（四）项对于解决实践中因瑕疵结婚登记产生的纠纷、保障当事人的结婚权益具有积极意义，但本项为违反结婚程序的情形，可能兼有违反结婚条件的情形，将其与前三项并列，在逻辑上不合理，建议单列为一条。也有专家建议删除本款规定，因为除上述理由外，以冒用证件方式骗取结婚登记的婚姻无效，是冒用证件者的婚姻无效还是被冒用证件者的婚姻无效，理解上存在歧义，且二者在学理上均存在问题。

2. 宣告婚姻无效的程序与请求权人

《草案》与现行《婚姻法》一样，未对宣告婚姻无效的程序和请求权人作出规定，这是一项重大缺失。建议将《最高人民法院关于适用〈中华人民共和国婚姻法〉若干问题的解释（一）》第7条和第8条的内容吸收进来，置于第829条可撤销婚姻之前，并加以必要的修改完善。

建议修改条文 有下列情形之一的，婚姻无效：

（一）重婚的；

（二）有禁止结婚的亲属关系的；

（三）未到法定婚龄的。

建议增加条文-1 婚姻当事人、利害关系人、基层组织及检察机关可以向人民法院申请宣告婚姻无效。

（一）以重婚为由申请的，为当事人的近亲属、基层组织及检察机关；

（二）以有禁止结婚的亲属关系为由申请的，为当事人的近亲属；

（三）以未到法定婚龄为由申请的，为未达到法定婚龄者的近亲属。

建议增加条文-2 以伪造、变造、冒用证件等方式骗取结婚登记的，婚姻无效。

婚姻当事人、基层组织和检察机关可以向人民法院申请宣告婚姻无效。

本条另案：

不增加本条。

建议增加条文-3 依据前二条规定向人民法院申请宣告婚姻无效的，申请时，法定的无效婚姻情形已经消失的，人民法院不予支持。

（三） 对可撤销婚姻的修改建议

1. 撤销婚姻的程序

《草案》第829条对撤销婚姻程序的规定仍是双轨制，即“可以向婚姻登记机关或者人民法院请求撤销该婚姻”，建议将其修改为“可以向人民法院请求撤销该婚姻”。因为撤销已存在的婚姻并非单纯事关婚姻的效力，往往还涉及共同财产分割、未成年子女抚养等与当事人及其子女基本民事权益有关的诸多事项，作为国家行政机关的婚姻登记机关对此不仅无能为力，也有越俎代庖、剥夺人民法院审判职能之嫌。况且，国外有关可撤销婚姻的立法也均无行政程序之先例。

建议修改条文 因胁迫结婚的，受胁迫的一方可以向人民法院请求撤销该婚姻。

撤销婚姻的请求，应当自结婚登记之日起一年内提出。

被非法限制人身自由的当事人请求撤销婚姻的，应当自恢复人身自由之日起一年内提出。

2. 可撤销婚姻的情形

《草案》将疾病婚的效力从无效婚姻修改为可撤销婚姻，尊重并保障了疾病患者缔结婚姻的权利和婚姻当事人的自主决定权，具有进步意义。但在具体内容上，第830条第1款“严重疾病”的内涵和外延不明确，极易造成理解、适用上的混乱，建议予以必要限制。

建议修改条文 一方患有严重的传染性、遗传性等疾病的，应当在结婚登记前如实告知另一方；不如实告知的，另一方可以向人民法院请求撤销该婚姻。

（四） 增加导致婚姻无效或被撤销的损害赔偿责任

《草案》第831条有关婚姻无效或被撤销后果的规定中，有关法律后果的一般性规定、重婚导致婚姻无效的后果和对子女的后果应分列为三款。此外，我会建议增加一款内容，即导致婚姻无效或被撤销的损害赔偿责任。

建议修改条文 无效的或者被撤销的婚姻自始没有法律约束力。当事人不具有夫妻的权利和义务。同居期间所得的财产，由当事人协议处理；协议不成时，由人民法院根据照顾无过错方的原则判决。

导致婚姻无效或被撤销一方的违法行为给另一方造成人身或者财产损害的，受害一方有权要求赔偿。

对重婚导致的婚姻无效的财产处理，不得侵害合法婚姻当事人的财产权益。

当事人所生的子女，适用本法有关父母子女的规定。

（五）建议删除的规定

《草案》第827条对男女双方可以约定成为对方家庭成员的规定是对现行《婚姻法》第8条的延续。1980年《婚姻法》之所以做如此规定，意在改变传统的“男娶女嫁”习俗，促进婚姻中的男女平等。而《草案》本条意在规定夫妻对婚姻住所的商定权，故不应置于“结婚”一章中，而应在“夫妻关系”一章中规定。建议本章予以删除。

（六）其他建议增加的规定

1. 婚约及其解除的后果

实践中因婚约引发的纠纷大量存在，如果处理不当，容易激化矛盾，引发社会恶性案件。婚姻家庭编应在《草案》第831条之后增加一条，对婚约效力和婚约解除的法律后果加以规定。

建议增加条文 男女双方可以自愿订立婚约，婚约不具有法律效力。

解除婚约的，给付彩礼或者嫁妆等财物的一方有权请求酌情返还，但有严重过错导致婚约解除的一方无权请求返还。

2. 同居关系

现实生活中，男女双方未办理结婚登记而像夫妻一样同居生活的现象大量存在，同居引发的纠纷也大量涌进法院。我会认为，基于身份关系的事实先在性，婚姻家庭编对此不应回避。但同居关系的情形非常复杂，对同居关系的调整需要在条件成熟时通过单行法来实现，目前可仅在本章最后作原则性规定。也有专家提出增加这一原则性规定，会有立法鼓励民众同居而不结婚的嫌疑，弊大于利，建议对同居关系不做规定。

建议增加条文 双方未经结婚登记自愿共同生活的，其财产关系有约定的，依照约定；没有约定的，适用按份共有的规定。

另案1：

建议增加条文 双方未经结婚登记自愿共同生活的，其财产关系有约定的，依照约定；没有约定的，同居期间双方共同所得的收入和购置的财产适用一般共有的规定。

另案2：

不增加本条。

三 对第三章“家庭关系”的修改建议

（一）对夫妻人身关系的修改建议

1. 对第836条第1款的修改建议

我会建议将本款修改为“夫妻有互相忠实，共同生活，互相扶养的义务”。理由：首先，《草案》第821条中的“夫妻应当互相忠实”是倡导性规定，不能直接作为人民法院的裁判依据，有必要在夫妻人身关系中将其具体化；其次，夫妻在一起共同生活的重要性大大高于“扶养”，婚姻共同生活是男女结婚追求的共同目标。强调夫妻应共同生活有利于促进家庭和睦，也有利于引导人们履行婚姻责任，共同抚养子女，防范过度自私自利的行为。此外，“因感情不和分居满二年”是人民法院准予离婚的一种法定情形，但分居的前提是夫妻双方具有共同生活的法定义务，唯其如此，双方不共同生活且无正当理由才构成分居。

建议修改条文 夫妻有互相忠实，共同生活，互相扶养的义务。

一方不履行扶养义务时，需要扶养的一方，有要求对方付给扶养费的权利。

2. 建议增加的内容

（1）婚姻住所商定权

建议在《草案》第836条之后增加一条，对婚姻住所商定权作出规定。首先，婚姻住所是夫妻履行法定义务、行使配偶权利的特定场所，也事关诉讼、继承、遗弃等行为的认定，在农村还事关土地利益的分配，非常重要。为维持家庭生活安定，促进男女平等，有必要明确规定婚姻住所商定权。其次，我国社会保障水平较低，为保护婚姻中弱势方（通常是妻子一方）的权利，对婚姻住所的处分应作特别限制。最后，民法典物权编中有关居住权的规定没有考虑到婚姻家庭领域的特殊问题，没有规定法定居住权，应当在婚姻家庭编中对家庭居住权加以规定，使二者相互衔接。这也符合域外居住权的立法例。

建议增加条文 婚姻住所应由男女双方平等协商确定。

属于夫妻一方个人所有的房屋是家庭唯一住所的，双方有共同使用的权利，所有权人不得自行处分。

（2）平等生育权

生育是公民的基本权利，计划生育是公民对国家的义务，作为民法典组成部分的婚姻家庭编可以不规定计划生育原则，但不能不规定生育权。即便《人口与计划生育法》等已经规定“公民有生育的权利”，婚姻家庭编仍有必要对夫妻平等生育权作出规定，因为二者侧重点不同，后者主要是强调夫妻对生育权的平等享有，旨在为解决夫妻生育权冲突确立依据。

建议增加条文 夫妻双方平等享有生育权。

（3）知情权

知情权是夫妻关系中的重要内容，建议增加。主要理由如下：知情权事关婚姻或家庭重大利益的信息或决定，关系着夫妻任何一方的重大切身利益。首先，夫妻的知情权是婚内知情权，指在婚姻关系存续期间，夫妻享有的知悉、了解涉及本人的、婚姻利益及家庭利益的各种信息的权利，它是公民知情权在婚姻关系中的具体表现。改革开放以来，来自不同文化背景的男女结为夫妻的情形越来越多，夫妻之间对重大事务负告知义务，确有必要。其次，夫妻知情权是夫妻之间相互忠实、相互尊重的延伸。忠实权是请求权，夫妻双方均应当履行忠实义务的同时亦均享有对配偶另一方的忠实请求权，因违反夫妻忠实义务，受害方有权得到救济，忠实请求权即赋予了夫妻一方对另一方涉及夫妻共同生活内容的知情权。督促夫妻相互关心、照顾，防止夫妻一方向另一方隐匿重大事务或事项。最后，配偶知情权的范围。配偶知情权基于夫妻这一特殊身份关系而产生。大部分学者认为配偶间知情权是基于夫妻忠实义务而产生的。在可能涉及配偶利益的情况下，知情权不得滥用。在所承认的配偶间知情权范围中，知情权亦有所限制，受行使权利的条件是否具备、法律的限制等方面的制约。

建议增加条文 在婚姻关系存续期间，夫妻均有权知悉涉及婚姻、家庭利益以及共同财产的重要信息。有关部门应当予以协助。

（二）对夫妻财产关系的修改建议

1. 修改一方特有财产的范围

首先，建议删除第（五）项“其他应当归一方的财产”。《草案》第839条和第840条分别规定了法定财产制下夫妻共同财产和个人特有财产的范围。二者列举都有一个兜底条款，逻辑上存在可能竞合的状态，实际上模糊了财产的界定标准。同时，夫妻在婚姻关系存续期间所得财产凡未明确列举的，均推定为共同共有，也可以彰显我国法定夫妻财产制强调婚姻共享的价值理念。

其次，将第（四）项“一方专用的生活用品”修改为“一方专用的生活用品，但价值较大的除外”。因为“生活用品”的内涵和外延是不确定的，如果价值极大，按个人财产处理有可能会损害到另一方的利益。增加“但书”既有利于法院根据案件的具体情况自由裁量，也可以警示和抑制个人恶意消费共有财产的行为。

建议修改条文 下列财产为夫妻一方的个人财产：

（一）一方的婚前财产；

（二）一方因受到人身损害获得的损害赔偿和补偿；

（三）遗嘱或者赠与合同中确定只归夫或者妻一方的财产；

（四）一方专用的生活用品，但价值较大的除外。

2. 增加夫妻对共同财产的权利

《草案》第839条第2款过于落后，建议删除。我会认为，应在第839条后增加一条有关夫妻对共同财产的权利之规定。因为物权编虽然对共同共有财产的管理、使用、收益和处分作出规定，但只是原则性的，婚姻家庭编有必要针对婚姻家庭领域普遍存在的问题，就夫妻对共同财产的权利作出细化和明确的规定，这既是对社会的指引，也有利于法院的判案。

建议增加条文 夫妻对共同所有的财产有平等的权利。有约定的，依照约定；没有约定的，由双方共同行使。

夫妻一方对共同财产行使下列权利时，必须征得对方的同意：

（一）向第三人赠与；

（二）以共有资金购买或者出卖不动产的所有权、用益物权或者价值较大的动产；

（三）受让或者转让股权；

（四）为第三人设定抵押权、质权或者提供保证担保；

（五）处分对家庭生活有较大影响的生活用品；

（六）其他应当征得对方同意的情形。

3. 修改有关婚内析产的规定

《草案》第842条规定了婚内析产的情形。我会对本条的修改建议如下。

首先，在第1款最后增加“但损害债权人利益的除外”。因为婚内析产对债权人影响极大，保护交易安全的法律精神在此条中应有所体现。

其次，在第2款增加两项法定情形。一是为适应不同家庭的需要，促进私人经济的发展，也为降低共同债务对弱势群体的损害；二是为保护家庭暴力的受害者。

最后，为了避免与非常财产制混同，我会建议增加一款，引导法院根据具体案件决定是作婚内析产处理或是采非常财产制。同时，为保护弱势群体利益，还应规定法院在对全部共同财产进行分割时必须保留必要的家庭生活费用。但也有学者认为不必规定本款，因为即使分割了夫妻共同财产，父母对未成年子女的抚养义务、夫妻互负的扶养义务也不能免除。

建议修改条文　婚姻关系存续期间，有下列情形之一的，夫妻一方可以向人民法院请求分割共同财产，但损害债权人利益的除外：

（一）一方有隐藏、转移、变卖、毁损、挥霍夫妻共同财产或者伪造夫妻共同债务等严重损害夫妻共同财产利益行为的；

（二）一方负有法定扶养义务的人患重大疾病需要医治，另一方不同意支付相关医疗费用的；

（三）一方要求用夫妻共同财产从事投资经营活动，另一方不同意的；

（四）一方实施家庭暴力，受害方要求分割的。

请求分割的财产，可以是夫妻共同财产的一部或者全部。但是，应当保留双方依法履行法定扶养义务的相应费用和承担家庭生活日常开支的费用。

另案：

删除第三款。

4. 建议增加有关夫妻共同债务和个人债务范围的规定

《草案》第 841 条第 3 款只适用于约定分别财产制的情形，没有正面规定普遍实行的婚后所得共同制下的夫妻债务制度。我会认为，目前社会上的夫妻债务纠纷主要原因在于法律对何为“夫妻共同债务”和“个人债务”缺乏明确界定，并因此导致社会认知上的混乱。为维护社会的稳定，定纷止争，我会建议在第 842 条之后增加两个条文，分别明确夫妻共同债务和个人债务的范围，平衡配偶、债权人及法定债务的履行等多种利益考虑。

建议增加条文 -1 下列债务属于夫妻共同债务：

（一）夫妻双方合意所负的债务；

（二）夫妻因共同生活所负的债务；

（三）夫妻因共同财产的维护所负的债务；

（四）夫妻因共同侵权所负的债务；

（五）夫妻因被监护人侵权所负的债务。

夫妻一方在婚姻关系存续期间以个人名义为家庭日常生活需要所负的债务，视为夫妻共同债务。

本条另案：

删除第二款。

建议增加条文 -2 下列债务属于夫妻一方的债务：

（一）夫妻一方婚前所负的债务；

（二）夫妻一方在婚姻关系存续期间以自己名义负担的合同之债，但法律另有规定的除外；

（三）夫妻一方在婚姻关系存续期间引起的侵权之债；

（四）其他应当由个人承担的债务。

5. 建议删除第 838 条

《草案》第 838 条规定了夫妻之间的继承权，我会建议删除。理由一是继承的事项宜由继承编规定；二是兄弟姐妹、祖孙等其他主体之间的相互继承权并没有在本编规定。也有学者认为可以保留本条规定，为继承法提供依据。

（三）对父母子女关系的修改建议

1. 增加亲子关系确认制度

《草案》第850条规定了亲子关系异议的纠纷解决，但是既没有规定亲子关系的推定，也没有规定亲子关系否认的除斥期间，并且在承认与否认之时，缺乏对未成年子女利益本身的保护作为判断标准。我会建议对亲子关系的确认制度作出规定，具体包括亲子关系的推定、亲子关系的否认和子女的认领三个条文。但有专家建议，必须考虑法律上父亲的权益，应当严格限制血缘上父亲认领的条件。

建议增加条文-1 采取自然生育方式生育子女的妇女，是所生子女的母亲。

在婚姻关系存续期间受胎或者出生的子女，以其母亲的丈夫为父亲。非婚同居期间受胎或者出生的子女，以与其母亲同居的男子为父亲。

采取人工辅助生殖技术出生的子女，是同意采取该方式生育子女的男女双方的亲生子女。

建议增加条文-2 有下列情形之一的，父、母或者成年子女均有权向人民法院提起诉讼，否认亲子关系存在：

（一）通过科学方法证明子女不可能是被推定的父亲的亲生子女；

（二）有其他事实证明子女不可能是被推定的父亲的亲生子女。

父、母提起否认之诉的期限为一年，自知道或者应当知道否认事由之日起计算。

成年子女提起否认之诉的期限为一年，自子女成年后知道或者应当知道否认事由之日起计算。

建议增加条文-3 在有利于未成年人利益的前提下，生父可以认领未成年的亲生子女。

认领成年亲生子女的，须经子女本人同意。生父认领子女后不得任意撤销。

未成年子女的生母或者其他法定代理人、成年子女，有权向人民法院提起诉讼，要求生父认领子女。

2. 整合并充实父母子女之间的权利义务

（1）父母对未成年子女的照护

《草案》第835条、第844条和《民法总则》第26条都规定了父母子女的“抚养、教育和保护的义务”，条文内部有若干重合之处。照护权是父母对未成年子女养育、照顾、保护义务和权利的统一，规定父母对未成年子女的照护可以有效整合条文。

我国自《民法通则》以来始终采广义监护概念，不区分父母对未成年子女的照护和父母以外的其他个人、组织对未成年人的监护，造成了亲属法概念体系的混乱。父母照护与监护在性质、发生基础、主体范围、权利义务内容等方面存在显著区别，监护无法涵盖父母照护的内容。为强调父母照顾、保护未成年子女的首要职责，提升对未成年人的保护水平，我会强烈建议将父母照护从未成年人监护中分离出来，规定于“父母子女及其他近亲属关系”章“父母子女关系”节中，而在其后的“监护”章规定以不在父母照护之下的未成年人为对象的“未成年人监护”，作为父母照护的补充与延伸。

具体而言，父母对未成年子女的照护规定应包括父母照护的含义和原则，父母对未成年子女人身的照护，父母对未成年子女财产的照护，父母对子女事务的法定代理以及父母照护权利的剥夺与恢复，建议分别以一个条文加以规定。

建议增加条文－1 父母双方平等享有和承担抚养和照护未成年子女的权利和义务。父母对未成年子女的照护包括教育、保护，以及对其财产的管理和必要处分。

父母在决定子女重大事项时，应当征求八周岁以上子女的意见；当父母与八周岁以上子女的意见不一致时，当事人可以请求人民法院裁决。

建议增加条文－2 未成年子女享有受父母抚养的权利。父母不履行抚养义务的，未成年子女或者不能独立生活的成年子女，有要求父母给付抚养费的权利。

未成年子女享有接受父母教育的权利。父母应当以文明方式教育子女，不得对子女采取体罚等有损子女身心健康的方式。

未成年子女享有受父母保护的权利。未成年子女对他人造成损害的，父母应当依法承担民事责任。

建议增加条文 -3 未成年子女对其合法取得的财产享有所有权。

父母应当妥善管理、保护未成年子女的财产。除为未成年子女利益外，父母不得处分其财产。

建议增加条文 -4 父母是未成年子女的法定代理人，有权代理子女实施法律行为、诉讼行为及其他法律允许的行为，但不得损害未成年子女的合法权益。

建议增加条文 -5 父或母有下列情形之一，并经人民法院宣告的，丧失对未成年子女的照护权：

（一）不履行抚养、照护义务或者滥用此项权利，致使未成年子女的人身、财产遭受重大损害；

（二）对未成年子女实施犯罪行为或者教唆其犯罪；

（三）实施严重侵害未成年子女合法权益的其他行为。

被剥夺照护权利的父母可依法向人民法院申请恢复。人民法院裁决时应当考虑八周岁以上未成年子女意见。

（2）增加子女对父母的义务

《草案》第846条对子女尊重父母婚姻权利、赡养父母等义务作出了规定。出于弘扬优良家风的目的，我会认为可在此基础上增加“子女应当孝敬父母”“承担与其年龄、体力和健康状况相适应的家务劳动”等规定。

建议增加条文 子女应当孝敬父母，与父母共同生活期间有义务承担与其年龄、体力和健康状况相适应的家务劳动。

3. 删除第847条

理由与前述删除第838条关于夫妻继承权规定的理由相同。

4. 拟制父母子女关系

《草案》第849条规定了继父母子女之间的权利义务。我会认为，本章是关于父母子女关系的一般性规定，有必要对拟制父母子女的权利义务作出概括规定，不仅包括继父母子女，也应包括对养父母子女的概括性规定。同时，形成事实扶养关系的继父母子女在司法实践中非常难于判断，我会建议增加明确标准。

建议修改条文 养父母子女之间的权利义务，适用本编第五章规定。

共同生活的继父母与继子女互相扶养五年以上的，其权利义务适用法律关于父母子女关系的规定，继父母或成年继子女明确表示不愿意形成父母子女权利义务关系的除外，但应对相互扶养期间支出的扶养费用予以适当补偿。

继父母收养继子女的，适用法律关于收养的规定。

（四）对其他近亲属关系的修改建议

1. 增加祖孙、兄弟姐妹间的会面交往权

《草案》第864条规定了祖父母、外祖父母探望孙子女、外孙子女的权利，这对于解决司法实践中祖父母、外祖父母的探望权问题具有积极意义。但是。我会认为：首先，在交往、通信方式多元的现代社会，采“探望”概念比较不合时宜，改为“会面交往”更能满足现实需求；其次，探望权只是长辈对晚辈单方面的权利，是父权制下的概念，会面交往则是主体相互之间的，更符合平等观念；再次，本条的主体范围仍然过窄，应扩展至祖孙之间和兄弟姐妹之间。最后，祖孙之间、兄弟姐妹间的会面交往权不仅仅发生在未成年人父母离婚的情形下，规定在“父母子女及其他近亲属关系”章较规定在“离婚”章更好。

建议修改条文 祖父母、外祖父母与孙子女、外孙子女之间，兄弟姐妹之间有会面交往的权利，但与未成年人利益相抵触的除外。

2. 增加祖父母对孙子女的优先抚养权

《草案》第887条规定的死亡一方的父母对孙子女、外孙子女的优先抚养权并非收养制度的内容，而是祖孙关系的一部分，故本条规定置于“收养”章不妥，而应集中规定在“父母子女及其他近亲属关系”章“其他近亲属关系”节。

建议增加条文 配偶一方死亡后，另一方送养未成年子女的，死亡一方的父母有优先抚养孙子女的权利。

四 对第四章“离婚”的修改建议

（一）父母对子女的直接抚养

《草案》第861条第3款规定：“离婚后，不满两周岁的子女，以随母亲抚养为原则。”这一规定延续了现行《婚姻法》和相关司法解释的精神，意在保护子女和母亲的权益。但事实上，这一原则性规定是一把“双刃剑”，可能加剧女性离婚后的经济贫困和加大其再就业困难。基于“儿童最佳利益”原则的要求和父母同等履行抚育责任的考虑，对离婚后子女的直接抚养归属也不宜作此原则性规定。

建议修改条文 父母与子女间的关系，不因父母离婚而消除。离婚后，子女无论由父或者母直接抚养，仍是父母双方的子女。

离婚后，父母对于子女仍有抚养、教育和保护的权利和义务。

离婚后，子女的抚养应由父母双方协议。协议不成时，由人民法院根据双方的具体情况，按照有利于子女的原则判决。

（二）离婚财产分割

《草案》第865条规定了离婚时的财产分割规则。其中，对双方当事人协议不成的规定是“由人民法院判决根据财产的具体情况，照顾子女、女方和无过错方权益的原则判决”。我会认为，应当增加婚姻关系存续时间长短、离婚原因两个酌定因素。此外，我会认为需要明确“分割夫妻共同财产一般应当均等”的原则，以避免离婚中部分当事人预期过高而无法达成和解的局面。

建议修改条文 离婚时，夫妻的共同财产由双方协议处理；协议不成时，当事人可以请求人民法院裁决。

分割夫妻共同财产一般应当均等。当事人对均等分割有异议的，由人民法院根据双方婚姻关系存续时间的长短、离婚的原因及财产的具体情况，依照顾子女、女方和无过错方权益的原则判决。

夫或者妻在家庭土地承包经营中享有的权益等，应当依法予以保护。

（三）夫妻共同债务的清偿规则

《草案》第 867 条关于夫妻共同债务清偿规则的规定，将《婚姻法》第 41 条中“原为夫妻共同生活所负的债务”改为“夫妻共同债务”，但并未明确夫妻共同债务的认定标准。这再一次说明有必要在“夫妻财产关系”节中增加关于夫妻共同债务范围的规定。

我会认为，对于夫妻以个人名义所负的共同债务，除基于抚养、赡养、医疗费等产生的人身性债务外，其余夫妻共同债务均应引入有限清偿责任规则，即对非举债的一方，只以夫妻共同财产为限对外承担责任，以保障夫妻中非举债方的权益。

建议修改条文 离婚时，夫妻共同债务应当共同偿还。共同财产不足清偿或者财产归各自所有的，由双方协议清偿；协议不成时，由人民法院判决。

夫妻共同财产不足以清偿债务的，由导致该债务产生的一方以个人财产清偿，另一方仅以夫妻共同财产为限承担清偿责任，但抚养费、赡养费、医疗费等人身性的共同债务除外。夫妻双方对该债务的产生都负有责任的，夫妻共同财产不足清偿的，由夫妻双方以个人财产清偿。

夫妻一方清偿共同债务超出协议约定或法院判决其应当承担的份额部分，有权向另一方追偿。

（四）离婚经济帮助

我会建议，将《草案》第868条中“一方生活困难”修改为“一方生活困难或者生活水平显著下降”。因为根据《最高人民法院关于适用〈中华人民共和国婚姻法〉若干问题的解释（一）》第27条，“生活困难”采绝对困难标准，是指依靠个人财产和离婚时分得的财产无法维持当地基本生活水平，而基本生活水平往往非常低，该适用条件过于苛刻，不利于救济离婚一方的生活困难。此外，对于婚姻关系存续期间存在重大过错的一方请求经济帮助的，我会建议不予支持，以体现法律公平正义的价值目标。

建议修改条文 离婚时，如一方生活困难或者生活水平显著下降，有负担能力的另一方应当以住房、财物、提供劳务等方式提供适当帮助。具体办法由双方协议；协议不成时，由人民法院判决。

婚姻关系存续期间存在重大过错的一方请求经济帮助的，不予支持。

（五）其他建议增加的规定

1. 诉讼离婚的苛刻条款

我会建议在《草案》第856条之后增加一条，规定诉讼离婚的苛刻条款，即在特殊情况下，即使符合法定离婚事由，法官也可判决不准离婚。这对维护婚姻家庭中的相关利害关系人的利益有利。在审判实务中，法官事实上也会这样做，增设这一条款可以使法官对个案的处理于法有据。但也有专家对此持反对意见，认为增加此条文弊大于利。

建议增加条文 如判决离婚对未成年子女有明显不利，或者对不同意离婚一方造成严重伤害的，即使婚姻关系确已破裂，人民法院也可以判决不准离婚。

2. 增加离婚的一般效力

《草案》第 861 条第 1 款仅就离婚对父母子女的一般效力作出了规定，建议在本条之前增加一条，规定离婚对夫妻的一般效力，这有助于双方当事人依据法律规定，处理离婚后的人身关系和财产关系，进而维护当事人的合法权益。

建议增加条文 登记离婚或判决离婚生效后，当事人的配偶身份消灭，基于配偶身份而产生的人身关系和财产关系即行终止。

五 对第五章“收养”的修改建议

（一）降低无配偶者收养异性子女的年龄差

出于鼓励收养的目的，可适度降低无配偶收养人与被收养异性子女间的年龄差。我会建议将《草案》第 880 条中“相差四十周岁以上”修改为“相差三十周岁以上”。

（二）有关收养效力的修改建议

1. 增加解消效力的特殊情况

《草案》第 890 条第 2 款关于收养解消效力的规定没有考虑到继父母收养继子女的特殊情况。建议在现有规定后补充继父母收养继子女对解消效力的部分阻却效果，以更准确地阐明继父母子女家庭在收养关系成立后的效力状态。

建议修改条文 自收养关系成立之日起，养父母与养子女之间的权利义务关系，适用法律关于父母子女关系的规定；养子女与养父母的近亲属间的权利义务关系，适用法律关于子女与父母的近亲属关系的规定。

养子女与生父母及其他近亲属间的权利义务关系，因收养关系的成立而消除。收养人为继父或者继母时，养子女和与其共同生活的亲生父母一方及其近亲属间的权利义务关系不受影响。

2. 修改收养无效规定

《草案》第 892 条第 1 款中“违反……本法规定的收养行为无效”之表述太过宽泛，有失准确。因为本法有关收养规定的效力有所不同，并非违反所有规定都会导致收养无效的后果。同时，建议将“以收养名义买卖未成年人的”增加为收养无效情形。《草案》第 892 条第 2 款规定“无效的收养行为自始没有法律约束力”，但欠缺对送养人、收养人过错导致收养无效的法律责任的规定，建议单列一条一并规定。

建议修改条文 具有下列情形之一的，收养无效，但认定该收养无效会严重损害被收养人利益的除外：

（一）具有本法总则规定的无效民事行为情形的；

（二）违反本章规定的收养人、被收养人条件的；

（三）以收养名义买卖未成年人的。

建议增加条文 收养被人民法院宣告无效的，自始没有法律约束力。

因送养人、收养人的过错导致收养无效，给另一方造成人身或者财产损害的，受害一方有权要求损害赔偿。

（三）增加夫妻解除与养子女收养关系的规定

有配偶者收养子女时要求夫妻共同收养，相应地，夫妻解除其与养子女的收养关系时也须合意解除，但有特殊情况的除外。目前《草案》中欠缺这一规定，建议在第 894 条之后增加一条。

建议增加条文 夫妻共同收养子女的，须夫妻双方合意解除收养，但有下列情形之一的，夫妻一方可以单方解除其本人与养子女的收养关系：

（一）夫妻另一方无民事行为能力或者被宣告失踪的；

（二）夫妻另一方在收养后死亡的；

（三）夫妻已经离婚的。

夫妻一方依前项规定单方解除收养关系的，其效力不及于他方。

六　增加“监护”章的理由与建议

《民法总则》在“自然人”章专设“监护”一节对监护制度加以规定，较《民法通则》而言，扩大了被监护人范围，强化了政府的监护职能，并就监护人的确定、监护职责的履行、撤销监护等制度作出了规定①，取得了明显进步。尽管如此，我会仍然认为，《民法总则》的监护规定没有体现民法典编纂的整体视角和监护立法理念的发展趋势，更没能对监护领域存在的一些现实问题作出回应，因此有必要在《民法总则》关于监护的原则性规定之外，在婚姻家庭编“收养”章后增加“监护”章，分“未成年人监护”和“成年人监护”两节作出更加具体、细化的规定。主要理由在于以下几点。

第一，细化监护制度，加强对被监护人的保护，是我国养老育幼现实国情的需要。目前，我国未成年人监护与成年人监护都需要加强。既要考虑儿童特别是留守儿童监护缺失的问题，规定委托监护制度，也要考虑老年人特别是留守老人赡养监护问题，细化补充监护制度的具体规范，引导法定扶养人和监护人依法履行扶养和监护职责，保障被监护人的合法权益。

第二，细化监护制度，是21世纪我国全面推进依法治国，科学编纂民法典，实现制度创新，完善民事立法的需要。目前，我国《民法总则》对于监护的规定，属于通则性的“一般规定”。由于其主要是原则性的规定，立法结构难免有遗漏、立法内容也显得粗略，甚至某些规定的可操作性不强。首先，从现有立法的结构看，仅有成年人的委托监护，而欠缺父母的委托监护。并且成年人的委托监护对于委托监护人的具体职责、管理费用及报酬，委托监护的监督人等均欠缺规定；欠缺监护人的拒绝与辞任制度；欠缺系统的监护监督制度；欠缺监护终止时的财产清算制度等。这些均为立法结构的遗漏。其次，从现有立法的内容看，监护人的职责仅有原则性

① 李建国：《关于〈中华人民共和国民法总则（草案）〉的说明——2017年3月8日在第十二届全国人民代表大会第五次会议上》，载《民法总则立法背景与观点全集》，法律出版社，2017，第6页。

规定，欠缺人身监护与财产监护两个方面监护职责内容的具体规定，导致可操作性不强。再次，国家公权力对监护的干预力度不够，欠缺系统的监护监督制度，对于监护监督的主体、产生、职责及法律责任均无系统的具体规定，这不利于实施监护监督行为，不利于保护被监护人的合法权益。在21世纪，我国建设中国特色社会主义国家的新时代，基于我国《宪法》有关“国家尊重和保护人权”的规定，基于我国是联合国《儿童权利公约》的缔约国，承担保护儿童最大利益的国家责任，为保护处于弱势的被监护人的利益，尤其应当加强保护儿童和老年人的利益，为实现人民群众对美好家庭生活的向往，必须加强制度创新。为全面推进依法治国，建设社会主义法治国家，为引导人民群众学法、守法、用法，为指导司法人员执法，必须对监护制度的内容予以细化补充，故建议我国立法机关在《民法总则》已经对监护有一般性规定的基础上，在“婚姻家庭编”中新增“监护”作为独立的一章。

第三，监护制度内容庞杂，将其在民法分则婚姻家庭编中细化补充，有利于监护规则的具体化，其与该编其他相关规则形成紧密的联系，这也符合多数大陆法系国家民法典的监护制度之立法体例。

综上所述，我国立法机关可参考2018年1月中国法学会婚姻家庭法学研究会提交的《中国法学会重点项目民法典婚姻家庭编的立法建议稿》中监护章的立法内容，即监护制度的外部立法体例采取“总—分”模式，在《民法总则》已经对监护作出一般性规定的基础上，在民法分则婚姻家庭编中新增“监护”章作出具体的细化补充规定。因为，监护作为弥补民事主体行为能力的一项制度，《民法总则》中可以对监护作出一般规定，但鉴于总则的抽象性、概括性特征和“提取公因式”的立法技术要求，总则中的监护规定只能是原则性的，具体内容应在婚姻家庭编中细化展开。我们建议“监护”章分两节对未成年人监护与成年人监护分别予以规定。根据监护产生的依据不同，未成年人监护分为意定监护（包括委托监护与遗嘱监护）和法定监护两种类型；成年人监护分为意定监护与法定监护两种类型，具体予以细化规定，从而形成一个较为科学、合理的监护制度的立法体系。

具体建议条文如下：

第六章　监　护

第一节　未成年人监护

建议增加条文-1　父母是未成年子女的监护人。

未成年人有下列情形之一的，应当为其设立非父母的监护人：

（一）父母双亡的；

（二）父母全部或部分丧失行为能力的；

（三）查找不到父母的；

（四）父母被人民法院宣告撤销监护资格的；

（五）其他不处于父母监护之下情形的。

建议增加条文-2　未成年人的父母有正当原因不能履行监护职责的，可以通过书面形式，将父母的监护职责全部或部分委托给依法具有监护资格且有监护能力的近亲属或者组织。

建议增加条文-3　未成年人的父母可以订立遗嘱指定未成年人的监护人。

如果父、母各自的遗嘱指定的监护人不一致的，根据最后死亡的父母一方的遗嘱确定未成年人监护的个人或组织；未成年人年满八周岁的，应当考虑本人的真实意愿。

被未成年人的父母以遗嘱指定的非近亲属监护人，应当自知道被指定之日起一个月内向未成年人住所地的民政部门作出接受或者放弃的意思表示。逾期未作出表示的，视为拒绝指定。

建议增加条文-4　不处于父母监护下的未成年人，在无委托监护人和遗嘱指定监护人的情形下，应当根据《民法总则》第二十七条的规定，为其确定法定监护人。

建议增加条文-5　同一顺序的数名监护人，可以协议确定监护人。

协议确定监护人应当根据保护未成年人最大利益原则，考虑监护人与被监护人的感情、在生活上的联系及其履行职责的意愿、身体健康状况及生活条件等因素。被监护人年满八周岁的，应当考虑本人的真实意愿。

协议不成或者对担任监护人有争议的，应当根据《民法总则》第三十一条的规定确定监护人。

未成年人的监护人在被确定或指定之前，被监护人的人身权利、财产权利及其他合法权益处于无人保护状态的，应当指定临时监护人。

未成年人的监护人被确定后，不得擅自变更；擅自变更的，不免除该监护人的责任。

建议增加条文－6 未成年人的监护人，具有以下监护职责：

（一）为被监护人指定住所；

（二）照顾与教育被监护人；

（三）保护被监护人的人身免受侵害；

（四）编制被监护人的财产清单，妥善管理被监护人的财产，除为被监护人的利益外，不得处分被监护人的财产；

（五）对被监护人的财产管理情况，定期向监护监督人报告，但父母作为监护人的不在此限；

（六）代理或同意与被监护人的人身、财产相关的民事法律行为。

未成年人的监护人应当根据《民法总则》第三十五条的规定，依法履行监护职责。

依法负担未成年被监护人抚养费的父母或其他近亲属，在无抚养义务的监护人履行监护职责期间，应当继续履行给付抚养费的义务。

未成年人的监护人处理监护事务的必要费用，应当从被监护人的财产中支付；其先行垫付监护相关费用的，有权从被监护人财产中扣除。

未成年人的非近亲属监护人履行监护职责的，可以获得适当的报酬。

建议增加条文－7 为未成年人设立非近亲属的监护人时，应当同时设立监护监督人。

（一）下列个人或者组织可以作为监护监督人：

1. 未成年人的非父母监护人以外的其他近亲属；

2. 未成年人父母指定的个人或组织；

3. 未成年人住所地的居民委员会、村民委员会或者民政部门。

（二）监护监督人应当履行以下职责：

1. 根据监护监督的需要，要求监护人报告监护事宜；

2. 监护人缺位时，临时履行监护人的职责；

3. 对监护人处分被监护人的财产行为进行监督；

4. 监护人怠于履行或者严重违反监护职责时，请求人民法院撤销或者变更监护人。

未成年人的监护人、监护监督人发现未成年被监护人的人身或者财产受到他人侵害的，应当及时救助并报告给被监护人住所地的居民委员会、村民委员会、法律规定的有关组织或者民政部门。

未成年人的监护人不履行监护职责、监护监督人不履行监护监督职责，或者侵害被监护人合法权益的，应当承担法律责任。

第二节　成年人监护

建议增加条文-8　具有完全民事行为能力的成年人，可以根据《民法总则》第三十三条的规定，通过协商后以书面形式委任自己的监护人。该委托监护书中应当写明委托监护的具体事务。具有监护能力的委任监护人在该成年人丧失或者部分丧失民事行为能力时，履行监护职责。

设立委任监护时，可以通过协商以书面形式指定委任监护监督人。

建议增加条文-9　成年人无民事行为能力或者限制行为能力，且无委任监护人的，应当根据《民法总则》第二十八条的规定，为其确定法定监护人。

建议增加条文-10　成年人的委任监护人，应当尊重被监护人的意愿，在受委任的权限内妥善处理被委任的监护事务，并定期向委任监护监督人报告监护职责的履行情况。

委任监护的费用和报酬可以约定。没有约定的，委任监护监督人可以根据委任事务予以确定。

建议增加条文-11　成年人的法定监护人，具有以下监护职责：

（一）照顾被监护人的生活；

（二）保护被监护人的人身免受侵害；

（三）编制被监护人的财产清单，妥善管理被监护人的财产，除为被监护人的利益外，不得处分被监护人的财产；

（四）对被监护人的财产管理情况，定期向监护监督人报告，但父母、配偶、子女作为监护人的不在此限；

（五）代理或同意与被监护人的人身、财产相关的民事法律行为。监护人处理超出日常管理范围的重要事务，应当经监护监督人同意。

成年人的监护人应当根据《民法总则》第三十五条的规定，依法履行监护职责。

依法负担成年被监护人扶养费的配偶或其他近亲属，在无扶养义务的监护人履行监护职责期间，应当继续履行给付扶养费的义务。

成年人的监护人处理监护事务的必要费用，应当从被监护人的财产中支付；其先行垫付监护相关费用的，应当从被监护人财产中扣除。

成年人的非近亲属监护人履行监护职责的，可以获得适当的报酬。

建议增加条文 -12 被监护人可以在与其精神状态相适应的范围内自主决定本人的医疗事项。

对成年被监护人实施创伤性医疗行为，本人不能作出同意之意思表示的，可以由监护人代为同意并告知监护监督人。

建议增加条文 -13 为成年人设立非近亲属担任的监护人时，应当同时设立监护监督人。

下列个人或者组织可以作为监护监督人：

（一）成年人的近亲属，但其监护人除外；

（二）成年人本人指定担任监护监督的个人或组织；

（三）成年被监护人住所地的居民委员会、村民委员会或者民政部门。

成年人的监护监督人的职责，比照适用本编第　条有关未成年人监护监督人的职责之规定。

成年人的监护人、监护监督人的救助、报告义务及法律责任，比照适用本编第　条有关未成年人的监护人、监护监督人的救助、报告义务及法律责任之规定。

此外，我会认为，为保护被监护人的权益，监护人在因体力、智力的相对欠缺或其他客观原因而难以履行监护人职责时，应赋予其拒绝或辞任的权利，并应对监护人的监护资格、监护监督人的监督资格的撤销与恢复，以及监护的终止等作出规定。因未成年人监护和成年人监护均涉及上述事项，故有关条文建议补充在《民法总则》第二章第二节的适当位置。具体建议条文如下：

建议增加条文-1 监护人具有下列情形之一的，可以向其他具有监护资格的人提出拒绝监护或辞任监护的要求，通过协商确定或变更监护人：

（一）年满六十五周岁的；

（二）因疾病、残疾等原因难以履行监护职责的；

（三）有其他正当理由的。

监护人与其他具有监护资格的人，协议不成时，可以根据《民法总则》第三十一条的规定，向人民法院申请指定或变更监护人。

建议增加条文-2 未成年人的监护人、成年人的监护人之监护资格的撤销与恢复，分别适用《民法总则》第三十六条、第三十八条的规定。

监护监督人的资格之撤销与恢复，准用以上规定。

建议增加条文-3 未成年人的监护、成年人的监护之终止，适用《民法总则》第三十九条的规定。

监护关系终止时，监护人应当对被监护人的财产进行清算。有监护监督人的，财产清算应当会同监护监督人进行。

对财产清算的结果有争议的，可以申请人民法院依法裁决。

中国法学会婚姻家庭法学研究会

2018年9月19日

关于《民法总则（草案）（二次审议稿）》的修改建议

中国法学会婚姻家庭法学研究会

执笔人：陈　苇　林建军*

为更好地配合国家立法活动，积极贡献智识，充分发挥自身的智库作用，中国法学会婚姻家庭法学研究会特组织部分专家，针对《民法总则（草案）（二次审议稿）》（以下简称《二审稿》）中的监护制度从立法体例、基本原则、立法内容及立法语言等方面提出了修改建议。具体修改建议如下。

一　关于立法体例

《二审稿》将监护制度置于《民法总则》第二章“自然人”之第二节“监护”部分，总计12个条文规定了未成年人监护和成年人监护制度的内容，既包括监护的原则，也包括监护人，监护职责，监护的撤销、终止等具体内容。而从立法的科学性、协调性、体系化出发，建议《民法总则》仅对监护作原则性规定，另在婚姻家庭编中对监护制度的具体内容专章规

* 陈苇，西南政法大学教授、博士生导师，中国法学会婚姻家庭法学研究会副会长。林建军，中华女子学院教授，中国法学会婚姻家庭法学研究会秘书长。

定。理由如下。

第一，符合民法典的总分体例。我国民法典的体例是总则统领分则，具有总括性和普遍性的规定均抽象、概括于总则之中。监护作为弥补民事主体行为能力的一项制度，总则中宜作原则性规定，具体内容在婚姻家庭编中细化展开。

第二，符合监护制度的法律属性。家庭是自然人成长和生活的最好环境，亲属是监护人的主要人选，是监护职责的主要实施者。虽然为保障未成年人等被监护人的权益，许多国家加大了公权力干预和监督的力度，但公权力只是作为监护的监督者及监护职责的最后承担者，家庭仍然是监护的主要依托。因此，将监护制度规定在婚姻家庭中符合监护制度的法律属性。

第三，有利于监护制度的完善。监护制度内容庞杂，置于婚姻家庭编中细化展开，有利于构建内容完整、体系完备的监护制度，避免《民法总则》过于原则、不利于操作的弊端。

第四，符合大陆法系民法典的立法体例。大陆法系多数国家将监护制度置于亲属编或人法中，如《德国民法典》置于第四编亲属编中的第三章；《意大利民法典》置于第一编人与家庭中的第十章；《日本民法典》将监护置于第四编亲属编中的第五章，在第四章亲权之后。就体系化而言，监护制度是亲权制度的延伸，与亲属制度密切相关，将监护制度置于婚姻家庭法中，符合大陆法系民法典逻辑严密、体例完整的特点。

建议：

民法典—总则—第二章

第二节　监护与保护的一般规定。

民法典—分则—婚姻家庭编

父母子女章　第一节“父母对未成年子女抚养的权利和义务”；第二节“父母对未成年子女照护的权利和义务”。

监护与保护章　第一节“未成年人的监护”，分为意定监护与法定监护；第二节“成年人的照护”，分为意定照护与法定照护（监护、保佐与辅助）。

二　关于基本原则

关于未成年人监护及成年人监护中具有普遍性、支配性的审酌标准，在《二审稿》第27条第1款、第29条、第34条第1款等条文中有所体现，但存在两方面不足：一是缺乏统领监护法律规范的概括性的价值理念指引；二是对未成年人监护和成年人监护未加区分，均采取“尊重被监护人的意愿，最有利于被监护人的原则”的理念，未体现成年人监护的特殊性。20世纪中后期，从国际社会的发展趋势看，世界各国对成年监护制度进行改革，其核心是从原来侧重于维护交易安全、剥夺或限制当事人行为能力而忽视其利益保护，到不再把成年障碍者当作消极被动的社会福利和救济对象，而把他们视为社会生活的积极、平等的参与者，并脱胎而出“尊重自我决定权”的监护原则，对被监护人的残存能力及自我生活决定权，给予最大限度的尊重和保护而非全面剥夺。

建议对未成年人监护与成年人监护，分别规定不同的基本原则。在第二节“监护”中，增设一条“基本原则”：未成年人监护制度，以保障被监护的未成年人的最大利益为目的；成年人监护制度，以尊重本人的自我决定权，采取适当监护措施，协助维持本人生活正常化为目的。

三　关于立法内容

（一）缺失必要的监护制度内容

1. 监护类型中缺失委托监护

《二审稿》中规定的未成年人监护类型较为单一，欠缺未成年人父母的委托监护制度，难以适应未成年人监护的需要，特别是难以满足现实生活中留守儿童的委托监护之需要，不利于未成年人最佳利益的实现。

建议补充规定未成年人父母的委托监护。

2. 缺失监护的拒绝与辞任

没有规定监护的拒绝与辞任。建议对此在总则中予以补充概括性规定，补充授权性规范。凡出现监护的拒绝与辞任的法定情形时，监护人可以请求人民法院依法裁决是否准予拒绝或辞任。具体的法定情形、程序等，应当由“婚姻家庭编”作出具体规定。

（二）具体条文的修改建议

1. 关于第 26 条的修改建议

第 26 条规定：“父母对未成年子女负有抚养、教育和保护的义务。成年子女对父母负有赡养、照顾和保护的义务。”

本条属亲子关系的内容，与监护制度的制度基础、立法原则、权利主体及权利内容均有所不同。前者属亲子身份关系的内容，权利义务的主体仅限于父母子女，系自然产生；而监护属民事主体制度的内容，权利人的范围较宽，需经特别程序。

故第 26 条的内容应规定于婚姻家庭编的亲子关系部分，不宜规定在监护制度中。

2. 关于第 33 条的修改建议

第 33 条规定了监护的权利与责任，但对监护职责的规定存在两方面问题：一是过于笼统，缺乏可操作性；二是权利义务不对等。

建议：将监护职责与我国欠缺行为能力的自然人二分为无民事行为能力和限制民事行为能力制度相衔接。根据欠缺行为能力状态—保护方式—职责内容，分为全面监护和部分监护。

全面监护的职责：对无民事行为能力人的监护。（1）法定代理权。被监护人无行为能力，所为行为无效，须监护人为其法定代理人。监护人有权以被代理人名义或以自己名义实施民事法律行为。（2）财产管理权。监护人对被监护人全部财产拥有管理权。在监护开始阶段，造具被监护人财产清单；妥善管理被监护人财产，未经监护监督人同意，不得处分；禁止监护人受让、承租被监护人的财产或接受该财产的抵押、质押；定期向监护监督人报告被监护人的财产状况；当被监护人恢复行为能力时向其移交财产。（3）撤销权。监护人可撤销被监护人单独实施的行为，但购买日用品及与日常生活相关的、纯获利的行为除外。（4）报酬请求权。（5）监护人的注意义务与损害赔偿责任。监护人管理被监护人财产，应与处理自己的事务为同一注意义务。执行财产上监护职务有过失所导致的损害，应对被监护人负赔偿责任。

部分监护的职责：对限制民事行为能力人的监护。限制民事行为能力的被监护人仅部分行为能力受到限制，对有能力处理自己事务的——自治、自理，无能力处理自己事务的——协助、补充，为重要法律行为时，应经监护人的同意。基于被监护人最佳利益原则，法律明确列举出受限制的行为范围（处分不动产、诉讼行为、投资行为等）。

3. 关于34条的修改建议

根据第34条的规定，监护人履行监护职责应遵循的原则，在成年人监护与未成年人监护方面均为“应当按照最有利于被监护人的原则”履行监护职责。这并不符合成年人监护的立法理念。成年人监护应遵循的是“尊重本人的自我决定权”“协助和维持本人生活正常化”原则，而非被监护人最大利益原则。建议修改。相关内容已在前文“二　关于基本原则”部分展开，此不赘述。

4. 关于第35条至第37条的修改建议

第35条至第37条分别规定了监护的撤销、恢复与终止的具体情形和程序，这些内容不符合《民法总则》概括性、抽象性规定的特点。建议修改为授权性规范：凡出现监护变动法定情形的，监护人、利害关系人或相关社会组织，可以请求人民法院依法对监护予以变更、撤销、恢复或终止。

而具体的监护变动情形、程序等，则应当在“婚姻家庭编”中“监护”一章作出具体规定。

四　关于立法语言

从《二审稿》的立法用语上看，对未成年人监护、成年人监护均采用传统用语“监护”（第27条、第28条）。并且，对监护的概念，仍然保留沿用《民法通则》规定的“大监护”概念，没有区分父母对未成年人的监护与父母外第三人对未成年人的监护，不够科学。

建议借鉴国外立法例，修改监护制度的立法用语。对于未成年人监护，区分“父母对未成年人的监护”与“父母外第三人对未成年人的监护”，将父母对未成年人的监督和保护称为“父母照护”（此为借鉴《德国民法典》）或“父母责任”（此为借鉴英国法），将父母外第三人对未成年人的监护称为“监护”；对成年人监护，宜借鉴国外立法，称为“成年人保护”（此为借鉴瑞士立法例）或称为“成年人照护”（此为借鉴德国立法例）。

中国法学会婚姻家庭法学研究会

2016 年 12 月 8 日

年会综述

中国法学会婚姻家庭法学研究会2018年年会会议综述

曹险峰　朱　帅*

2018年7月14日至15日，中国法学会婚姻家庭法学研究会2018年年会在吉林警察学院举行。本次会议由中国法学会婚姻家庭法学研究会主办，吉林大学法学院、吉林省高级人民法院和吉林警察学院承办，吉林省法学会婚姻家庭法学研究会协办。中国法学会研究中心主任李仕春，中国法学会婚姻家庭法学研究会会长，中国政法大学教授、博士生导师夏吟兰，中国法学会婚姻家庭法学研究会常务副会长，中国人民大学法学院教授、博士生导师龙翼飞，吉林省法学会常务副会长姜德志等领导出席会议。来自全国立法机关、高等院校、科研机构及法律实务部门的210余位理论及实务工作者参加会议。

7月14日上午，先后进行开幕式和主旨发言两个环节。开幕式由龙翼飞副会长主持。李仕春主任祝贺本次会议顺利召开，勉励各位专家学者认真学习贯彻十九大精神，在习近平总书记有关家庭问题系列重要论述的指导和引领下，深入研讨立法前沿问题和司法难点问题，为中国特色社会主义法治建设建言献策、积极作为。姜德志副会长、吉林大学法学院蔡立东

* 曹险峰，吉林大学法学院副院长、教授、博士生导师；朱帅，吉林大学法学院博士研究生。

院长、吉林省高级人民法院吕洪民副院长等领导也分别致辞。婚姻法学研究会会长夏吟兰教授致辞并作 2017 ~2018 年度工作报告。

会议主旨发言阶段，首先由江西省人大常委会法制工作委员会副主任委员、中国法学会婚姻家庭法学研究会副会长郭兵主持本环节的研讨。全国人大法制工作委员会民法室段京连副巡视员作了题为"《民法典婚姻家庭编》立法动态"的主旨发言，对法工委的工作进程进行介绍。指出现阶段的立法进度和工作方法，以及下阶段的立法任务和工作目标，总结《民法总则》编纂经验。同时，她建议要认真学习十九大精神，把十九大内容与社会主义核心价值观贯彻到民法典各分编的制定中。中国法学会婚姻家庭法学研究会常务副会长龙翼飞教授围绕"《民法总则》的制度创新对婚姻家庭编的影响"阐述观点，介绍了《民法总则》与婚姻家庭编立法衔接的问题。他认为，《民法总则》关于立法目的、立法依据的规定为婚姻家庭编立法奠定了基础，关于民法调整范围的表述提升了婚姻家庭编的保障理念，关于保护民事主体的宣言拓宽了婚姻家庭编的主体表达，关于基本原则的规定明确了婚姻家庭编的基本法律要求。《民法总则》民事主体的创新性规定为婚姻家庭编的细化指明了方向，民事主体诉讼时效、代理等特殊制度的规定也为协调婚姻家庭编与《民法总则》的关系提出了新的要求。吉林大学法学院博士生导师、地方法制研究所副所长李海平教授以"2018 年修宪与新时代法治建设"为题分享了宪法学视野下公法与私法、母法与子法的互动关系。李海平教授介绍了 2018 年宪法修改的内容，通过分析修宪的原因揭示新时代我国的法治环境和立法目标，并对重点条文进行具体解读，为协调宪法与部门法关系、贯彻落实十九大精神与加强党的领导提出自己的建议。吉林大学法学院院长蔡立东教授发表了题为"司法逻辑下的'假离婚'"的学术演讲，主张以司法解释抑制假离婚现象，以"区分思维"裁判假离婚案件，通过立法和司法两条路径解决假离婚问题。蔡立东教授的研究旨在缓和民众观念与司法裁判的差异，以大数据分析的方式总结实践中假离婚现象产生的原因，法院在解决僵化的政策与人们现实行动间的矛盾中如何发挥作用，并为法院应对假离婚提出了建议。吉林省高级人民法院吕洪民副院长以"吉林省家事审判改革经验"为题，介绍了实务中家事审判改革的经验与教训。他总结并分享了作为家事审判改革试点的吉林省法院系统现阶段取得的经验，主要包括机构设置、硬件设置、培训指导课程设置、工作机制的改变、社会各机构联动、社会宣传等。同时也指出改革以来遇到的困难和瓶颈，专业化水平有限、家事审判制度不完善、家事调解工作量巨大、审判队伍不稳定等问题需要各方力量协同解决。吉林大学法学院、吉林大学理论法学研究中心李拥军教授以"'家'视野下的中国法治的主体性"以题，系统阐释了中国人特有的家庭观及其对我国法治的影响。以农耕文化为基础的家文化孕育了中国人特有的权利观念，个人隐私权、家庭财产处置权、婚姻建议权、医疗决策权、夫妻财产权、作为备用机制的权利与西方权利观迥然不同，家在运作的过程中表现出"同""别""情""止"的特征。李拥军教授倡导着眼于我国独特的家文化，在"家"的视野下建构中国法治主体性，抛弃"改造家庭"的观念，承认家庭领域"自生自发秩序"的合理性，重塑家庭法的私法属性。

7月14日下午，会议进行主题发言。

第一单元　"一般规定、结婚、夫妻关系"研讨

第一单元由原全国人大法制工作委员会民法室巡视员扈纪华主持。中国政法大学民商经济法学院金眉教授以"论中国特色婚姻家庭法的制度建构"为题，围绕彩礼和赡养两个具有中国特色的问题展开，指出彩礼所包含的中国意义，建议重建彩礼返还请求权规范，使彩礼继续发挥稳定婚姻关系的作用。同时在婚姻家庭编确立子女最佳利益原则和精神赡养，实现父慈子孝传统在现代法律上的转换。

济南大学政法学院高云鹏副教授围绕"婚姻家庭法中的差异原则"发表学术观点，他阐释了差异原则在婚姻家庭法中的适用，包括差异原则产生的原因和背景、差异原则的基本内涵与实现路径，主张要尊重多元化的个体价值，尊重选择自由，倡导通过公共家庭政策的参与实现家庭成员的个人价值与社会价值的结合，在裁判中鼓励法官把法律看成解决与调整问题的指导性框架，自由裁量，以其自身的个性和活力补充与充实法律的内容。

北京市第一中级人民法院行政庭庭长薛峰分享了关于"涉婚姻登记行政诉讼案件的调研分析"的研究，其以行政诉讼的视角分析婚姻登记制度中现存的问题。通过梳理涉婚姻登记行政诉讼案件的现状，可以看出，实践中涉婚姻登记行政诉讼案件的裁判标准不统一、行政诉讼的功能未能得到完全释放。对于问题的解决，薛庭长建议以实质化解行政争议的理念统一涉婚姻登记行政诉讼案件的裁判标准，以行政行为补正制度促进行政诉讼多样化判决方式的运用，以进一步完善行政诉讼一并审理民事争议制度保障当事人合法权益，通过三种路径的协调适用，解决婚姻行政诉讼与民事诉讼之间存在的矛盾与冲突。

中国社会科学院社会法室主任、中国法学会婚姻家庭法学研究会副会长薛宁兰教授作了题为“中国民法典夫妻债务制度研究”的发言。她指出，现行夫妻债务制度在立法模式、结构、内容及言语表达等方面都需完善，不同类型夫妻债务应采取不同标准确定其性质，设专条规定日常家事代理权，尊重夫妻之间关于债务的约定，建立夫妻财产制协议的公示制度，列举性规定夫妻共同债务和个人债务的范围，并保留现行有效做法，注重身份法与财产法的结合、协调。

西南政法大学民商法学院张力教授对“夫妻共同债务认定中的用途规则”进行系统阐释。张力教授旨在厘清夫妻共同债务认定中用途规则条款之间的关系，对法释〔2018〕2号的模糊之处进行解释，最终形成第41条绵密科学的适用体系。通过梳理司法解释落实用途规则的渐变路径，张力教授认为法释〔2018〕2号提供了当前实现第41条的最优路径。细化新旧司法解释不同情形下的适用规则，对“用于夫妻共同生活、共同生产经营”进行类型化认定，未来民法典仍适用第41条的规定，保持夫妻共同债务认定条件的弹性，为具体认定时的程序性事项留下符合社会发展状况的司法解释空间。

在点评环节，婚姻法学研究会副会长、黑龙江法学院的王歌雅教授认为，这几位发言人都为民法典的编纂提出了新的视角，例如金眉老师历史派的角度启迪我们要从多维度视角面对婚姻家庭制度，高云鹏老师将人格权法的差异原则嵌入婚姻家庭制度中，以及薛峰法官从实务和统计学的角度揭示了婚姻登记制度存在的问题。民法典的编纂应当从不同学科、不同角度出发。吉林大学法学院、吉林大学理论法学研究中心孙良国教授认为，现阶段民间借贷市场混乱，导致产生了很多异态问题，我们应当通过立法司法的配合、互补，解决特殊时期的特殊问题。此外多元婚姻家庭观念的变化也在冲击原有的一般性原理，如何解决新时期、新环境所产生的新问题值得大家进一步思考。

《中国法学会婚姻家庭法学研究会 2018 年年会论文集》还收录了诸多学者的论文。杨晋玲教授在《认真对待婚姻家庭领域中的习惯——以〈民法典婚姻家庭编〉的制定为背景》一文中指出，由于“习俗性”伴随着人们婚姻家庭生活的始终，并影响着人们的行为方式，当引发纠纷诉诸法院时，在法无规定或法律规定与习俗不相协调的情况下，司法裁判无法回避对民间习惯的引用或遵循。当此民法典编纂之际，在婚姻家庭编的制定过程中，应当认真对待婚姻家庭中的习惯问题，对于在司法实务中已通过司法政策和解释得到认可的一些民间习惯，如婚约及彩礼的返还问题、事实婚姻与同居问题、子女的姓氏选择问题等，应通过立法的方式将其规范化，以引导和规范人们的行为，增强法律应对复杂现实生活的能力。大连市妇联的王东坤在《关于民法婚姻家庭编立法的设想》中介绍了自己对民法典制定的建议。王东坤依据《民法通则》、《婚姻法》及其解释、《收养法》、《婚姻登记条例》中被实践证明行之有效的规定，学习借鉴多年参加婚姻家事法实务论坛上专家学者的研究成果，结合自己 30 年来服务婚姻家庭领域，特别是近年来参与家事调解的实践及理论研究，形成该文，旨在为制定一部遵循法治规律、符合中国实际、具有中国特色、展示中国气派的中华人民共和国民法典提供参考。她指出，婚姻家庭编由通则、结婚、家庭关系、离婚等四章和一般规定、亲属、结婚条件、结婚程序、无效婚姻、夫妻人身关系、夫妻财产关系、父母子女关系、收养、其他家庭成员关系、一般规定、登记离婚、诉讼离婚、离婚后子女的监护抚养与探望、离婚财产分割与救济、离婚后的住房安置等十六节及若干具体条款组成。

北京天驰君泰的杨晓林律师从实务角度介绍了夫妻忠诚协议的效力。具有夫妻忠诚协议性质的协议书、保证书、承诺书在离婚及相关诉讼中大量存在，但其性质和效力争议较大。《最高人民法院关于适用〈中华人民共和国婚姻法〉若干问题的解释（三）》回避了对于解决该类型纠纷的统一规定，由各个法院根据具体案件具体裁判，同案异判现象突出。司法实践中，在夫妻忠诚协议性质的认识上，目前存在从以往的违反忠诚义务的损害赔偿协议向附条件的夫妻财产约定性质演变的倾向。杨晓林律师认为，具有夫妻忠诚性质的协议书、保证书、承诺书既非合同也非夫妻财产约定，属于未生效的离婚协议，协议人有反悔的权利。中南财经政法大学的潘芳芳老师在《夫妻协议的法律适用问题探究》一文中介绍了夫妻忠诚协议的效力等基本问题。夫妻协议中身份协议的法律适用，只能够通过婚姻家庭法规范进行规定和调整，争议主要集中于欠缺婚姻家庭法规范的“身份与财产关系交织的协议”的法律适用上。通过考察婚姻家庭法规范的历史变迁，对比国外相关规范，分析司法实践判例，能够充分论证婚姻家庭法领域纠纷解决的法源具有开放性特征，为夫妻协议纠纷的解决适用和类推适用其他民事法律规范奠定了可行性基础。《民法总则》对法律行为的一般规定，是对民法典各分编法律行为“提取公因式”而来，可当然适用于夫妻协议，作为协议成立和生效的判断依据；通过对类推适用额前提和要件的剖析，证明夫妻协议与婚姻家庭法规范和合同法规范案件事实具备“相似性”特征，能够进行类推适用。总之，夫妻协议纠纷可以在符合婚姻家庭法规范原则和本质的前提下，通过适用和类推适用民事法律其他规范予以解决。

河北经贸大学的田韶华教授就瑕疵婚姻制度发表自己的观点，他认为婚姻家庭编中下次婚姻的制度设计应兼顾民事法律行为制度的体系性和结婚行为作为身份行为的特殊性，对于《民法总则》中的瑕疵民事法律行为制度应以是否有悖于身份行为的特质为标准予以有选择的使用。瑕疵婚姻在类型体系上除了应维持目前效力瑕疵上的双轨制之外，还应增设婚姻的不成立制度。在无效和可撤销婚姻的事由上应当以《民法总则》的规定为依据并结合结婚行为的特性加以确定和解释；在婚姻无效和被撤销的后果上应取消对可撤销婚姻具有溯及力的规定，并增设婚姻瑕疵的治愈事由，同时增设对无效婚姻和可撤销婚姻中善意一方以及无过失一方当事人的救济制度。淮海工学院的张玉萍老师就婚姻变通制度提出自己的观点。她认为外国法的结婚变通作为一种特殊的法律现象，其成因主要是政治、文化、习俗等社会综合要素，其基本内容涉及法定结婚年龄、一夫一妻制原则、旁系血亲间、姻亲间、妇女待婚期、患有法定疾病等方面的结婚变通规则，其基本价值在于在一定程度上彰显人的基本属性、保障婚姻自由和维护社会秩序的稳定状态。它是旨在调适结婚禁止的强制性能，借以辅助和优化结婚禁止的整体效应的婚姻家庭制度。

在夫妻关系部分，汕头大学法学院的熊金才教授在《夫妻共同财产管理纠纷及其调处》一文中提出，夫妻共同财产管理权是配偶权的重要内容，包括对共同财产的占有、利用、收益和处分的权利。由于我国现行法律对夫妻共同财产管理权的规定不够细化，加之婚姻当事人对夫妻共同财产管理权意定的缺失，夫妻共同财产管理纠纷频发，影响婚姻家庭稳定和未成年子女利益。为此，明确夫妻共同财产管理权的内容、管理模式、当事人的权利义务以及权利被侵犯时的法律救济机制，有助于夫妻共同财产管理纠纷的调处和夫妻共同财产的保值与增值，最终增进婚姻利益和社会整体利益。山东师范大学薛启明老师认为，针对夫妻共同债务认定的“用途论”和“推定论”均立基于错误的理论前提之上，因此无法得出令人满意的结论。对夫妻债务的性质认定应首先回归意思自治和交易安全这两大私法基本原则，进而采纳“债务分隔原则”和“财产制分隔原则”，同时杜绝债权人对未举债配偶的意思自治实施不当干涉的可能性和未举债配偶对债权人享有的责任财产范围实施不当干涉的可能性。在此基础上，应当进一步在划分举债方及其配偶对外各自享有的财产范围时采纳公示和类公示标准，并对适用该标准无法得出排他性归属结论的个别财产按照对外共有的规则处理。

山东女子学院的李静老师以婚姻家庭诉讼最高人民法院指导性案例裁判文书公报案例，最高人民法院的答复审判业务意见，中国裁判文书网、“家事审判”公众号以及地方报纸刊登的法制新闻等为参照物，重点关注夫妻财产的权属确认、夫妻共同财产的公平分割、夫妻共同债务等方面的法院判决，从而审视我国司法领域在适用夫妻财产制时存在哪些障碍，判断夫妻财产的归属是否清晰，夫妻离婚时共同财产的分割是否符合实质正义。新余市中级人民法院的熊春安、邹铖法官介绍了实务中婚后一方父母出资为子女认缴且登记在出资人子女名下的股权定性问题的解决路径。两位法官认为可以通过类推适用《最高人民法院关于适用〈中华人民共和国婚姻法〉若干问题的解释（三)》第 7 条第 1 款，按照《婚姻法》第 18 条第(三）项的规定，视为只对自己子女一方的赠与，该股权应认定为夫妻一方的个人财产。中国传媒大学的周凯老师在《保障性住房演变对家庭住房产权的影响——从经济适用房到共有产权房》中指出，在保障性政策住房体系内的购房家庭，无法过多考虑自身财产权利的完整和行使的便利性，保障性政策住房价格比普通商品房价格低，这是有代价的，它是以限制行使财产权换取的。满足居住功能，淡化住房投资、收益功能，在这个体系内住房产权本身就是不完整的，限价房、自住房、共有产权房虽属于商品房范畴，但其所有权的行使（实现方式）均设置了不同的限制条件，以夫妻为核心的购房家庭财产权行使实际上是受到不同住房类型本身在权利（占有、使用、收益、处分）设置上的限制。购房家庭法律权利的行使受到相当程度限制，购房家庭不能充分行使收益、处分这类权能。东北财经大学的李娜老师通过比较中德法律背景下的父母赠与问题，提出自己的观点。她指出我国现行《婚姻法》及最高人民法院颁行的相关司法解释在法定夫妻财产制的框架下对“父母赠与”问题进行了特别的规制，在赠与物的归属上采取“婚后赠与夫妻共有推定说”与“婚后房产赠与之单独赠与说”并行的双轨制，在赠与物返还方面却并未提供相应的法律救济渠道。而与我国不同，德国在立法层面对赠与物归属采取“单独赠与说”，在司法层面则依据教义学方法创制了赠与物返还的请求权基础。中德双方对这一问题的不同解决方案源于双方对“父母赠与”行为性质的不同解读，德国法律人看重的是赠与人的内心意愿，并依此将父母对子女的赠与与对子女配偶的加以区别；而我国则更看重夫妻在婚姻生活中的一体性，并将此凌驾于赠与人真实意愿之上。故该文拟以教义学为切入点，以中德比较为视角，检视我国现行有关“父母赠与”立法规定与司法适用之利弊得失，探讨民法典体系下德国方案在我国适用的可行性与必要性，力求为今后相关问题的解决提供思维模式和解决方案。

吉林大学的李洪祥教授在《我国夫妻共同债务构成依据的反思》一文中提出，《婚姻法》、最高人民法院相关司法解释规则，确认了我国夫妻共同债务构成依据主要有四个：“用途论”“共同合意”“日常家事代理”“时间论”。由于构成依据不统一，夫妻共同债务构成成了近年来的热点问题。近年来，由夫妻共同债务司法审判案件的实证数据和《婚姻法》解释夫妻共同债务构成依据的司法适用，发现了审判实践中夫妻共同债务构成依据有些是存在问题的，“时间论”推定规则的绝对化和举证责任完全分配给举债配偶一方的规范，缺乏夫妻共同债务构成的法理依据。解决办法是应当以所负债务为夫妻共同合意（共债共签和事后追认）或者用于夫妻共同生活为构成的主要依据，辅之以日常家事代理权为夫妻共同债务的构成依据，这才是夫妻共同债务构成的完整依据。集美大学的王勤芳老师在《论夫妻共同债务的认定与清偿》一文中，首先从夫妻共同债务的认定入手，分析我国在不同时期分别采用的“实质主义”、“形式主义”以及“形式结合实质主义”的认定方式，发现各个模式下的优缺点，并提出观点认为，“实质主义”因为注重考察夫妻共同债务的实质使用情况而更加具有合理性。其次在夫妻共同债务的清偿问题上讨论，当债务被认定为夫妻共同债务时，非举债一方的个人财产是否应当作为夫妻共同债务的清偿对象，对此在对比分析“有限责任模式”和“无限责任模式”之后，认为应当选择“有限责任模式”更具合理性。辽宁师范大学的刘耀东副教授认为，我国《婚姻法》应当在兼顾个体主义与家庭主义两大命题的前提下，兼采“推定论”与“用途论”合理构建夫妻共同债务推定规范。同时，在规范语言的表达设计上应兼顾客观证明责任，从而有利于法官在真伪不明时分配风险负担。原宜昌市中级人民法院家事法官王礼仁通过论述夫妻债务内外有别论的形成与发展，指出“夫妻债务内外有别”的若干误区，认为判断夫妻共同债务的基本标准不能内外有别，用于家事需要的举证责任不能内外有别，最后指出夫妻共同债务的内外区别之处。中南财经政法大学的刘征峰老师在《夫妻债务规范的层次互动体系——以连带债务方案为中心》一文中指出，婚姻在积极财产层面产生了共同及准共有的效力，对债务人用以承担清偿责任的财产造成了影响。由此产生了对债法中一般债务清偿规则进行修正的必要性。这种修正应建立在“中立性”视角下的“视同无婚姻原则”的基础上，达到与债法中一般债务清偿规则所隐含的利益格局相似的状态。单纯债务性质层面的限缩或者扩张都无助于实现该目标，而必须从积极财产、消极财产和责任财产的牵连关系出发，借助于债务性质认定规则、责任财产划分规则、清偿顺序规则以及追偿规则的巧妙配合。夫妻共同债务与连带债务等意味着夫妻共同债务包含夫妻二人作为抽象人依据财产法规则所形成的连带债务以及依其身份根据家庭法规定的用途而转换成的连带债务。基于用途的转换应当局限于“家庭日常生活需要”。对于除此之外其他为“家庭共同利益”所产生的债务，牵连性原理只能证成将共同财产纳入其责任财产范围的合理性，而不能为将非负债方配偶个人财产纳入其责任财产范围的合理性提供证成。一种妥协的方案是，将此类型债务整体移入个人债务范畴中处理，将其责任财产范围扩张至整个共同财产。对于除此之外的其他个人债务，应仅以负债方配偶的个人财产及其在共同财产中的贡献份额承担清偿责任。江西省新余市中级人民法院熊春安法官以中国裁判文书网97篇生效裁判文书为分析样本，指出《关于审理涉及夫妻债务纠纷案件适用法律有关问题的解释》自身文义模糊不清、举证责任分配机械等原因，致使“新法”适用过程中，存在文书说理不透、各方利益衡平不够的情形，更有甚者，出现类案不同判的情形。因此有必要通过在法律层面界定“新法”自身文义、明确举证责任的分配方式和流转、限定以夫妻共同财产归还夫妻共同债务等方式，确保“新法”正确实施。

第二单元　“亲子关系、收养、监护”研讨

在婚姻法学会副会长、厦门大学法学院蒋月教授主持的第二单元的研讨中，华东政法大学的李霞教授作了题为“我国台湾地区2016年‘意定监护法草案’评析”的报告，她指出，应当依据被监护人的意思能力设置不同程度的监护制度，尊重被监护人的真实意思。通过介绍台湾地区意定监护法草案的主要内容，李霞老师肯定成年监护体系多元化、弹性化的发展趋势以及尊重本人自我决定权原则的确立，通过借鉴我国台湾地区的经验，建议大陆立法应当从“落实自我决定权原则，制定自我决定权具体规则”的思路出发，构建灵活、便捷的意定监护启动规则，完善我国的成年人监护制度。

北京科技大学教授王竹青以“论成年人监护制度的最新发展：支持决策”为题，系统阐释了支持决策制度，介绍了支持决策产生的历史背景及理论基础，比较支持决策在国外立法的法律实践，实现支持决策在我国的本土化改良，现代监护制度通过替代的或支持的决策过程，帮助心智障碍者作出决定，实现其个人愿望。

扬州大学法学院李秀华教授以“改革与完善收养人条件的立法进路”为题，认为应适当放宽收养人的条件。在对现行收养人苛刻条件导致的后果进行数据分析后，李教授发现我国家庭收养子女的数量总体呈波浪式下降趋势，收养法律制度已经滞后于社会发展，凸显了许多与现代收养制度理念不适应之处。通过借鉴国外立法的成功经验以及学习国际通行规则，李秀华教授主张降低收养人年龄，从立法上肯定无配偶者收养子女的权利，取消收养人“无子女”的规定，明晰抚养人抚养教育能力的范围与属性，建立试收养制度，突破现有收养法律模式，使收养人条件的立法与实践对接更严谨，更具科学性与规范性。

西南政法大学民商法学院副教授朱凡以“法国成年人保护制度现代化述评”为题，介绍了法国设立成年人保护的三项原则、加强成年人保护中的家庭责任与公共行政部门责任、增设并细化保护措施等立法变化，建议我国建立成年人保护制度，扩大受保护成年人的范围，设置监护、辅助和协助等保护措施类型，通过洞察正在发生的法律变革，更深入、更广泛地认识成年人保护制度。

山东大学法学院的王丽萍教授作了题为“子女本位下的父母惩戒行为及其规制”的发言，主张将适度惩戒纳入法律调整的范围。在系统地梳理了父母惩戒权的缘起、定位及域外法的相关规定之后，王丽萍教授认为在我国未来民法典的婚姻家庭编中，应当肯定适度惩戒为教育的一种方式，构建以子女权利救济为重要保障的父母惩戒制度，在惩戒行为方式、滥用的法律责任等方面加以明确的规定，切实保护未成年子女的健康成长。

婚姻法学会副会长、西南政法大学陈苇教授认为，如果我们要尊重他的意愿而忽略他的利益，是否反而违背他的真实意愿？如何将尊重被监护人意愿体现在民法典中？中国“子不教，父之过”的传统思想与对未成年人的家庭暴力的冲突，如何合理地界定惩戒权？吉林大学法学院副院长曹险峰教授认为支持决策不可能完全代替法定监护。我们正处于急剧变化的时代，现有民法受到剧烈冲击。稳定的罗马法体系可以应对现有变化，新出现的制度并不意味着对原有制度的完全否定。问题关键是在尊重决策的基础上，确定主体范围、自由限度，尊重被监护人意愿原则与保护被监护人利益原则应当相辅相成，共同指导成年监护原则。

本单元中还有部分论文未在会议上进行展示。内蒙古科技大学王彦老师的《我国赡养纠纷防治对策研究》以法院受理赡养纠纷案件的现状展开调查，结合此类型案件隐蔽性强、制约不足、执行周期长、权益难以实质保障、公权力干预少、社会危害大的实践困境，查明赡养纠纷涉及疑难问题的成因。重点分析客观因素、性别差异、个人和立法因素、举证困难等问题，以子女的特征、思想观念、法律意识、证据规则为切入点。通过探索防治赡养纠纷的多元化机制、推进家事审判改革、保障赡养双方当事人权利、完善赡养制度的建构来论证解决好赡养纠纷的可行性，从创新庭审方式、提出赡养抗辩权、优化赡养纠纷证据使用规则、挖掘善良风俗的司法适用价值等方面创新赡养纠纷防治体系。完善赡养诉讼的各阶段，将执行回访情况纳入工作考核指标，探索多部门合作长效机制，深入开展赡养宣传和教育工作。加快推进中国孝道的法治化进程。四川明炬律师事务所张承凤律师通过界定未成年子女财产的范围，以及分析我国目前的立法现状，提出立法建议。张律师认为，首先应当完善立法，明确未成年人财产范围。其次是强化司法保护功能，最高人民法院可以颁布实施针对保护未成年人财产的司法解释和发布一些指导案例，以更好地指导下级法院处理涉及未成年人财产的案件。最后是加强宣传，改变观念。只有父母承认并树立了未成年子女有其独立的财产的观念意识，父母才能更好地控制自己的行为，减少自己对未成年子女财产的侵犯。南京师范大学的赵莉副教授实证调查研究发现，离婚案件中有关未成年子女保护存在诸多问题。于抚养权归属的确定上存在司法解释关于未成年子女年龄段划分不科学、发现父母双方均有对未成年子女抚养不利因素时缺乏对其处理规定、对轮流抚养的前提规定较为抽象的问题，于审判实务上存在片面考虑子女现状、未成年人最佳利益原则体现不够和简单拆分多子女抚养权归属的现象，于未成年子女抚养费金额的确定上存在《最高人民法院关于适用〈中华人民共和国婚姻法〉若干问题的解释（一）》对“抚养费”的定义不合理和《最高人民法院关于人民法院审理离婚案件处理子女抚养问题的若干具体意见》关于确定无固定收入者应支付抚养费的规定无法操作的问题。因此，建议重新划分需考量的未成年人的年龄段，明确规定不应当判决抚养权归属给不利方的情形并删除隔代抚养的考量因素，修改轮流抚养的前提条件，倡导多子女抚养权归属一方抚养的审判理念；将抚养费定义为生活费、教育费和医疗费的同时，排除住院医疗费和非义务教育的学费，规定应支付抚养费最低标准，从而保障夫妻离婚时未成年子女的利益。澳门大学法学院的梁静姮老师介绍了《澳门民法典》中关于“知悉个人来历”权利的相关规定。文章介绍了第1656条、第1677条以及第1722条的制度价值，认为为了保护子女知悉个人来历的人格尊严，可以将认定亲子关系的效力局限于假定子女的人属地位。华东政法大学的许莉教授在《代孕生育中亲子关系确认规则探析》一文中指出，由于人工生殖技术的介入，亲子关系认定规则日趋复杂化。代孕所生子女的身份确认规则因立法对代孕的态度不同而存在差异，具有不确定性。禁止代孕行为的立法之下，依据固有的亲子身份规则，分娩母亲多可以取得亲权。许可代孕行为的立法之下，依据代孕契约，委托母亲多可以取得亲权。但无论立法是禁止还是许可，代孕子女的身份认定都需要司法裁量权的辅助。对代孕子女身份的确定，没有最佳选择，只有利益侧重。

中国社会科学院法学研究所的邓丽副研究员通过介绍收养制度流变与功能变迁，指出《收养法》存在收养门槛过高、制度逻辑不顺、执行政策机械等问题。她认为，应在对收养价值理念的反思与校正中细化“未成年人最佳利益原则”与《收养法》的制度衔接问题，并对我国的收养制度提出自己的立法建议。延边大学的姜海顺教授在《论韩国的收养制度及其对我国立法的借鉴》一文中，介绍了韩国收养的成立、无效撤销以及解除和效力问题，认为我国应当构建新的收养法律体系，放宽收养人的条件，增加收养的种类，进一步完善收养的程序。

中国政法大学的夏吟兰教授分享了《〈民法总则〉监护制度对特定群体之人权保障》一文，她认为《民法总则》在《民法通则》监护制度的基础上，确立了尊重被监护人真实意愿、最有利于被监护人以及公权力适度介入监护三大理念，并将这三大理念体现在监护制度的具体规定中，彰显了尊重和保障人权的宪法精神以及保护弱势群体利益的人权理念，进一步发展和完善了中国监护制度对未成年人、残障人士以及老年人人权之保障性规范。《民法总则》拓展了监护制度的功能与类型，充实与完善了未成年人监护制度，并明确规定了撤销监护人资格、安排临时监护及国家监护的条件与路径；扩大了成年被监护对象的范围，回应了中国社会中监护需求扩大和老龄化加剧的现实，与国际社会尊重和保障老年人与成年障碍者的人权理念相一致，体现了法律的与时俱进。正在编纂的《民法总则》之婚姻家庭分则应当在总则监护制度的框架下，进一步细化和充实监护制度，使之成为便于操作，可执行、可裁判的行为规则。西北政法大学的高丰美老师在《“大监护”模式下未成年人监护区分性的解构与建构》中指出，在“大监护”立法模式下，《民法总则》实际上对父母和父母以外的人或组织对未成年人监护作了区分性规定，如强调了父母的照顾和保护义务、设立了父母遗嘱指定监护制度和父母监护资格恢复制度；相应地，父母以外的人或组织对未成年人监护的规定则明显过于笼统。鉴于两者产生基础和性质上的差异，在婚姻家庭编中，对未成年人监护在名称和内容上应作出区分，父母对未成年子女监护使用“照护权”这一表述，以区分父母以外的人或组织对未成年人的监护。照护体现为义务在先，监护体现为权利在先，权利义务的指向对象和注意义务等均有差异。江南大学的浦纯钰老师介绍了我国意定监护制度，他认为《民法总则》第33条仅是概括性规定，构建了意定监护制度的大体框架，不够完善，对意定监护制度中的两个核心部分，即意定监护合同与意定监护监督制度，缺乏具体规范，因此，必须明确意定监护合同的主体资格、订立和生效、终止事由以及意定监护人的监护权限问题，建立合理高效的意定监护监督制度以形成保障，并处理好意定监护与法定监护之间的对接问题，从而为成年意定监护制度提供后盾与支持。山西大学的刘慧兰老师同样就意定监护制度发表自己的观点，她认为《民法总则》只用第33条一个条文作了规定，这样的规定过于简单，对意定监护制度的合同效力、具体实施途径、监护监督机制等重要内容都未作规定。应借鉴英美的持续性代理权制度和德日的成年意定监护从实体和程序上完善现行的成年意定监护制度。西北政法大学的马钰凤副教授在《我国意定监护立法之缺失》一文中指出，意定监护是实现老龄化社会中老年人受监护之意思自治与自我决定权的制度设计，我国《民法总则》和《老年人权益保障法》对意定监护的规定见于零散条文，欠缺意定监护原则、设立，意定监护协议效力与内容，以及公证和监督的规定。意定监护应当以必要性与补充性为原则，其设立不以行为能力宣告为前提，在协议内容上可以格式化与任意化结合、即时生效与附条件生效并用，协议公证为对抗要件、监护监督为协议生效要件，见证性公证与认证性公证并用，适用公私力并用的监护监督机构，明确监护监督职责。

第三单元　“青年论坛”研讨

全国妇联权益部副部长、中国婚姻家庭研究会兰青副会长主持“青年论坛”专题研讨。西北政法大学法学院副教授陈凌云的论文为《夫妻共同债务认定规则中的伪命题》。陈凌云教授认为，应当厘清债务人和责任人的关系，在“直接因果关系”下认定“共同生活”，以举债的第一受益人或直接受益人为判断依据。实践中关于夫妻共同生产经营之债的认定过于宽泛，法官疏于审查股东与公司承担连带责任的情形，误将配偶账户接收款的行为认定为经营行为，混淆举债的目的和举债的结果。究其本质，在于法官机械适用“共同生产经营”标准，忽视了现代家庭功能社会化的特征，也否定了商事组织的风险隔断机制。

赣南师范大学法学院副教授曹贤信提交了题为《我国法定夫妻财产制人本价值的偏离与回归》的论文。曹贤信副教授认为由于法定夫妻财产制受到财产中心主义观念的影响，“人”与“物”之间的关系发生错位。法定夫妻财产制的立法设计应当以家庭保障功能的回归为立法目的，以家庭伦理价值的维护为价值取向，通过设立婚后劳动所得共同制，实现财产制度的人本化回归。

重庆市潼南区人民法院陈法法官以《论我国非常法定夫妻财产制的立法建构》为题，建议完善非常法定制下的财产制问题。现行立法设有以婚后所得共同制为内容的通常法定制，夫妻分居或者一方有过错的非常态婚姻中双方的合法财产权益难以得到保护。通过借鉴域外大陆法系的立法经验，陈法法官建议设立非常法定制，并设公示制度与第三人异议权，实行特殊情况下的分别财产制。

中国政法大学法律史学研究院副教授罗冠男分享了题为“近现代意大利家庭法的发展阶段与借鉴”的演讲，认为婚姻家庭编立法应当顺应未成年子女与父母关系的立法趋势。通过梳理中世纪以后意大利家庭法发展史，罗老师发现意大利以及欧洲主要国家的家庭法都经历了从家庭到个人再到社会的三个阶段，第三个阶段也是世界家庭法发展的必然趋势。而我国经历了从家族中解放出来的婚姻这第一阶段与从家庭中解放出来的个人的第二阶段后，正处于家庭社会功能回归的第三阶段，夫妻之间横向的关系趋向于松散和多元化，纵向的未成年子女与父母关系成为家庭关系的核心。所以在婚姻家庭编编纂过程中可以参考欧洲家庭法的发展趋势，以未成年人的利益以及未成年子女与父母之间的关系为核心，以父母对未成年子女的义务为出发点，强调公权力的适当介入，实现从家庭到社会的价值。

本单元的评议人是中国法学会婚姻家庭法学研究会副会长、北京大学法学院马忆南教授以及吉林大学法学院的李国强教授。马忆南教授首先肯定各位的发言都让人深受启发。陈凌云副教授通过司法实务总结梳理发现夫妻债务认定中司法与立法的冲突，通过类型化分析发现复杂、多元化的问题。曹贤信老师论文涉及较多的家庭伦理，但是物本与人本的定位稍显空泛，并对此提出自己的想法与建议。陈法法官的选题贴近实际，法定共同财产制的僵化导致非常财产制可能是未来的必由之路。罗冠男老师对比中国与意大利的立法实践，三个阶段的划分很贴切，对中国立法的建议也很贴切。李国强教授认为讨论婚姻家庭与财产的关系时，我们应确定共同的前提，人与物的区分与对立是整个民法的基础，实则都是人与人的关系，都是人本，而不存在物本。其区分在于解决问题的方式不同，而不是存在不同的理念。民法中人和物的关系，要从更微观的角度寻找其中的规律，解决其中的桥梁问题。不要过分区分财产法还是婚姻家庭法，而是要共同解决问题。罗教授的发言从比较法的角度展开，比较法研究基础是不同法秩序对同一问题的规定。建议更充分说明进而使借鉴比较法更有意义。

会议总结与闭幕致辞

单元发言结束后，中国法学会婚姻家庭法学研究会副会长、吉林大学法学院李洪祥教授主持了闭幕式。大会宣布了 2017 ~ 2018 年度优秀成果获奖情况，并举办了颁奖仪式。最后，龙翼飞副会长致闭幕词。龙翼飞教授总结了本次会议的收获，盛赞本次会议开展多学科、跨学科的立法研讨和学术交流非常有意义，相较于之前的会议，本次年会实现了“八个最多”。第一是参会人数最多。说明研究会吸引力、凝聚力增强，研究队伍不断发展壮大。第二是高水平论文资料最多。研究会学术水平不断提升，学术实力要更加自信。第三是研究主题最多。本次会议涉及立法、司法、学术领域，视野不断扩大，并涉及大量最新、最前沿问题的研究。第四是获奖成果最多。研究会的研究成果转化能力增强，创新力更加自豪。第五是互动最多。主论坛、青年论坛一起进行，新生力量不断涌现。第六是立法支持最多。会议紧密围绕民法典编纂立法工作进行研讨交流，坚持法学学术研究为立法提供智库支持的目标。第七是对家事审判改革的关注最多，实现了研究与实践相结合。第八是对反家暴法实施情况的交流最多，形成了立法实施和反馈的互动机制。纵观 2018 年，中国法学会婚姻家庭法学研究会成绩斐然，但是也存在一定的不足与困难，主要有人力资源聚合不足、学会的对外交流工作相对较少、学术成果转化媒介不足、学会与民法的其他部门法的交流还有待进一步加强等问题。最后，龙翼飞副会长宣布婚姻法学研究会 2018 年年会胜利闭幕。

图书在版编目(CIP)数据

家事法研究. 2019 年卷：总第 15 卷 / 夏吟兰，龙翼飞主编. -- 北京：社会科学文献出版社，2019.9
ISBN 978-7-5201-5110-8

Ⅰ.①家… Ⅱ.①夏… ②龙… Ⅲ.①婚姻法-研究-世界-丛刊②家庭-法律关系-研究-中国-丛刊
Ⅳ.①D913.904-55

中国版本图书馆 CIP 数据核字（2019）第 137121 号

家事法研究 2019 年卷（总第 15 卷）

主　　编 / 夏吟兰　龙翼飞
执行主编 / 李洪祥

出 版 人 / 谢寿光
组稿编辑 / 刘骁军
责任编辑 / 关晶焱
文稿编辑 / 侯婧怡

出　　版 / 社会科学文献出版社 · 集刊分社（010）59367161
地址：北京市北三环中路甲 29 号院华龙大厦　邮编：100029
网址：www.ssap.com.cn
发　　行 / 市场营销中心（010）59367081　59367083
印　　装 / 三河市尚艺印装有限公司

规　　格 / 开 本：787mm×1092mm　1/16
印 张：28.5　字 数：438 千字
版　　次 / 2019 年 9 月第 1 版　2019 年 9 月第 1 次印刷
书　　号 / ISBN 978-7-5201-5110-8
定　　价 / 138.00 元

本书如有印装质量问题，请与读者服务中心（010-59367028）联系